U0920165

青年迷文化研究

孙丽芳 著

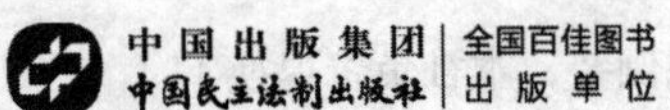

图书在版编目(CIP)数据

青年迷文化研究 / 孙丽芳著 . —北京 : 中国民主法制出版社，2022. 5

ISBN 978-7-5162-2834-0

Ⅰ . ①青… Ⅱ . ①孙… Ⅲ . ①青年—文化研究—中国 Ⅳ . ① D669.5

中国版本图书馆 CIP 数据核字（2022）第 074490 号

图书出品人：刘海涛
出 版 统 筹：石　松
责 任 编 辑：张佳彬　刘险涛

书　　名 / 青年迷文化研究
作　　者 / 孙丽芳　著

出版 · 发行 / 中国民主法制出版社
地址 / 北京市丰台区右安门外玉林里 7 号（100069）
电话 /（010）63055259（总编室）　63058068　63057714（营销中心）
传真 /（010）63055259
http: // www.npcpub.com
E-mail: mzfz@npcpub.com
经销 / 新华书店
开本 / 16 开　710 毫米 ×1000 毫米
印张 / 19.5　**字数** / 319 千字
版本 / 2022 年 8 月第 1 版　2022 年 8 月第 1 次印刷
印刷 / 三河市龙大印装有限公司

书号 / ISBN 978-7-5162-2834-0
定价 / 78.00 元

序

我的学术生涯，是误打误撞地从青年研究开始的。引我产生这个兴趣的，是我在复旦国政系读书时的董敏志先生。彼时先生授“青年学”课程，所著《传承与超越：青年文化论》面世，让我在伦理学、思想政治教育学之外，找到了一个更吸引我的领域，因为我发现，青年之谜，迥异于“是谁、从哪里来、到哪里去”的“人之谜”，而是关于人的生命历程中特殊阶段的一些特殊现象的追问，关于人的本质和价值的理论确证并不能直接为之提供“为什么、怎么样”的现成答案，真正的答案往往必须求诸每一个体的心理表层或深层的精微之处。正因为此，青年研究成了一个迷人的事业。

彼时的我，以一个青年的身份、青年的姿态和青年的心性去思考青年，毕竟有着固有的局限性，即所谓“不识庐山真面目，只缘身在此山中”。然而，待我人到中年，已面临“老之将至”的人生主题之时，却会与其他中年人一样失去青年的心性、以有富含朝气的思考。这任务就历史地落到了我的学生辈的身上。孙丽芳博士就是这些优秀的学生之一。所以，当丽芳博士邀我为她这本以博士论文为基础的论著写序时，我欣然应允，并视为荣幸。可没想到的，这看似一项简单的工作，却因诸事烦扰而久拖不成，以致差点儿成为“烂尾”。实在惭愧得很。

忆起丽芳博士论文的开题之时，“迷”现象与“迷文化”何以成为一个思想政治教育论题，这是论文选题面临的主要质疑之一。这既关乎学科定位、学科边界问题，也关乎论题的展开路径、方式和问题解决的理论资源和实践方案。主体的自我迷失和迷群冲突，自然成了最具有思想政治教育属性的问题点，整个论文也依此展开论述，也由此提出了迷文化的教育形塑、社会规约这两种对策思路和社会干预方案。这也成就了本书以下突出的特征和优点。

其一，成功地做出了青年研究中在关注问题时进行中性化研判的有益尝试。在社会问题研究中，“问题”一语所蕴含的，不仅是需要思考的社会课题，还是需要校正的偏向、需要防范的风险、需要遏止的错误，而且往往会生出“狼来了”的惊呼或“一代不如一代”的慨叹。然而，对偏向、风险、错误予以悲观化的预判，并不真正有助于问题的解决。若能立于中性化的立场去理性地正视，对现象的观察才会更全面，对本质的把握才会更深刻，对“问题—对策”的思考也才会更符合科学性的要求、社会的要求。在本书中，青年迷文化并未被简单地看作偏向、风险或错误，关于“迷”现象的事实得到了符合韦伯所谓“价值中立”[①] 原则的描述和处理，其个体性价值、群体性价值和社会价值则得到了广泛的确认，这种乐观姿态与“问题”相中和，使得其后的问题症候、教育或规约思路都能建基于理性研判的基础上，观点也更易于让人信服，更具有实践价值。

其二，成功地展现了思想政治教育学科视角下进行亚文化观察的理论魅力。以往的亚文化观察，一般多从主流文化与亚文化的比较或冲突入手，且多是冷眼旁观和严肃批评之态，基于社会秩序的整体主义方法论或隐或显地成为理论基调，“无聊—焦虑”的冲突[②] 依然难以理解和解决，反使成果具有突出的“代沟”性。从思想政治教育学科视角出发，则意味着为了人的充分自由的全面发展而提出问题、分析根由、设计对策，从而赋予成果以人本关怀的取向，无论是教育形塑还是社会规约，都不再是冷冰冰的工具，而是充满温情和期许。尽管这种观察或与作者的“青年”角色有关，而其更深层的原因，大抵是基于思想政治教育学科的价值自觉。

其三，成功地实现了多种研究范式的融合。在思想政治教育研究领域，“理论－演绎”“规范—批判”“问题—对策”等不同研究范式，各有其优点，但其局限性也已为人们习以为常。理论“孤立”地存在于经验之外，缺乏面对丰富实践的解释力；规范本身可能存在的问题被无视，以致作为批判的依据时缺乏公允性，难为社会普遍接受；对策虽与问题具有对应性，但当面向变动不居、

---

① 请恕在此未使用“价值无涉”这种不符中文表达习惯的译法，这种学究式硬译固然避免了“中立”一语的刺激性，却反而让人无法把握该原则指向“事实”的要义，造成了更普遍的误读。

② 详见蒋原伦、史建主编的“先锋·随笔”《他们很无聊，我们很焦虑》，广西师范大学出版社 2004 年版。

纷繁复杂的社会时，却显得普适性有余、策略性不足。若能兼采各种研究范式之长，无疑更能与思想政治教育学科的“横断学科”特性相契合。本书在“青年迷文化”这一主题之下，以多种研究范式的融合，很好地实现了“横断学科”的初衷。“迷文化”的历史叙述，为把握“迷”现象的价值、风险、变化规律等提供了事实依据；对“迷”现象的心理学、青年社会学的阐释，为“青年迷文化”的价值评价、行为问题症候分析，提供了可靠的理论支持；组织社会学、传播学等理论资源，开阔了教育及社会规约思路、方案的理论和实践视野。

当然，青年“迷文化”的揭秘与解谜，本身即是一个理论难题。丽芳博士的思考，毕竟是她受思想政治教育学科之规约、在当时的社会背景下对“青年迷文化”问题的一隅之得。在更广阔的思维视野之下，在时代变迁的大势之下，“青年迷文化”还需要继续作为问题得到更广泛的关注、更具时代性的阐释，也还有更多的论题值得进行更深刻的思考。比如，青年本身的特性是如何与“迷”心理实现媾合的，其媾合的机制是否对青年教育提供契机或启示？“迷文化”中“迷”之心理，是否可能及如何实现解组与重构，这种解组或重构对于“迷”心理的积极化转化、对于思想政治教育意味着什么？“迷”现象因其能“群”而成为一种文化，但对于个体意味着什么，是否也可能成为文化元素，甚至以“迷”的态度推动主体的志业发展、人生价值的实现？面对当代青年“迷”现象的单向度特征（与娱乐文化的媾和）与“迷文化”的多元相并存所呈现出的复杂社会景观，社会所需要做出的，是整合、治理，还是对多元倡导、发扬？在更久远的历史考察中，从古至今由时尚到风尚的转化，可否看作“迷”的累积及其成果；如果没有“迷”，能否有风尚的形成、文化遗产的传承？如果只有“迷”，人类又会面临怎样的前景？如此等等，希望学界勿以“迷”之题小而无视。

丽芳博士不是我最先毕业的博士生，却是第一个邀我写序的博士。是她成就了我学术生涯中的第一篇序文。虽言犹未尽，嘉许、期待却尽在其中。祝愿她能继续关注和思考“迷”现象和“迷文化”，并进一步拓展自己的学术视野，进一步提振创新的勇气，以产出更多的成果，做出更大的理论贡献。

河海大学马克思主义学院院长　戴锐
2022 年 8 月

前　言

青年在不同时代承载着不同的历史使命和时代责任，五四运动是当代青年在面临民族危亡、国家危难之际对时代吁求的强力回应。在中国的革命年代和建设发展时期，青年发挥着重要作用，党和国家历来高度重视。习近平总书记将青年发展融之于时代命运和国家前途，青年发展关涉时代前途，关涉国家发展走向，关涉社会和谐发展，关涉青年自身价值的实现。党的十九大报告中指出，经过长期努力，中国特色社会主义已进入新时代，这是中国发展新的历史方位。进入新时代的中国社会主要矛盾已经转化为人民日益增长的美好生活需要和不平衡不充分的发展之间的矛盾，社会主要矛盾的变化虽未根本改变中国仍处于并将长期处于社会主义初级阶段的基本国情，但是却为中国的发展设置了新的议题和挑战，中国要实现社会主义现代化强国的百年目标，必须不忘初心，牢记使命！使命呼唤担当，使命引领未来。这一历史使命与时代责任的主体必将是无数为之奋斗的青年。但不可忽视的是，在当今社会中存在着诸多因素影响和制约着青年的发展，其中，青年对于迷文化痴迷与狂热的态度已然成为困扰青年成长与发展、遮蔽青年意义及价值实现的强力阻隔。因此，必须深入了解和研究青年迷文化，探求解蔽青年成长发展及其价值意义实现的路径。

传统观念中的青年文化是以青年为主体，并由青年生产和创造的，体现青年参与社会活动实现社会化过程中所展示的独立价值体系和行为规范的总和，是我国建设中国特色社会主义文化的重要组成部分。迷文化是伴随大众传播和大众文化的发展而兴起的文化现象，青年是最活跃的受众，也是迷文化主要的生产、流通、分配 / 消费、再生产创造过程中最主要的群体。当代社会中各种“迷”现象、“迷”热点、“迷”潮流，以及围绕这些所形成的迷文化构成了青年生存、生活和发展的日常。青年是迷文化的重要生成者、传播者，亦是迷文化的主要消费者，迷文化成为青年文化发展中最重要、最具有代表性的文化，表征着青年的情感、思想、行为及价值取向。青年迷文化的存在和发展有其自身的缺陷和不足，任何一种新生文化的出现都伴随着争议、质疑、担忧和批判的声音，迷文化亦是如此。

本书主要从“迷”、迷群、迷文化等相关概念的界定、理论来源的追溯，青年迷文化的核心构念、嬗变历程及构成机理等方面分析青年迷文化形成的理论与现实逻辑。当代青年迷文化的发展突破了传统迷文化发展的壁垒，在迷文化的生成、传播和创新等方面借助网络技术实现了迷文化的多元传播与互动，从虚拟到现实、从理论到实践、从青年“迷”个体到诸多迷群，青年迷文化实现了前所未有的繁荣与发展。由迷文化带动迷文化产业链的形成，促使迷经济成为我们文化产业发展过程中重要的组成部分。但不可否认，部分青年“迷”作为“着魔的独狼”和“歇斯底里的群众”的存在，他们的迷狂、非理性等迷态及行为致使迷文化在理性与非理性边缘徘徊，理性“迷”与非理性“迷”的划界、迷文化的价值及意义的厘定等是本书研究的着力点。由青年迷文化的价值意蕴探究青年迷文化对于“迷”个体、迷群及其社会价值，旨在考察青年迷文化的价值性存在及其意义的再生成；勘察青年迷文化的现实症候，对青年迷文化异化的共性现象进行归纳，揭示其存在的本质及根源，进而分析多元化的青年迷文化具象，即从青年迷文化的共性到特性、从普遍到特殊、从宏观到微观、从青年“迷”个体到迷群等方面探寻青年迷文化异化的本质、原因及后果。探究青年迷文化发展必须遵循创生、传播、交往及其发展逻辑，在青年迷文化形塑与发展过程中不断夯实理论与实践基础，立足于青年迷文化空间场域的转化、融洽与建构，在迷群体发展基础之上重构青年迷文化发展图景。

目　录

第一章
绪　论

关于青年迷文化研究，国外研究主要侧重于受众迷文化情感与认同、迷文化消费和迷文化实践活动中主体身份政治的研究。西方学者对于青年迷文化研究没有专门的论著，但根据迷文化的特性，“迷”的受众最活跃的是青年群体，西方迷文化研究中其受众即青年。“迷”现象及围绕它所形成的迷文化构成了青年生存、享受和发展的日常环境，又对青年的思想和行为产生直接而深刻的影响。因此，在新时代发展境遇中，应对青年迷文化凸显的现象及存在的问题给予积极关注，促进青年的成长与发展。

第一节　研究缘起与研究价值

一、研究缘起

自改革开放起，特别是20世纪90年代以来，消费主义逐渐盛行，青年追求更加个性自由的生活，青年文化总体呈现出异质化发展的态势，价值判断和审美选择日益多元化，衍生出多层次、多领域的迷文化群体，偶像文化、品牌文化、媒介文化、影视文化、“穿越”文化、直播文化等现象盛行。无论是传统还是现代社会，青年永远是迷文化最热衷的生成者和消费者，他们对新生事物的热情、对自我兴趣爱好的执着追求、对时尚个性元素的崇拜、对自我未来发展的预期等，促使他们成为不同时期迷文化的生成者和传播者。传统青年“迷”由于历史的局限性仅停留在“馆藏式”的收藏、购买与迷对象有关的资源，他们也随时对迷文本资源进行解读、生成、分析及传播。但由于传统迷文化市场的局限、内容形式的固化、传播路径的单向度使得青年迷文化只囿于青年“迷”自身。当代社会的市场化、媒介化、全球化进程加快，娱乐文化产业借助市场、新媒介所形成的驱动力作用于青年迷文化创生及传播的各个环节，使青年受众近距离接触迷对象，催生了更多的青年“迷”并促使他们积极地参与迷文化的诸多实践活动。青年“迷”的文化生产力、创新力及传播力得到前所未有的提升，青年“迷”已形成独有的文化生成模式，诸多特色迷群拥有线上与线下迷文化互动的实践模式，跨界迷文化交往更加频繁。青年迷文化发展已形成规模，由青年迷文化所带动的迷文化产业化、迷群经济已成为我国经济发展的新型业态，青年迷文化发展已势不可挡。但不可否认的是，高度发达的媒介传送着海量而又缺少内在联系的文字、图像和声音的文本，深度介入青年的世界，对他们的思想和观念进行着潜在的规定，青年主体的文化生成呈现出片段的、互不关联的、流动性的特征，以致迷失在媒体所建构的虚幻光影世界中。审视青年迷文化嬗变历程及发展现状，青年迷文化繁荣景观背后隐藏的却是青年“迷”自身的孤独、文化的失落、核心价值的背离、理想及信念的无处安放、迷群责任的规避与放逐等现象。青年“迷”深陷于青年迷文化的创生与传播中，同时又承受着青年迷文化非理性、迷狂性、过度性等对其主体性的侵蚀，青年迷文化的价值性及意义性的文化并未得到真正发掘与运用。因此，如何使青年“迷”在参与迷文化的过程中保持自我的独立个性并以迷文化塑造自我人格、建构精神世界，是新时代青年研究及教育亟须解决的重要课题。

为贯彻落实《中华人民共和国国民经济和社会发展第十四个五年规划和2035年远景目标纲要》和国家“十四五”文化改革发展规划，加快推进文化和旅游发展，建设社会主义文化强国。文化和旅游部于2021年4月29日印发了关于《“十四五”文化和旅游发展规划》的通知，明确了“十四五”时期文化产业发展的总体要求，指出“十四五”时期是我国全面建成小康社会、实现第一个百年奋斗目标之后，乘势而上开启全面建设社会主义现代化国家新征程、向第二个百年奋斗目标进军的第一个五年，也是社会主义文化强国建设的关键时期。满足人民日益增长的美好生活需要，需要顺应数字化、网络化、智能化发展的趋势，提供更多的优秀文艺作品、优秀文化产品和优质旅游产品，强化价值引领，改善民生福祉。战胜前进道路上各种风险挑战，文化是力量的源泉，能够凝魂聚气、培根铸魂，为全体人民奋进新时代、实现中华民族伟大复兴的中国梦提供强大的精神动力。要坚持把社会效益放在首位，实现社会效益和经济效益相统一，完善文化产业规划和政策，扩大优质文化产品供给，实施文化产业数字化战略，加快发展新型文化企业、文化业态、文化消费模式，不断健全结构合理、门类齐全、科技含量高、富有创意、竞争力强的现代文化产业体系。青年迷文化作为当代社会新兴发展的文化，尤其所涉及的娱乐、动漫、游戏、网络文化等成为广大青年“迷”追逐的迷文本资源，迷文化所带动的迷经济逐步形成规模性的发展，为广大受众提供了更多的文化资源及产品，满足了在现代社会发展中大众尤其是青年的精神文化诉求。对于广大青年来说，在新时代境遇中，青年对于文化的需求更多的是在注重自身兴趣、爱好、人生价值实现基础上的发展，迷文化的范畴已不仅囿于偶像文本、影视文本、品牌文本等的创生与传播，同时也涉及科技、军事、文学等文本的生成与传播。正是基于迷文化范畴外延的不断拓展，当代社会青年“迷”逐渐打破了迷对象及“迷”自身的界限，在虚拟社会中任何事物都有可能成为“迷”或迷对象，那么我们应该迷什么？为何而迷？怎样去迷？如何真正把握“沉浸”与“沉迷”、理性与非理性的界限？如何身处“迷”的世界而不迷失自我？在当代社会我们应该创造怎样的迷文化？本书通过对迷文化本质的探讨，打破传统的将青年“迷”及其迷文化视为另类的、不好的等导致社会紊乱病态的文化局限性，发掘迷文化具有生产性、发展性的资源及价值，打破“我们”与“他们”的划界，使青年迷文化真正成为触及灵魂、启迪心灵的文化。对于青年“迷”来说，不仅是对迷对象的迷恋与崇拜，更是在满足感性需求基础上对迷对象理性的选择，对迷文本资源的有效甄别、创生及传播。青年迷文化发展是对当代青年心灵的关照，是走进青年生活世界的文化，更是青年自我价值实现基础上的一种文化创造及精神培育。

二、研究价值

（一）理论价值

青年文化是青年群体的心理、精神需求、生活方式，行为模式及价值观的集中表现，是青年群体的文化表征。而青年迷文化作为青年文化中表现最为突出、最有张力、最具有代表性的文化，同时也是最有争议和质疑的文化存在，表征着青年期的思想、观念、情感等诉求在文化层面的集中呈现。青年迷文化研究的理论价值主要体现在：一方面，丰富了新时代青年发展理论的研究。当前青年理论研究不足，需深入研究新时代青年的特点、需求及发展状况，针对出现的新型群体及其分化现象，准确把握青年的思想认识规律、心理特征及话语体系。青年迷文化研究为青年理论研究提供了新的视域，青年迷文化反映了新时代青年基本的文化及情感诉求，捕捉青年最时尚、最前沿、最流行的文化元素，表征着新时代青年的思想、观念、生活方式及价值取向。青年研究只有立足于青年自身发展的实际，及时关注青年的生存及发展需求，其研究才是适用于青年发展的理论，青年迷文化研究在一定程度上拓展了青年研究的范畴，为青年理论及发展研究提供了新的研究范式。通过青年迷文化研究准确把握青年思想变化的规律，研判青年迷文化变化轨迹所映射的青年价值取向，分析青年迷文化所关涉的青年思想的变化、青年生活的追求、青年参与的进度、青年群体的分化、青年文化的演进、青年跨界交流的频率等问题，为新时代青年理论研究夯实理论基础。另一方面，青年迷文化研究丰富了思想政治教育理论。青年迷文化研究为思想政治教育理论内容的设置、教育方式的更新、教育环境的创设、教育对策的实施提供了新的理念和方向。青年思维比较活跃、个性张扬，他们总以质疑、否定的视角看待社会及自身，他们愿意突破陈规、愿意尝试所有的可能来实现自我预期。青年迷文化从情感、思想、观念等角度关照青年实际的情感及诉求，青年在参与迷文化活动过程中所表现出的非理性思想和行为，传统思想政治教育的理念、方式及话语体系是无法解决的。青年迷文化研究提升了思想政治教育的前瞻性研究，关注新时代青年的新现象、新问题和新特点，拓宽了思想政治教育理论研究的范畴，丰富了思想政治教育的内容，为新时代思想政治教育理论研究提供了新的方向。

（二）实践价值

新时代对青年一代提出了新的要求，在青年迷文化研究的过程中更要深刻理解青年有理想、有本领、有担当的重大意义。青年是迷文化最热衷的生成者和消费者，青年对于迷文化过度的渴望和追求，会导致青年自我的泯灭、主体性的丧失、理性思维的缺场，青年如果沉溺于自我建构的“迷”世界中，将致使其自我责任感丧失，失去自我存在的意义和价值。高校青年学生对迷文化的生成与传播最为强烈，这从某种意义上反映了当前我国青年文化生态建设出现了结构性的失衡，透射出当代青年婚恋观、生活观、人生观、价值观和世界观的异化。青年迷文化研究在实践上实现了思想政治教育与青年迷文化的契合，通过思想政治教育对青年"迷"社区、迷群的实践性建构，以及网络思想政治教育虚拟实践与青年迷文化实践模式的耦合，提高了思想政治教育实践性研究及思想政治理论课的实践效果。弥合了青年与思想政治教育的距离，为思想政治教育在实践基础上引导青年提供了更好的视野，有利于培养青年的思想道德素质及迷文化的实践观。青年迷文化研究为思想政治教育提供了实践资源，为提升思想政治教育的有效性及高校思想政治理论课的效果创设了更好的实践平台，更有利于思想政治教育实践话语体系的建构。青年迷文化研究有利于整合社会资源，更好地服务青年、发展青年，整合社会各级组织单位进行资源的投入与整合，增强青年迷文化研究成果的传播及转化效果。从青年自身来讲，青年迷文化研究有利于青年提高关注自己事务及社会公共事务的参与性，引导青年理性、科学地参与相关青年政策的制定过程中。针对当前社会青年资源获取途径窄化、资源占有的不稳定性及不可持续性的弊端，落实各部门的责任，加强对优秀的青年迷文化成果进行完善、推广及转化实践机制的创建。整合社会资源投资青年，投资青年就是投资未来，重视青年优先发展的重要性，提升青年迷文化创造力，在新时代真正彰显青年的温度、青年的态度和青年的靓度。

第二节 国内外研究述评

一、关于"迷"现象与迷文化研究

"迷"、迷群和迷文化研究在我国尚属起步阶段，"迷"英文称为fans，因此国内研究也称其为"粉丝"。中国台湾学者简妙如是最早用中文写作研究迷文化的人，认为"迷"是在特定阶段内，特别为媒体内容的某些特质吸引，且有相当程度的认同和涉入，并总结出成为"迷"最重要的特征就是"过度性"，若没有这种过度性的因素就不能成为“迷”。在“迷”过度性的文化消费中，愉悦与意义的生产，是为了与自己的生活轨迹做出意义的联结，通过迷文化来建构认同及仪式的再现，并构成与主流文化的抵抗力量。随着迷文化研究范畴的不断扩展，诸多学者从“迷”的界定、不同迷群，尤其是虚拟迷社区及迷文化发展等方面进行了具体的研究。

（一）迷文化与大众文化

大众文化随着社会媒介的不断发展呈现多样化特征，迷文化就是大众文化发展中最为凸显的新型文化。大众文化伴随着市场经济的发展，借助网络技术传播为大众带来感性愉悦的生活化文化形态，主要具有商品化、媒介化、标准化、日常化、娱乐化和时尚化等特征。英国传播学家丹尼斯·麦奎尔认为：“大众媒介受众可以分为四种：社会群体或公众、满足群组、媒介或渠道的受众、特定媒介内容的受众”[①]。由上述论述可见，“迷”在一定程度上就是特定媒介内容的受众，尤其是在现代媒介传播中，青年“迷”应该是最主要的受众。在现代社会中，偶像不再集中于少数人，更多的普通大众借助媒介更有机会和可能参与造星的过程，偶像所指涉的范围也不仅限于明星、球星等，现在的网红也成为低龄化“迷”所追捧的对象。但是必须认识到，大众对于媒介的认知、使用和反馈并不能依靠个人或少数人来实现对迷对象的支持。一般的“迷”在拥有自己追求的迷对象的同时，更会与有着共同迷对象的受众聚集在一起结成一个群体，通过集体的情感、认知和行动来支持和塑造自己的迷对象。英国学者考乃尔·桑德沃斯认为，不参考“迷”的迷狂思想、行为及相关理论，是无法研究大众文化及其消费的，“不了解迷及其行为，至少对大众文化的理解是不全面的”[②]。因此，研究迷文化也就是更具体而深刻的理解大众文化。

（二）我国迷文化的现状及成因分析研究

新媒介技术的发展极大地提高了我国“迷”的文化参与程度，迷文化呈现出新的特征：“迷”的文本生产力的解放、“迷”成为信息的传播者、“迷”更

---

① ［英］丹尼斯·麦奎尔．受众分析［M］．刘燕南，李颖，杨振荣，译．北京：中国人民大学出版社，2006：36.

② 陶东风．大众文化教程［M］．桂林：广西师范大学出版社，2008：303.

易结成网络社群构成群体认同、迷文化与文化工业紧密联系。电视选秀节目热造就了“玉米”“鹿饭”“蜜蜂”“米粉”等著名的迷群。在跨文化影视传播领域出现了美剧迷、韩剧迷、日剧迷等，就连素来严肃的学术界诸多学术大咖凭借自己的学术地位及积累的文化资本也拥有诸多的迷群，现阶段是迷文化发展的繁荣期。作为与自然、图腾、神灵、英雄等人类崇拜心理并列的一种类型，“偶像崇拜随着西方电影业的兴起、明星制造的出现及大众传播、大众文化兴起发展为一种新型崇拜，是大众社会崇尚世俗的消费主义表现之一”①。新媒介的迅速发展提升了“迷”社会参与的广度和深度，我国经济的发展、人们物质文化生活水平的提升为迷文化提供了深厚的物质基础，但高物质、快节奏的生活所带来的紧张、焦虑与迷茫，使“人们更倾向于用‘迷’的心态和行为进行娱乐、放松，以缓解情绪”。② 迷文化也突破了原先聚焦于中国港台流行音乐、偶像的范畴，弥散于现实生活的诸多领域。

（三）多元迷群研究

迷群从早期的影迷、剧迷发展到当前更为多元和细化的迷群，如，音乐迷、偶像迷、时尚迷、历史迷、政治迷、美剧迷、韩剧迷等。中国台湾学者周倩漪认为，歌手的文本分析兼含了歌手的专辑及媒体形象，而在歌迷的质化研究中则深入诠释了歌迷的生活、社会位置与主体建构的关系。中国香港学者冯应谦在《中国的迷文化、年轻人与消费》中从音乐迷的角度探讨了迷群体的发展与中国社会政治之间的联系。雷蔚真在《网络迷群与跨国传播——基于字幕组现象的研究》中，一方面从组织架构、身份认同、成员在社区内进行文化再生产的动机、激励机制及迷群与外部的关联等系统分析了网络迷群；另一方面，以近年来兴起的国外影视剧字幕组为个案，从跨国传播的角度分析了网络迷群在文化帝国主义、国家文化软实力等方面所扮演的角色，对网络媒介环境链条中迷群的作用和机制进行了理论性探索③。邓惟佳在《迷与迷群：媒介使用中的身份认同建构》、曹询在《虚拟社区的动漫迷文化实践模式研究》中，分别以“伊

① 祥贵．崇拜心理学［M］．北京：大众文艺出版社，2001：169—170.

② 张晨阳．“迷文化”：新媒介环境下的价值审视［J］．中州学刊，2011（6）：251—255.

③ 雷蔚真．网络迷群与跨国传播——基于字幕组现象的研究［M］．北京：中国传媒大学出版社，2012：20—34.

甸园美剧论坛”“圣斗士星矢”动漫迷为个案进行了研究，对“美剧网上迷群”和虚拟社区中动漫迷的日常文化实践与身份认同进行了研究，认为“迷”积极主动地使用媒介建构身份认同，形成了跨媒介、多元化的媒介使用方式。

（四）在借鉴基础上对当前迷文化的反思

国外关于“迷”现象与迷文化的研究中，“迷”（fans）常常被大众和学者概括为“着魔的独狼”和“歇斯底里的群众”两种病态行为。在西方，20 世纪七八十年代的新闻报道、学术著作中，“迷”常常被定性为走火入魔、被传染的、疯狂群体中的一员，他们受到媒体、社会、摇滚乐和群体感染等诸多因素的影响，是一群非理性的、失控的、迷狂的易被外界力量左右的人。自 20 世纪 80 年代开始，受众研究开始集中于对主动受众的研究，学者对于“迷”的界定也发生了变化。美国学者亨利·詹金斯认为，“迷”并不是完全被动的信息接受者，而是能够积极地“挪用新的材料，制造新的意义”的“盗猎者”和“游牧民”。美国学者约翰·费斯克认为，“迷”与一般受众的区别在于“过度”，即对特定的文本表现出超乎常人的喜爱，“迷”是介入球类、商业、娱乐活动过度的读者、狂热的爱好者。“迷”与一般受众的区别是“迷”研究的基础和前提，亨利·詹金斯认为，一个人要成为一个“迷”，他“不仅仅是某个节目的有规律的收看者，还要将收看电视转化为某种形式的文化活动，将关于节目内容的感受与想法和朋友分享，加入一个有着共同兴趣的‘迷’结成的社区”[①]。“迷”将媒介使用行为看成一种文化活动形式，因“迷”而形成的小众群体，一般称之为迷群（fandom），在诸多消费者中，他们在文化产品中投入更多的时间、精力和情感，并获得更高层次的快感、制造更多的意义。迷群常常践行的是“馆藏式”的消费，即购买、收藏与自己所喜爱对象有关的所有物品，并进行深入解读和分析。“迷”有特殊的、敏感的情绪体验，并通过对特定文本的投资控制他们的情感，在社会中找到自我认同。亨利·詹金斯和珍妮·史特格认为迷群的行为特点具体表现为，迷群拥有主动的文本接受方式、建立有自身特色的文化社区（在社区中迷群进行公开的意义生成和文化事件活动）、具有能动的信息消费者、拥有特殊的文化实践形式（“‘迷’经常将符号 / 文化生产转化为可在迷社群中

---

① Jenkins, H. (1988). *"Star Trek" rerun, reread, rewritten: Fan writing as textual poaching. Critical Studies in Mass Communication*, 5 (2), 85—107.

传播，并以此来帮助界定该迷群的某种文本生成形式，迷群创造了一种拥有自己的生产及流通体系的迷文化”)[①]、建构了另一个社会性群体。迷文化是因过度喜爱某事物，着迷沉溺其中或反复操作并深以为乐趣，是伴随大众传播和大众文化的发展而兴起的文化现象。

二、关于青年迷文化的研究

（一）青年迷文化特点研究

鲍震培认为，目前以女性为主体的粉丝文化凸显新娱乐精神，以尚美求真的精神旨趣和文化消费主义等姿态颠覆了女性历史上“被看”的身份，这种精神诉求呈现出与以往不同的特点，即情感高度“外化”的娱乐性、审美态度趋同的时尚性、“星”超所值的消费性、新媒介背景下的互动性[②]。迷群又具有部落性、沉溺性、狂欢性等特质，“迷”在具有积极主动接触迷文本的同时，还具有被动性特征。蔡琪从人际传播、组织传播和群体传播三个层面，分别借用参与性文化、权力话语和阐释性社区等相关理论分析了网络与粉丝文化，阐释了网络中的粉丝（走向参与性文化）、网络中的粉丝团（权力的乌托邦）、网络中的粉丝社区（阐释性空间与想象的共同体）[③]。“从‘帝吧出征’到‘饭圈出征’，青年网络迷群意志表达呈现出越来越高的组织性。其意志表达既有自我辩护、还原真相及群体身份认同等表征，也有爱国护国、政治参与等严肃主题”[④]。张晨阳在新媒介环境下对迷文化进行价值审视，认为新媒介情境中“迷”具有新的行为，“迷”利用网络平台表达“迷”的诉求，即可以随时以文字、图片、音频等媒体融合的方式生成、传播和创新迷文本。专业性迷网站平台的建立，比如，中国粉丝网、粉丝帝国等，这些平台在真正意义上实现了在迷群的集合及“迷”之间的对话。胡红梅则认为，中华人民共和国成立以来，偶像变化折射出

---

① ［美］约翰·费斯克．理解大众文化［M］．王晓珏，宋伟杰，等，译．北京：中央编译出版社，2001：55.

② 鲍震培．媒介粉丝文化与女性主义［J］．南开学报，2013（6）：120—129.

③ 蔡琪．网络与粉丝文化的发展［J］．国际新闻界，2009（7）：86—90.

④ 张宇．青年网络迷群的政治参与及意志表达［J］．人民论坛，2020（10）：126—127.

青年集体主义价值观务实性与边缘化并存、理性化与平面化并存、开放性与庸俗化并存的变迁逻辑[①]。青年迷文化成为反映青年对时代变迁、社会发展、主导价值的认知及自我价值实现及诉求的表达方式。

（二）青年迷文化影响因素研究

刘济良认为，青年在不同时期会对不同类型的人、物等进行狂热追捧，现代社会的发展使青年对迷对象的崇拜从英雄崇拜、道德楷模到个人钦慕的对象，从学习英雄、道德楷模的精神到模仿，偶像从某种意义上开始真正进入大众生活，"迷"与迷对象的关系建构更加密切。"迷"对于迷对象不再是单线条的崇拜，借助于现代媒介，迷对象对于"迷"给予各种方式的积极回应，可以说，"迷"在一定程度上塑造着迷对象。赵雅妮、刘海认为，青年的反叛、激情在现代社会走向了迷文本的积累、模仿与消费。陈荣武则指出，改革开放以来，"当下青年文化的发展存在一些困境和缺失的主要原因在于新媒体传播背景下青年文化社会责任感的缺失、'文化工业'现象下青年人格发展的困境、多重束缚情境下青年文化价值观选择的纠结、青年文化发展社会空间挤压状态下社会关怀机制缺失等"。[②]陈霖、杨培指出，高度发达的媒介传送着海量而又缺少内在联系的文字、图像和声音文本，深度介入人的存在，主体已经呈现出片段的、互不关联的、流动性的特征，以至于使人迷失在媒体所建构的虚幻的光影世界中[③]。当代媒介制造了诸多迷客体对其进行潜在的规定，催生了迷文化主体并对其进行异化或塑造。

（三）青年迷文化认同研究

认同是粉丝消费和文化参与的基石，是粉丝社群凝聚力的源泉，是一种情感、态度和信仰，也是一种实践、仪式和习惯。杨玲在借鉴西方理论资源的基础上，根据我国粉丝群的特征将其划分为：认同话语、认同实践（粉丝知识的

---

① 胡红梅．青年集体主义价值观的历史变迁及其启示——由建国以来青年偶像的变化引发的思考［J］．山东青年政治学院学报，2012（1）：25—29.

② 陈荣武．当代青年文化的历史衍变与现代性建构［J］．思想理论教育，2014（1）：91—95.

③ 陈霖，杨培．大众传播媒介对"粉丝"亚文化的再现——以央视对"杨丽娟事件"的报道为例［J］．文艺研究，2012（4）：35—41.

积累，粉丝空间的建构、接触与融合，礼物的交换，个人亲密关系的协商和整合，社交网络的扩展）和认同仪式三个层面。邓惟佳则以美剧迷为例，认为在迷群实践活动中自我认同建构必须从“自我意向与他者评价统一和自我认同建构”“意向与情感投射和自我认同建构”“反群体个性消费与自我认同建构”“角色扮演与自我认同建构维度进行研究”。[①] 张晨阳指出，传统“迷”用荧光棒、海报、呐喊等表达对迷对象的支持，而现代“迷”则是通过聚集网络平台线上与线下交流的贯通来表达对迷对象的支持进而实现自我的身份认同。同时，新媒介技术的迅速发展打破了空间、地域、时间、身份的界限，迷文化的参与性在空间及人群方面更加宽泛，跨越地域、文化、身份的迷群应运而生。尹鸿认为，在网络中迷文化的共性是对崇高感、使命感和责任感的背弃和疏离，传统文化的厚重感被文化娱乐、消遣所取代。胡玉宁、徐川认为：“‘饭圈’话语空间的文化表征是群体本我意识外化的彰显，内容生产的文化认同表现为粉丝消费行为和情绪资本互嵌的社群力量，生产社会资本的文化互构是由多元行动者的社会文化实践决定的，‘饭圈’现象在文化层面的表征、认同和互构形成了群体社会文化实践中的文化螺旋，是洞察主流文化与媒介文化之间相互作用机制的逻辑路径”。[②] 莫梅锋、饶德江则分析了媒介迷心理、行为的阶段性特征，认为媒介迷主要有“媒介沉浸”和“媒介沉迷”[③] 两个阶段。在媒介沉浸阶段，媒介迷虽跟普通大众相比对媒介的依赖有过度倾向，但仍属于正常的范畴；而媒介沉迷，则意味着媒介迷的心理和行为已经呈现出病态的成瘾状态，非理性的思想和行为表现比较突出。从青年对迷文化的认同角度分析可以看出，诸多繁杂的迷文化信息所潜藏的是青年对于迷对象认同的差异化，尤其是非理性的沉迷阶段则表征着青年价值观及行为的异化。青年“迷”被迷文化的表象、浅层文化所吸引，在潜移默化中失去了理性的思考和判别，逐渐走向理想的荒芜和枯竭，这就是尼尔·波兹曼笔下的“娱乐至死”。

---

① 邓惟佳 . 能动的“迷”：媒介使用中的身份认同建构——以“伊甸园美剧论坛”为例的中国美剧网上迷群研究［D］. 上海：复旦大学新闻学院博士学位论文，2009.

② 胡玉宁，徐川 . 青年圈群脉动的媒介感知与文化诠释——基于“饭圈”现象的叙事分析［J］. 中国青年研究，2020（11）：70-79.

③ 莫梅锋，饶德江 . 关于“粉丝”的媒介研究［J］. 电影艺术，2007（3）：110—113.

（四）青年迷文化消费研究

在对于青年迷文化消费的研究中，班建武认为，青年通过对偶像文化、产品的消费行为表达自我、建构意义，获得了极大的情感、心理快感体验，但这种消费极易弱化他们的理性判断和自省能力，“使他们过分追求商品‘能指’性的符号价值，并且把生活、人生的意义与价值都赋予符号消费行为中”[①]。戴锐从当前中国现代化生活方式建构的角度指出，青年尤其是青年“迷”在标榜个性追求新颖生活方式的同时，也预设着他们走向了极端，偏离了现实生活。个性不再是青年自我思想、观念及行为的体现，更不是社会角色、生活情趣和意义的展示，而是成了对所谓的前卫、流行、特殊行为的刻意模仿和追随。戴锐进一步预判这种行为会导致青年自我世界的崩溃，即“青年理想的失落、自主意识和创造力匮乏、个性丧失、批判精神泯灭、文化人格的病态”[②]。潘知常、林玮指出，青少年在符号消费中反映出一种当下的情感宣泄，体现为一种“享受的合理性”满足，“假如对之不加以引导、提高，相反却放任自流，甚至听任它肆意越过自己的边界，去侵吞文化、审美的领域，把文化、审美赶入枯鱼之肆，却又难免不会成为一种伪快乐、一种伪幸福、一种伪文化、一种伪审美”。[③]余开亮认为，形象消费是青年文化消费的主要方式，并从形象包装、明星逸闻、偶像崇拜及青春舞台四个维度对偶像形象进行描摹[④]。通过偶像消费揭示青年迷文化的消费形式、内容及心理特征。

（五）青年迷文化教育对策研究

学者主要从当前突出的迷文化现象及青年“迷”个案深入分析并揭示对迷文化教育引导及对策实施的重要性。首先，媒介素养的培养方面。刘潆檑、莫梅锋认为，媒体在“迷”病态化发展的过程中负有不可推卸的责任（传媒伦理缺失），媒体营造的是“超真实”的虚拟环境。这种虚幻的镜像屏蔽了现实的真实性，青年易在“拟态环境”中迷失自我。传媒伦理是区分好与坏、善与恶等“正常”与“异常”的识别标准，不但可以成为传媒工作者“应该”或“不应

---

① 班建武 . 符号消费与青少年身份认同［M］：北京：教育科学出版社，2010：88.

② 戴锐 . 消费主义生活方式与青年精神［J］. 青年研究，1997（8）：31—35.

③ 潘知常，林玮 . 大众传媒与大众文化［M］. 上海：上海人民出版社，2002：200.

④ 余开亮 . 从偶像崇拜透视青年文化消费［J］. 青年研究，2001（11）：16—19.

该”的行事判准，而且可以进一步维持与再造社会正常秩序与传统文化价值[①]。“规范媒体的‘迷’营销和造‘迷’运作，引导媒介的商业行为遵守社会伦理道德。只有这样，媒介迷应有的权益才能得到保障，社会舆论环境才能因此日益和谐”[②]。其次，个案分析及教育探索。黄象品从“超女”现象得到启示，指出青年文化建设必须坚持以社会主义先进文化为统领，必须高度关注青年大众的民主选举和民主参与精神，必须创新凝聚服务青年的内容和形式，必须高度重视和关注网络在青年文化建设和现代生活中的作用[③]。张晨阳则以刘德华的歌迷杨丽娟为例，认为必须加强家庭、学校和社会对青年进行媒介素养的教育，通过系统的知识学习增强青年明辨是非的能力，进而自主进行媒介素养的养成。再次，加强对娱乐节目及媒体的监督与指导。冯济海认为：“在球迷等各类主题网络迷群里正日渐弥散着一种‘日常极化’现象，并特别反映于‘粉丝’同其敌对者‘黑子’在互联网上长期的群体斗争过程中。从迷群割据政治的角度为日常极化建立一个分析框架，以期拓展群体极化经典理论的解释边界，丰富对青年亚文化领域冲突心理与行动的理解”[④]。最后，加强思想政治教育。郑大平从思想政治教育的视角提出应加强榜样崇拜的合理引导；要尊重青年，发挥青年参与的主体性；应加强管理，发挥学生明星的组织魅力；应培养骨干，发挥骨干学生的带头作用；应更新手段，采用现代宣传教育方式；要寓教于乐，充分激发青年的参与热情[⑤]。从目前的资料来看，关于直接从思想政治教育视角探讨应对青年迷文化的研究成果甚少，诸多研究主要从传播学、语言学、社会学的角度研究，更多的是研究迷文化中青年粉丝文化的角度研究，如，俞凡的《韩剧传播对我国城市青少年文化的影响——以青岛市为例》、岳晓东的《青少年偶像崇拜与榜样学习的异同分析》、温海玲的《时势造偶像：解析青年偶像崇拜现象的变迁》等，缺乏对品牌迷文化、媒介迷文化、影视迷文化方面的研究，

① 刘濛槅，莫梅锋．迷的病态化与传媒责任［J］．新闻记者，2007（6）：19—20.

② 刘濛槅，莫梅锋．正确引导媒介迷构建和谐媒介伦理——从媒介迷的病态化谈起［J］．声屏世界，2007（6）：6—8.

③ 孟象品．从“超女”现象看我国青年文化发展的新趋向［J］．中国青年研究，2006（3）：73—75.

④ 冯济海．“粉”“黑”之争：网络迷群极化的“日常化”转向［J］．社会学研究，2021（11）：113—135.

⑤ 郑大平．青年偶像文化的现状、特点及应对策略［J］．学校党建与思想教育，2013（1）：7—9.

迷文化范畴过于窄化。更多的是从宏观社会、学校、家庭等角度研究解决迷文化困境的对策，还有一些关于青年迷文化教育的论述散见于流行文化、大众文化等论著中。

三、青年迷文化研究的基本评价

第一，青年迷文化的相关概念及内涵模糊。国内外学者在研究成果中将“迷”与粉丝的概念混淆或等同，在国内的诸多文献翻译中“迷”就是粉丝。对于“迷”与粉丝、偶像的概念界定缺乏一定的学理性和系统性思考。而迷文化概念在学界没有统一的界定，在“迷”与粉丝含义混淆的基础上也将迷文化进一步等同于粉丝文化。在迷文化理论研究中，相关表现形态研究呈现不平衡的态势，大多理论成果研究侧重于粉丝及粉丝文化研究，而对“控”和“瘾”，尤其是“软瘾”的理论研究比较欠缺，没有形成相对的理论支撑。

第二，青年迷文化理论研究呈现零散化与表面化。青年迷文化研究缺乏系统性，致使这一领域中的相关研究视点无法寻找到适应的理论坐标，也使青年迷文化教育具体对策无法科学落实。从已有的相关研究成果来看，系统化、专门性的学术专著难觅，对青年迷文化教育进行研究往往是就某一方面（粉丝）进行分析，或者是对特定追星行为的分析研究。对于青年“迷”个体及迷群体的入“迷”程度和阶段学术界研究较少，而这有碍于我们对青年迷文化的深入研究。这些零散化的研究由于是从局部问题出发，且各自独立，缺乏对青年迷文化在当今社会转型文化语境影响下的整体考察和系统分析。此外，已有的研究大多是建立在传播学、语言学和社会学学科上的研究，涉及教育学、思想政治教育学等学科的研究较少。

第三，青年文化一直是青年教育及发展研究的一个主要研究视域，研究者从很多视角对其进行追问、反思青年教育的现状，但目前专门从迷文化的角度对其研究的学术性成果较少。我国在革命、建设和改革的发展过程中，始终重视青年、发展青年，青年迷文化作为青年文化的重要组成部分，应正确看其在当代社会对青年尤其是青年“迷”的深度影响。当代青年是迷文化的狂热追随者和消费者，青年对于迷文化过度的渴望和追求，会导致青年自我的泯灭、主体性的丧失、理性思维的缺场，青年如果沉溺于自我建构的“迷”世界中，将会导致其自我责任感丧失，失去自我存在的意义和价值。在青年迷文化现有的研究中，主要倾向于对青年迷文化异化现象的分析，其所呈现的研究局限性在于对青年迷文化研究视域窄化，青年迷文化的价值性资源及意义未得到重视及发掘。对于青年迷文化不能全盘否定其存在的价值性，更不能一味地纵容青年“迷”的娱乐性、消费性迷文化生成，对青年迷文化要有科学、理性的文化界定及思想观念的澄清。青年迷文化的消费性、娱乐性、迷狂性等特质反映的是迷文化在发展过程中的失衡，映射出我国当代青年的婚恋观、生活观、人生观、价值观和世界观的异化。当代青年在某种程度上都是一定程度“迷”的存在，青年的教育和发展应从青年最关注的迷文化着手，关注青年的生存和发展现状，引导青年在追求“迷”的过程中培养其文化自主性、创造性及反思性的生成。

第三节 主要内容，重点、难点与创新点

一、主要内容

第一部分为绪论，主要阐述青年迷文化研究的背景及理论与现实意义，分析和梳理目前迷文化研究的现状，对青年迷文化的特点、规律、影响因素进行总结和归纳，为论文研究奠定前期基础。

第二部分对“迷”与迷文化的理论进行分析，包括：“迷”、迷群、迷文化等基本概念的界定，对青年迷文化的表征——我是你的粉丝—“我思故我迷”“X 控”—由“所俘获”到“所自我俘获”、软瘾—娱乐“中毒”进行分析；分析迷文化与大众文化、亚文化、流行文化间的联系与区别，厘清青年迷文化的特殊性，进一步从政治经济学、精神分析学、文化人类学、社会学、传播学等学科展开对迷文化的理论研究。

第三部分是青年迷文化的内涵及形成机理研究，主要是对青年迷文化的含义、特征、类型的界定与分析，从青年迷文化的复苏期、发展期、繁荣期及转型期的嬗变过程揭示不同阶段青年“迷”主体的思想、观念及行为特征。通过

对青年迷文化形成的社会机理、心理机理及青年自我认同机理进行分析，着力探究青年迷文化形成的具体机理及其影响过程。

第四部分是青年迷文化的价值功能研究，主要分析青年迷文化对青年个体、迷群及社会的价值功能。青年迷文化对于青年个体、群体及社会发展具有丰富的价值意涵。青年迷文化为青年迷个体提供了丰富的文化生活及交往方式，对青年思想观念的塑造、日常生活的充盈、个体文化素质的发展具有重要的作用；从群体价值来看，青年迷文化具有对迷群身份的形塑、迷群共识的建构、引领迷群聚焦青年问题、促动迷群参与公共生活、规约迷群非理性行为等功能；在社会价值方面，青年迷文化在新的政治生态建构、迷群经济的崛起及开发、国家文化软实力的提升及现代城市精神的塑造等方面发挥着重要作用。

第五部分是青年迷文化问题症候研究，主要对文化的边缘化、公共牧场的悲哀、价值的偏移与颠覆、道德标准的“双重”化等青年迷文化的现实症候进行分析，并进一步从现代性中的“我们”、作为社会症状的“迷”“我们”与“他们”的划界方面揭示青年迷文化现实症候存在的本质；在此基础上从个体角度分析微时代场域中青年“迷”的异化、迷文化虚拟景观中的“迷”及青年“迷”的身份焦虑与困惑等方面分析青年“迷”的非理性思想及行为；从群体视角分析迷文化现实症候中青年迷群的冲突、极化及迁徙，迷群风格的局限与拆解，迷群公共生活的衰微等所导致的社会风险使青年迷群集体坠入狂热、迷狂思想及行为的主要原因。

第六部分是青年迷文化教育与规约的前提性认知，主要从国家文化产业发展的现实政策、构建社会主义和谐社会、青年个体发展等宏观、中观、微观视域考察青年迷文化的现实际遇。立足于主体性与规范性、多样性与主导性、创新性与发展性相结合的原则维度基础上，从确证青年迷文化的价值性功能、发掘青年迷文化的价值性资源及有效发挥其价值性功能等方面进行分析，为青年迷文化的教育形塑及社会规约奠定研究基础。

第七部分是青年迷文化教育的形塑，主要从自我认知的疏导、自我个性的养成和文化人格的塑造方面注重青年“迷”心理的疏导，尤其是现代青年“迷”心理的建设，引导青年“迷”主体构建成熟、稳定、理性的迷心态，为青年迷文化建设构筑坚实、稳固及丰富的“迷”精神世界；青年迷群自我教育的形塑主要立足迷群整体的构建与发展，在协调迷群内部关系，即厘清与优化、冲突与平衡、协商与对话、抵抗与自治、共享与发展、愿景与行动之间关系的基础上促进青年迷文化的发展。青年“迷”主体的思想政治教育主要从坚定理想信念教育、筑牢思想根基，注重差异性、实施类别化的思想教育，培育社会主义核心价值观，引领青年迷文化发展方面进行形塑。

第八部分是青年迷文化的社会规约。加强共青团组织、青年自组织及社团的建设，发挥共青团服务青年、发展青年的宗旨，以青年自组织引领青年迷群自我服务、自我管理和自我发展，通过丰富的社团活动，拓展青年迷文化的范围，丰富青年的迷文化生活；从构建宽容的社会环境、拓展青年迷文化实践活动、规范青年迷文化传播环境方面优化社会环境，为青年迷文化的生成与传播创造良好的社会环境；加强青年迷文化激励、管理、推广和转换机制的建设，为青年迷文化成果的推广和转换创造良好的条件，促进青年迷文化的发展及其价值的实现。

二、重点与难点

（一）研究重点

厘清“迷”、迷文化及青年迷文化的相关概念，结合当代青年“迷”及迷群的具体文化生成现状及规律总结青年迷文化的类型，对青年迷文化的心理、社会、生成及传播机理的理论及现实逻辑进行准确把握。对传统青年迷文化研究范畴的窄化、青年迷文化过度的否定及青年迷文化与亚文化等同质化研究进行纠偏，确证青年迷文化对青年个体、群体及社会的价值功能及意义；对青年迷文化所具有的迷狂性、消费性、娱乐性等非理性倾向所导致的现实症候进行深度阐释，从青年“迷”个体的异化、迷群的群际冲突及其社会风险角度揭示青年迷文化异化的本质。

（二）研究难点

针对青年迷文化存在的问题症候，如何引导青年“迷”及其迷群进行理性的、科学的、合理的迷文化创生及传播，形成真正服务青年、发展青年，丰富和满足大众生活需求，体现当代青年精神的迷文化是研究的突破点；对青年迷文化教育与规约的现实际遇应有准确的研判，把握青年迷文化教育与规约的基本原则及价值导向，确证青年迷文化教育与规约的价值；从青年“迷”自我意识、思想道德素质及迷群自我教育形塑的角度探讨青年迷文化教育对策，从组织建设、环境优化及机制构建方面建构青年迷文化规约的社会支持体系。

三、创新点

国内外对于“迷”及迷文化从不同学科领域进行研究，新媒介技术的兴起促使诸多学者关注迷文化的发展趋向，积累了一定的研究成果。当前学者对青年迷文化的研究主要从传播学、语言学、社会学的角度去研究，更多的是对迷文化中青年粉丝文化的研究，其对策也主要是探讨对青年媒介素养的培养及文化观方面宏观性的研究，缺乏有针对性地对青年迷文化各类型及其迷群分化方面的研究。学界对于解决青年迷文化异化从思想政治教育方面探究解决策略的成果较少，对青年迷文化的教育和规约更多的是从传播学的视域研究迷文化的形成轨迹，缺少从教育视域及社会宏观视域的考察。青年迷文化研究立足于青年“迷”及其迷文化的创生及传播视角，揭示青年迷文化异化的本质，从教育及社会规约的视角充分发掘青年迷文化的价值、意义及引导规约的对策，对青年教育及发展研究具有重要的理论及实践意义，具有一定的开创性。青年迷文化研究涉及社会学、教育学、心理学、传播学和马克思主义理论等学科，是一项交叉性研究，需要在充分整合文献资料和实际调研的基础上实现多学科的交叉融合，从而追求理论创新和实践建构。

第四节 研究思路和主要方法

一、研究思路

首先，厘清和梳理“迷”、迷文化、青年迷文化的概念、特点、类型、变迁、理论内涵及形成的理论及现实逻辑；以现代性视角对青年迷文化进行审视，探究青年迷文化的表征形态，揭示其特点，分析其传播路径；在此基础上对青年迷文化进行理性追问，何谓青年迷文化的理性行为？何谓其非理性行为？通过具体个案调查进行深入分析。其次，深入分析当代青年迷文化的现实症候及本质，从青年“迷”的异化、身份焦虑到迷群冲突与变迁、风格局限与拆解及迷群智能衰颓与群体责任的规避等方面分析青年迷文化问题症候现象。再次，从宏观维度、中观维度和微观维度考察青年迷文化的现实际遇，遵循青年迷文化教育与规约的原则，确证青年迷文化教育与规约的意义及价值。最后，从青年“迷”自我意识的形塑、思想道德的形塑及迷群自我教育的形塑方面探究青年迷文化教育策略。从组织建设、环境优化及机制构建方面建构对青年迷文化进行规约的社会支持体系。

二、主要方法

（一）系统分析法

系统分析法在于保证对问题全面解释及其多维度的整体呈现，从整体性视角考量青年迷文化的嬗变历程、影响因素及发展态势。在系统分析法的关照下，构筑青年迷文化创生及传播的整体图景，将青年迷文化的分析视域从青年“迷”及迷群的视角拓展到整个青年、社会大众及社会发展视域中进行考察，确证青年迷文化对个体及社会的价值，充分发掘青年迷文化的价值性资源。青年迷文化是社会文化系统的分支，是青年的思想、观念及价值取向在文化层面的集中表现，表征着当代青年思想、观念及价值取向变化的特点及规律。青年迷文化的存在与发展丰富了大众的文化生活，为繁荣和发展新时代中国特色社会主义文化发挥着重要作用。强调系统性就是立足于调动和整合社会资源对青年迷文化进行规约和引导，从青年“迷”及迷群的自我意识、思想道德素质、自我教育的形塑方面促进青年的全面发展，从组织建设、环境优化及机制构建方面探究青年迷文化社会支持体系的方法和对策。

（二）比较分析法

运用比较分析法主要对我国青年迷文化研究的历程进行梳理与比较，分析青年迷文化发展的现象、特点及规律，结合具体时代境遇对特定时期青年迷文化的结构、内容及传播特点进行分析研究，比较各历史阶段青年迷文化的异同，总结青年迷文化的发展规律，学习和借鉴各时期青年文化研究的优秀经验及方法，结合新时代我国青年“迷”及迷群的现状，为青年迷文化研究提供可借鉴性资料。比较国内外青年迷文化的研究成果，关于青年迷文化研究西方学者起步比较早，而且已经形成系列、专题式的研究成果。国内关于青年迷文化研究的成果较少，主要倾向于对青年粉丝文化的研究、比较中西方关于青年迷文化的研究，国内这方面研究成果比较单薄。通过比较、鉴别中西方迷文化研究的差异，借鉴西方学者关于青年迷文化研究优秀的理论及实践经验，为分析当前我国青年迷文化的新现象、新问题、新特点提供理论性和实践性的支撑。

（三）个案分析法

个案分析法主要从微观视角研究青年迷文化的具体现象及特点，通过对青年“迷”的个案访谈，将青年迷文化聚焦于“迷”个体，探究青年“迷”个体由个体“迷”到参与迷群的发展过程，考察青年迷群内部迷文化创生及传播的特点及规律。通过对个别迷狂性、非理性青年“迷”的个案分析，探秘其“迷”心理由“沉浸”到“沉迷”的变化过程。个案分析从微观视角把握青年“迷”的特殊性，将青年迷文化的创生、传播的现象及特点具象化，有利于从微观个体深入把握青年迷文化的发展方向，为青年迷文化的整体研究提供了丰富的、有说服力的实证资料。

第二章
“迷”、迷群与迷文化

“迷”是主体对客体对象的崇拜、迷恋，客体对象可以是物，亦可以是人，相反客体属性的增强对“迷”主体则可以实现反控制，但“迷”主体的沉迷是自愿地、自主地、自由地成为“迷”对象的附属，进而失去自我存在的价值及意义。“迷”在现代社会尤其是网络社会的崛起标志着其在社会中的地位不断提高，根据迷对象的差异，不同类型的迷群和迷社区在现实及虚拟社会中共存，形成一种独特的文化体系，即迷文化。它日益成为社会文化体系的重要构成部分，在整个社会文化中有其特殊的价值及意义。

第一节 “迷”

关于“迷”的类型学术界没有明确的归类，一般来说，“迷”的对象可以是物，亦可以是人，更多的研究是把“迷”统称为“粉丝”。“粉丝就是对于某种目标（人或物）拥有喜欢、关注、信仰等情绪，并愿意付出成本（时间、金钱等）的人。从某种程度上说，粉丝是对某种目标具有精神信仰与精神服从的人，信任并愿意奉献”。[①]已有研究中关于“迷”的成果基本都把“粉丝”作为研究对象，并以“粉丝文化”对“迷”的主体、现象、特点、规律及“迷”后果进

① 张蕾 . 粉丝力量大［M］. 北京：中国人民大学出版社，2010：15.

行研究。但就“迷”个体的存在而言，“迷”只有在结成一定迷群的基础上才能开展具体的迷文化活动，只有在具体的文化交往中迷文化才能实现创生、传播及迷文化资源的共享与发展。

早期关于“迷”的研究中，“迷”是“着魔的独狼”和“歇斯底里的群众”，是一群“非理性的、失控的、易被外界力量左右的人”。美国学者约翰·费斯克认为，“迷”与一般受众的区别在于“过度”，即对特定的文本表现出超乎常人的喜爱，“迷”是“过度的读者”“狂热的爱好者”。在这些“迷”的界定中，迷主体因对迷对象的“狂热”程度不同而呈现出层次性。随着现代社会的发展及主体自主性的提升，社会对“迷”的行为更加包容，但对“迷”的“过度”及“狂热”程度界限的划分仍然模糊。哪些是正常的“迷”？哪些是超越了规范之外的“迷”？除了“迷”之外是否还存在着与“迷”相似类型的存在？目前，粉丝、控、瘾三者都是主体对迷对象过度、狂热喜爱所导致的社会现象，对粉丝、控、瘾的区别、联系，以及表征的研究有助于拓宽“迷”的研究范畴，并不仅局限于粉丝及粉丝文化，不同“迷”类型所彰显的现象、特点、规律及程度是研究“迷”的基础。

一、我是你的粉丝——“我迷故我在”

粉丝是“迷”的一个主要类型，“‘粉丝’一词是从英文fans演变而来的，意思是‘热心的追随者、狂热者、爱好者’等，现在主要用来指各类明星特别是娱乐明星的崇拜者和支持者……由于对某类明星的崇拜者往往是群体性的，因此就多使用fan的复数形式，即fans”。[①] 许多文章中将“粉丝”作为一个单复同型的名词使用，比如，“一个粉丝”，有时为了强调其群体性，则称之为“粉丝们”或者“粉丝团”。唐瑾认为，“‘粉丝们’是群体名词……‘丝’体现了有一群人，倘若只有四五人，就不能称为‘粉丝’。因此，‘粉丝’通常是指一群、一大群或一群群‘明星、偶像’的狂热仰慕者和崇拜者，还有人直接称其为‘粉丝团’”[②]。文化工业导致了大众文化的盛行，大众文化借助于媒

① 徐福坤．浅议“粉丝”［J］．修辞学习，2006（2）：74—75.

② 唐瑾．我看“粉丝”现象［J］．民主，2006（7）：44—45.

体的力量为我们制造了许多为人们所熟知的人物——偶像与名流，同时也产生了许多忠诚和热情的“追星迷”。英国学者克里斯·罗杰克认为：“随着上帝的远去和教堂的衰败，人们寻求得救的圣殿道具被破坏了。名人和奇观填补了空虚，进而造就了娱乐崇拜，同时也导致了一种浅薄、浮华的商品文化的统治”①。美国学者约翰·费斯克认为：“粉丝作为受众的代表是文化工业的受众，是积极的受众，所有的大众受众能够通过从文化工业产品中创造出与自身社会情境相关的意义及快感（pleasure）而不同程度地从事着符号生产（semiotic productivity）”②。这给出了粉丝的主要特征，即粉丝是文化工业的受众、粉丝是积极的受众、粉丝能够创造意义和快感及粉丝从事符号生产。同时，还可以将这种文化产品的原始文本转化为所属粉丝社群之间传播的新的文本，进而可以界定某粉丝社群的某种文本生产形式，而这个消费——生产过程必须通过整个粉丝群体共同完成，他们以相同的服饰、妆容等共识的形象符号参加活动。然而美国学者朱莉·詹森认为，粉丝经常被大众和学者概括为两种病态类型：“着魔的独狼”和“歇斯底里的群众”，这两种粉丝类型隐含着公众对现代生活的一种批评。“粉丝被视作展现了威胁‘我们’所有人的、更大范围的社会紊乱——现代性——的症状”③。但朱莉·詹森也指出，将粉丝定义为反常、越轨行为的背后实际上包含着一系列保守的价值取向，只要粉丝都具有“可靠的常识”，保持“理智”和“自我控制”，他们就和我们一样。

粉丝是对偶像的狂热崇拜和追随者，偶像在汉语中指由土、木、金、石等制作的各类人像或物像，偶像崇拜从人类的蒙昧时代已然产生。先民因无法解释各种神奇的自然现象，也无法抵御各种肆虐的自然灾害，在迷茫和恐慌中，他们幻想出一个个全能各异的神灵，用以解释宇宙万物的变化多端，并希望获得神灵的庇护，由此产生了最初的神灵崇拜。对于现代人来说，神灵崇拜是远古时代人们对于神灵的祭拜，希望以此获得庇护，而当代的偶像崇拜在崇拜对象、方式、心理和行为上都发生了根本性的改变，并呈现出新的特征。现代偶

① ［英］克里斯·罗杰克.名流：关于名人现象的文化研究［M］.李立玮，等，译.北京：新世界出版社，2002：97.

② ［美］约翰·费斯克.粉都的文化经济［A］.粉丝文化读本［C］.陶东风，编.北京：北京大学出版社，2009：4.

③ ［美］朱莉·詹森.作为病态的粉都——定性的后果［A］.粉丝文化读本［C］.陶东风，编.北京：北京大学出版社，2009：117—123.

像不再是虚化的神灵偶像，而是主要转型为现实“人物”偶像，如，各种明星、英雄、学者和专家等。现代偶像是市场和传播技术发展的产物，大众传媒通过技术将迷对象的虚拟形象与现实形象集合实施高强度、高密度、高速度的传播与展示。大众将迷对象视为人生导师，将其身上所展示的魅力作为自我人生的依托和指导，作为未来自我的一种想象与呈现，而迷对象的文本则成为最流行、最畅销的文化精品被广大“迷”所收集、生成、创新及传播。[①]2005年，湖南卫视选秀活动“超级女生”的举办，使大众、媒体及业内人士对粉丝有了前所未有的关注，网络上、生活中到处都充斥着“玉米”“凉粉”“盒饭”等，“粉丝”也成为影响整个娱乐及文化行业发展的主要力量。随着当代社会及网络技术的发展，“鹿饭”“蜜粉”“果粉”“米粉”“网红”等多样粉丝群体的出现，使粉丝已不仅是一种社会现象，而是发展为具有群体特征、内容、价值及传播体系的文化。“粉丝们具有良好的团队精神，勇于公开表达自己、真诚率直的态度；积极主动、甘于奉献的精神；与喜爱对象患难与共的忠诚度，以及在困难和压力面前勇于抗争的精神”。[②]因此，粉丝已不再是被动的受众，粉丝的情感认同、粉丝的文化消费、粉丝实践中的身份政治、粉丝社群与赛博空间等是当代社会粉丝现象研究的新领域。

二、“X控”——由“所俘获”到“所自我俘获”

“控”源于英文单词complex（情结）的前头音（com），日本人借用过来（コン），按照日语语法形成“某某控”的语言景观重构，借以表达对特定对象的过度喜爱。日本动漫深受我国青年人的喜爱，动漫爱好者也会高频率地使用动漫用语。“控”的拓展性及使用非常广泛，在“控”前面加上自己喜欢的对象，无论是物、人或是某种行为，都可以构成一个“控”族词，即“X控”。“控”主要分为三种类型：一是指涉的对象是人，即非常、极度喜欢的某人，比如，大叔控、御姐控、正太控等。二是喜欢的对象可以是某一种具

① 张嫱．粉丝力量大［M］．北京：中国人民大学出版社，2010：15.

② 胡琪．媒介重度使用者“粉丝”的受众特性分析［J］．重庆邮电大学学报（社会科学版），2008（5）：62—67.

体的事物，比如，微博控、制服控、眼镜控、格子控、苹果控等，“这类名词有一个特点，就是有时候不是直接用事物的本来名称表示，而是用该事物所具有的典型特征或者相关特征来表示，比如‘冰山控’是指对冷酷的人特别喜好的人，‘脑残控’是指非常喜欢让常人无法理解接受的另类东西的人”①。三是对某种事物扩展到喜欢某些行为或动作，可以是某种性质或状态，比如，气味控、声优控（指特别喜欢某个特征音质声音的人）等。“控”是一种新的社会认知的自我投射，人作为主体沉浸在这种被客体所俘获的世界中，迷恋而无法自拔，“控”族情感是一种坚硬的隶属感，这种情感具有强烈的依附性。“X 控”的产生，不可避免地打上了我国社会转型期“快餐文化”的烙印，它所反映出的文化心理源自多元文化的交流与碰撞，为草根一族的情感宣泄和自我调侃提供了可供使用的表达范式。

随着社会的发展，人们对于“控”族的态度也发生了改变，“X 控”不再被单一地视为变态、畸形的情感依附，而更倾向于一种爱好、兴趣的表达。人们可以很坦白、自信地表达自己是“某控”的意向，不再隐晦或羞于表达，这是一种对某物、人或行为的偏爱，更是一种自我个性及文化资本积累的彰显。当然，不同时代、不同阶段人们对“控”事物的偏好、情感表达及行为倾向是不同的，“新旧事物不断更替，这就要求与之相适应的语言也要跟上时代发展的步伐，不断地求新、求奇。‘控’族词与传统语言表达相比更简洁、更新颖、更生动，深受广泛青睐”②。“控”族词使用者绝大多数为青少年人群，因为“控”族词不仅满足了青年的文化表达诉求。同时，还让他们感受到前所未有的听觉刺激和话语认同感，“控”族词成为青年表达兴趣、爱好和需求取向的主要词汇，在青年迷群中被广泛使用和流传。近年流行的网络语言体现了语言的时尚性和修辞的形象生动性，青年对于流行文化的敏感性决定了他们更易接受“控”词组。青年通过类推或仿拟的方式开始大量制造“X 控”族词，且随着社会的发展，“控”的贬义、消极性色彩逐渐淡化，更多的是表明对某人或事物有特殊的偏爱或偏好。

---

① 雷冬平 . 附缀式网络新词族“X 控”探析［J］. 贵州社会科学，2011（10）：109—114.

② 李媛媛 . 网络“控”族新词及其所折射的社会文化心理［J］. 山西大同大学学报（社会科学版），2010（4）：60—73.

三、软瘾——娱乐“中毒”

瘾通常被纳入医学和心理学的研究范畴，医学心理学将成瘾行为界定为：“出现中毒症状、影响正常生活，产生依赖症状和强迫性行为，产生耐受性、出现需求增加，出现戒断综合征和断瘾后复作”[①]。对于成瘾原因和机制的解释，医学和心理学主要从“生物—心理—社会”三个维度来进行解析，并从生物学、精神分析、行为主义、认知理论等多元化理论角度来阐释。针对不同学科属性的差异，其对瘾的界定亦有所不同，比如，其在医学上被界定为“疾病化”，在心理学上被“心理问题化”，在社会工作上被“社会问题化”。虽然各学科对瘾有不同的理论解读，但相同点在于瘾逐渐被纳入社会规制的对象范畴。

“软瘾”是当代社会一个新的研究领域，软瘾的概念由美国心理学家朱迪斯·赖特最先提出，即“指那些具有‘强迫性的习惯、行为或情绪’”。美国临床心理学领航者赖特学院（the Wright Institute）调查显示：91%的美国人患有软瘾，其中，拖延、过度看电视在调查中名列榜首。[②]现代媒介环境中，过度依赖手机，频繁使用各种App软件，刷微博、微信等都有可能患有软瘾症状。美国社会学家拉扎斯菲尔德和默顿提出了著名的大众传媒的“社会麻醉”负功能，并指出随着新媒介平台海量信息及其高速传播，这种“社会麻醉”作用表现得更为强烈。“而迷面对各种屏幕的时间更多，往往在不知不觉中被媒介吞噬了时间，生活的节奏反而被媒介控制，因而可能影响其社会实际行动能力与深度思考的能力”[③]。软瘾是一种病态化回复性、强迫性行为，而这种举动往往被人们忽略，甚至认为是正常的行为。网络软瘾患者虽然获得了更多的网络信息，拓宽了知识面，但实际上生活满意度较低，虽然沉溺于娱乐新闻、贴吧、论坛、微博和微信等碎片化信息中获得了暂时的快乐，但并没有减轻生活压力，反而由于软瘾症导致了手机依赖、拖延、贪睡、熬夜等症状，不仅浪费了大量的时间，同时还降低了学习及工作的效率。软瘾不同于药物成瘾，对人体不会造成

---

① 章永生．异常心理与行为［M］．广州：广东高等教育出版社，2008：34.

② 刘斌，于瀛．大学生软瘾现状调查、分析及对策研究［J］．辽宁大学学报（哲学社会科学版），2013（4）：155—160.

③ 张晨阳．新媒介环境下的中国迷文化：理论取向与现实观照［J］．江西社会科学，2011（11）：246—249.

严重伤害或导致死亡，但同样妨碍人们的正常生活及工作。大部分软瘾者因自己在贴吧、论坛、微博、微信、抖音等直播平台浏览碎片化的信息，导致学习、工作效率低下，这使他们偶尔会感到自责、后悔，但又不能控制自己，经常陷入“两难”境地，并且软瘾更易被青年视为常态化的生活。“熟人交际圈”的网络化、自制力欠缺、现代化快速的发展模式遮蔽了个体精神发展需求，这是“软瘾症”产生的主要原因。

粉丝、控、瘾三者相互联系又相互区别，粉丝更多指的是主体对人（偶像）或物的崇拜、迷恋，而控的对象范围要比粉丝宽泛，控的对象可以是不同人群中普通人的某一类型，比偶像更易获得，控没有像粉丝那样有固定的团体和组织，控比粉丝更具有隐秘性。粉丝的对象也可以是物，比如“果粉”，虽然“果粉”也属于控的研究范畴，但不能将粉丝与控完全等同，控对主体来说更易获得，更加自主化、自由化。瘾主要是指对物的依赖、迷恋最终形成一种嗜好，软瘾与控有相似之处，比如，微博控、手机控等都是软瘾的研究范畴，但控又不仅限于微博控、手机控，所以虽然瘾与控的研究范畴有所相同，但瘾又不能完全代替控。因此，粉丝、控、瘾三者都具有“迷”的共性，虽然在研究内容上有交叉，但其各有特殊性，并从不同方面显示了不同类型的青年迷群的迷思想、迷心理及迷行为的差异。

第二节 迷 群

关于群体的研究主要从心理学、组织学、社会学、哲学等方面进行研究。“从心理学的角度看，群体应该是在意识和行动上相互发生联系或影响，为着共同的目标而协同活动的一群人”①。作为群体必须具备以下几个条件：首先，必须由两个或两个以上的个体组成，这是构成群体的首要条件。群体成员拥有共同的身份，并且具备相互合作的能力，通过群体的整合功能对他人和社会产生

① 李宁．群体心理学［M］．广州：暨南大学出版社，2000：2.

作用，而单个个体是无法形成这种整合功能的。其次，构成群体的成员要有共同的行动愿望和行动目标。拥有共同的愿望，或者叫作群体目标和群体标准，这就意味着不同的群体可能因愿望和目标不同而发生群际冲突。群体愿望源自群体自身强烈的根本需求，这些需求群体成员都能深刻感受到。因此，拥有共同的行动愿望和行动目标是维系群体存在和发展的必要条件，否则群体就失去了内在的支持动力系统，其群体成员在思想上难以达成行动共识，使内在生存系统紊乱，其群体行为则不协调，最终群体整合功能难以实现，致使群体生存面临危机。因此，群体成员拥有共同的行动愿望和行动目标是群体生存和发展的内在动力。再次，群体成员需共同遵循统一的行为规范，并不断地完善规范，以约束群体成员的行为，保障群体活动的正常开展。任何群体为了维持其生存和发展，无论在思想上还是在行动上，对其成员都有一定的规范性要求。规范是指被多数群体成员视为"正确思维"的态度、直觉、目标或行为方式。每一个群体根据其特性都有其专属的规范，这些规范不仅反映了群体成员的共同意识、共同观念和共同利益，还规定了群体成员的意识倾向和行为准则。具体包括群体内部成员共同追求的目标、角色定义、决策程序及群体活动的具体规定。规范的主要作用是切合潜在的个别群体成员违背群体规定的愿望，降低群体内部冲突及矛盾发生的可能性，规范群体活动。如果群体成员的思想和行为超出了群体规范的范畴、界限，其他成员就会有背叛群体的心理感受，群体内部就会有前所未有的紧张感。任何一个群体如果要保持群体内部思想的凝聚力，就必须以群体规范约束和规范群体成员，并使这种群体规范成为群体成员共同的认知，以此来约束那些背离群体规范的个别成员，降低群体内部的紧张感。美国学者哈罗德·伊罗生指出了群体形成及稳定的过程："这些体系曾经运用本身的向心力，营造出某种秩序，使内部的分歧不致太泛滥，而所谓的向心力，包括物质的、经济的、文化的与——最重要的——心理的，并把游戏规则融入信仰与行为的神话与迷思——亦即文化与种族优秀或低劣的主张——将其内化至每个人的意识中，使统治者与被统治者、加害者与被加害者都视为当然，然后再整合到制度里面以维持其运转。"[①] 因此，如果群体内部缺乏规范性共识或个别成员的意识倾向和行为与群体规范相抵触时，个别成员将会产生与群体利益

① ［美］哈罗德·伊罗生．群氓之族——群体认同与政治变迁［M］．邓伯宸，译．桂林：广西师范大学出版社，2008：19.

相矛盾的愿望，冲突就会普遍存在，这样的矛盾和冲突如果继续存在和发展，群体将面临瓦解。相反，如果群体内部有非常明确的规范，具体规范则会有效地约束着那些最有可能发生冲突的人际关系和违背群体规则的行为。

一、迷群的内涵

迷群作为社会诸多群体中的一个群体集合，它和所有群体一样，单一的迷个体不能形成“迷”特有的文化现象，随着网络媒介技术的迅速发展及娱乐产业的迅速发展，通过新兴媒介平台而成为“迷”的个体越来越多，他们跨越了空间、时间、年龄等界限。“迷”通常以一个群体的形式出现，是相对于广大主流受众的小众群体。因“迷”而形成的小众群体，一般称之为迷群（fandom），在《韦氏大辞典》中，fandom 有两个意思：一是指所有粉丝；二是指作为粉丝的状态和态度。第一个意思可以译为“粉丝群”，也可以理解为“粉丝”，其实应该是单个“迷”的集合体，我们称之为“迷群”。在部分语境中，可以与“粉丝”（fan）一词互换。第二个意思，可以大致译为“喜好”。但 fandom 作为粉丝研究的一个最重要的用语，出现了两个极为不同的中文对应词，似乎略有不妥，部分中国台湾学者将 fandom 一词译为“粉都”。粉都从大量生产和发行的娱乐产品中挑选某些表演者、叙事或文本类型，并将其纳入自主选择的群体文化中。约翰·费斯克认为，大众受众区别于精英受众，而较为“正常”的大众受众又区别于粉都，即狂热的粉丝受众。可见，粉都往往与主流价值体系所诋毁的各种文化形式有所关联，包括流行歌曲、言情小说、漫画及好莱坞的大明星。于是，粉都便与从属阶层的文化品位休戚相关了，尤其是与那些因性别、年龄、阶层和种族的任一组合而被去权化（disempowered）了的人群之品位息息相关。[①] 迷群和社会中的诸多群体一样，有其特定的互动方式、明确的行为规范、共同的意识等，雷蔚真从群体的视角阐释了迷群和其他群体的共性，并进一步指出迷群特有的生存空间，即网络虚拟社区。“迷群是对媒介明星、偶像及其相关文本主动投入、参与，形成以共同兴趣为基础的趣缘群体，是社会

---

① ［美］约翰·费斯克．粉都的文化经济［A］．粉丝文化读本［C］．陶东风，编．北京：北京大学出版社，2009：4.

群体（social group）的一部分，即具有社会群体的基本特征，如经常性的社会互动、相对稳定的成员关系、明确的行为规范、共同一致的群体意识等"[①]。并进一步从两个方面阐述了迷群的生产过程：一方面，从组织架构、身份认同、成员在社区内进行文化再生产的动机、激励机制、迷群与外部的关联等角度系统地分析了网络迷群；另一方面，以近年来兴起的国外影视剧字幕组为个案，从跨国传播的角度分析了网络迷群在文化帝国主义、国家文化软实力等方面所扮演的角色，对网络这一媒介环境的迷群体的作用和机制进行了理论性探索。针对不同类型文本存在着多元迷群，从早前的影迷、剧迷到当前更为多元和细化的迷群体，如，音乐迷、时尚迷、历史迷、政治迷、美剧迷、韩剧迷、军事迷等。当代迷群更加注重与迷对象主体建构的关系，并且形成了跨媒介、地域、空间的迷群互动，在这一过程中实现了身份认同建构。因此，迷群是由迷主体对不同迷客体的迷恋所组成的"迷"的集合，具有一般社会群体共有的稳定的迷成员人际关系、共同的意识、明确的行为规范等特征。迷群是建立于网络虚拟社区，有着共同兴趣、爱好和心理基础，对迷文本具有解读和生成能力的群体组合。

二、迷群的特征

迷群和其他群体一样，除具有群体共有的共同意识、仪式、传统和责任感等特征外，哪些群体属于迷群，哪些群体又不属于迷群，还需要根据"迷"的特性、迷群的形成过程，以及"迷"的实践活动等方面进行辨识。约翰·费斯克认为，迷群具有辨别力与区隔、生产力与参与性、资本积累三个主要特征，并指出这三个特征是一般迷群的特征，并不代表某些特定"迷"与迷群的特征。没有任何"迷"或迷群能够相应地展示出这三个特征，相反，根据迷群的特质、属性不同，迷群特征各有侧重点，并存在差异。这三个特征是所有迷群共有的普遍性特征，在此不对迷群的特殊性特征进行界定。

① 雷蔚真．网络迷群与跨国传播——基于字幕组现象的研究［M］．北京：中国传媒大学出版社，2012：2.

（一）特殊的文本生产和实践形式

“迷”与普通大众之间最根本的区别在于“迷”是过度的读者，这种“过度”的行为激励他们比普通大众更积极主动地、热情地、狂热地参与文本的生产和创造过程中，创造的新文本在特定时期极易流行，是迷群主要的共享文本。迷群是主动的文化生产者，他们“按照自己的理解对媒介文本进行解读，并从中建构意义，获取愉悦”。[①] 约翰·费斯克认为，“迷”的生产力划分为三种，即符号生产力、声明生产力和文本生产力。符号生产力是从迷客体的符号资源中建构社会认同和意义；声明生产力是迷群通过发型、服饰等外在形象构建属于特定迷群的身份认同；文本生产力是指迷群不是被动地接受文本信息，而是主动参与原始文本的构建当中，对原文本进行再生产，并将新文本资源在迷群中共享。迷群内部通过正式和非正式的方式主动、自愿地接受原始文本，即使“迷的闲聊也填补了文本裂隙。它说明了文本中省略或掩埋了的动机和结果；它扩展了解释的空间，提供了另一种或者额外的洞见；它再诠释，再表现，再创造。原初文本是一种文化资源，从中可以生产出无数的新文本”。[②] 虽然原初文本的结构决定了新文本的范围，但原初文本无法限制使用它的“迷”的创造力。“迷”之间获取信息和占有信息的能力不同，在迷文本创造过程中根据“迷”自身的社会经验及社会关系创造出体现自我特色的文本意义，并在迷群间共享。这并不代表迷群整个文本生产力的终结，在文本生产过程中，最为重要的是，迷们在文本创造过程中给予文本的批判和阐释性实践过程，这一过程是以忠于原初文本为前提的。“这种‘迷’的生产力甚至可以扩展至更大的范围，生产出的文本足以与原初文本相匹敌，或者对其加以扩展，甚至彻底重写。因此，麦当娜的歌迷不仅模仿她的外表，甚至创造出新版的麦当娜，他们还举办比赛，看谁长得最像麦当娜，谁的歌唱得最像麦当娜”[③]。“迷”创造的新文本需要在迷群公共平台对新文本

---

① ［英］丹尼斯·麦奎尔．受众分析［M］．刘燕南，等，译．北京：中国人民大学出版社，2006：29.

② ［美］约翰·费斯克．理解大众文化［M］．王晓珏，宋伟杰，等，译．北京：中央编译出版社，2006：175.

③ ［美］约翰·费斯克．理解大众文化［M］．王晓珏，宋伟杰，等，译．北京：中央编译出版社，2006：175—176.

进行批判、重组、再造的完善过程，“在某一给定时间能为集体智力活动提供可能的所有相关知识”，在迷群“集体讨论、商谈和发展”的平台，它们促使每个成员为了共同利益而去寻找新的信息资料：“尚没有答案的问题会产生压力……显示出哪些方面需要发明和创造。”① 迷群在文本生成和实践过程中创建属于自身特色的文化社区，并在社区中进行公开的意义生成和文化活动，在迷群开放的共享环境中实现资源的有效开发和利用。

（二）迷群集合与迷态表达的媒介化

以互联网为主体的新媒介改变着大众的生活和交往方式，拓宽了大众的生活空间。从社会文化赖以生存的媒介和技术语境来看，以互联网为核心的新媒介对社会文化生态进行着全方位的渗透，整个社会文化的存在形态转向“数字文化生存”。媒介理论之父、加拿大学者麦克卢汉提出的“地球村”论证了这种数字化的生存状态，他认为电子媒介改变了人们的交往方式及人的社会和文化形态，电子媒介实施者反都市化，“即‘重新村落化’，消除了城市与乡村之间的中心——边缘结构，消解城市的集权，使人在交往方式上重新回到个人对个人的交往”②。当代迷群突破了传统媒介对构建迷群的物质、时间、地域、空间及规模的囿于，迷群文本生成及传播方式由传统的单向度传播转向多维度交互式传播，由滞后性传播转化成即时性传播。在诸多社会群体中，“迷”对虚拟世界的迷恋会产生系列的迷文化及文化产品，他们是媒体受众中最活跃的群体。迷群利用新媒介，如，智能手机、微博、微信、社交网站、论坛、直播等进行文本的生产和实践活动。在对社会主体身份、性别、收入、学历等模糊化的虚拟世界中，迷群由传统的“小团体”发展成更为普遍存在的“大众化”社区，各种“迷”集结在一起创造属于迷群集体符号、精神寄托、身份认同及资源共享的活动空间。在新媒介平台，“迷”根据对不同迷对象的迷恋程度、对迷客体的认知程度不同而参与迷群活动，新媒介是迷群资源“展示”最主要的平台。“社会空间和公共空间正在经由媒介辅助的做法而重新拓展。人的行为空间可以

① ［法］皮埃尔·莱维．集体智慧：网络空间正在崛起的世界［M］．剑桥，马萨诸塞州：波尔苏斯图书公司，1997：217.

② ［美］约翰·费斯克．粉都的文化经济［A］．粉丝文化读本［C］．陶东风，编．北京：北京大学出版社，2009：4.

被广泛利用了，不仅可以用作想象建构的空间，或记忆追寻的空间，还可以用作永恒的视觉寻踪空间。”[①] 可以说，新媒介的驱动使迷群呈现多元化发展趋势，唯有在新媒介场域中迷群才能更好地进行文本的生产、创造和消费，迷主体的价值及意义才得以最大化实现，迷群在实践活动中创造的属于自己的生产及流通体系的——迷文化。新媒介是迷群集合与迷态表达的主要场域，在新媒场域中迷群的思想、意愿、行为等得到集中展现，新媒介使得迷群的思想、情感得到最有效的表达、传播及互动。

（三）文化资本的积累与符号消费

“文化资本”是法国学者皮埃尔·布迪厄将马克思主义经济学中的资本概念扩展后提出的社会学概念，它将资本划分为经济资本、文化资本和社会资本三大形态，并指出在当代社会，文化已渗透到社会的各个领域，在特定情况下，文化资本可以借助一定的条件转化为经济资本。布迪厄认为，文化资本在当代社会的价值尤为重要，进一步地将文化资本划分为身体形态、客观形态和制度形态。文化资本以一种客观化的物化状态存在，当文化资本转化为书籍、图片、工具、古董等之类的东西时，文化资本就是以这种客观化的方式而存在的，这种客观化的存在方式我们称之为文化产品。一种文化产品必然包含着特定的文化价值，其价值是由具有文化转化能力的个体根据内化的具体文化内容赋予的，文化产品以物化的形式，在文化产品传递的过程中实现了文化内容的传播。约翰·费斯克用布迪厄的“文化资本”理论来分析粉丝文化资本的形成过程，“在粉丝文化中，如同官方文化中一样，知识的积累对文化资本的积累是至关重要的”。但“粉丝文化知识与官方文化知识的不同之处在于，它是用来强化粉丝对原始工业文本的权力感和参与度的”[②]。在迷群中，“迷”通过践行一种“馆藏式”的消费，购买和收藏关于与迷对象有关的知识、物品进行文化资本的积累，并为其投入更多的时间、精力和情感，对迷对象的原始文本进行深入解读和分析，在忠于原始文本的前提下对其进

---

① ［英］尼克·库尔德利．媒介、社会与世界：社会理论与数字媒介时间［M］．何道宽，译．上海：复旦大学出版社，2014：51.

② ［美］约翰·费斯克．粉都的文化经济［A］．粉丝文化读本［C］．陶东风，编．北京：北京大学出版社，2009：14.

行创造，从而获得更高层次的快感、制造更多的意义在迷群中共享。正如陈霖指出的："迷群作为一群特殊的消费者，由于投射了过多的情感在偶像客体上，情感的过度沉溺淹没了他们的消费理性，呈现出类似博物馆或者图书馆式的消费"[①]。迷群这种文化资本积累的方式促进了有关迷对象的各种"衍生"产品的诞生，根据迷群的各种消费倾向而调控市场趋势，实现迷文化资本向经济资本的转换，通过生产活动生产新的文化产品在市场化运作中转化为文化产业。从迷群文化资本转化为经济资本的路径来看，其实是迷群对迷客体象征符号的消费。迷对象一般都具有符号象征及功能，是被嵌入了更多文化、意义及价值的符号系统，可以被"迷"积极关注、阅读及诠释。"迷"一般带有特定的情感依附阅读迷对象文本，迷对象文本所生成的符号意义具有被"迷"解构的多义性特征，这种特征既可以指涉迷对象文本所体现的情感、意义及价值的丰富性，又可以将某些意义特意强化，将其他意义价值淡化、隐藏甚至是替代。无论迷群的对象是偶像，还是品牌，是游戏还是球类，最为重要的是作为迷客体本身所附着的一系列符号特征，正是这些符号特征让迷群成员所模仿、追捧。因此，是偶像的符号或者是品牌符号才具有符号的价值，尤其是符号消费所带来的一系列迷群消费现象。

三、迷群的基本形态

在网络时代，迷群已经发展成为一种普遍的社会现象，加入各类兴趣社群，共享资源、分享心得已成为"迷"的一种文化活动形式。在网络社区，迷群使用聊天群、贴吧、BBS、博客、微博、微信、直播等其他形式的虚拟社区。新媒介的兴起使得网络迷群从形式、规模和类型等方面得到了迅速发展，根据迷群中"迷"的特征可以分为偶像迷群、品牌迷群、科技迷群、体育迷群、文化迷群、跨国迷群、特殊癖好迷群、字幕组迷群等。下面主要对普遍存在并形成一定规模的偶像迷群、品牌迷群和字幕组迷群进行分析。

---

① 陈霖．迷族——被神召唤的尘粒［M］．苏州：苏州大学出版社，2012：33.

（一）偶像迷群

偶像在汉语中指由土、木、金、石等制作的各类人像或物像，偶像崇拜、偶像迷群从人类的蒙昧时代即已产生。原始社会初期先民因无法解释各种神奇的自然现象，也无法抵御各种肆虐的自然灾害，他们对于外在自然环境充满了敬畏感和神秘感，自然崇拜是人类最原始的崇拜意识。人类为了维系氏族和部落的生存和发展，出现了以图腾观念为标志的原始社会早期的宗教形式，图腾崇拜既是自然崇拜最成熟的形态，又是神灵崇拜最不成熟的形态。神灵崇拜是指在原始社会人类信仰不仅产生于客观存在的大自然的存在物，同时也来源于人类自身通过直接的感官接触后所引起的多种联想。尤其是在极度的迷茫和恐慌中，人们幻想出各种神灵，用以解释宇宙万物的变幻多端，并希望获得神灵的庇护，实际上这是对某种自然力的直接崇拜。对于现代人而言，随着社会的发展，人们对偶像崇拜的对象、形式、内容等都发生了根本性的改变，现代偶像不再是虚化的神灵偶像，而是主要转型为现实“人物”偶像，英雄崇拜真正使崇拜心理由神灵回归到人本身，回归到现实生活中对鲜活人物以及事迹的崇拜，如，各种明星、英雄、精英、学者、专家等，成为人们崇拜的对象。

现代明星崇拜既是一种偶像崇拜，又是一种英雄崇拜，但不同于传统偶像的内部生成机制，现代偶像是现代大众传播媒介直接催生的产物，离不开大众媒介高强度、高密度的展示与宣传，是虚拟的媒介形象与现实形象的结合体，明星崇拜取代了传统意义上英雄在人们心目中的地位和趋势。从人类偶像崇拜的心理演变轨迹及偶像更迭的过程来看，一方面，人类走过了对自然、图腾、神灵等超自然力的崇拜之后，回归到人的本真、英雄及明星崇拜，偶像崇拜走过了一个否定之否定的辩证过程，偶像崇拜朝着科学、正确、适度的方向发展。另一方面，从偶像崇拜的发展过程来看，任何时期的偶像崇拜都不是个体单一的、孤立的、自我的崇拜，而是氏族、部落、群体的一种集体性崇拜，社会发展的任何阶段都不是超个体的存在，而是个体融入集体的一种融合式发展过程，偶像崇拜亦是如此。因此，自然、图腾、神灵、英雄、明星崇拜都是在建立迷群基础上的集体性、团体式、规模式的崇拜，具有特定历史时期的时代性特征，体现了特定时期人们的心理及社会发展轨迹。

(二) 品牌迷群

个体对于品牌的入迷成为品牌的忠诚爱护者和追随者，并通过诸多粉丝一起组建品牌迷群，共同建设和维护该社群，因此品牌迷群也可以称为品牌社群。2001年，美国学者阿尔伯特·M·小穆尼兹（Muniz Jr·A·M）和托马斯·C.奥吉恩（T·C·O Guinn）首次明确提出了品牌社群（Brand Community）的概念，认为品牌社群是建立在使用某一品牌产品消费者之间的一整套特定社会关系基础上的、专门化的、非地理意义上的社群。品牌社群突破了传统意义上社区的地域界限，是以消费者对品牌的忠实情感为基础的。品牌社群是以特定的品牌（有形产品或服务）对象成立的社群，超越了地域界限，是建立在品牌使用者一整套社会关系基础上的，所以，被称为社群。"品牌社群有类似于'传统社区'的基本特征，即共同意识、共同的仪式和传统以及责任感"[①]。共同意识、仪式和传统是社群内部成员之间特有的、固定的联系，是与其他社群区别的最重要的标志，更是巩固群体内部成员思想共识的重要组成部分。信仰是群内粉丝们的共同意识，在品牌迷群中，群体成员共享的价值观是品牌存在的根本前提，也是衡量品牌社群差异性的标准。当某品牌形成了固有的品牌迷群且在不断发展的过程中有更多的"迷"加入品牌迷群后，迷群要让"迷"有强烈的归属感，有特殊的身份认同，并在共同的思想、意识、责任感驱使下共同维护品牌的发展。品牌迷群可以通过品牌群从最初建立到发展所形成的固有的传统和仪式，来巩固迷群内部成员的文化及价值观念，进而增强品牌迷群成员对于品牌的崇拜和追随。

共同的仪式和传统是指品牌和品牌迷群的意义通过共同的仪式和传统得以复制和传递，社群所共有的历史、文化和意识也因此得以传承。当这些品牌迷群上网后，它们就能够长期维持社会联系，从而加强了社区在影响成员购买决策方面的作用；它们通过社区互动扩大了潜在消费者的数量，并且促进随意的消费者与产品之间建立起更强的约定关系。比如，苹果手机的"迷"简称果粉，小米手机的则称米粉等，果粉和米粉等粉丝经济模式的核心本质就是品牌社群。责任感是指社群成员感到自己对整个社群和其他社群成员负

---

① 叶开．粉丝经济——传统企业转型互联网的突破口［M］．北京：中国华侨出版社，2014：22.

有一定的责任或义务。阿尔伯特·M·小穆尼兹（Muniz Jr·A·M）和托马斯·C. 奥吉恩（T·C·O Guinn）断言：“品牌社群代表品牌发挥着重要作用，例如分享信息、保护品牌的历史与文化遗迹（向其他用户）提供帮助。它们给市场营销者和消费者之间的关系提供社会结构。品牌社群还对其他成员施加压力以使他们对集体和品牌保持忠诚”[①]。像果粉、米粉等由高度坚定的消费者组成的特定群体，通过参加“品牌活动”增强粉丝对品牌的认同感和归属感，如，小米的“小米之家”“小米节”，让全国各地的小米粉丝有了一种集体归属感。忠实的“迷”是共同参与迷群活动形成了他们的文化品位，而品牌在推广和销售的过程中注重“迷”对于产品的反映，并形成由“迷”所构成的产品评估体系，确立、稳固及发展产品的意义。品牌迷所形成的迷群组织机构能够促使品牌的建设更多地趋于满足自己的需求，而这一点是个体“迷”无法达到的效果，品牌迷群对于品牌产品的发展具有重要的推广和促进作用。正因为这样，在加强社群内部和线上、线下互动的同时，还要刺激粉丝进行外围社会关系的互动和参与，并将圈子内部的内容和外部社交网络的关系进行融合，从而形成“养粉—互动参与—圈子融合”的过程。可见，品牌迷群有自己的共同价值观和责任意识，构建和完善社群规范，通过制度、层级和角色进行“迷”的参与程度划分，并通过利益的具体分配、激励和惩罚机制等影响和控制社群的群体行为，提升群体的认同度、拓展群体的生存与发展空间。

（三）字幕组迷群

20世纪80年代末至90年代初，“粉丝字幕”开始出现，即业余人士翻译制作日本动画字幕。随着互联网在我国的普及，更多来自欧美、日韩的优秀影视作品进入我国，字幕翻译作为国外影视剧集的一个关键部分，对其广泛传播起着越来越重要的作用，字幕组由此诞生。“字幕组（fansub group），被称为‘网络上的电影字幕翻译家’的群体，他们出于爱好聚集在一起，通过国外网站下载视频文本，制作中文字幕，单独或直接与影片压缩在一起，发布在网站上供迷群共享。这个特别的群体正发挥着越来越大的影响力，这个群体甚至已经

---

① ［美］阿尔伯特·M. 小穆尼兹，托马斯·C. 奥吉恩. 品牌社群［J］. 消费者研究杂志（*Journal of Consumer Research*），2001（3）：427—433.

对互联网用户对外国影视作品的媒介接触方式和习惯产生了巨大影响"[①]。可见，字幕组是互联网发展催生的新生事物，属于民间自发的由影视作品爱好者根据个人的兴趣所组成的群体，最重要的是，这些爱好者不以营利为目的，完全是出于自己对某部电视剧、电影、动漫等特定作品的兴趣和喜爱而开展的行为，因此字幕组又被称为"网络义工"。正如麻省理工学院日本卡通社社长肖恩·伦纳德所说："粉丝字幕组对于西方动画粉丝群体的成长极为重要。如果在 20 世纪 70 年代末到 90 年代初粉丝没有把这些内容介绍给其他人，那么人们就不会有像今天这样对智慧和'阳春白雪'型的日本动画的兴趣"[②]。字幕组在中国的发展主要是在网络传播资源共享的浪潮中出现并形成规模的，其主要组织形式是依据共同的爱好和信念建立的迷群虚拟社区。字幕组的活动和线上迷群的活动不可分离，在中国，最早的字幕组就是由一些爱好者的自发活动衍生出来的，最初是少数游戏爱好者的汉化活动。"从出现开始，字幕组的精神和宗旨就是免费、共享、交流、学习"[③]。从 2002 年开始，美剧《老友记》的爱好者聚集在一起，通过网络建立起美剧字幕的鼻祖"F6 论坛"，并衍生出 F6 字幕组。后来，字幕组内部分工协作，渐渐演化，催生出 TLF 字幕组、YYeTs（2007 年改名为"人人影视"）、伊甸园，以及后来的风软、破烂熊、悠悠鸟、圣城家园、飞鸟影苑等字幕组。

随着字幕组的不断发展，字幕制作活动传播更为广泛，各字幕组利用互联网协调字幕组的内部活动，并分配字幕制作工作，其字幕迷群组织的类型也在不断细化，涉及范围也更加广泛和专业化。字幕组主要有欧美剧集字幕组、日韩剧集字幕组、电影字幕组、动漫字幕组、公开课字幕组等，通过片源、翻译、校对、特效、时间轴、计时、内嵌、后期、压制、发布、监督等主要分工来完成字幕组的主要工作。迷群成员在参与字幕组工作的过程中，也在不断磨合中成长，字幕组迷群形成了具有相对规模、具体规范制度的迷群空间，其所存在的价值，就是为更多的"美剧迷""日剧迷""韩剧迷""动

---

① 雷蔚真．网络迷群与跨国传播——基于字幕组现象的研究［M］．北京：中国传媒大学出版社，2012：64—65.

② ［美］亨利·詹金斯．融合文化——新媒体和旧媒体的冲突地带［M］．杜永明，译．北京：商务印书馆，2012：242.

③ ［美］亨利·詹金斯．融合文化——新媒体和旧媒体的冲突地带［M］．杜永明，译．北京：商务印书馆，2012：66.

漫迷”“公开课迷”爱好者提供广泛的文化资源，使更多的人跨越国家的樊篱，了解多样的文化。广大影视剧迷和公开课迷的支持和需求促使字幕组逐步发展壮大，最早关注字幕组的《纽约时报》称他们为：“打破文化屏蔽的人。”广大剧迷则称他们为“网络时代的知识布道者”。但在2014年11月22日，国内两家主要提供海外影视剧中文字幕下载的人人影视和射手网先后宣布关停，同一天成立13年之久的老牌字幕组TLF也表示暂停更新，字幕组的告别预示着向网络索取免费影视资源的时代即将终结。根据《中华人民共和国著作权法》，个人制作不以营利为目的，仅供学习、交流、研究使用的作品并不触犯中国现有的版权法律。可是，在网络平台上传播的影视作品已经涉及各国的版权，而由字幕组所翻译的字幕同样属于这些著作的范畴，这些都需要原创作者的授权。同时，由于字幕组本身属于自组织，字幕组的发展也存在良莠不齐的现象，个别字幕组在所翻译的影视作品中插播广告以此来获取商业利润，这些都严重触犯了版权法。字幕组发展至今，赢得了众多粉丝，其背后是广大中国迷群对海外优秀影视作品的精神需求。现代社会，我们要尊重法律、尊重版权，字幕组的存在需要转型，我们期许版权网络保护的进一步发展使互联网在制片方与字幕组之间构建一种共生的分享模式，为广大迷群营造继续提供精神需求的网络虚拟迷群空间资源。

迷群是“迷”个体自由、自愿、自主参与并组织的群体，根据不同迷对象的性质可以划分为不同的迷群组织，除了上述阐述的青年迷群类型之外，还有如书迷、戏剧迷、cosplay迷、军事迷等多类迷群，在迷群内部根据“迷”自身掌握迷对象的知识、资源又划分为不同的阶层，形成了符合迷群性质、特色的自上而下的管理模式。迷群是“迷”共同参与构建的精神家园，是迷个体对迷对象的精神寄托，是“迷”的精神领地。迷群内部可以对迷对象的原初文本、资源进行再加工、创造，在迷内部形成所有“迷”认可的文化体系并实现迷群共享，这种在忠于原初文本的基础上，对原初文本的再创造，对迷对象资源的不断开发、拓展、传播形成了有别于主流文化、流行文化、亚文化的独特文化脉络，有其自身的价值导向和价值追求，这就是迷文化。

第三节 迷文化

一、迷文化的内涵

英国学者马特·希尔斯在《迷文化》一书中将迷文化纳入消费理论、社会学理论、传统民族志式理论和精神分析中进行了探究，认为："任何既定的迷文化不再只是一个群体，同时也是一个社会阶层，迷在其中分享共同的兴趣，但在相关的知识、接近迷对象的权力以及地位声誉上，同时也是相互竞争的关系。这种研究途径是依托法国社会学家布尔迪厄有关文化区隔的理论来分析'如何'以及'怎么'建立迷的'地位'"[①]。在迷文化研究中，诸多学者也把"粉丝文化"称为迷文化，迷文化消费本身就属于一种商业文化范畴，在文化消费主义盛行及被广大"迷"所信仰的迷文化形式的商业化、形式化、物质化、个性化的过程中，在传播媒介的促使下迷文化本身就是对商业文化的一种发展。

（一）迷文化的含义及特征

亨利·詹金斯认为，迷文化是从大众文化中挪用和转化的素材，是民俗文化实践在大众文化内容方面的应用。研究迷文化，必须深入了解迷群的内部结构，因为迷群"不只是通过创造和传播新思想（对所喜欢的文本进行批判性的阅读）来实施政治影响，还利用新的社会结构（集体智慧）以及新的文化生产模式（参与文化）来实施政治影响"[②]。迷文化体现的不仅是迷个体、迷群对迷文本特殊的文本生成和实践形式，还是迷、迷群的特殊生活方式，是与其他社会群体、社群文化、社区活动相区别的文化标签，是"迷"和迷群特殊的文化象征及意义。英国著名的文化理论家雷蒙·威廉斯认为，文化是一种特殊的生活方式，它由一个社会群体分享，由价值观、传统、信念、物质和领域构成。如果这样理解，那么文化就是动态的生态学，是有关人类复杂的各种事物、现

① 邓维佳. 迷与迷群：媒介使用中的身份认同建构［M］. 北京：中国传媒大学出版社，2010：25.

② ［美］亨利·詹金斯. 融合文化——新媒体和旧媒体的冲突地带［M］. 杜永明，译. 北京：商务印书馆，2012：357.

象、世界观、礼仪、日常活动和场景等，即文化是“‘我们做事的方式’，它揭示‘我们是谁’以及‘我们不是谁’。文化提供一种框架，使我们了解自己和他人；文化标明不同文化群体间的差异，为同一文化成员提供衔接”[①]。可见，迷文化是“迷”和迷群区别于其他个体和群体的身份象征与标识，是联系迷群内部成员之间关系的重要文化脉络，是迷个体融入迷群、构建迷群内部和谐共处、实现共同价值追求的纽带。“迷”对迷对象的热爱和崇拜，以迷对象为客体自愿建立的迷群组织，以迷群为集聚平台，对迷对象（人和物）的原初文本进行收集、加工和再创造，并随着大众传播和媒介场域的驱动而兴起，为广大“迷”所追捧、流行的文化现象，称之为迷文化。在此基础上，亨利·詹金斯认为，迷文化的特征具体表现在迷文化包含了一种关于接收的特殊模式，一种特殊的批判和解释行为，建立了消费者行动主义的基础，关于文化生产、审美传统和实践的特殊形式，迷文化有作为另类社会共同体的功能。因此，迷文化是迷群存在和发展的根基，更是联系迷群内部成员的纽带，是有共同兴趣、爱好的“迷”日常生活方式、价值观念及心理状态在群体内部的集合，是迷群成员共同认可和践行的价值观念、制度化原则及道德理念的文化表现形式。

（二）“迷”与迷文化

在了解迷文化含义和特征的基础上，需要深入研究“迷”如何在具体活动中生成迷文化，如何将迷文化发展成为迷群共享的文化资源，传播并抵达迷个体。迷文化的形成和发展离不开“迷”积极、自主、自愿地投入迷文化建构的过程中。对于“迷”这类受众，英国学者丹尼斯·麦奎尔从传播渠道和内容进行了界定，认为“受众是指那些对媒介明星、演员和文本极端投入的狂迷者。他们的特点是，总是大量甚至是过量地关注那些吸引他们的事物，还常常表现出对其他媒介迷的强烈感知和认同。一位媒介迷还有一些附加的行为模式，并且在衣着、言谈、对其他媒介的使用和消费等方面表现出来”[②]。对迷文化持批判观点的学者认为，“迷”这种现象的产生主要受到传播媒介的促使，是传播媒

---

① ［美］詹姆斯·罗尔．媒介、传播、文化——一个全球性的途径［M］．董洪川，译．北京：商务印书馆，2012：147—148.

② ［英］丹尼斯·麦奎尔．受众分析［M］．刘燕南，李颖，杨振荣，译．北京：中国人民大学出版社，2006：47—48.

介为加强“迷”与迷产品和迷对象之间的联系、强化自我宣传，以便从产品销售和其他媒介副产品中获取超额利润，这有助于延长迷产品的生命周期，使得利润最大化。约翰·费斯克认为，“迷”现象所反映出的并不是媒介的操纵，而是受众的“生产力”。“媒介迷们从媒介所提供的内容能动地创造出新的意义，通过建立文化识别系统、进行风格展示、强化社会身份认同、建立协会，将媒介迷群体从媒介的操纵和控制下解放出来”①。迷文化在生成和传播过程中，迷们的“生产力”是对迷文化的主要建构活动，迷们通过在社会特定文化环境中的媒介运用，赋予文化产品和文化经验以意义的过程。

20世纪60年代晚期，电视剧《星际迷航》（又名《星际旅行》）的热播及其他一些科幻小说（诸如《布莱克的七号》等）的狂热爱好者都体现了“迷”不是被动的，而是具有“生产力”的积极主动的受众。尤其是《星际迷航》的狂热爱好者——“迷航之谜”，他们集中研究电视和电影、深入分析人物和叙事、选取流行歌曲、摄制录像带、做视频或续集以延续《星际迷航》文本，在“迷”之间传播，最富有创造力和生产力的制作者在《星际迷航》迷群中享有很高的声望。而要享受制作和观看这些文本所产生的快感，就必须具备一定的文化资本积累和文化创造能力。“‘迷’所具有的文化能力越强，就越能够识别出每一个镜头的原初文本和语境，这样，他们从中建构的意义与快感的资源也就越加丰富”②。在这个文化生产的过程中，“迷”一般会对迷对象的原初文本及其语境进行辨识，在认知的基础上进行再生产，迷们将自己对迷对象文本与他们的日常生活紧密关联进而促进愉悦、快感的生成。可见，迷们的“生产力”是从原初文本的既有文化资源中选取和扬弃的过程，是对选取文本的意义加以创造性使用的过程，在持续的迷文化再生成过程中，迷们将文本和日常生活进行有意义地衔接。迷们在生成迷文化的过程中，并不只是对原初文本的积极关注，更重要的是如何对文本的规范化使用。因此，“迷”是迷文化的生产者，也是传播者和消费者。

---

① ［英］丹尼斯·麦奎尔.受众分析［M］.刘燕南，李颖，杨振荣，译.北京：中国人民大学出版社，2006：49.

② ［美］约翰·费斯克.理解大众文化［M］.王晓珏、宋伟杰，译.北京：中央编译出版社，2001：176—177.

（三）媒介与迷文化

媒介是人们日常生活中不可或缺的组成部分，通过媒介，人类可以认识自己、历史、现实和未来，媒介为人类的记忆提供了大量的图像和有声资料。媒介具有复杂而多维的结构和形式，因此媒介有很多种分类方式，根据媒介赖以支撑的社会关系，可以将其分为三种类型：人际媒介、大众媒介和网络媒介。“人际媒介主要用于点对点、人和人之间的传播。大众媒介被用于从单独一个点向更广泛层面的传播，即由一个信息源头向广大受众群体的传播……人际媒介包括电话和电报，而大众媒介包括报纸、杂志、书籍、无线电广播、卫星和有线电视、电影、唱片和磁带。还有第三种媒介，即网络媒介，它既可运用于人际传播又可运用于大众传播；更重要的是，它能创造一种新的人际关系形态，把许多节点勾连起来，无论他们是传播者还是接受者。网络媒介包括电话会议系统、邮政服务、传真、电子邮件、万维网、新型的可与互联网连接的移动电话等”[①]。类似的涉及人类媒介发展历程划分的，还有文化史学家，他们把人类文化传播分为口传文化阶段、印刷文化阶段和电子文化阶段。在口传文化阶段，人们面对面地在场交流是双向互动的方式，印刷文化阶段使得信息不再依赖在场，它将信息储存在可移动的媒介中，使得不在场交流成为可能。20 世纪电子媒介的出现，极大地改变了文化传播方式和文化自身的形态，我们—他者、本土—异邦、民族性—世界性等不再是抽象的范畴，而是渗透在我们的日常生活中。“迷”与迷对象之间是主体与客体的关系，根据迷对象的属性可以分为“迷”与人（偶像）的关系和“迷”与物（包括媒介文本在内的所有物质化的产品）的关系，而“迷”与人（偶像）的关系实质上是一种人与人的关系，即主体与主体双向互动的关系，媒介在这种关系中不仅为迷文化的主客体间建构了沟通的渠道，还塑造了“迷”与人（偶像）之间关系的形态。可见，媒介在迷文化的形成和发展过程中发挥着重要的作用，虽然新媒介相对于旧媒介具有海量的存储信息、新闻背景的立体化呈现、个性化的服务、直播的全景实时互动等优势，但其区别于传统媒介最重要的特征是传播方式的根本性改变，即由单向度变为双向度、由一点对多点变为多点对多点的互动性传播。无论是旧媒介

---

① ［美］劳伦斯·格罗斯伯格．媒介建构——流行文化中的大众媒介［M］．祁林，译．南京：南京大学出版社，2014：8—9.

还是新媒介，在迷文化形成的特定时期，任何传播媒介对迷文化的传播都无法脱离迷文化形成的自身语境，研究迷文化必须深入探讨迷文化身处的时代背景，并以此作为研究迷文化的基础。英国学者尼克·库尔德利认为：“在接下来的十年里，媒介研究横向拓展。我们开始看到，除了观看、阅读和收听之外，受众还做了许多其他的事情，粉丝研究就是其中一个重要的领域；媒介不再被认为是一个生产—分布—接受的封闭环形炉，而是一个跨越空间的广阔的中介化过程”①。媒介尤其是与新媒介关联的娱乐产业的机制链对“迷”、迷群和迷文化具有塑造作用，“每种娱乐都有对它特殊关爱的群体，并积极地寻求这样的群体。因此，在所有年代都曾有过的经历便是市场与垂青者的循环运动，以及娱乐样式自身为追逐这些市场所作的改良转型”②。当今，新媒介的开放性使个人的信息能最大限度地抵达大量的受众，“迷”的自我意识不断提高，突破了迷群初期单纯追星的目的，迷群的活动意识和行为已深入“迷”的日常生活范畴，“迷”的行为呈现公开化、普遍化、低龄化等态势，“迷”、迷群在当代社会已完全走进大众视野。而迷对象更趋向多元，偶像制造成为娱乐产业发展的主要趋势，关于偶像“出场”和“退场”的各种现象、热点促使迷对象更加丰富和多样。在新媒介驱动下，“迷”和迷群的变化特性使得迷文化发展更加凸显个性、强调自我，迷文化空间成为“迷”和迷群快感共享的狂欢地带，为迷文化发展及其意义建构提供了场域。

二、迷文化的形成

学者们在历史研究的基础上对迷文化的嬗变过程进行了梳理，法国著名社会学家米歇尔·德赛都将受众积极的阅读形容为“盗猎”和“游牧”，“盗猎”模式强调了意义制造的过程和大众阐释的流动性，正是由于这种流动性，在进行迷文化研究时，必须特别注意特定的历史文化语境。美国学者亨利·詹金斯在《文本盗猎者——电视粉丝与参与式文化》一书中对德赛都的理论进行了应

---

① ［英］尼克·库尔德利．媒介、社会和世界：社会理论与数字媒介实践［M］．何道宽，译．上海：复旦大学出版社，2014：12.

② ［美］理查德·布茨．美国受众成长记［M］．王翰东，译．北京：华夏出版社，2007：19.

用和修正，詹金斯借用德赛都的“盗猎”“游牧民”等术语和观点，认为“迷”不仅是“盗猎者”，还是“游牧民”，迷群则是集合了多种文本的内容、结构及兴趣的话语逻辑、意义的生成者。虽然部分“迷”只是忠于某个特定的电视剧、电影、漫画或书籍等构成的一个互文性的网络，但是“迷”之间必然会结成各种联盟，以分享、讨论他们对于迷对象文本的看法、意见，而这恰恰是迷们结成联盟的基础，即相同的兴趣和爱好是联结彼此的桥梁。德赛都认为，大众的意义生成是短暂的、临时的，“阅读的战术优势和策略劣势在于它无法形成一个稳定和永久的文化基础”。但詹金斯以科幻小说迷群为例，对德赛都的理论进行了重要修正，证明“迷”能够保留他们利用大众文化材料生产出来的产品，能够形成自己独特的、持久的社群文化。约翰·费斯克的迷文化理论是大众文化的重要组成部分，也深受德赛都的影响。他在《理解大众文化》一书中指出，迷文化是工业化社会中大众文化的一种强化形式，“迷”是一些“过度的读者”，他把迷文化视作特殊类型的大众文化，因为它是区别于“较‘正常’的大众受众文化”的大众文化。在这一阶段中“迷”研究的成果还有李萨·勒维斯的《观众的崇拜：迷文化与流行媒体》，这是一部探究“迷”与其所崇拜的媒介产品之关系的论文集，分别从“迷的定义”（迷从经济、文化、政治以及理论等视角进行了定位）、“迷与性别”（阐述了迷对披头士的歇斯底里及女性对艾维斯和吉他手团体的幻想）、“迷与工业”（对电视产业的发展在多大程度上仰赖于电视迷的贡献做了思考）等方面展开。在此基础上，学者们将迷文化纳入消费社会学领域，试图从文化资本积累和社会阶层理论等方面揭示迷文化的社会性，从迷对象的选择和迷文化消费时间中建构“迷”的习惯。随着信息科学技术的发展，学者们开始将“迷”的研究纳入新媒介场域中进行传统“迷”与现代“迷”的比较研究，并试图从网络平台中分析“迷”及迷群的思想、行为，更深入地探讨成为“迷”的原因、目的及入迷程度，从情感角度及新媒体场域中分析“迷”的情感、迷态及“迷”的行为。

三、迷文化与其他文化关系的厘清

作为一种独立的文化现象，迷文化随着商业社会、网络技术的发展在当代社会成为与主流文化、大众文化、流行文化、亚文化等文化现象共存的文化体系。在整个社会文化系统中，迷文化作为一种独立存在的文化体系具有独特的文化脉络与演进路径，在当代网络化社会中，其文化现象、文化特性、文化影响力等更加凸显化，与大众文化、流行文化、亚文化等前沿文化既相互关联又存在差异性。那么，迷文化与大众文化、流行文化、亚文化之间到底有何联系和区别呢？迷文化对主流文化的抵抗，主流文化对迷文化的收编，在整个社会文化发展过程中这种抵抗与收编又是以何种形式体现的？这就需要深入研究迷文化在整个社会文化中的独特性及其特殊现象，从文化价值的角度考察迷文化发展逻辑。

（一）迷文化与大众文化

西班牙哲学家奥尔特加在《民众的反抗》一书中对大众文化进行了最早的概念界定，大众文化主要指的是一个地区、一个社团、一个国家新近涌现的，被大众所信奉、接受的文化。我国学者认为，“大众文化是工业社会以来与现代都市及大众群体相伴而生的，以大众传媒媒介为物质依托的，受市场规律支配的，平面性、模式化的文化产品形式。其最高原则是极大地满足大众消费”[①]。从大众文化的定义可以看出，大众文化主要通过大众化媒介，即电视、报纸、杂志、网络等进行传播，尤其是现代新媒介技术的发展成为大众媒介传播的主要渠道。大众文化与其他文化相比具有商品性、通俗性、流行性、娱乐性、大众传媒依赖性等特点。从大众文化的含义及特征中可以看出，大众文化“本身并不充分——它们从来不是自足的意义结构（就像有人会认为高雅趣味的标准是自足的），它们是意义和快乐的唤起者，只有在被人们接纳并进入了他们的日常文化后才能完成。人们在日常生活和文化工业产品消费交接部位创造了大众文化”[②]。大众文化进入人们的日常生活领域，是人们在现实生活中迷茫、无助、乏味时的文化消遣，大众文化是大众创造的，它源于自下而上的文化生成，而非自上而下的文化生成逻辑。在大众文化的生成过程中人们在选择时更加远离主流文化，最终导致文化生态失衡。现代社会“物的体系”已经形成人类生活的包围圈，商品消费成为人类生活的主要方式。而“一种商品要成为大众文化的一部分，就必须包含大众的利益。大众文化不是消费，而是文化——

① 吴世彩．大众文化的和谐价值［M］．北京：中央编译出版社，2008：3.

② ［美］约翰·菲斯克．解读大众文化［M］．杨全强，译．南京：南京大学出版社，2001：6.

是在社会体制内部创造并流通意义与快感的积极过程：一种文化无论怎样工业化，都不能仅仅根据商品的买卖来进行差强人意的描述”[①]。大众文化的商品性、通俗性、流行性、娱乐性、大众传媒依赖性等特性决定了它与主流文化、高雅文化的距离。大众文化作为一种消费文化，以满足个体快感为准则，在生成过程中忽略文化产品的社会意义及价值。但大众文化在消解主流、高雅文化的同时也丰富了社会文化体系，为大众提供了更大的文化生产、创造和消费空间。

关于迷文化与大众文化的关系，费斯克把迷文化视作大众文化的特殊类型，因为迷文化是区别于“较‘正常’的大众受众文化”的大众文化，迷文化是大众文化的重要组成部分。而不参考“迷”的狂热、非理性行为及相关迷文化理论，是无法真正了解大众消费的逻辑的，同样“不了解迷及其行为，至少对大众文化的理解是不全面的”[②]。迷文化是大众文化具体而形象的展现。关于迷文化与大众文化的关系，费斯克认为：首先，大众文化的受众区别于精英文化的受众，前者更多的是以“为我所用”的方式来对待文本，即更加生活化，后者则是对文本更加严谨、严肃和严格。其次，正常的大众文化受众区别于狂热的迷文化受众。大众文化的受众借助于市场能够从文化工业产品中创造出与自己社会生活情境相关的愉悦感和意义感，进而借助媒介从事各种符号和文化生产，但“粉丝们却经常将这些符号生成转化为在粉丝社群中传播，并以此来帮助界定该粉丝社群的某种文本生成形式。粉丝们创造了一种拥有自己的生产及流通体系的粉丝文化”[③]。最后，大众文化和文化工业的关系比较复杂，对抗与合作共存，但民众没有服从文化工业的操作，而是选择将文化商品转化为通俗文化。可以说，粉丝是最有辨识力、最挑剔的群体，粉丝们生产的文化资本也是最显眼的、最易流行的。大众文化有一定的时尚元素，在大众传媒高速发展阶段，造“星”和追“星”等迷文化现象走进大众视野，成为大众日常生活中关注的对象和热点，反映了大众的审美及消费的情感价值取向，是大众的心理需求。

---

① ［美］约翰·费斯克．理解大众文化［M］．王晓珏，宋伟杰，译．北京：中央编译出版社，2001：28.

② 陶东风．大众文化教程［M］．桂林：广西师范大学出版社，2008：303.

③ John Fiske，“*The Cultural Economy of Fandom.*” *In The Adoring Audience*：*Fan Culture and Popular Media*，*ed.Lisa Lewis*，London：Routledge，1992，p.39.

大众对明星的追捧、崇拜的迷文化体现的不仅是对明星外在形象、学识及个性的喜爱和追捧，更重要的是映射出大众的自我理想，是对自我审美价值及人生意义的肯定。

（二）迷文化与亚文化

亚文化，是从整个社会文化体系中孕育的文化，既与社会文化有一致性，又有其特殊性的文化，“是更广泛的文化内种种富于意味而别具一格的协商，它们同身处社会与历史大结构中的某些社会群体所遭际的特殊地位、暧昧状态与具体矛盾相适应”[①]。学术界对于亚文化的研究成果较多，部分学者借用大众文化、消费文化、流行文化等理论来界定和阐释亚文化，从而造成了亚文化与大众文化、消费文化、流行文化、青年文化等术语的混淆，导致我们对亚文化误读。关于亚文化研究，英国伯明翰大学的当代文化研究中心（CCCS）是较具有代表性的。在伯明翰学派之前，青年亚文化被看作是社会的“麻烦”，是消费社会的后果，是青年与父辈之间“代沟”过深的结果。伯明翰学派则从“亚文化如何抵抗主导文化以及主导文化如何收编亚文化”的角度对青年亚文化进行理论分析，他们坚持从社会结构和社会矛盾的视角去看待青年亚文化。尤其是当代著名文化批评家、理论家，伯明翰学派杰出代表迪克·赫伯迪格在《亚文化：风格的意义》中对英国20世纪后半期诸多青年亚文化的分析，如，对20世纪50年代的无赖青年，60年代的摩登族、光头仔和粗野男孩等进行系统的研究，尤其是对20世纪70年代出现的朋克文化的研究最为突出。赫伯迪格在对传统文本研究的基础上，熟练运用符号学、结构主义和后结构主义理论，深入分析朋克文化等英国青年亚文化个案，解释了拒绝、挪用、同构、拼贴的风格，风格与黑人、白人的关系，风格与媒体、摩登派、摇滚派、“垮掉一代”的关系等，对亚文化的抵抗功能和收编方式等进行了深入研究。从亚文化的研究成果看，亚文化也被看成与社会主流文化相悖的那些非主流的、局部的、特殊的文化现象，是指在社会主流文化和整个社会文化境遇中，属于某一群体或某个集团所持有的观念和生活方式。一种亚文化不仅包含着与主流文化相同的价值与理念，更有属于自己独特价值和观念的文化现象。亚文化是社会整体文化

① ［美］约翰·费斯克．关键概念：传播与文化研究辞典（第二版）［M］．李彬，译．北京：新华出版社，2004：280.

的构成部分，是社会关系结构中不可或缺的一种关系的存在，一方面显示了社会的包容性和开放性，极大地丰富了社会文化建设；另一方面也体现了社会的离散和碎片化。亚文化与其他文化共存于社会文化空间，亚文化则是一个“他者”体现，一个异于“我们”的群体文化现象，是向社会发出另类声音的吁请。

迷文化和亚文化都是社会文化的组成部分，都代表了某一群体的文化，亚文化在某种程度上与主流文化是对抗的，或者说试图从主流文化中获得支持资源，借助主流文化确认其文化存在的合理性和价值性。在这方面，迷文化和亚文化类似，但迷文化存在的合理性和价值性是亚文化所不能及的，如，军事迷、学术迷等迷群及其文化属于社会主流文化的范畴。亚文化的存在则是“货真价实的东西和粗制滥造的东西的矛盾混合体：它是青年人自我表现的场所，也是商业文化提供者水清草肥的大牧场”。[①] 正如英国学者马特·希尔斯在《探究迷文化》一书中指出的，对于迷文化须“采取‘悬置’立场，拒绝将迷现象分为‘好’与‘坏’的立场，否则将不可避免地产生对立矛盾。这也意味着，将迷文化与以偶像崇拜为诉求的媒体所具有之矛盾的特质视为本质上的文化协商，而唯有这种以忽略迷文化动态特质为代价的方法，才能使诸多争论尘埃落定”[②]。可见，迷文化与亚文化都具有与社会主流文化相对抗的文化因素，但是迷文化更多的是迷主体对迷对象过度的喜爱而进行的文本再创造，进行文化资本积累、创造并在迷群中共享文化资源。詹金斯指出，学术活动和迷行为类似，他认为“迷”之所以被妖魔化是因为我们这些学术人及收藏家和爱好者需要“迷”这样的“他者”或“异类”的角色沦陷行为来减轻自身的焦虑。而亚文化“转化‘违背了自然’，打断了‘正常化’的过程。就其本身而言，它们表现出了类似于演说的姿态和行动，冒犯了‘沉默的大多数’，挑战了团结一致的原则，驳斥了共识的神话”[③]。总之，将“迷”定义为“着魔的独狼”和“歇斯底里的群众”，将“迷”所创造的迷文化践行的迷行为归类为反常的、越轨的其实是一种保守的价值取向。

---

① Stuart Hall and Paddy Whannel, *The Popular Arts*, *Boaton*: *Becacon Press*: *New York*, *Pantheon Books*, 1967, p.276.

② [美] Matt Hills. 探究迷文化 [M]. 朱华瑄，译. 台北：韦伯文化国际出版有限公司 2009：xvii.

③ [美] 迪克·赫伯迪格. 亚文化：风格的意义 [M]. 陈道夫、胡疆峰，译. 北京：北京大学出版社，2009：20.

（三）迷文化与流行文化

21世纪以来，自然的环保潮流、复古怀旧潮流、大众娱乐潮流、文化交融潮流日益成为世界流行文化发展的主流趋势。“流行文化是时装、时髦、消费文化、休闲文化、奢侈文化、物质文化、流行生活方式、流行品位、都市文化、次文化、大众文化以及群众文化等概念所组成的一个内容丰富、成分复杂的总概念”[①]。由流行文化的含义可知，流行文化和迷文化都属于社会前沿文化，其部分文化因子与社会传统文化和主流文化相抵抗，在与主流文化抵抗及被社会主流文化收编的过程中，它们以其特殊的存在和发展方式寻找生存和发展空间，并有忠实的受众成为这类文化的追随者和创造者。从流行文化和迷文化的生成过程来看，这两种文化都是随着媒介技术的发展突破了地域和国界的限度，僭越了传统文化传递方式单一、传播速度滞后的局限，物质生活水平的提升使这类受众更加注重文化、精神需求的满足。

综上所述，我们可以看到“流行文化的参与群体是社会大众，城市中间阶层、年龄在18—25岁的年轻人、大学生、中学生、都市白领和时尚女性是接受、传播、效仿、消费流行文化产品的主体”[②]。流行文化表征着社会发展最前沿、时尚的审美与文化趣味，深受大众尤其是青年的狂热追捧。无论任何时代，青年永远站在流行文化的巅峰，他们是流行文化的创造者和代言者。“青年群体又逐渐以流行文化来为自身定位，形成自己独特而鲜明的文化特征，形成一场从生活方式、价值观念到文化范式的全面反叛。”[③]迷文化和流行文化的参与者主要是青年群体，青年自身发展的特性决定了其所追求的文化类型与其他社会受众不同，而迷文化和流行文化的发展特性恰恰符合了青年的成长需求。因此，从媒介、受众的角度等来看，迷文化和流行文化有其共性。同时，不能将流行文化和迷文化简单地等同。迷文化是“迷”对迷对象（人和物）的过度热爱，并对迷对象文本进行收集和再创造而形成的文化现象。而流行文化则涉及阶层文化、商业消费性文化、媒介符号性文化等，具有很强的商业文化特性，涉猎大众生活的各个方面，迷文化则只涉及“迷”对迷对象的过度热爱而形成的文

---

① 高宣扬．流行文化社会学［M］．北京：中国人民大学出版社，2006：86．

② 仓理新．流行语折射的流行文化［M］．北京：旅游教育出版社，2011：23．

③ 袁潇，风笑天．改革开放30年我国青年流行文化与价值观变迁［J］．中国青年政治学院学报，2009（1）：1—6．

化现象。在特定时期流行的文化现象，也可能属于迷文化，某种迷文化现象也可能成为一种流行文化被大众所接受。但从另一个角度来看，迷文化与流行文化又是不可分的，因为青年迷群与所迷客体的流行几乎同步的情形充分体现了流行文化在新媒介技术支持下对“迷”潜能的激发，在规模和速度上都是传统媒介时代所无法想象的，这也意味着迷文化与流行文化相互渗透，甚至在特定情形下难分彼此。迷文化自身的价值取向在其间难以辨识和提取，迷群主体文化实践的独立性和自主性也因此而模糊起来。一个显然的事实是，任何一种流行文化形式所激起的迷群活动，总体而言必然是短时间的，“迷”的身份及其忠诚度和投入度也易被作为“迷”对象的流行文化的持续时间所框定，尽管迷群中少数人在一阵风潮过去之后仍然对所迷对象痴迷不已，热情依旧。

（四）迷文化与主流文化

主流文化在整个社会文化体系中占据主导地位，渗透、融合于社会各个文化体系内，指导并规约着其他文化形态及内容，在整体上引领着社会主体的精神世界，体现着时代发展的主导思想，决定着社会文化发展的趋向。当前我国进入新时代，社会主要矛盾的转化，人民对美好生活的物质文化和精神文化的需求更加广泛。我国社会的主流文化必须坚持中国特色社会主义文化发展道路，激发全民族文化创新创造活力，建设社会主义文化强国。发展中国特色社会主义文化，“就是以马克思主义为指导，坚守中华文化立场，立足当代中国现实，结合当今时代条件，发展面向现代化、面向世界、面向未来的，民族的、科学的、大众的社会主义文化，推动社会主义精神文明和物质文明协调发展”[①]。社会文化的发展和繁荣程度决定着人民的精神生活状态和质量，在新的历史时期，在经济的全球化、信息网络媒介化、文化交流跨界化等趋势推动下，形成了主流文化主导下的多元文化共存的繁荣文化景观。但不可否认的是，在文化多元化的繁荣发展态势下，随着大众文化的崛起、迷文化所带动的迷群消费盛行，在不同程度上消解了主流文化的主导性，主流文化呈现被边缘化的现象，这种边缘化一方面是主流文化缺乏满足现代社会发展及主体精神的文化诉求；另一方面是大众文化、迷文化、亚文化等不同文化形态对主流文化的消解。据

---

① 习近平．决胜全面建设小康社会　夺取新时代中国特色社会主义伟大胜利——在中国共产党第十九次全国代表大会上的报告［M］．北京：人民出版社，2017：41.

对当前主流文化面临的问题调查显示："73%的受众认为'主流文化缺乏现实关怀'，54.3%的受众认为主流文化是'宣传的多，说教的多，难以打动人心'，43.8%的受众认为'主流文化缺失鲜明的价值诉求'，24.2%的受众认为选择'主流文化没有与时俱进'等。"对"如何增强主流文化的大众接受度？"调查显示："'主流文化主动融入大众'占63.6%；'主流文化弘扬核心价值观'占55.5%；'主流文化加大改革创新力度'占49.3%"[①]。可见，当代社会中国特色社会主义文化主导性的发挥，必须充分发挥主流文化的先进性、包容性、传承性及反思性特征，体现中国特色社会主义文化的优越性，并在不同程度上满足大众日益增长的物质和精神文化需求。

青年迷文化与主流文化之间存在着抵抗与收编、共融与发展的关系，迷文化有别于亚文化及其他文化，因为迷文化具有积极的、健康的、优秀的文化正能量，是主流文化的重要组成部分。同时，迷文化中也有消极、片面、激进等负能量，对主流文化的主导性和引导力具有一定的消解作用，对社会发展及社会主体的精神生活具有一定的侵害性，属于主流文化对其进行纠偏、规约及引导的文化范畴。青年迷文化面对主流意识形态文化的收编，自身具有一定的抵抗性，这是青年迷文化自身所具有的文化防御属性，同时也是青年"迷""迷群"捍卫自身文化身份及个性的本能反应。在当代社会，青年迷文化生存与发展的空间得到前所未有的提升，具有生存与发展的物质、技术及社会条件，在面对主流文化收编的同时，青年迷们会不断地探寻青年迷文化合理性、正当性的渠道，自觉发掘、维护、发展青年迷文化资源，在这个过程中青年迷们会自觉、自主地捍卫迷文化的话语权。当然，对于非理性、迷狂性的迷文化，主流文化会主动积极地对其收编，并对其进行纠偏、教育、引导以使青年迷文化属于主流文化的范畴。共融与发展的关系，凸显的是优秀青年迷文化对于社会发展及丰富大众精神文化生活的重要性，是丰富和发展主流文化的重要资源，更是我国文化大繁荣、大发展的重要方面。积极、健康、理性的青年迷文化在一定程度上反映了当代青年及其他大众的精神文化需求，更是激发青年积极、主动地发展兴趣、爱好等内在文化的主体性体现，是青年自我文化发展及精神成长的表现。在这方面青年迷文化更多表现的是青年内生性文化的发展，是契合

---

① 艾芸，杜美丽.73.6%受调查者认为主流文化缺乏现实关怀——"主流文化怎么了"问卷调查分析报告［J］.人民论坛，2010（24）：14—17.

青年自身发展的重要文化范畴，从微观的角度关照、发展青年文化。共融与发展是青年迷文化与主流文化在当代社会发展的现代模式，打破传统时代青年迷文化生存与发展的壁垒，以优秀的青年迷文化资源丰富主流文化范畴，以主流文化增强青年迷文化的生存及发展的价值性力量，坚持主流文化的主导性与迷文化的多样性相结合，促使青年迷文化与主流文化在共融与发展的模式中实现我国文化的大繁荣与大发展。

第三章
青年迷文化的内涵及形成机理

迷文化是伴随大众传播和大众文化的发展而兴起的文化现象，依据迷文化的含义及特征可以看出，青年既是“迷”最活跃的受众，也是迷文化最主要的生产、流通、分配 / 消费、再生产创造过程中最主要的群体。从青年成长阶段来看，青年的思想、心理、认知等发展特质决定了青年是迷文化的主要生成者，亦是迷文化的主要消费者。当代社会中各种“迷”现象、“迷”热点、“迷”潮流，以及围绕这些所形成的迷文化构成了青年生存、生活和发展的文化圈。

第一节　青年迷文化的内涵

青年迷文化是迷文化研究的主要视域，青年作为迷文化的主要生成和消费者，在迷文化的传播过程中发挥着重要的作用。青年迷文化作为迷文化体系生成过程中的主要部分，既有着迷文化共有的内涵和性质，又具有青年群体自身赋予迷文化独有的内涵和特质。对青年迷文化内涵、特征和类型的分析是研究青年迷文化理论的前提和基础。

一、青年迷文化的概念

关于青年迷文化的含义，无论是西方学者还是我国学者都没有明确的界定，对于“迷”、迷群、迷文化的研究诸多学者并没有将其主要受众界定为青年，对迷文化的研究没有从年龄阶段及其主要生成者和消费者上对迷文化的受众进行分类研究。青年作为迷文化的主要创造群体，有着与其他群体所不能比拟的对迷文化执着、生产和消费的热情。青年迷文化是以青年为主体的特殊群体文化，是青年文化的主要体现，彰显了青年具体的生活状态和文化特质。

（一）青年文化

关于青年文化的研究，国外研究主要侧重于文化人类学和社会学研究，美国社会学家帕森斯认为，青年文化“是青年在青春期这个特定的年龄阶段中，由新任务和年龄阶段的复杂结合而形成的一种青年独有的行为方式”，带有“或多或少不同程度的不负责任”的倾向，“抗拒成年人对他们抱有的期望和约束”。[①]美国文化人类学者玛格丽特·米德从整个人类文化史出发，在《文化与承诺》一书中提出了“代际冲突理论”，认为当今世界代际矛盾和冲突的最根本的原因是文化传递的差异。在此基础上，米德提出了人类文化传递的三种基本类型，即前喻文化、并喻文化和后喻文化，其中后喻文化，被人们理解为“青年文化”，“如果说在前喻文化（即传统社会）中，社会化的对象是社会中尚未成年的个人，那么，借用社会学的术语，后喻文化则是一种不折不扣的‘反向社会化’。‘在这一文化中，代表着未来的是晚辈，而不再是他们的父辈和祖辈’”[②]。米德进一步指出，“现在代际冲突的一个重要的特点是：它是跨国界的、全球性的……现代世界的特征，就是接受代与代之间的冲突，接受由于不断的技术化，每一代的生活经历将与他们的上一代有所不同的信念”[③]。西方学者关于青年文化的界定基本上是一种反主流文化，是与主流文化相对抗的文化，这种理论认为青年文化与社会体制、主流文化及社会价值观是相冲突和对抗的，这种冲突和对抗是青年文化的主要内容，反映了青年的生存和生活状态。但在学界，部分学者倾向于将青年文化视为亚文化，

---

① ［加］迈克尔·布雷克．越轨青年文化比较［M］．岳西宽，张谦，刘淑敏，译．北京：北京理工大学出版社，1989：113.

② ［美］玛格丽特·米德．文化与承诺——一项有关代沟问题的研究［M］．周晓虹，周怡，译．石家庄：河北人民出版社，1987：9.

③ ［美］玛格丽特·米德．文化与承诺——一项有关代沟问题的研究［M］．周晓虹，周怡，译．石家庄：河北人民出版社，1987：11.

他们认为青年文化与主流文化、父辈文化并不仅仅表现为冲突和对抗，更重要的是也有着密切的联系。“这些亚文化往往诉诸不同的自我想象、价值观和行为，他们与其父母所属的阶级文化常常保持着密切联系”[①]。从上述观点可以看出，西方学者关于青年文化的研究主要集中于把青年文化视为“反文化”和亚文化，他们认为青年文化与社会的经济、政治、文化，以及父辈文化等有着紧密的联系。

我国学者关于青年文化的研究起步较晚，20世纪80年代青年文化研究成果逐渐呈现，深受西方学者影响，把青年文化看作一种亚文化、非主流文化，但同时又对青年文化赋予新的含义及意义。比如，从青年群体的特殊性及青年文化的认同方面出发直接把青年文化视为“青年亚文化”，即“青年自我实现的一种方式，它以青年文化的特殊利益为动力，是在青年与社会的互动中形成的，得到同龄群体认同的独立的价值体系和行为规范”[②]。《文化学辞典》认为青年文化是“青年在参与各种社会活动时由其特殊的行为方式所体现出的文化现象”，并指出它是“社会主导文化的一种亚文化形态”[③]。青年文化是以青年为主体的特殊群体文化，根据其影响因素及其形成过程可以将青年文化的基本内容划分为“表层文化”“观念文化”和“价值文化”[④]。由以上划分可以看出，从外在的形塑到内在价值观的形成都蕴含了青年文化的具体内涵。青年话语的言说方式及内容是青年文化的主要载体，是传达青年声音、青年认知、思想及青年精神的主要路径。青年的话语表达有着青年群体的特殊性，“这种话语并不见得是青年人自己创造的，却是青年人发出的不同于主流文化或官方的声音，也有着自身的话语形式。青年文化的变迁，在一定意义上讲，主要体现为话语形式的变化”[⑤]。青年的心理特质及青年的阶段性特质决定了青年文化是一种特殊形态的群体文化，其内容、话语、形成路径的不同决定了青年文化异于其他文化的特殊性，即“时代性、革新性、活跃性、流动性、多样性和行动性等方面”[⑥]。从

① [加] 迈克尔·布雷克．越轨青年文化比较 [M]．岳西宽、张谦、刘淑敏，译．北京：北京理工大学出版社，1989：10.

② 陆建华．青年学辞典 [M]．合肥：安徽人民出版社，1990：120.

③ 覃光广．文化学辞典 [M]．北京：中央民族学院出版社，1988：470.

④ 付红玲．现代经济条件下青年文化的知识特性研究 [J]．中国青年研究，2009 (4)：34—37.

⑤ 陆玉林．当代中国青年文化的回顾与反思 [J]．中国青年政治学院学报，2002 (3)：37—42.

⑥ 黄华君．青年文化构建与青年教育 [J]．中国青年研究，2006 (8)：71—73.

上述关于青年文化内涵的界定可以看出，青年文化是以青年为主体，并由青年生产和创造的，体现青年参与社会活动，完成社会化的过程中所显示出的独立的价值体系和行为规范的总和。

（二）青年迷文化

青年迷文化是青年在参与社会生活的过程中，利用新媒介技术对自己感兴趣的迷客体积极地、过度地关注，并在此过程中对迷对象呈现出的现象、特点，以及热点文本进行自主、自由地按照自己的认知构建新文本的过程。新文本并不局限于青年迷个体的自我世界，而是在迷群空间中传播、共享，在迷群空间中经历迷群成员的闲聊、讨论方式对迷文本进行再次构建，这就是迷文化生产、传播、流通的过程，青年迷文化是青年“迷”及迷群的价值观及其行为规范的总和。“高度发达的媒介传送着海量的而又缺少内在联系的文字、图像和声音的文本，深度介入人的存在，主体已经呈现出片段的、互不关联的、流动性的特征，以至于迷失在媒体所建构的虚幻的光影世界中”①。从迷文化的类型来看，青年迷文化不仅体现在对明星、球星等偶像文本的收藏和创造中，还包括对学者、平民偶像，以及军事、科技、品牌等迷客体的迷恋而进行的迷文化生成和创造。迷文化是青年文化中最活跃的文化部分，也是青年最热衷、最感兴趣的文化创造。学术界对青年迷文化的研究成果呈现层次性、不均衡和差异化现象，对于青年偶像迷文化研究成果颇多。针对青年在特定时期对不同形象、不同迷对象狂热地、过度地追捧，“新中国成立以来，从20世纪五六十年代对黄继光、董存瑞、雷锋、焦裕禄等榜样形象的敬仰，到21世纪对姚明、杨利伟、李宇春、易中天等平民偶像的崇拜，包括对‘芙蓉姐姐’‘犀利哥’‘少女’等另类偶像的多元追求，青年迷对偶像的崇拜‘从社会道德的楷模到个人爱慕的对象，从学习其精神到模仿其造型，从全民崇拜到一盘散沙，偶像从神坛跌落人间，也在某种意义上从精神落实到了实际’”②。从青年“迷”对偶像崇拜的变迁过程可以看出，青年偶像迷文化呈现生活化、平民化及自我化现象。现代大众文化的发展及新媒介技术的普及让偶像从“神坛”走到“人间”，青年偶像迷文化在现代社会中也

① 陈霖，杨培．大众传播媒介对“粉丝”亚文化的再现——以央视对“杨丽娟事件”的报道为例［J］．文艺研究，2012（4）：35—41.

② 刘济良．青少年价值观教育研究［M］．广州：广东教育出版社，2003：24—25.

更加关注社会现实和自我世界的密切度，它以各种方式走进青年的内心世界，与青年的自我价值及人生意义实现紧密关联。青年偶像迷文化还包括专家、学者等迷对象，目前关于青年迷文化的成果中这方面的研究成果较少，同时青年迷文化除了对人（偶像）的迷恋和追逐还包括青年对物的迷恋，即品牌迷文化。青年品牌迷在当代社会尤其是大众物质生活的提升和现代科学技术的发展中，为青年对品牌，即物文化的积极、过度地关注提供了条件，现代社会中的青年品牌迷文化体现了青年的身份。可见，无论是青年偶像迷文化，还是青年品牌迷文化，无论青年迷的客体是人还是物，都蕴含着青年自身对迷客体关注的自愿、自主、自由的特质，这是青年迷文化区别于其他文化最主要的特征，也是青年迷文化与其他文化最根本的差别。任何一种文化，如果要提高受众对这种文化积极、主动地接受、建构和传播，最主要的是受众对这种文化有着与生俱来的兴趣、爱好和创造热情。青年迷文化则符合这个要件，虽然目前学术界及大众对青年迷文化的影响力提出了质疑，但这并不妨碍青年迷文化在青年群体间的传播和对青年群体价值观与行为的影响。因此，从青年对迷文化的这种狂热的、自主的、积极的生产、传播和在创造过程中回归到理性的思考，重新审视青年迷文化存在的合理性及价值，真正使青年在进行迷文化的生成过程中自主进行迷文化价值审视和判别，创造有意义、有价值、有影响力的文化。同时，从青年迷文化的生成过程中也可以为我们其他文化的生成、创造和传播提供可借鉴性的思考。

二、青年迷文化的特点

当今中国文化是“一种五维量化的角度解读各文化间的关系，而青年文化，就为主流文化所‘主导’，为政治文化所‘范导’，为大众文化所‘吸引’，为精英文化所‘主导’；却又反作用于它们，为主流文化所‘吸纳’，为政治文化所‘收编’，为大众文化所‘收买’，为精英文化所‘升华’”[①]。因为青年文化的特殊性，尤其是青年迷文化作为青年文化的具象表现，其对社会主流文化、大众文化等的影响是深远的，作为青年阶段最容易触及和接受的文化形态，迷文化以其特点和特殊的文化传播方式影响着青年，所以必须对青年迷文化的这种特

① 刘悦笛．新青年新文化［M］．成都：四川人民出版社，2013：7.

殊性进行深入研究。

（一）符号化

人自身就是人使用的一个符号："每一个思想是一个符号，而生命是思想的系列，把这两个事实联系起来，人用的词或符号就是人自身"[①]。德国哲学家卡西尔进一步指出："符号思维与活动进入个体的视域中时，就使人面对一个全新的世界。与其他动物相比，人不仅生活在更为宽广的实在之中，还生活在新的实在之向度中。因此，符号化思维与符号化的行动是人类生活中最具代表性的特征，并且人类文化的全部发展依赖于这些条件"[②]。可见，无论是从符号学角度，还是从包含青年迷客体的形象、服饰、特征、话语与风格等符号化特征来分析青年迷文化的生成和传播过程，符号化是青年迷文化传播与接受最重要的形式和特质。"符号化，即对感知进行意义解释，是人对付经验的基本方式。无意义的经验让人恐惧，而符号化能赋予世界给我们的感知以意义"[③]。青年迷文化的风格一方面具体表现在青年"迷"对具体的迷客体服饰、话语、行为、物品等外观层面，即符号的层面；另一方面表现在具体的文本意义层面，任何符号都携带具体的意义，文本的意义必须用符号才能表达，青年迷文化的符号都表达了具体的意义。可以说符号是表达青年迷文化意义的工具和载体，青年迷文化的传播过程就是一个符号化的过程，更是青年迷文化意义传播的过程。

青年迷文化作为一个群体文化，"作为单个符码中的元符号，为群体实施着同样的功能。因而文化是一个包括来自一系列符码（话语、服饰、食品等）的元符号的综合体，具有社会意义的共同内核"[④]。青年在对带有迷客体符码的收藏、使用、模仿和消费中，不但是对迷客体符码的使用，更重要的是从中获得了具体的情感体验。而这些迷客体符号的意义在特定的媒介及市场化、大众化过程中成为一种时尚和前沿，促使更多的青年将这种符号化的消费纳入日常生活中，以此来表征自我价值及意义的实现。这种关于迷客体符号化的消费行为

---

① ［美］科尼利斯·瓦尔．皮尔士［M］．郝长墀，译．北京：中华书局，2003：116.

② ［德］恩斯特·卡西尔．人论［M］．甘阳，译．上海：上海译文出版社，1996：35.

③ 赵毅衡．符号学［M］．南京：南京大学出版社，2012：33.

④ ［英］罗伯特·霍奇，冈瑟·克雷斯．社会符号学［M］．周劲松，张碧，译．成都：四川教育出版社，2012：93.

致使青年在日常生活中过度地追求商品“能指”的符号价值，并把对生活、人生的目标赋予迷客体符号化的消费行为中。青年在这种迷文化的消费过程中的情绪体验，有一部分是将自我幻想为迷客体，生成“第二个自我”，关于这一点美国粉丝文化研究者海纳曼曾强调幻想之于粉丝的意义，“幻想得以被塑造的一个方法便是利用明星形象……这些明星形象经常与幻想者的个人生活纠缠在一起，并成为被压抑的、寻求完美欲望的重要符号”①。青年迷文化的符号化过程不仅是表层的符号化消费，同时也有青年“迷”对不同迷文本的创造，生成新的迷文化，产生新的迷文化符号意义在迷群之间传播。“不同体裁，无论是按照媒介划分（譬如，漫画、卡通、电影、电视、绘画），还是按照内容划分（譬如，西部片、科幻片、言情片、新闻片），都会建构起各自特定的模态标记，以及充当体裁基线的总体模态价值。这一基线，可能随着不同类型的观众/读者而不同，随不同文本或者文本中的某些方面而不同，但是，这些差别本身则从它们与该体裁的基本模态价值关系中获得了意义”②。青年对不同迷文化的解读，将迷文化带入日常的象征符号上来理解。通过迷群成员的努力，不断将迷成员对迷对象过度喜爱的这种情节在日常生活中赋予更多的意义，使本来不具备意义的迷客体形象符号转换成一个具有意义的生活实在，并使“迷”进入自我的想象世界。可见，文化是由个体互动创造的。“个体互动的确不断地创造文化，并且个体同时在这一过程中，通过符号系统发现自我认同与社会认同。”③在迷群中通过语言、文字、图片、有声资料等方式重新对迷文本进行创建，这种新文本的诞生就成为迷群成员沟通及共享的资源，迷们还将这种文本资源知识储备到自己的文化记忆中。可见，青年迷文化是建立在青年集体性与集体沟通基础上的，它本身赋予青年社会特质的社会性。

（二）媒介化

在社会的发展过程中，任何一种新媒介的出现，必然会引起文化模式的重

---

① ［美］斯蒂芬·海纳曼．“我将在你身边”——粉丝、幻象和埃尔维斯的形象［A］．粉丝文化读本［C］．陶东风编，贺玉高译．北京：北京大学出版社，2009：155—156.

② ［英］罗伯特·霍奇，冈瑟·克雷斯．社会符号学［M］．周劲松，张碧，译．成都：四川教育出版社，2012：145.

③ 林信华．社会符号学［M］．上海：东方出版中心，2011：112.

组。因为媒介不仅是知识内容的载体，还是积极的、能动的，处在流动之中的信息流集合，所以对社会发展会产生重大影响。尤其是电子媒介的出现，加速了全球化和本土化的进程，但电子媒介在缩短我们—他者、本土—异邦、民族性—世界性范畴，以及融入我们日常生活的同时，也使人类自身、社会发展等呈现异化特质。这体现在现代新媒介的双重性特质，即电子媒介在促进人类文化集中化、信息化的同时，又造成了信息的零散化和碎片化；电子媒介在扩大人们公共生活空间的同时，又制造了虚拟世界中的“群体极化”，弱化了人们在现实生活中的批判意识；电子媒介以其“符号暴力”的特质摧毁了传统道德边界，文化在虚拟场域中趋于同质化和类型化，但电子媒介又成为各种异质文化因子生成的牧场。加拿大学者马歇尔·麦克卢汉在《理解媒介——论人的延伸》一书中提出，地球已成为一个小小的“环球村”“媒介即是讯息”“媒介是人的延伸”“冷媒介和热媒介”[①]等观点。从麦克卢汉的观点可以看出，对一种文化来说，媒介形式的改变，不仅是信息传递方式的改变，还是整个文化模式的变化。青年迷文化作为媒介场域中文化传播内容的一种，以其特殊的内容、形式在媒介场域中比一般文化更加具有媒介化的特性。电子媒介的出现，尤其是新媒介的发展，是迷文化转型并迅速发展的主要驱动力，青年群体以其自身的独立性、创造性及多变性在最喜欢、最擅长的场域中表达对自己钟爱的迷客体文本的生成和创造，这是其他文化所不能比拟的“优越性”。

美国学者尼葛洛庞蒂认为，“后信息时代的根本特征，是‘真正的个人化’。这里的个人化，不仅仅是指个人选择的丰富化，还包含了人与各种环境之间恰如其分的配合”。“从前所说的‘大众’传媒正演变为个人化的双向交流，信息不再被‘推给’（push）消费者，相反，人们（或他们的电脑）将把所需要的信息‘拉出来’（pull），并参与创造信息的活动中”[②]。当下新媒介技术的发展，把青年“迷”从传统媒介中解放出来，在新媒介场域中，“迷”经常被各种新兴媒介所左右，他们参与性越高，对迷文化的认同感也越强烈。一方面青年迷文化强调凸显个性、实现自我价值及意义；另一方面更多地体现出在集体狂欢中对迷行为的顺从和模仿。在传统媒介环境中，青年“迷”经常通过服饰装

---

① ［加］马歇尔·麦克卢汉．理解媒介——论人的延伸［M］．何道宽，译．北京：商务印书馆，2000：1—2.

② ［美］尼葛洛庞帝．数字化生存［M］．胡泳，范海燕，译．海口：海南出版社，1997：1.

扮模仿迷对象，用荧光棒、海报、呐喊等方式为迷对象助威，而在新媒介环境中，青年“迷”更倾向于在网络中走进迷对象的博客、微信、直播等公共平台，直接表达对迷对象的爱慕。在新媒介中“迷”的社会交往行为通过青年“迷”与“迷”之间，青年“迷”与迷对象之间、青年“迷”与迷群之间的多向度交集更有助于迷文化的生成、传播和创造。2022 年 2 月，中国互联网络信息中心（CNNIC）发布的第 49 次《中国互联网发展状况统计报告》中指出：“截至 2021 年 12 月，我国网民规模达 10.32 亿，较 2020 年 12 月增长 4296 万，互联网普及率为 73.0%，较 2020 年 3 月提升 2.6%。”“我国手机网民规模达到 10.29 亿。”“我国互联网行业在抵御新冠肺炎疫情和疫情常态化防控等方面发挥了积极作用，为我国成为全球唯一实现经济正增长的主要经济体。”[①] 互联网的应用塑造了全新的社会生活形态，对青年的工作、学习、日常生活均有深刻影响和改变。网络的开放性、互动性、平等性等特点加剧了青年思想文化的相互激荡，在新媒介环境下需要对青年迷文化进行新的审视，“新媒介情境中迷具有新行为，即迷充分利用新媒介技术，通过网络即时对话实现了真正意义上的‘迷的对话’”[②]。可见，媒介化是青年迷文化在传播过程中的重要特质，青年迷文化通过媒介进行传播，青年“迷”通过新媒介能够真正实现“在场”与迷对象零距离接触，与青年“迷”及迷群共同分享迷文本，更是通过媒介，青年群体对迷文化的认同和“迷”身份的构建达到新的高度。因此，新媒介不仅承载着青年迷文化的内容和意义，更是青年将自我对世界、社会，以及自我的理解、认知、意义的构建通过媒介得以实现。

（三）部落化

加拿大学者麦克卢汉认为，人类社会经历了部落化、非部落化、重新部落化三种社会形态，在最早的口语传播阶段，人们处于部落化生存状态，受到各种条件限制，彼此之间的交流更多的是通过语言符号来传达，由于语言本身在传递过程中其客观性、真实性往往被个体自我赋予的意义所覆盖，使其在传达过程中容易使语言的意义失真。因此，在口语传播阶段，传播范围

---

① 第 49 次《中国互联网络发展状况统计报告》[EB/OL]. http://www.cnnic.net.cn/hlwfzyj/hlwxzbg/hlwtjbg/202202/t20220225_:7172.htm，2022-02-25/2022-03-26.

② 张晨阳．“迷文化”：新媒介环境下的价值审视［J］. 中州学刊，2011（6）：251—255.

是非常有限的。文字尤其是印刷技术的出现为人类社会发展带来了视觉文本上的延伸，信息不再依赖于在场，并且信息可以储存在可移动的媒介中使不在场交流成为事实，而这带来的是知识中心“去部落化”的时代。电子媒介的出现是人类文化传播史上的一次巨大变革，改变了人们的生存和生活方式，电子媒介时代促进了文化的集中和繁荣，同时又让人类社会开始“重新部落化”。粉丝团的出现，就是迷群和“迷”部落化真正走向集群的表现。在互联网上有专门的明星汇——粉丝团网站，专门为明星粉丝交流的社区平台，这里会集了各个明星的大批粉丝，粉丝团成为最时尚的迷族，为“迷”与明星的互动交流提供了平台。2005 年，超级女声开创了具有我国特色的迷族群，粉丝团是“超级女声”流行时而形成的迷组织，这对于有关“迷”、迷群及迷文化的研究具有特殊的意义。在这之前就有各种类型的歌友会、影迷会、球友会、歌迷会、“后援团”等组织存在。各种类型的“迷”根据兴趣爱好、教育背景、性格特征等共同性结成各种小团体，但这不同于一般兴趣爱好而结成的团体。如歌迷会，“是在商业流行文化的刺激下兴起的，如中国地区最早的香港歌迷会……歌迷会的连接纽带也具有特殊性，兴趣爱好具象化为具体的人。因为这种连接纽带的特殊性，歌迷会的会员往往只做与所崇拜偶像相关的事情，并且对其他歌星持排斥态度。在组织功能上，它除了稳固、强化对特定歌星的崇拜之外，还具有情感交流、行为支持的功能，尤为重要的是，它增加了崇拜者与崇拜对象接触的机会”①。当代我国迷部落的存在形式，根据迷对象不同越来越细化，呈现“分众化”趋势，尤其是“超级女声”之后，迷们用各种“谐音”来给自己命名，如，“玉米”是李宇春，“笔迷”或者“BB”是周笔畅，“鹿饭”是鹿晗，“千纸鹤”是易烊千玺等。几乎每个偶像都有自己的迷团，并且在当代社会迷团的存在更加普遍化、大众化，更多的青年成为迷团的成员，其呈现的迷文化必然也呈现部落化特征。

从单纯的“迷”到迷部落，迷部落所造就的迷文化经济在当代社会由“迷”自身来控制，如果他们更多的选择某个迷对象进行集体性、部落性的追捧，就会呈现增值，反之则相反。从表层来看，“迷”与偶像之间是一种“文化臣属”②，明星更深层次地依赖于迷部落的支持。与传统的迷部落相比，网娱时代下的迷

---

① 陆玉林 . 当代中国青年文化研究［M］. 北京：人民出版社，2009：183.

② 刘悦笛 . 新青年新文化［M］. 成都：四川人民出版社，2013：65.

行为具有新的特征，即网络迷群更具有家族情结，其情感维系度比较紧密、持久，“迷”与明星偶像之间的平等意识增强，网络迷群更具有自主性。迷部落的成立往往是“迷”自发的行为，更多的迷部落在虚拟网络中的构建缩短了“迷”与偶像之间的距离，而“传统媒体扮演喉舌的角色，关注主流文化，无法满足粉丝要大量看见偶像的要求，因此网络平台成为粉丝寻找偶像的最佳工具。粉丝在网络社区借由发帖、回帖的方式，和同好交流，满足追星的渴望。代代有偶像出现，粉丝成为最具消费实力的群体，网络成为粉丝交流与交友的最佳媒介”①。虽然在迷团内部，“迷”有对迷对象共同的情感依赖，对迷文化有着共同生成、创建和传播的意愿，但“迷”从迷对象那里所接收的文本意义及自我阐发的意义是迥异的。因为“经验、表达和表意之间的关系在亚文化中不是一成不变的。它可以形成一个整体，这个整体要么多少是有机的，努力朝向某种理想的一致性，要么是多少有些断裂，反映着决裂和矛盾的体验”。②“迷”对迷对象的过度追求也是如此，迷们既是“一体化”的集体性组织，也是具有“差异性”和“个性”的迷个体，他们在迷部落所组织的任何活动中其参与的目标、动力和理念都是一致的，但他们从迷对象获得的意义却是不同的。虽然迷部落的文化理念及行动目标都是一致的，但每个个体“迷”所追求的迷文化及其意义的理解都附有自我成长背景、知识结构及心理状态的要素而呈现差异化。这也是有的“迷”可以理性参与迷活动、进行迷对话、创建迷文化，而有的“迷”却是“着魔的独狼”成为极端迷行为的原因。有学者通过“文献研究和案例分析与对网络粉丝团的‘粉丝头’进行深度访谈，从网络粉丝群体的创建、群体领袖的产生、群体规范的形成、群体决策的执行和群体内聚力的影响5个方面分析了网络粉丝群体的心理活动”③。试图对“迷”加入迷部落的心理结构及迷团内部的阶层划分进行研究，但这只是立足于对迷团内部的规范和规则等进行研究，并没有对迷部落内部迷文化的共性和差异性探讨。任何一种类型迷文化的生成，并不能仅对其共性进行研究，更重要的是迷部落内部

① 张蔷．粉丝力量大［M］．北京：中国人民大学出版社，2010：153.

② ［美］迪克·赫伯迪格．亚文化——风格的意义［M］．陆道夫、胡疆锋，译．北京：北京大学出版社，2009：159.

③ 申凡，钟云．网络粉丝群体心理研究［J］．南京邮电大学学报（社会科学版），2009（6）：27—31.

个体对迷文化理解意义的伴随性社会影响因素的分析，这才真正符合迷文化部落性的实质。

（四）非理性化

在关于迷文化的研究中，关于“迷”的狂热盲从行为，学者将其定义为“着魔的独狼”和“歇斯底里的群众”。“着魔的独狼”具体是在媒介的影响下，使自己陷入想象中，幻想自己是和某个迷对象有着强烈关系的迷个体。而“歇斯底里的群众”描述的则是那些见到自己偶像时呐喊、哭泣的迷个体，或在球赛等各种比赛中咆哮、骚动的狂热球迷们。这类迷个体在社会中被称为病态的、非理性的群体。美国学者朱莉·詹森对关于迷被“污名化”和遭到社会歧视的原因进行了研究，她指出这两种粉丝类型隐含着公众对现代生活的一种批判。因为碎片化的、不完整的、虚化的现代社会产生了碎片化的、不完整的、虚幻的现代自我，粉丝的身份必然就成了这种孤立的现代生活的一种心理补偿。“如粉丝试图通过效忠明星和球队或参加音乐会和体育赛事来体验虚幻的社群感。但粉丝的身份同时也是一种充满风险的补偿机制：现实和幻想的界限随时可能模糊，理智随时可能被极度的情感吞没，最终导致粉丝的行为失控，变得狂热和病态。”[①]“迷”的这种狂热、病态行为的根本原因是“迷”及迷群内部在迷文化的生产、创造和传播过程中致使迷文化呈现异化、非理性化，最终导致“迷”的行为呈现差异。美国学者米尔格兰姆更是将“迷”的狂热行为定义为“在信仰、情感和行为中走向极端的人”。他认为，狂热分子将信仰体系用作“治疗性的拐杖……以延缓自尊心的崩塌”。任何对狂热分子的价值体系的挑战都被视作是“对其自尊心的威胁”，也就是对他的“自我防御体系”的威胁。[②]青年迷文化中所呈现的非理性、迷行为中的狂热行为并非完全是一种“迷”个体的自我迷失、迷群的集体“沦陷”、主体性缺乏的一种表现。相反，青年“迷”通过自己的迷文化资本的积累，在对迷客体着迷的过程中能对其进行客观、恰当的解读，并能结合自我实际及迷文

---

① ［美］朱莉·詹森.作为病态的粉都——定性的后果［A］.粉丝文化读本.［C］陶东风.编.北京：北京大学出版社，2009：117.

② ［美］朱莉·詹森.作为病态的粉都——定性的后果［A］.粉丝文化读本.［C］陶东风.编.北京：北京大学出版社，2009：125.

化资本积累的程度给予自我文化满足感。尤其是对于在社会现实生活中拥有的社会资本、经济资本及文化资本相对欠缺的“迷”来说，对偶像迷文化资本的拥有则是他们在迷群内部确立自己迷身份及地位的重要资源，同时更是满足了自我在现实社会中的缺憾，在“迷”的世界中更有存在感，更能证实自我价值。而正是这种虚幻的自我价值的实现与满足，使更多“迷”狂热的偶像崇拜行为在现代社会中屡见不鲜，如，无论偶像出现在哪里，哪里就有狂热的“迷”追随，比如机场，甚至有“迷”为了离偶像更近而迁居。有的“迷”给偶像写血书、寄恐吓信、投毒，[①] 还有的“迷”对偶像痴迷到将偶像作为自己择偶的标准，非偶像不嫁、不娶，如 2007 年的杨丽娟事件[②]。有的“迷”更是为了吸引偶像的注意而陪在偶像身边去杀人，[③] 而最疯狂和悲惨的就是杀死自己的偶像。[④] 这一系列极端的、非理性的迷行为，更深刻地反映了迷文化有非理性化、病态化、扭曲化的取向，[⑤] 更让人惊讶的是，这种非理性的迷行为正在呈现低龄化趋势。[⑥] 同时

---

① 2006 年 10 月，韩国偶像团体组合“东方神起”队长郑允浩遭遇 20 岁歌迷在饮料中加入强力胶投毒。2014 年 2 月，萧敬腾继 2013 年日籍粉丝 Yuki 泼粪事件后，又收到该粉丝寄的装有冥纸与面包虫的信件。

② 甘肃兰州女子杨丽娟自 1994 年迷恋刘德华，13 年间不学习、不工作，并想嫁给刘德华。其父于 2007 年带她到香港特区，因其女未能私下与刘德华见面而跳海自尽。《南方周末》在相关报道中因谈到“杨家精神病史”而被杨丽娟起诉。

③ 1981 年 3 月 30 日，美国总统里根遭到一个名为约翰 · W. 辛克利的年轻人刺杀，因刺杀者爱上了著名女星朱迪 · 福斯特，刺杀行为是为了引起她的注意。

④ 1980 年 12 月 8 日，原甲壳虫乐队核心、摇滚明星列侬在自己寓所遭自己的歌迷查普曼枪杀。

⑤ 2021 年 1 月 13 日，一则“大学生吐槽虞书欣，粉丝要求学校将其开除”的消息蹿上了热搜。据媒体报道，因某疑似中南财经政法大学学生在微博上称虞书欣是“老赖之女”，他遭到虞书欣粉丝的举报——部分粉丝将当事人的姓名、学校扒出，并在社交平台威胁该校以学业不精、业务能力不合格为由开除该生。另有部分留言称：“以后绝不上中南财经政法。”该消息冲上热搜榜单，部分粉丝意识到问题的严重性，公开向学校道歉，虞书欣也发文致歉。央视网点评虞书欣事件：别以“饭圈”做派绑架教育。回归理性，有理有据地表达自己的观点与诉求，是每个粉丝基本的素养和操守。

⑥ 10 岁小女孩买豪车送给偶像，以此行为来博取明星的好感，是对明星的极端迷恋。这个炫富的小孩在网上被网友们戏称为“压岁妹妹”，因为她在视频中提到自己就是用压岁钱给罗志祥买下一台车的，视频中“压岁妹妹”还拿出了一叠红包和银行卡在镜头前炫耀。如此极端的追星行为不利于孩子的成长，甚至会导致孩子心理上的偏颇。

还有诸多的疯狂的品牌迷[①]及其他迷，这种倾向无论是对于正常“迷”还是非正常“迷”，对于“迷”还是普通大众，对于迷群还是整个社会的发展都是潜藏的危机。

当然，不是所有的青年迷文化都具有非理性化的特征，但这里只是针对其迷文化的非理性化进行分析。由于不同迷群或迷部落的多样化存在，使得迷文化的类型是繁杂和丰富的，在诸多青年迷文化的非理性化特征中有个共同的特质，即“对崇高感、悲剧感、使命感、责任感的放弃和疏离，过去文化中那些引以为自豪的东西，如深度、焦虑、恐惧、永恒的情感被淡化，取而代之的是一个个世俗梦想、儿童乐园和文化游戏，它不需要我们殚思竭虑，不会让我们痛不欲生，它甚至可以把我们的智力消耗降低到几近于零”[②]。然而，在诸多青年迷文化信息非理性化繁荣的表象背后，隐藏的是青年“迷”价值观的异化及青年精神的颓废。青年“迷”在享受迷文化表层集体狂欢的过程中却走向“娱乐至死”的法则，青年理想、文化、价值、精神深陷“迷”的狂热中，并在迷失中走向荒芜、枯竭甚至是“死亡”。针对青年迷文化的这种现象，诗人北岛认为，迷文化现在扩展到文学界和整个文化界，呈现“低幼化”倾向，即某些作家和学者在文化生成的过程中价值观偏移，不断降低写作标准，以迎合更多的受众。这种恶性循环导致我们的文化不断粗鄙化、泡沫化。北岛认为，粉丝现象充满煽动与蛊惑色彩，尽管北岛的观点是激进的批判论，但迷文化非理性化的倾向并不仅囿于青年群体范围，也并不仅是对青年文化的侵蚀，更重要的是侵蚀成年人文化、儿童文化、社会主流文化及其核心价值。因此，在对青年迷文化的界定过程中，哪些文化属于理性范畴，哪些是非理性范畴，如何对青年迷文化的非理性倾向进行纠偏，如何对青年迷文化的理性行

---

① 吴某是位疯狂的果粉，每当苹果公司发布新款手机他都会积极关注，当看到苹果 13 第一批预定就要开始了，可是自己无业，拿不出钱，就在此时，同样是果粉的黄某建议和他一起去卖肾买手机。随后两人加入了一个自称可以介绍买卖肾脏的 QQ 群，对方跟他们讲，肾根据血型不同大概能卖十万到二十万元之间不等，但需要做相应的检查，检查合格才可以。应对方要求，吴某和黄某来到南京准备到某医院进行血型和肾功能检查，不过所谓的中间人却没有如约而至，这时回到理性的吴某和黄某报了警。我国《人体器官移植条例》规定，任何组织或个人不得以任何形式买卖人体器官，不得从事与买卖人体器官有关的活动。

② 尹鸿．世纪转折时期的历史见证——论 90 年代中国影视文化［J］．天津社会科学，1998（1）：77—85.

为进行合理的确证，使青年迷文化走出单向度的否定和批判的窠臼，给予青年迷文化以生存空间是青年成长和发展的需求，更是目前学术界需要厘清和研究的。也只有给予青年迷文化生存和发展的空间，青年迷文化才会走出社会及大众批判和谴责的黑暗地带，摆脱夹缝中生存更易非理性化的倾向，让青年迷文化在社会及大众平台接受批判、治疗及引导，使青年真正地正视迷文化非理性化所带来的缺陷，为青年迷文化的理性化发展寻找更适当、更科学、更健康的发展路径。

三、青年迷文化的类型

根据青年“迷”对迷客体的过度化追求，无论迷客体是人还是物，青年“迷”都根据其不同的特点进行迷文化的生成和创建，因而具有不同的文化类型。根据青年“迷”对迷客体钟爱的程度进行划分，青年迷文化的类型主要有青年偶像迷文化、青年媒介迷文化、青年影视剧迷文化和青年品牌迷文化等。

（一）青年偶像迷文化

在当代社会，偶像可以分为生产型偶像和消费型偶像。所谓生产型偶像，是指对人类和社会创造物质财富和精神财富的人，比如，思想家、科学家、文学家、外交家、军事家等均为生产型偶像。生产型偶像迷文化就是他们在社会发展过程中创造的体现其价值及意义的文化，这类文化是社会价值和理想的具体体现，更属于社会主流文化的范畴，生产型偶像迷文化具有传承和弘扬的价值。物质生产偶像推动了社会科技的巨大进步，为社会创造了物质财富，主要包括科学家和企业家。而精神生产型偶像则是为这个社会创造了巨大的精神财富，比如，政治家、思想家、文学家、外交家等。而消费型偶像与生产型偶像截然不同，它更注重前沿、时尚等元素的体现，是歌星、明星、体育明星及草根明星等所带动的消费型文化、快餐文化和碎片文化的产物，其所传播的文本必然是夹裹着消费、流行、庸俗、碎片、物质等元素的文化。“在对明星的认同中，大众绝不可能摆脱商业性的束缚，明星本身也只是市场中的一件商品，只不过这种商品由于质量和功能的优势而成为更好卖的精品……明星的本质是物化的形象”[①]。可见，消费型偶像迷文化本身就是一种潜在的物文化，对于这类文化，青年更易接受，也更易在青年群体中传播，其经济价值的转化比其他任何文化都具有实效性。“在信息时代，消费型偶像们借助全方位的商业包装和无孔不入的广告宣传，透过现代传媒的强大力量，在大众文化的浓重氛围中，因其重感官满足于快速简化而赢得大量的崇拜者”[②]。消费型偶像迷文化正好能满足青年期心理、生理及认知层面的需求，青年在接受这种类型文化的同时赋予其青年独特的理解和解读，在解构与重构的同时对消费型迷文化进行重建，使其更加符合青年群体生存和发展的需求。青年偶像迷文化除了有生产型偶像迷文化和消费型迷文化的区别外，随着新媒介技术的发展还催生了另类偶像迷文化。另类偶像体现的是全民娱乐精神，但更深层次的是社会理想和信念缺失情境下大众浮躁心态的表现。无论是在网上自爆成名还是通过各种渠道自我包装走红，另类偶像的制造体现了自我个性的张扬，以反常、夸张、另类、出格和丑的外露，来打破社会日常生活中的传统、秩序、规范、约束和审美，以这种方式释放因现实生活所带来的压抑感，在虚拟世界享受所谓“成功”的喜悦与集体的狂欢。偶像制造在当代社会已经普遍化，无论是明星、普通大众还是另类偶像，在这个吸引眼球的虚拟网络中，另类偶像被标榜为“榜样”，更多的青年沉浸在这种虚幻的、没有道德边界的、自由的氛围中，欣赏另类跨越传统价值、主流文化与道德界限的勇气，更深层次标榜的是自我个性的张扬与自我另类价值路径的选择。由此可以理解，为何另类偶像即使被定义为“呕像”也依然能够得到青年热捧的原因。“现代理性社会的发展将人严格限制在一个固定的位置上无法超越，导致人性被桎梏，这让人产生焦虑感，人们常常需要某些反叛的方式来寻求解脱。在偶像文化领域，当正统的偶像过于长久地占领舞台并被放大到极致时，人们便开始产生审美疲劳和厌倦”[③]。从以上分析可以看出，青年偶像迷文化是青年日常生活中最主要的休闲、娱乐的消遣型文化，它给予青年的不是压力感、紧张感和空虚感。青年偶像迷文化更代表了当代青年的一种生活方式，一种属于青年的文化生成和创造模式。当代青年偶像迷文化在新

① 陈刚．大众文化与当代乌托邦［M］．北京：作家出版社，1996：72.

② 岳晓东．我是你的粉丝——透视青少年偶像崇拜［M］．上海：上海人民出版社，2007：16.

③ 樊葵．媒介崇拜论——现代人与大众媒介的异态关系［M］．北京：中国传媒大学出版社，2008：203—204.

媒介环境下也发生了转变，呈现由生产型偶像迷文化向消费型偶像迷文化转换的趋势，消费型偶像迷文化无论是在现实社会还是在虚拟网络世界中均成为青年日常生活的兴趣中心。

（二）青年媒介迷文化

从青年迷文化的生成、传播和建构过程来看，任何形式的青年迷文化都离不开媒介，无论是青年偶像迷文化、青年品牌迷文化还是青年影视迷文化，都是通过媒介来承载和建构起迷文化的特性的。但对于青年媒介迷文化来说，媒介不仅是青年迷文化生成、传播和构建的工具和路径，更是青年寄托青年精神生活和梦想的伊甸园，媒介通过其特有的方式已经融入青年的日常生活和青年的生命中，成为青年成长和发展中不可或缺的“陪伴”。学者将媒介迷定义为“是一群因过度沉浸于媒体建构的虚拟世界而扭曲了时间概念，丧失了自我意识的主动的受众”。[①] 从中可以看出，青年媒介迷文化涵盖了所有迷文化所共有的特性——主动性、过度性和群体性。青年是媒介迷文化最主要的生成和传播群体，尤其是新媒介技术的不断推陈出新，致使部分青年过度依赖新媒介，沉浸在虚拟世界中被媒介化，从而丧失了对现实生活的思考、辨别和实践能力，“软瘾”就是青年媒介迷过度化的表现。媒介迷不仅存在于现代社会，自从媒介走入大众生活开始媒介迷就存在。学界对媒介迷有两种观点：“一种认为迷现象是一种不成熟的，愚昧无知的大众文化产物，是受大众传媒控制和鼓动的结果；另一种则认为迷现象反映的是受众的生产力，媒介迷通过从媒介内容中能动地创造新意义，进行风格展示，强化社会身份认同、建立协会，从而将受众从媒介的操纵和控制下解放出来。”[②] 学界更倾向于第二种观点，因为无论何种媒介迷群，都不是单向度对媒介的应用或被操纵，媒介迷在媒介中不仅仅是对“迷”原初文本的复制和模仿，更重要的是赋予迷文本新的意义生成，这才是迷文化存在的价值及意义。青年媒介迷的形成有其特殊的内在和外在条件，从外在因素可以分析社会的政治、经济、文化，以及媒介等多种宏观环境的影响。从内在因素来看，青年的教育程度、收入、性别、心理认知，以及人际交往等构成

---

① 莫梅锋，饶德江．关于“粉丝”的媒介研究［J］．电影艺术，2007（3）：110—113.

② ［英］丹尼斯・麦奎尔．受众分析［M］．刘燕南，等，译．北京：中国人民大学出版社，2006：49.

了青年自我内在世界媒介迷文化存在的空间，尤其是当代青年群体面临生存、就业压力和信仰危机等社会现实问题的困境，将媒介作为自我压力和情感释放的途径成为更多青年的选择。青年媒介迷在网络世界中可以寻找与自己有着相同遭遇的伙伴，在媒介世界中寻求存在感、价值感和意义感。就青年媒介迷形成的机制来说，可以“分为自然形成机制和社会形成机制两种，媒介迷的自然形成机制体现为受众通过对媒介文本高涉入度地参与、体验、互动、消费和生产，而产生马斯洛所谓的高峰体验（peak experience）或克珍特米哈依所谓的沉浸体验（fiow experience）的过程”[①]。当青年媒介迷沉浸在媒介世界对媒介文本进行建构的情境当中时，青年会不自觉地深陷其中，对外在世界处于毫无察觉或不愿脱离媒介的情境，因为青年在媒介中可以体验到从未有过的放松、愉悦和享受，这种心理快感是青年媒介迷形成的根本原因。当然，不是所有的青年媒介迷都是变态、非理性的迷文化行为，也不能把所有的青年媒介迷文化的创造行为都定义为“软瘾”。按青年媒介迷文化的入迷程度可以将其分为不同的阶段，对于入迷比较轻微，但与普通大众相比是比较过度的青年媒介迷文化创造，这一阶段通常称为“媒介沉浸”阶段，而青年媒介迷往往在相当长的时间内处于这种状态，虽是过度的，但仍属于正常“迷”的状态和行为。但如果青年媒介迷从“媒介沉浸”过渡到“媒介沉迷”阶段，这就是青年媒介迷“沉迷”阶段，即使在这一阶段青年仍能进行迷文化的生产、传播和创造，但其心理和行为已经具备“软瘾”的非理性、病态的“迷”特征，在这一阶段中青年的自我意识已经丧失，成为真正的媒介“沉迷”者。因此，在对青年媒介迷文化的界定中，应厘清青年媒介迷处于“媒介沉浸”和“媒介沉迷”两者中的哪一种状态而进行迷文化的生成、创造和传播，只有这样才能真正把握青年媒介迷文化生成的过程及其本质。

（三）青年品牌迷文化

青年品牌迷文化和青年偶像迷文化是所有青年迷文化中最相似的，它们有“迷”的共性，即“迷”对其盲目和狂热的追求，“迷”对品牌或偶像的忠诚度是偶像和品牌追求的目标。偶像通过市场及大众传播让“迷”对自己投入更多的情感支持，品牌则是市场传播过程中使“迷”对其投入异乎普通大众的

① 彭彪，莫梅锋．媒介迷的形成与特征［J］．当代传播，2007（3）：32—24.

信任和热情，青年迷群是品牌价值最大化的主要群体。而偶像与品牌又有着千丝万缕的联系，偶像既是品牌的忠实使用者，又是品牌的代言者，偶像的服饰、装饰等是品牌的集大成者，青年“迷”在狂热追星的同时也是一种对偶像服饰、装饰等模仿的过程，从另一个角度来理解也是青年品牌迷文化传播的过程。“品牌可以通过移动社交，比如微信、微博和百度贴吧，进行粉丝互动，从而培养粉丝，吸引粉丝参与活动等，并可以将不同渠道的粉丝统一聚合到移动终端上的粉丝社区，使他们可以随时随地进行互动，并利用零散的时间，便捷地分享或者推荐更多的社交关系参与进来”①。从社会中流行的品牌来看，华为、苹果、小米、可口可乐等这些品牌都具有巨大的迷群，可以说，任何一个品牌的成长都离不开始终不渝追随它的迷群，正是因为这些“迷”的存在和壮大推动了品牌的持续发展，也促使了品牌迷文化的发展。青年品牌迷文化是青年拥有并长期使用某种品牌产品，在使用中不断提高自身对该品牌文化、结构、技术特性等方面的认知，提高自身对该品牌的使用能力，并在这一过程不断强化对该品牌的情感认同，自愿、自主地进行品牌文化的传播和创造。以“苹果迷”为例，在诸多手机品牌中，没有任何一个品牌的“迷”如“苹果迷”这般疯狂，拥有“苹果”是当代社会部分青年群体的身份象征，是一种流行符号。这与苹果手机的营销理念及“苹果”文化有关，“苹果”无论是产品还是其营销方式，都传递出一种与众不同、高品质生活、个性张扬，以及体现人性特质的品牌发展理念，成为诸多“苹果迷”追随的符号。与其说“苹果”是一个品牌，不如说“苹果”更代表着一种青春、时尚、流行的文化风格和生活方式。如果一个品牌想要拥有自己的品牌迷群，那就必须具备“文化核心、创造精神、情感至上和分享意愿”②等特点，其文化核心就是指品牌迷群存在和发展围绕着品牌的共同文化而凝聚在一起，共同进行这种品牌文化的传播和创造，并将这种文化赋予品牌本身，成为该品牌独有的文化身份。“苹果”品牌之所以能集聚全世界广大“苹果迷”的喜爱，是因为它倡导的“I”（我）诉求，iMac、iPod、iPhone 三大“i”系列产品都以贴近消费者的个性需求为导向，尤其是当代青年的个性化需求。青年品牌迷文化主要通过青年在品牌网络论坛、博客、微博、微信、直播等平台发布自己对该品牌的

---

① 叶开．粉丝经济——传统企业转型互联网的突破口［M］．北京：中国华侨出版社，2014：3.

② 张晞．网络时代的品牌粉丝群［J］．企业管理，2010（12）：83—85.

使用心得以及与品牌的经历，通过图片、文字、影片等多种形式交流和共享品牌迷文化，并将这种文化进行更广泛的传播和展示，如，最大的中文“苹果迷”论坛——威锋网，就是“苹果迷”的集聚平台。有学者针对“迷”卷入的程度不同，将“迷”划分为轻度“迷”、中度“迷”和高度“迷”，按照这种划分对青年苹果迷群进行级别划分，即“初级苹果迷——拥有者／使用者、中级苹果迷——追随者／精通者、高级苹果迷——生产者／施救者”[①]。从入迷程度对青年“苹果迷”的划分中可以看出，从初级到中级，再到高级，青年的迷行为从低到高逐渐上升为痴迷，已经不仅是对“苹果”产品的使用，更是发展为对“苹果”文化理念的认同与追随。他们对“苹果”产品使用技能及问题的解惑通过经验的积累在“苹果”论坛与广大“迷”分享，更有的“迷”通过对“苹果”系统的研究自己开发简单的应用程序，成为真正意义上与“苹果”产品的开发以及核心文化创新、传播相关联的资深“苹果迷”。青年“苹果迷”文化的生成和传播过程体现了约翰·菲斯克论述的“迷”所具有的文化生产力，即符号生产力、声明生产力和文本生产力，通过这几方面生产力青年“苹果迷”创造了具有“苹果”自身标识性的符号系统，成为“苹果”迷群使用和交往的符号象征，并成为迷群中的共享资源。

综上所述，青年偶像迷文化、媒介迷文化和品牌迷文化是当代青年迷文化的主要类型，也是青年迷群主要从事的迷文化活动，在这些迷活动中青年“迷”进行迷文化的生成和传播，并进一步指导青年“迷”的行为。针对青年“迷”的卷入程度对青年迷文化进行理性和非理性、正常迷和非正常迷的划分，也是“迷”与普通大众区分的标准。青年“迷”的卷入程度不同，其生成和创造迷文化的行为也有所差异。因此，如何对青年迷文化进行界定，如何真正划清正常迷文化的活动与非正常迷文化活动，不仅需要对青年迷行为进行研究，更需要深入探究影响青年迷文化的要素，才能真正对青年迷文化进行判别和澄清。

---

① 徐波，朱丽丽．消费与抵抗：科技浪潮下的苹果迷群体［J］．南京邮电大学学报（社会科学版），2013（1）：30—38.

第二节 青年迷文化的嬗变历程

特定历史境遇中青年迷文化具有其时代特殊的印记，应把不同时代境遇中青年迷文化所体现的时代特征、社会关系，特别是将青年迷文化所凸显的现象、特点和规律与我国社会宏观环境结构的变化、社会文化的变迁紧密结合。从社会宏观层面和青年个体成长的微观层面进行梳理，有助于揭示青年迷文化变迁的特点、规律及对青年问题进行本质的探究，而不是流于青年迷文化现象层面的研究。本节将主要从纵向角度对青年迷文化的嬗变过程进行梳理，从改革开放前期青年迷文化的复苏期、20 世纪 80 年代中后期——青年迷文化的发展期、20 世纪 90 年代——青年迷文化的繁荣期到 21 世纪至今——青年迷文化的转型与变革期四个阶段对青年迷文化的嬗变历程进行梳理，致力于解读不同阶段青年迷文化所呈现的时代图景。力图从青年迷文化的历史变迁过程中对其在不同阶段社会中的文化形态、青年生活方式及其自身发展的影响、社会及大众生活的影响、青年迷文化与社会主流文化之间博弈所呈现的抵抗与收编而展现的多样社会景象等方面进行研究。

一、改革开放前期：青年迷文化的复苏期

20 世纪 70 年代末至 80 年代初，我国社会文化依然无法摆脱高度集中的计划经济体制的束缚，整个社会文化占统治地位的仍然是“带有浓厚理想主义、浪漫主义和意识形态色彩的革命文化”[①]。党的十一届三中全会后，在思想解放运动的影响下，部分青年人开始从传统的“革命式”的文化及价值观束缚中解脱出来，他们的自我意识开始苏醒，一方面对新知识、新文化具有一定的渴求欲望；另一方面，改革开放后国外思潮的涌入使青年的价值观发生了变化，他们更加渴望追求自我价值并探求实现的路径。针对这一阶段青年思想及观念的变化，学者概括为：“改革开放初期剧烈的社会变革使我国青年开始以积极的方式和态度寻求新的文化归宿和价值观念。青年们以自主的态度思考自己与社

① 张春举，高贺骏．时尚文化与我国青年思想的变迁［J］．前沿，2004（3）：183—185.

会的关系和自身在社会中的位置，开始更为现实地探索如何实现人生价值等问题”[①]。而正是因为青年的自我觉醒，与20世纪六七十年代相比我国青年迷文化进入了“春天”。在20世纪60年代，我国早期社会主义建设是以革命英雄主义精神为口号和精神追求的偶像年代，雷锋、“铁人”王进喜、焦裕禄、保尔·柯察金等的艰苦朴素、舍己为人、献身国家的优秀品质是当时青年偶像迷的代表，也是这个时代的精神象征。而当时的青年都是《雷锋日记》和《钢铁是怎样炼成的》的书迷，正是这种“迷”的精神激励着一代青年投身我国的社会主义建设。而在改革开放初期，青年迷文化呈现出新的特点：“它告别了一呼百应的全民崇拜，成为以个人喜好为主的个性化选择，每个人可以从个人需要出发来选择自己的偶像”[②]。偶像在这一阶段呈现过渡化、多元化的群体，而传统的单一、高大、权威式偶像逐渐退出历史舞台，致使青年迷文化也由单一的文化现象向多样化、层次化转变。这一时期青年偶像迷文化呈现出新的发展趋向，青年迷文化最普遍的载体就是文字，其传播方式主要是口头与报刊等文字传播方式，而这种传播方式使得青年迷文化的传播途径比较单一，其传播速度也相对受限。青年迷文化主要通过诗歌、文学、小说等形式进行文字传播，著名的朦胧诗人北岛、舒婷等成为当时青年人的精神偶像，他们的诗歌成为诸多承载青年“迷”沟通的文化资源。无论是北岛、舒婷等精神偶像，还是他们的作品，都成为当时青年群体追随的迷客体，并形成了当时青年迷文化特有的社会文化场景。同时，“知青文学”“伤痕文学”“寻根文学”及具有探索性的小说成为部分青年追随的迷客体，并成为青年迷文化传播的共享资源。在这一时期，流行音乐也开始流行，邓丽君、崔健等成为当时青年最喜欢追随的声音，也成为诸多青年“迷”模仿的对象。“以邓丽君的歌曲为代表的港台流行歌曲迎合了当时人们对于集体主义的厌倦，以及对个体生活的向往，从而迅速在年轻人中广泛流传”[③]。而来自港台地区的金庸、古龙、梁羽生、琼瑶等人的作品在青年群体中孕育了一批忠实的“武侠迷”和“琼瑶迷”。这一时期的青年迷文化不仅体现在

---

① 袁潇，风笑天．改革开放30年我国青年流行文化与价值观的变迁［J］．中国青年政治学院学报，2009（1）：1—6.

② 邱吉，王易，王伟玮．轨迹——当代中国青年价值观变迁研究［M］．北京：人民出版社，2012：167.

③ 岳晓东．我是你的粉丝——透视青少年偶像崇拜［M］．上海：上海人民出版社，2007：31—32.

对偶像、诗歌、小说等迷文化资源的传播过程中，还体现在青年的日常生活中，即青年群体通过服饰、发型等“迷”形式展现自我。部分青年穿“喇叭裤”，模仿邓丽君的发型、服饰等展现青年独特的“迷”装扮。但在改革开放初期，由于大众的思想还没有达到真正的解放，整体社会环境还处在集体意识的束缚中，所以青年对偶像迷及其服饰、装扮的模仿等迷行为遭到社会上部分人的反感和抵制。即使青年“迷”的这种崇拜思想和行为不敢在公众面前公然进行迷思想的释放和迷行为的展示，但这种隐蔽的、压抑的迷文化现象依然不被当时的社会及公众所认同和接受。同时，由于青年的自我意识处于觉醒的萌芽期，所以，青年迷文化仅限于原文本的流通和传播，而在青年群体中对迷文化原初文本进行再生成、创造的现象比较稀缺，导致这一时期青年迷文化缺乏自主性和创新性意识，青年迷文化流通、传播的影响力也是有限的。学者袁潇、风笑天在研究这一时期青年文化时指出：“20 世纪 80 年代初期的主流文化基本上定位于严肃文化的层面，着力于批判反思，但同时兼备了价值重估和文化重建的成分。80 年代的青年文化虽不再复制权威与效仿主流体制文化，但理想主义、理性主义和政治关怀依旧是当时青年文化的发展主脉”[①]。从上述论述中可以看出，这一时期“迷”的“狂热”和“痴迷”现象在社会整体氛围的压制下青年无法找到宣泄和疯狂的途径，他们在现实生活中追求个性生活的意识未真正觉醒，在盲目的崇拜中丧失思考、批判及创新意识，所以在这一时期青年迷群的范围和组织能力是有限的，这一时期青年迷文化的创生与传播力不足。进而青年迷文化对青年、青年群体及社会整体文化的影响力相对比较弱，而“迷”的两种病态类型——“着魔的独狼”和“歇斯底里的群众”，即青年个体迷的狂热和群体迷的癫狂行为在改革开放初期不具备发生的内在和外在条件。

二、20 世纪 80 年代中后期：青年迷文化的发展期

1978 年，党的第十一届三中全会开启了我国改革开放的步伐，从思想和意识形态领域真正解放思想，重新审视我国社会主义建设时期的主要任务，把以

---

① 袁潇，风笑天 . 改革开放 30 年我国青年流行文化与价值观的变迁［J］. 中国青年政治学院学报，2009（1）：1—6.

经济建设为中心，解放和发展生产力，提高人民的物质文化水平和社会发展水平作为社会主义建设的中心任务。改革开放思想和具体措施所带来的首先是人们思想观念和日常生活的改变，而这一时期的青年自我意识也逐渐萌发，注重自我文化诉求的表达和追求。随着改革开放政策的深入和持续发展，大众传媒的逐渐兴起，各种快餐文化、流行文化以及西方思潮的涌入，青年自我意识也从20世纪70年代末80年代初的苏醒到80年代中后期青年自我意识中自主与反叛个性的凸显。这一时期的青年文化逐渐脱离传统单一的政治模式而寻求独立、自主、自由的发展空间，并开始向现代文化转变。可以说这一阶段是青年文化真正开始独立发展的阶段，更是青年文化风格特质凸显的阶段，青年文化对于社会的作用、意义及其社会地位逐渐彰显。这种相对宽松和自由的社会环境使得青年迷文化在20世纪70年代末80年代初呈现隐蔽型、压抑型的文化表现形态，即“80年代，娱乐型的青年文化开始发育，迪斯科和校园舞会、武侠热和健美热、‘恋爱派’和‘麻（将）派’等休闲、感性活动的流行，某些青年社团和业余兴趣小组的出现，都可以视为娱乐型的，但还不成气候”[①]。而到20世纪80年代中后期，青年迷文化的娱乐型特征才有真正展示的空间，开始走向大众的公共生活领域，青年迷文化进入了发展期。在这一时期，青年日常生活中充斥着迪斯科、牛仔裤、摇滚乐等让青年沉迷的迷文化资源，尤其是崔健的摇滚乐所表达的一种独立和个性的文化反叛意识，成为诸多青年“迷”追随的精神偶像。青年在努力寻找自我理想及价值实现路径的过程中，政治、经济、文化、社会、生态环境的变化使得他们的价值及观念体系尚未建立，青年在反叛传统价值体系的同时面临着无处安放精神觉解的青春，迷惘与无助中崔健的《一无所有》成为青年心境的真实写照。“在生命罅隙中抗争和呐喊的青年，需要一个时代的标杆和英雄，需要一种痛快淋漓的宣泄……当崔健的摇滚乐以迥异与过往的语言形式出现时，那雄浑铿锵、富有蛊惑力的节奏，那嘶哑却自心底升其的苍凉沉重的呐喊，那迷惘落寞无奈却又不敢平静的怅然情绪，令青年人感到前所未有的心灵震撼”[②]。崔健的摇滚乐成为诸多青年标榜个性、自由，以及反叛等青年共同思想、观念、意志、精神的象征，也是这一时期青年迷文化最显著的代表。在改革开放初期，我国在不断探索推进改革开放深入发展的

① 陆玉林. 当代中国青年文化研究［M］. 北京：人民出版社，2009：80.

② 旷晨，潘良. 我们的1980年代［M］. 北京：中国友谊出版公司，2006：224.

过程中，新的社会思潮、价值观念的涌现，传统的价值观念和体系在面临解构和改革开放思潮冲击的过程中难以呈现应有的价值指引。而此时“在青年开始接受社会规范、生活技能、道德准则的关键时刻，社会通过各种途径教给了他们各种或是自相矛盾的，或是没有实践效能的，或是陈旧落后的观念、技能和准则。这样，青年的‘偏离’就被‘塑造’出来了”[①]。一方面，迷文化资源在这一时期突破原有社会的局限性，随着改革开放的深入，各种迷文化资源也呈现出丰富、多元化发展趋向。同时，部分青年迷群也初步形成，大众媒介的发展也使得青年迷文化的生成和传播机制得以形成。另一方面，青年迷文化所蕴含的不仅是青年对时尚、流行音乐及文化元素的喜爱，更重要的是这些迷文化资源所蕴含的体现青年的思想、文化、精神，以及行为突破了传统社会对青年思想及行为的禁锢。综上所述，这一时期的青年迷文化呈现的是“反英雄”“反意向”“非崇高”“非庄严”[②]等质疑、批判与反思的特征。从青年迷文化的生成和传播角度来看，青年“迷”及迷群都以把迷文化真正纳入青年的日常生活作为这一时代青年文化的主要标签。

三、20 世纪 90 年代：青年迷文化的繁荣期

从 20 世纪 80 年代我国开始的经济体制改革，到 1992 年党的十四大把建立社会主义市场经济体制确立为我国经济体制改革的目标，市场开始真正全面地进入大众的社会生活领域，人们的思想观念、道德准则及行为方式遵循市场原则，青年文化也随之进入了新的时期，尤其是青年迷文化在市场经济商业化潮流中达到了前所未有的繁荣阶段。这一时期的青年迷文化主要体现在以下几个方面：首先是青年偶像迷文化。20 世纪 90 年代初才出现严格意义上的追星现象，尤其是港台明星在大陆的风靡，如李宗盛、张国荣、周华健、张雨生、小虎队等。“人们在享受着流行音乐带来的精神愉悦的同时，形成了对音乐风格乃至明星本人的认同感，偶像崇拜就这样真真切切地产生了。在人们的

① 单光鼐 . 中国青年发展报告［M］. 沈阳：辽宁教育出版社：1994：10—11.

② 陆玉林 . 当代中国青年文化研究［M］. 北京：人民出版社，2009：42—43.

心中，偶像就是‘英雄’，也是自我理想的投射。”[①] 对于青年群体来说，青年偶像迷文化随着时代的变迁呈现出了新的符号。大众媒介的发展为偶像提供了新的平台，越来越多的迷客体从大众媒介中被大众所接受，涌入青年的日常生活，青年偶像迷文化成为青年迷文化的标志，也是青年迷文化中存在最普遍的文化现象。其次是青年“文化衫”迷文化。针对20世纪90年代初在青年群体中流行的“文化衫”迷文化，学者认为，“文化衫，其实就是一种松紧领口短袖纯棉衫，尽管样式繁多，但一加上文字和图案符号，就成为具有特定文化意义的服饰品了。身着文化衫的青年们，以其各种特定意义的图案和文字符号来表现自己的个性、愿望和情绪”[②]。从上述论述中可以看出，青年“迷”通过“文化衫”，特别是“灰色文化衫”来进行自我情绪的表达，如，反抗、发泄不满，以此来获得青年群体的认同，“文化衫”是青年“迷”及青年迷群在这一时代特有的表达方式，他们通过这种隐晦的方式表达自我对社会现实的理解，从某种程度上反映这一时期的社会思潮、青年的社会心态及特定的社会现象。再次是“无厘头”迷文化。20世纪90年代随着市场经济的发展，经济所有制关系、分配和利益格局的变动，极大调动了人们对经济利益的追求，在激发了人们生产、生活积极性的同时，也打破了原有的利益格局及价值体系，人们对物质、金钱的追求赤裸化，功利化的生活方式越来越被合理化。青年的思想意识不再像20世纪80年代被束缚或压抑，思想的解放所带来的是世俗、物质主义的膨胀，文化领域蔓延着放逐激情、逃避崇高的情绪。“一切高尚的理想逐渐被冲刷掉，一切坚固的东西逐渐崩塌，一切神圣的东西成为娱乐的对象。在这种情况下，从20世纪90年代中后期开始，青年文化领域里流行着解构的愉悦和愉悦的解构，从‘大话’到‘恶搞’，‘无厘头’娱乐欣欣向荣。”[③] 由于20世纪90年代后网络技术的发展，这种“无厘头”的文化形式更多呈现在互联网上，青年对这种文化的展现平台及这种文化与主流文化、精英文化表现手法的迥异更加崇拜和迷恋，对影视作品、人物及主流和传统文化进行带有幽默、调侃和嘲讽式的戏剧化解构，进行“无厘头”迷文化的生成和传播。青年“迷”借由

① 雷启立，孙蔷．在呈现中建构——传媒文化与当代中国人精神生活研究［M］．上海：上海文化出版社，2007：28.

② 焦润明．从“文化衫”现象探究青年流行文化的发展［J］．青年研究，1992（4）：7—12.

③ 陆玉林．当代中国青年文化研究［M］．北京：人民出版社，2009：61—62.

《大话西游》而形成的“大话”文化，在青年现实生活中将这种戏仿、嘲讽、调侃和解构式的迷资源涉及社会生活的各个方面，在这里有对传统意识和主流文化式样的反讽，有对社会现实不平等现象的讽刺，有对传统社会文化和秩序的反抗，有对政治生活中教条式理念的颠覆，更有青年以游戏心态对认真、严肃、教条式生活理念的拒斥和蔑视。青年在这一时期对“无厘头”文化的生成和传播过程中其自主性和创造性比以往时期都有很高提升。正因为青年对迷文化的自主生成、自主传播及创造性的发挥，促使他们沉迷于对迷资源原初文本的篡改、移植、戏仿、拼装和颠覆，不再忠诚于原初文本的意义，而是对原初文本的话语、内容及意义进行革命式的改造。同时，围绕着各种“无厘头”文本在群体内展开各种争论，青年迷文化的生成和传播被推到了极致，进入“无厘头”时代。青年“无厘头”迷文化的传播在提升青年文化自主性和创新性的同时，其无规范、无限制、无价值引导的过度化生成和传播，致使青年及青年群体话语出现“失范”，青年话语体系出现紊乱。20 世纪 90 年代随着互联网的发展，“追星族”“乐活族”“旅游族”“月光族”“运动族”“电玩族”“网络族”等以爱好、兴趣集聚的各种青年迷群诞生，成为青年迷文化生成和传播的主要族群，青年迷文化进入了空前的繁荣期。尤其是网络的兴起，对于青年来说，“电子游戏则有种表演的力量：操纵飞行模拟器时，年轻人觉得自己就是飞行员，他们玩游戏的时候，就把游戏中英雄人物的使命内化为自己的使命”；[①]“在电脑游戏的虚拟世界里，在拼装的现实夹缝中，他们发现自己做了主角。那种现实，半是形象半是实质，可谓模拟现实中的中间现实，柏拉图或许会称之为中间世界”[②]。综上所述,20 世纪 90 年代的青年具有鲜明而独特的个性，青年文化形成了一种从社会价值观念、生活方式，以及行为规范等全方位的质疑、反叛和解构潮流。这一时期的青年各类迷群已形成一定的规模，具有自己独立的迷文化空间、迷话语表达方式和迷文化生成系统，且具有独立自主的性质，真正成为一种新的文化样态。但这一时期也是青年迷文化问题的凸显期，在文化生成机制上创造性及反思性的缺乏导致青年迷文化深陷于模仿、解构、恶搞的生成与

---

① ［英］安吉拉·默克罗比．后现代主义与大众文化［M］．田晓菲，译．北京：中央编译出版社，2001：222—223.

② ［葡］何塞·马乔多·佩斯．过渡与青年文化：形式与表演［J］．黄觉，译．国际社会科学杂志（中文版），2001（2）：93—105.

传播中。这种迷文化的表现及传播形态的本质则在于青年在追求自由个性彰显的同时，并没有在精神生活上得到满足，理想、信念的缺失导致他们的迷文化呈现肤浅化、空虚化，其人生的价值及生活的意义更加难以寻觅。

四、21 世纪初至今：青年迷文化的转型与变革期

关于青年文化的存在方式及类型，学者根据不同领域的青年及其所承担的角色将青年文化划分为“角色型、逍遥型、脱离型、反抗型”[①]。也有学者“从青年文化与主流文化的青年发展关系出发，依据青年文化的社会性质，以青年与主流文化要求的相关程度和符合程度作为主要标准，将 20 世纪的青年文化划分为顺应型、偏离型、反抗型和娱乐型四种主要类型”。[②] 从学者关于青年文化的划分中可以看出，随着社会的发展，青年文化的变迁模式由之前的隐性的青年迷文化转变为现在的显性的娱乐化的青年迷文化，由受社会及大众所拒斥的青年迷文化存在及表象方式到当代社会及大众更加宽容的对待青年迷文化，由被动式的、服从式的青年迷文化到今天自主式、创造式的迷文化转型。尤其是我国经济、政治、文化、社会及生态环境的改善，网络社会的迅速发展、新媒介技术的兴起、青年自主创新意识的提升，社会宏观环境及青年微观世界的变化使得 21 世纪的青年迷文化面临着急速的变革和转型。20 世纪 90 年代，英国学者曼纽尔·卡斯特就已经预测了新媒介，即博客、微博、微信等社交工具将彻底改变人类的社会交往模式，他指出：“通过‘超文本’（Hypertext）和‘后设语言’（MetaLanguage）的形构，历史上首度将人类沟通的书写、口语和视听模态整合到一个系统里。通过人脑两端，也就是机械与社会脉络之间的崭新互动，人类心灵的不同向度重新结合起来。”[③] 对于青年“迷”及迷群来说，这种人际交往模式成为当代青年最主要的生活方式，更是青年迷文化最主要的生成和传播平台。当代青年文化就是一种以“媒介文化”为主要存在方式的迷文化。

---

① 陈映芳 . 在角色与非角色之间：中国的青年文化［M］. 南京：江苏人民出版社，2002：17.

② 陆玉林 . 当代中国青年文化研究［M］. 北京：人民出版社，2009：69.

③［英］曼纽尔·卡斯特 . 网络社会的崛起［M］. 夏铸九，王志弘，译 . 北京：社会科学文献出版社，2001：406—407.

“以某种意义上说，媒体文化又是当今的主导文化”“更有甚者，媒体文化已经成了社会化的主导力量，它以图像和名流代替了家庭、学校和教堂作为趣味、价值和思维的仲裁者的地位，制造新的认同榜样以引人共鸣的风格、时尚和行为的形象等”①。在当代社会中，青年迷文化的传播方式发生了变革，由传统文字、语言传播方式转变为当代的媒介化传播；青年迷文化的生成机制由传统的单向度、被动式和个体化模式转型为当代的多维度、自助式和集群式的有组织、有目标的迷文化生成、传播和创造机制。并有效地融合了虚拟和现实、线下和线上的交流互动模式，“迷”与迷对象不再是触不可及，青年“迷”、迷对象及诸多迷资源可以在共同的迷空间中进行迷文化文本的生成、创造和共享。在社会各个领域大繁荣、大发展的场域中，青年迷文化也呈现多元化、市场化、国际化发展趋向，“韩剧迷”“美剧迷”“日剧迷”“Cosplay 迷”“御宅迷”“媒介迷”“苹果迷”等丰富了青年迷文化的内容。尤其是 2006 年《一个馒头引发的血案》恶搞视频的流行，进一步将网络恶搞现象推向了高潮，成为一种更加普遍化的网络现象。“恶搞文化的泛滥当然与人类媒介技术的发展有很大关系，每一次媒介技术的更新与变革，其实也是一场文化的变革，从古代的印刷文明，到今天的网络，人类文化形态发生了翻天覆地的变化。今天随处可见的恶搞文化便是新媒介技术的‘产儿’”②。青年是恶搞文化的主要人群，他们喜欢用创新、另类的手法表现其思想和观点，而恶搞文化也成为青年“迷”及迷群最常用的手法对迷文本进行再创造。随着全球化的进一步发展，文化资源在全球范围内流动，青年迷文化呈现多元化、国际化发展趋势，青年根据自己的兴趣、爱好可以选择不同领域的迷文化，青年迷文化的跨界交流异常频繁。同时，迷资源的市场化运作及产业化发展带动了青年迷文化的经济效益及功能，青年迷文化成为青年文化及青年日常生活中最主要的表现形式。

从青年迷文化的嬗变历程中可以看出这也是青年自我意识觉醒的过程，更是青年文化在社会发展过程中地位、作用及意义彰显的过程。我国的经济、政治、文化、社会、生态建设为青年迷文化的发展提供了良好的条件和环境氛围，青年的文化表达愿望与诉求更加清晰和主动，从外在环境的优化到青年自身的

---

① ［美］道格拉斯·凯尔纳．媒体文化：介于现代与后现代之间的文化研究［M］．丁宁，译．北京：商务印书馆，2004：31.

② 曾一果．恶搞——反叛与颠覆［M］．苏州：苏州大学出版社，2012：3.

内在成长都为青年迷文化的发展创造了优越空间，当代青年迷文化逐渐走向更加开放和自主的发展态势。当然，纵观青年迷文化的发展历程，在不同阶段中由于历史条件的局限及青年身心成长的不稳定因素，导致青年迷文化发展的过程中也是其问题凸显的过程，青年迷文化的发展就像青年自身的成长一样，伴随着成长与发展期的阵痛。因此，社会各界必须积极关注青年、引导青年、发展青年，尤其是要积极关注、揭示青年迷文化所潜藏的青年心理状态及价值观念变化的特点和规律。

第三节　青年迷文化的形成机理

关于青年的文化生存环境，学者预见未来十年青年的生存空间具体表现为："一是中国的政治生态进一步走向民主化与法制化轨道；二是经济将又好又快地持续发展；三是文化的创新与发展将继续得到鼓励和支持；四是青少年求变、求新、怀旧的心理将进一步产生多元化的文化诉求；五是社会在政治氛围、物质条件、文化产业制度等方面，将为青年流行文化的发展提供更大的创新空间和更好的生存条件"①。从上述描述中可以看出，青年迷文化的生存和发展空间将更加开拓和明朗。在此形势下，对青年迷文化形成的社会机理、心理机理及青年自我认同等具体机理及影响过程进行分析，揭示青年迷文化形成的内在轨迹对青年迷文化的研究具有重要的意义和价值。

一、心理机理

社会心理学认为："群体对个体的影响主要是进行'感染'的结果。个体在受到群体精神感染式的暗示或提示时，就会产生与他人行为相类似的模仿行为。""上述暗示、模仿、循环反应的过程，就是心理学研究证实的求同心理过

① 冯松青 . 北京青年文化现象透视［M］. 北京：九州出版社，2012：11.

程。正是这种求同心理，构成了从众行为的心理基础”[①]。青年迷文化的社会机理研究，不仅是宏观的社会机理研究，更重要的是涉及青年“迷”个体、迷群体的心理机理，“文化参与并模塑人类心理的历程，不仅要横向关注地域之间文化差异下的不同心理现象，还要纵向考量不同年龄阶段特有的文化成长背景下的心理差异”[②]。只有深入考究青年“迷”、迷群心理的形成、结构及其变化过程，才能真正得知青年的迷行为及其迷文化形成的内在原因。从微观角度，即社会心理角度对青年迷意识、迷思想及其迷行为进行研究，从青年“迷”及青年迷群内部心理世界探究青年迷文化的生成动因、传播轨迹，以及青年迷行为的偏执、异化导致迷文化迷离、迷狂、迷失的真正原因。

（一）青年“迷”个体心理

青年个体心理发展包括青年的认知心理、情绪情感心理和个体意志行为等方面，青年期是青年由儿童向成人过渡并逐步走向成熟的时期，是人生观、价值观、世界观开始形成的时期，有着既不同于儿童期，又不同于成人期的心理活动方式和内容，是个体真正开始成为独立社会个体的时期。关于青年期在人生中的地位和意义，学界有多种阐释，法国思想家卢梭认为青年期是“人生的第二次诞生”、美国的霍尔及诸多心理学家将青年期比喻成“疾风怒涛”的时代，“社会心理学之父”库尔特·勒温将青年期界定为“过渡时期、行为不确定、边缘人的地位”。从诸多学者对青年期的界定中可以看出，青年期在人生中的地位及重要性是不可忽略的。青年期的生理成熟、自我意识的觉醒、人际关系初步形成、情绪波动、智力发展、人生观价值观的形成等发展特征决定了青年期相对于儿童期是成熟期，但相对于成人期而言，青年期还属于青年的过渡期，其心理发展等特性呈现不稳定、不平衡、不成熟等特征。

青年心理学初期的研究代表——美国的霍尔和霍林沃思、德国的彪勒和斯普兰格的理论为青年心理学的发展奠定了基础。“青年心理学之父”霍尔认为，青年期标志着一个崭新的、更高级、更完善、更具有人的诸多特征的阶段的产生，但这一时期又是“疾风怒涛”，青年“迷”的心理比其他青年更具有这种冲

① 甘琍琴，王晓晚．消费者行为学［M］．北京：北京大学出版社，2009：259.

② 李英华．栖居于虚实两境：网生代青年心理样态透视——基于文化心理学的视角［J］．中国青年研究，2019（8）：83—89.

动的情绪和行为。德国心理学家彪勒认为，青年期可以分为“否定期”和“肯定期”两个阶段，这标志着青年心理学研究更加注重青年自我意识方面的研究。“否定期”和“肯定期”正是青年“迷”个体在成长过程中否定自我，寻求“迷”客体预设新的自我身份、形象及个性塑造的过程；以奥地利心理学家西格蒙德·弗洛伊德和美国发展心理学家埃里克·H·埃里克森为代表的精神分析理论更进一步分析青年的心理发展过程，尤其是在研究人格结构深层潜意识活动规律的过程中，追溯到童年，并对儿童的人格发展做了探索，将性本能作为人心理的基本动力，并提出了心理性欲发展阶段的理论，这进一步揭示了青年“迷”个体对偶像、精英、专家等客体对象迷恋的心理倾向。埃里克森认为，在人的发展过程中，自我是逐渐形成的过程，可以把人的成长过程理解为生物的、心理的和社会的统一。青年“迷”个体的心理发展过程具有阶段性和连续性的特征，在这个过程中根据青年心理及社会环境的变化，青年“迷”的思想、观念及行为也会发生变化，即有可能更换、寻找新的迷对象或是继续追随原初迷对象。这表征着青年“迷”对迷对象的情感、态度及行为取向处于动态变动中，呈现不稳定态势；而德裔美国心理学家勒温借助物理学的场论，认为人的心理活动是在心理场或生活空间中产生的，而个体心理的发展取决于其心理场或生活空间的分化程度，其分化程度又由个体所积累的经验及其数量、种类及质量来决定。从勒温的“场论”中可以看出青年“迷”与环境的关系决定着青年“迷”心理的发展过程，这也是青年“迷”个体心理出现矛盾化、边缘化及过度化的原因。但勒温这里强调环境凸显的是青年个体的生活空间，凸显的是青年的人际关系，而忽视了客观环境及不同时代的发展境遇，无法真正揭示青年“迷”心理倾向背后潜藏的社会结构性调整及价值观变迁所带来的深刻的、根本性的问题。美国现代心理学家华生主张行为主义的基本理论，他认为心理学是研究动物和人类行为的自然科学，主张以“刺激—反应”（S—R）公式作为行为的解释原则。但在华生主张的行为主义理论研究过程中片面地夸大强调了环境和教育的作用，并把环境和教育作为人的行为发展的唯一条件来研究，过于片面，忽视了青年“迷”个体心理形成及发展的特点及规律。美国认知教育心理学家戴维·保罗·奥苏贝尔认为，青年前期心理发展阶段基本呈现相对稳定的人格，但在进入青年期之后，由于青年自身成长、社会环境的变化、社会地位的提升及青年自我预期的变化等，青年面临着人格的再构成过程，这是实现青年自我发展的主要阶段。对于青年“迷”来说，这个过程是青年“迷”重新确立自我、重塑和发展自我的过程，如果说前期青年“迷”心理处于非理性、冲动、情感化的边缘。那么，当进入青年期之后，青年自我意识的觉醒会促使青年更多地倾向于自我内在的发展，而“迷”对象是更多青年发展自我的兴趣、爱好，寻找真实自我过程中最重要的参照物。瑞士儿童心理学家和发生认识论专家让·皮亚杰认为，青年期是我们人格形成的关键时期，人格的形成是通过青年以其独特的方式参与社会生活而实现的，但在这个过程中往往会产生新的不平衡现象，只有积极参与社会活动这种不平衡才能在不断地协调中得以缓和与解决。青年“迷”个体参与青年迷文化的活动其实也是“迷”社会化的过程，青年“迷”本身具有理性与非理性的边界，正是因为有这种文化的冲突和抵抗，才需要青年“迷”个体通过不断的文化参与、创造和传播来形塑迷文化，并在参与迷文化的过程中实现自我的发展。美国著名心理学家班杜拉进一步提出了社会学习理论，认为从人的社会性角度研究学习问题，强调观察学习以及预期、计划和自我调整在心理和行为发展上的意义，认为人的行为变化是由个人的内在因素和外在的环境因素交互作用的结果，为进一步分析青年“迷”心理活动提供了理论基础。从上述青年心理研究理论中可以看出，青年期心理影响青年自身及青年与他人、社会关系的构成，同时影响着青年期文化系统的构成及青年自身文化理念的塑造，要分析青年迷文化，就必须分析青年迷个体心理的形成及其发展过程。

文化人类学家认为，青年期的各种现象不仅依赖于青年的生理过程和心理过程，还依赖于社会的生活条件及文化背景。青年个体成长中的各种现象，有其生理上的原因，但更重要的在于青年个体心理特征在社会宏观环境，即经济、政治、文化、社会及生态等关系中形成和发展的，青年个体的成长环境、教育条件等是影响青年心理发展的主要因素。同时，青年个体的心理发展状况又进一步地影响着青年与社会、他人、家庭等关系的建构，决定着青年自身文化脉络及体系的构建趋向。“任何特定个体对其社会文化的参与绝非处于偶然，主要取决于他在社会中所处的位置及他为获取这一位置接受了什么样的训练，这几乎是显文化所论及的。因此，研究个体的行为，不仅要涉及它所处社会的整体文化，还要关系他所处的社会加诸他的特定文化要求，毕竟他在其中占有一席之地”[①]。青年迷文化在当代社会文化发展过程中对青年成长、社会主流文化都

① ［美］拉尔夫·林顿．人格的文化背景：文化、社会与个体关系之研究［M］．于闽梅，陈学晶，译．桂林：广西师范大学出版社，2007：48.

具有重要的影响作用，青年迷文化所引起的青年迷行为代表着当代青年迷群的心理诉求及行为轨迹。在人的心理结构中，需要是人脑对生理和社会需求的基本反映，对青年“迷”个体来说，其行为的积极性动力来自个体的内在需求，青年“迷”对迷客体的迷恋能满足其精神需求。正如苏联著名心理学家波果斯洛夫斯基指出：“需要——这是被人感受到的一定的生活和发展条件的必要性。需要反映有机体内部环境或外部生活条件的稳定要求。……需要激发人的积极性。……需要是人的思想活动的基本动力”①。无论任何时代、任何阶段，在分析青年“迷”对迷客体的崇拜和迷恋时，其心理需求是最主要的，如，信仰需求、被承认需求、归属需求、休闲需求、认同需求、补偿需求、爱恋需求、逆反需求、从众需求等都被广泛研究，作为分析青年文化、迷文化及青年发展的重要视域。可见，对迷客体的崇拜是青年“迷”在个体成长过程中的一个阶段性行为，也是其心理的过度性行为，在本质上反映了青年自我成长中对迷对象的心理崇拜、情感认同和依恋，是其特定心理发展期的特有迷心理及迷行为。在某种意义上说，青年“迷”对迷对象的迷恋和追逐满足了其心理发展过程中的各种需求及其特定年龄阶段对未来生活及其自我的一种预设和憧憬。

（二）青年的自我同一性

美国发展心理学家和精神分析学家埃里克森提出的著名的“自我同一性”理论主要是对青年人格发展和自我发展的论述。埃里克森关注自我同一性的概念主要从两个方面来进行论述：一方面是指在过去、现在和未来时空变化中的，“我”还是“我”的同一实体的存在。就这一方面来讲，建立“自我同一性”就是主体对自己获得了恰当和充分的了解。另一方面，将自我纳入社会范畴，“同一性意味着以社会性存在确立的自我，由于共有的国籍、职业、价值观等心理的、社会的属性，也是由于承担着某种相互承认的责任，我们与特定的组织、集团、社会（或者构成成员）之间有一种连带感、一体感”②。就自我社会性这方面来讲，建立“自我同一性”意味着主体对自己在社会环境中的定位要明确。青年自我同一性形成的过程也是青年自我意识形成的过程。埃里克森认为，个

① ［苏］波果斯洛夫斯基．普通心理学［M］．魏安庆，译．北京：人民教育出版社，1979：6.

② 张日昇．青年心理学——中日青年心理的比较研究［M］．北京：北京师范大学出版社，1993：167.

体在克服了婴儿前期、婴儿后期、幼儿期、儿童期的心理的、社会的危机，即实现各个时期的发展课题之后，青年期心理的、社会的危机是自我同一性的确立，建立同一感和防止同一性扩散。然而，顺利完成上述青年期前期各个阶段的发展课题，是确保青年自我同一性形成和发展，避免青年期自我同一性危机发生，促进青年期人格健全发展的关键所在。埃里克森在这里使用"危机"，具体是指个体在成长和发展过程中存在的重大心理和人生转折点，也是指个体在发展过程中所必须完成的人生发展课题。埃里克森认为，在人格的形成和发展过程中，自我及其自我同一性是逐渐形成的过程，在这一过程中，个人心理发展程度及周遭环境对人的自我同一性形成具有重要的影响作用。同时，自我的形成对人的自我内在改造及社会环境的改造具有重要的指导作用，这是一个相互作用、共同发展的过程。因为"当一个自我产生以后，从某种意义上说他为自我提供了社会经验，因而我们可以想象一个完全独立的自我，但是无法想象一个产生于社会经验之外的自我"。[①] 针对这一论述，埃里克森认为，在人的成长过程中，普遍存在着生理的、心理的、社会的三个体制化过程的发展顺序，并按一定的成熟程度分阶段地向前发展。而"自我同一性危机"就是青年期在生理的、心理的、社会的发展过程中的自我否定、自我断裂、自我矛盾和冲突凸显，致使青年期生理的、心理的和社会的发展出现紊乱，生理、心理和社会相互冲突、不适应，青年期"自我"的过去、现在和未来不能有效地衔接，呈现对过去"自我"的否定、对现状"自我"的迷失、对未来"自我"的彷徨状态，致使青年自我同一性的扩散和自我同一性危机的发生。这是青年在青年期出现心理问题以及各种犯罪等社会问题的原因，自我同一性的扩散以及危机的爆发表征青年已经无法进行自我澄清、"自我同一"及当"自我"出现问题之后不能及时地进行"自我治疗"。

青年"迷"在迷群中参与相关迷活动，进行迷文化的创造过程中，其迷活动的有效性及迷文化功能性作用的发挥主要在于青年"迷""自我同一性"是否确立。"同一性是它许诺在将来预计要成为的人，是处于它看到自己的形象和感受到别人对自己的看法以及期望自己成为的形象之间的东西……"[②] 在青年发展

① ［美］乔治·H.米德.心灵、自我与社会［M］.赵月瑟，译.上海：上海译文出版社，2005：110.

② ［美］詹姆斯·O.卢格.人生发展心理学［M］.陈德民，译.北京：学林出版社，1996：3.

中若其自我同一感丧失，往往表征着家庭、社会对其提供的各种条件或对自我角色的否定，如果青年“迷”个体的自我同一性没有建立，那么在迷群中处于“断裂的自我”所参与的迷活动、迷文化，以及迷行为极易呈现异化、扭曲的形态。关于青年“迷”的自我同一性混乱或自我同一性丧失，埃里克森认为：“他们有时病态地，而且往往是好奇地一心想象着将自己认为自己是什么样的人与自己在别人眼中表现为什么样的人进行比较，并且老是想着如何把早期养成的角色和技术与当前的理想原型结合起来的问题”[①]。当青年进入青年期后，如果在上一个年龄阶段自我同一性遭到破坏，呈现断裂与危机，那么青年就面临着自我同一性的矛盾或角色冲突的危机。青年要解决这种危机就需要重新确立自我同一性，如，通过新的同辈群体及新的偶像或榜样来作为示范建构新的自我。迷客体的多元化就能满足青年对想象自我的憧憬，通过对偶像迷积极的追逐及对与偶像迷相关文本资料的收集，反映了青年对自我积极的确认及建构，这是青年对过去“自我”不认可或不满足而寻找新的“自我”的动力支持，是青年自我同一性确认及建构的最佳代表。青年“迷”通过诸如兴趣、爱好、服饰、文化等各种特性进行迷群的选择，并积极融入迷群，以迷群体的具体属性作为自己身份的象征来划分所谓的“圈内人”和“圈外人”。在青年迷群内部，各成员可以互相鼓励、互相帮助，以迷客体的精神、气质影响迷成员，始终保持对迷客体的忠诚度及迷群的归属感。青年“迷”可以自己结成小的迷群组织，进行有关迷客体文化、信息等资源的闲聊或议论，在这一过程中构建自我同一性，形成对“自我”的肯定，以及在群体中寻找他人对“自我”的认可度。从个体与集体的关系看，形成一个集体的前提是个体的自觉、个性的消失和集体心理的创造，它同时意味着个人由独立的个体存在变成集体的有机要素。青年“迷”正是通过迷群的活动及迷文化的建构确立自我同一性，但不一定就能真正实现青年的“自我同一性”。青年集聚在迷群内部，如果对迷客体达到过分或癫狂的认同程度，那么其已完全失去了自我，青年“迷”在这种状况下所建构的“自我同一性”只能是另类的“自我”，即集体的癫狂和迷失。社会中疯狂的青年“迷”及在网络迷群中部分青年“迷”的集体狂欢就是如此，而在这种迷群中所生成和传播的迷文化必然是琐碎的、癫狂的。

---

① ［美］埃里克·H. 埃里克森. 同一性：青少年与危机［M］. 孙名之，译. 杭州：浙江教育出版社，1998：129.

（三）青年迷群体心理

群体主要是指具有心理相互影响、群体成员关系密切、有一定组织形式和具体活动目标及行为的人群。青年群体就是指青年群体内部所具有的心理倾向和态度，以及相互作用所形成的心理体系。青年群体是由正式群体和非正式群体构成的，其中正式群体是为了实现青年群体共同设定的目标而由有关部门批准组织建立的群体。青年正式群体具有群体存在的具体目标及工作程序等一系列组织性规则，同时在群体内部有正式和具体的组织分工，并有固定的信息传播模式和渠道。青年非正式群体则是由青年在社会交往过程中自愿、自发组织和建立的，是根据青年的兴趣爱好、社会经历、文化背景、利益发展，以及情感需求等所组成和建立的集群组织。青年非正式群体相比正式群体主要是情感上的认同及依附，比较松散，没有正规、规范的组织结构，青年迷文化就属于青年非正式群体。与个体相对应，群体需要有共同的心理需求取向和信仰，这是群体存在的前提和基础。群体心理是相对于个体心理而言的，“群体心理是指一个群体内部所独有的心理倾向和态度以及这些心理状态相互作用所形成的心理体系”[①]。要了解青年群体的心理，首先必须正确理解青年群体与青年个体心理之间的关系。

1. 青年迷群心理与“迷”个体心理的相互建构

群体中的个体在群体中可以获得安全感、归属感、宽慰感和幸福感，但并不是所有的个体在群体中都能获得，也不是所有的群体都能给予青年个体这种感受，这要综合考虑青年群体的规模、发展程度，以及个体在群体中是否真正得到认可，其价值及存在的意义是否得到实现。美国社会心理学家利昂·费斯廷格认为：“集团成员身份的吸引力并不仅仅在于一种归属感，而在于能够通过这一成员身份获得一些什么”[②]。青年迷群体的心理受到青年“迷”个体心理状况及结构的影响，决定着青年迷群体心理的发展程度，勒温的“场论”就论述了“群体是处于均衡状态的各种力的一种‘力场’。这些力不仅涉及群体成员在其中活动的环境，还涉及群体成员的个性、感情及其相互之间的看法。人的心

---

① 宋书文．心理学词典［M］．南宁：广西人民出版社，1984：90.

②［美］曼瑟尔·奥尔森．集体行动的逻辑［M］．陈郁，郭宇峰，李崇新，译．上海：上海三联书店，上海人民出版社，1995：6.

理和行为决定于内在需要和周围环境的相互作用”。“群体的活动方向也取决于内部力场与情境力场的相互作用。正是‘力场’中各种力的一种错综复杂的结合，使这些力不仅影响群体结构，也修正群体中的个人行为”[①]。从上述论断可以看出，影响青年迷群心理的是多重因素综合的结果，同时青年“迷”成员在迷群中也受到潜移默化地心理影响和规约。青年迷群的心理结构、群际互动及其群际行为决定着青年“迷”个体的成长及其迷文化的发展程度。青年迷群体心理是外在的社会环境及与内在环境的融合中青年心理相结合的产物，其中有积极的作用，但其对青年成长及社会文化发展的消极影响也是不容忽视的。青年迷群在共同生成迷文化的过程中，群体的心理成熟度决定着迷文化的传播效率及创新程度。因为，“一般地说，世界并不是为个别人而存在着的，也就是说，世界是已经渗透了不俗的知觉现象的群体化”[②]。比如，青年迷文化内容中包含着最时尚、最前沿、最流行的元素，在具体的生活风格中这些时尚不是零散的。相反，在内容上它有其丰富性和完整性，在表现方式上则具有明显的规范性。时尚所涉及的语言、服饰、休闲方式、生活理念，以及交往方式等诸多层面都有一整套与之相适应的文化要件。如，西方的迷文化所体现的白领阶层的生活方式、嬉皮士与后嬉皮士风格、冲浪与攀岩的场面、纨绔子弟的处世之道，以及单亲家庭与无育文化等，这些都涉及青年群体心理对时尚的认同度和接受程度，关系迷文化的具体风格体现。“时狂，是时尚这一越转越快的旋涡的中心。时狂是时尚发展的极端形式，是时尚参与者狂热而不理智的状态。时狂与时髦和时尚最主要的区别之处在于处在时狂状态的参与者其身心投入程度远高于时髦和时尚的追随者”[③]。美国社会心理学家 R.W. 布朗会认为这是“一种激动群众的介入方式”，美国社会心理学家罗斯认为时狂是缺乏制度性的集群行为，会导致严重的社会紊乱。从上述可以看到，当青年的迷群心理和迷行为达到“时狂”的程度时，极易导致的是一种癫狂的迷群心理和极端的迷群行为，在青年群体迷文化生成和传播过程中容易导致迷文化的异化。青年群体内部不同“迷”个体间相互建

---

① 胡凯．现代思想政治教育心理研究［M］．长沙：湖南出版社，2009：213.

② Husserl，*The Crisis of European Sciences and Transcendental Phenomenology*，Northwestern University Press，1970，p.166.

③ 周晓虹．现代社会心理学——多维视野中的社会行为研究［M］．上海：上海人民出版社，1997：418—419.

构所抵达的认同主要有两方面的意义："一是指不同个体在互动过程中形塑出一种崭新的社会身份认同……二是指外来的、试图融入某一既成群体或文化之中的人们同这些群体或者文化占有者之间的互动"[①].因此，青年"迷"个体心理对迷群体的依赖感、认同感及认同的主动性并不是单向度的，而是互动意义上的认同，是在群体内部不同"迷"个体间的相互沟通、互动交流过程中建构的。

2. 青年迷群的崇拜心理倾向

在对青年迷群心理进行分析的过程中，主要对青年群体的崇拜心理进行较多阐述，因为要了解青年"迷"入"迷"的过程，不能简单地对青年"迷"或迷群心理进行研究，更重要的是对其崇拜心理、从众心理及青年迷群的集群行为进行深入分析。关于群体崇拜心理，其形成要早于个体崇拜心理，在原始社会，由于生产力水平的低下及个体不能抵御自然侵袭，只有依靠群体的力量才能得以生存和发展。所以，原始社会应该说是群体心理的萌芽阶段，先民们以氏族和部落作为自己崇拜心理的客体。随着人类生产力水平的提高，崇拜心理逐渐显示出鲜明的个性特征，在这一阶段个人崇拜心理得以形成。"群体崇拜心理是以共同活动产生的心理体验，从而产生共同感情。这种共同感情是诸如群体规范、群体特点、群体价值和群体目标等在人们意识中的反映而形成的一种信任感"[②]。在当代社会发展中，明星崇拜作为青年"迷"的主要心理及行为，对社会及青年自身发展的影响已经超过了以往任何时代，一方面青年明星崇拜的行为已直接和间接地导致了比较严重的社会后果，这在前面的章节中已有论述；另一方面，青年对迷客体（尤其是偶像）的崇拜行为已深入青年及大众的日常生活中，呈现普遍化的趋势，尤其是青年"迷"的年龄呈现低龄化，其所表现的迷行为更加执着与疯狂。青年对迷客体的崇拜心理具体表现为从众心理和猎奇心理，现代传播媒介的普及导致融入青年眼界的大多是碎片化、娱乐化的信息片段。而这些恰恰是青年集聚时的谈资和话题，以及由明星效应所引起的消费热潮，使流行产品（由明星偶像所引起的迷客体，即"物"的流行）成为青年群体迷心理及迷行为的另一种趋向。这促使青年群体内部、群之间消费

① 李友梅，肖瑛，黄晓春．社会认同：一种结构视野的分析［M］．上海：上海人民出版社，2007：5—6.

② 祥贵．崇拜心理学［M］．北京：大众文艺出版社，2001：31.

观念及审美取向的类同，或呈现具体迷客体的从属群。这种现象是导致青年“迷”或迷群产生从众心理的主要原因，也有部分青年“迷”是盲目的从众，并不是真正的“迷”，但就像“中国式过马路”一样，随同青年大众产生集体对偶像或偶像所使用的品牌的迷恋，进而产生一定的迷心理及迷行为，这是一种集体的从众，而对于部分青年个体恰恰是无法抗拒的。猎奇心理是青年群体因为生理及心理的特殊时期，对社会中普遍存在的新现象、新特点及明星偶像的私生活有种窥探欲。正是这种心理促使青年形成强大的心理驱动去了解明星、走近明星，通过各种渠道搜索关于迷客体的各种信息资源，最终发展成迷群集体对迷客体资源的探索，从而进行迷文化的传播和构建。

3. 青年迷群心理谱系

迷文化是在青年群体交互交往过程中形成的，并成为青年“迷”共同体活动和彼此依赖的重要纽带。不同青年迷群的差异决定着青年“迷”对于不同迷对象信息的选择、认同、接受和记忆。青年迷群的心理认知基础在于迷群的感知和思维方式，一般情况下，具有选择性注意和选择性感知两个步骤。选择性注意，就是青年迷群的差异导致迷们接受迷文化信息、内容、方式的差异。在多元迷文化信息交织的空间中的青年迷群会根据自己的兴趣爱好、成长经历、知识结构、职业身份等主观性的标准对相关信息进行筛选，对自己感兴趣、中意的迷文化信息会更加注意。选择性感知是在选择性注意的基础上，青年“迷”们根据自己的主观态度、情感需求、价值观念等差异，使不同的青年迷群对同一信息产生不同的感受和认知。选择性注意和选择性感知是青年迷群心理形成的认知基础，是决定青年迷群迷文化创生及传播方式的前提，那么青年迷群对待迷文化的态度则决定了青年迷群心理发展的趋向。定式和偏见是态度的重要类型，是青年迷群基于一定文化及社会经验基础上对特定迷对象的情感、认知、意识及行为倾向。在青年迷群的心理变化过程中，定式和偏见的影响比较复杂，是导致理性迷群与非理性迷群划界、青年迷群冲突的重要原因，势必影响青年迷文化的创生及传播效果。其实，现实生活中的我们时刻被各种定式与偏见包围着，这种定式与偏见决定了我们的思想、观念及行事风格，青年迷群亦是如此。定式一般可以分为社会定式和文化定式，社会定式又可以分为思维定式和行为定式。对于青年迷群来说，思维定式决定了“迷”们意识中稳定的、难以改变的对于迷对象的基本认知图式；而行为定式是受到迷群文化制约的行为模式和策略。文化定式则分为自定式和他定式，具体反映的是对本迷群文化、本群体及他群及他群迷文化的固有认知。在青年迷文化交往中，当迷群把我群文化与他群文化进行区隔、对立时，文化定式便由此出现。文化定式所带来的后果就是把迷群本身的文化特征、属性赋予群内的每个成员，同时无形中将该群的优势扩大化而以此遮蔽了该群固有的文化劣势，对于他群的评价也失去了应有的客观性。当前青年迷群的多元化导致迷文化内容比较繁杂，在对青年迷群心理引导的过程中彻底消除定式是不现实的，必须看到定式存在的客观事实及其本质，并努力引导迷群的定式更客观、准确和具体，降低定式对青年迷群心理的误导倾向，充分发挥青年迷群心理定式的积极作用。总之，对于青年迷群来说定式并不是恒定不变的，它会随着社会环境、信息、主体意识等的发生而改变，当青年迷群的情感需要、动机、利益取向等改变时，定式会相应发生改变。当定式违背客观性不符合事物发展的规律时就是偏见，一旦人们对青年迷群抱有偏见，在对其评价的过程中就会刻意寻找支持自己偏见的条件，进一步巩固自己的偏见，导致对迷群有失公正性的、负面的评判。可见，“偏见之可怕‘不在偏见本身’，而是在‘偏见隐含的社会文化心理机制’”①。对于青年迷群来说，这种偏见是造成非理性迷群及其行为发生的重要原因，偏见是青年迷群丧失了对他群客观理性的评判、欣赏，导致过度地对自我迷群的肯定进而造成迷群间区隔、矛盾及冲突的扩大化。同时，普通大众对于青年迷群过度的否定，甚至因某个非理性“迷”或迷群的过度、极端行为而把整个青年迷群界定为极端的受众，这些有失客观性的评价和界定窄化了青年迷群的生存及发展空间。因此，无论是定式还是偏见，对于青年迷群来说，要防止定式与偏见发生的心理倾向，客观、理性、积极地对青年迷群给予评价，为青年迷群的生存与发展创造良好的心境。

二、社会机理

社会机理是指为实现一定的社会功能，在社会系统结构中经济、政治、文

① 单波．跨文化传播的基本理论命题［J］．华中师范大学学报（人文社会科学版），2011（1）：103—113.

化等各要素内在的运行方式，以及诸要素在一定环境下相互联系、相互作用的运行规则和原理。青年迷文化的形成和发展离不开特定时期经济、政治、文化、社会、生态等环境的作用，总体概括，这些要素可以归纳为青年迷文化生成和发展的社会机理，任何一种文化都离不开社会环境的作用。同时，青年迷文化的发展又给予社会一定的反作用，即青年迷文化丰富了大众的文化空间，积极、健康的迷文化既能促进青年文化的进步、丰富青年的精神世界，又能为国家的经济、政治、文化、社会和生态的发展提供精神动力。

（一）社会生活的变迁

青年迷文化的生成于我国经济、政治、文化、社会和生态的客观环境，当代社会经济、政治和文化的发展为青年迷文化的形成提供了深厚的基础，马克思、恩格斯强调："每一历史时代主要的经济生产方式和交换方式以及必然由此产生的社会结构，是该时代政治的和精神的历史赖以确立的基础"[①]。而"物质生活的生存方式制约着整个社会生活、政治生活和精神生活的过程"[②]。改革开放 40 多年来，我国经济飞速发展，人民生活水平提高，对于物质文化和精神文化的需求也发生了变化，更加注重精神世界的丰富与发展。这些物质生活环境的变化为我国文化产业的发展和青年迷文化的生成提供了有利的支持和广阔的空间。现代社会的发展为青年的成长提供了丰厚的物质基础和条件，更为青年迷文化的生成给予了这个时代独有的物质和精神条件，"个人怎样表现自己的生活，他们自己就是怎样的。因此，他们是什么样的，这同他们的生产是一致的——既和他们生产什么一致，又和他们怎样生产一致。因而，个人是什么样的，这取决于他们进行生产的物质条件。"[③] 在现代社会中，青年迷文化的形成具有一定的规模，最为重要的是社会生活的变迁为青年迷文化的发展提供了物质、精神的支持。当代青年的生活方式不仅体现在对生活质量的追求上，更体现在青年自我成长个性的养成上。青年追求个性化的、自由的精神生活方式是以物质生活的满足为前提的，只有这样，青年的文化、精神生活风格才能够形成和体现。青年迷文化成为我国社会文化领域中最活跃的文化因子，也是青年

---

① 马克思恩格斯选集（第一卷）[M]，北京：人民出版社，1995：257.

② 马克思恩格斯全集（第二卷）[M]，北京：人民出版社，1995：32.

③ 马克思恩格斯选集（第一卷）[M]，北京：人民出版社，1995：67.

生活世界中的标志性文化活动，表征着我国大众的生活方式呈现多元化、时尚化、活泼化的发展趋势。

改革开放40多年，我国的政治环境发生了很大改变，具体表现在我国“民主法制建设迈出了新步伐；政治体制改革继续推进；实行城乡按相同人口比例进行选举人大代表；继承民主不断发展；中国特色社会主义法律体系形成，社会主义法治国家建设成绩显著；爱国统一战线巩固壮大，司法体制和工作机制改革取得新进展”①。我国开放、宽松的政治氛围有利于文化以开放的态度接纳他国文化的传输，这是全球化时代背景下的文化交融与共生。尤其是对于青年迷文化来说，一方面，青年迷文化不仅局限在对我国各种迷客体文本的生产和传播，我国各类型的迷客体难以满足青年迷群体多元化的需求。当代青年在物质环境更加丰裕、政治环境更加开放的境遇下呈现生活娱乐化、时尚化的趋势，进而娱乐不仅限于本国，我国政治环境和文化环境的宽松促使哈韩、哈日、宝莱坞、好莱坞等各种文化涌入，这些文化资源在我国找到了新的生长点。青年“迷”在这种开放、多样的迷客体资源中寻求新的精神落点和诉求，并参与各种迷文化资源的互动中，形成全球化、多元化的迷文化现象，拓展了青年迷文化的范畴，促使青年迷文化在更广阔的领域中生成和传播。另一方面，我国开放的政治环境为青年“迷”表达自己的观点、抒发自己的情绪提供了契机。尤其是我国政治信息平台的建立、网络政治参与空间的拓展，即“网络政治参与把传统政治参与的纵向等级制转化为横向的网络分布分散式结构。因而在网络政治参与中，信息结构与等级结构脱钩，等级权威在信息传递中不再起决定作用”②。青年群体处于青春期，非理性、多变性、突发性等心理特质体现在青年的日常行为中，他们主体意识增强，具有强烈的表达自我存在感的欲望和追求个性张扬的迷情绪，在开放的政治环境中也得到了释放。青年通过博客、微博、论坛、微信等网络政治参与方式表达自我对国际局势、我国政治发展，以及对异域迷文化的喜爱与痴迷。但我们必须看到的是，当代青年的政治参与状况不仅影响到青年自身社会化的进程，同时也影响到我国未来的政治格局，由于青年的心智、生理、心理尚未完全成熟，其网络政治参与存在四大困境：“局限于

① 李腊生．中国共产党的国家发展战略研究［M］．北京：人民出版社，2013：60：2.

② 崔文奎．公民网络政治参与的平等性及其主要限度［J］．山西大学学报（哲学社会科学版），2013（4）：87—91.

围观式政治参与的层次；以动机精神为主，但带有较大的随意性和盲目性；内在政治效能感与外在政治效能感存在较大落差；有相当的政治参与热情，但存在参政行为的无序”。[①] 因此，在开放的政治环境下，如何引导青年“迷”在全球化开放的境遇中合理、正常地进行迷情绪的表达和迷文化的生成，是青年迷文化研究所要深入探讨的主题。

（二）大众文化的发展

改革开放40多年，使我国的经济、政治环境发生了变化，在这些变化的促使下我国文化有了新的展现形式，尤其是大众文化的兴起和发展，为我国青年迷文化的形成和传播提供了条件。改革开放初期，西方文化的大量涌入，使我国大众文化市场呈现前所未有的繁荣，金庸武侠小说、琼瑶爱情小说、港台地区电视剧，以及国外电视剧等大众文化产品拥有了很多青年“迷”。20世纪90年代初期，电视剧《渴望》的播出制造了万人空巷的效果，并成为大众共同的谈资。社会的发展促使大众文化以生活化、世俗化、通俗化、趣味化的艺术风格通过大众媒介的包装展现在大众面前，渗透在大众的生活中。大众文化作为社会中不可或缺的一部分，反映着中国特色社会主义伟大的实践历程，展现着我国社会大众的日常生活趣味，继承着我国传统文化优秀的文化因子，涵育了我国文化的基本精神，是中国特色社会主义文化体系的重要组成部分。虽然大众文化有世俗化、消遣性、消费性等特征，与社会主流文化，以及精英和高雅文化相冲突，但其娱乐性、生活性及大众化的特点对我国经济、政治、文化，以及社会的发展具有重要的作用。

我国大众文化发展至今，无论在任何时期，对大众文化最具有接受力和认同感的当属青年群体。因为，无论任何时代、任何时期，青年都是社会文化的主要学习者、生产者和消费者，他们以青年独有的精神和创造力生成属于青年群体的文化。当代青年身处多元文化环境中，“一般在开放型的社会中，各种文化，特别是有很大差异的东西文化的交汇、冲撞加速了各文化内的分子运动。冲撞带来的能量使带有较多传统色彩的社会主导文化不再能冲走封闭的内循环

---

① 王雁.大学生网络政治参与的困境探讨——以浙江十所高校为例［J］.中国青年研究，2014（2）：102—105.

和自我复演之路”[①]。大众文化的发展为青年迷文化提供了更多的文化资源和空间，青年在多样化的大众文化资源中更自由、自主、自觉地进行迷文化的生成和传播。针对大众文化与青年的关系及大众文化的存在价值，学术界对其持批判的态度，认为“大众文化在中国的快速发展带有明显的商业消费性，正在逐渐消解着高雅和价值的意义，淡化着文化应有的反思性、责任感和使命感，尤其是如今的大众文化进一步与后现代非理性思想的联姻，更加张扬了后现代非理性精神的肤浅、世俗、体验化等消极性特点，给青少年的心理发展带来了诸多负面影响”[②]。但从大众文化的发展及其传播的内容来看，大众文化涉及影视文化、通俗文化、民间文化、服饰文化、通俗音乐、流行歌曲、广告艺术等，其范围涉及社会大众尤其是青年日常生活的全部，从不同的角度对青年的价值观念、道德伦理、社会认知，以及生活感知等产生了重大影响。可见，大众文化是青年迷文化生成的土壤，青年迷文化正是从大众文化中滋生出的具有青年特色的文化样式，是大众文化的娱乐性、消费性、非正式性促使青年更易接受大众文化，更易对大众文化进行自我群体内部的整编和分化，各类青年迷群、迷部落及迷文化才得以出现。

（三）青年新型交往关系的形成

青年的社会交往是青年生活方式及青年迷文化的重要组成部分，是影响青年生活及其发展的重要因素。青年通过各种社会交往方式结成一定的团体，这种正式或非正式的团体是青年思想、观念、情感及文化交流的重要场域，也是青年建立自我认同、集体认同，确立自我身份及发展自我的重要方式。当代政治、经济、文化和社会环境的变化，使青年群体的交往方式也随之改变，只有在交往过程中青年才能进行文化的生成、传播和创造，交往关系的建构对青年的成长和发展具有重要作用。马克思指出，人具有自然属性和社会属性，但“人的本质不是单个人所固有的抽象物，在其现实性上，它是一切社会关系的总和”[③]。“人的本质是人真正的社会联系，所以人在积极实现自己本质的过程中创

---

① 董敏志．接受与超越：青年文化论［M］．上海：复旦大学出版社，1993：235.

② 艾娟．青少年偶像文化心态的思考——以大众文化的负面影响为参照［J］．河北青年管理干部学院学报，2013（3）：1—4.

③ 马克思恩格斯选集（第三卷）［M］．北京：人民出版社，1995：56.

造、生产人的社会联系、社会本质”[①]。人只有在物质生产活动与精神生产活动中通过交往才能形成各种社会关系，人的本质及其存在的意义和价值才能得以体现。也就是说，人是交往性的存在，交往在本质上就是人社会存在的方式以及日常生活样式的再现。“个体是社会存在物。因此，他的生命表现，即使不采取共同的、同其他人一起完成的生命表现这种直接形式，也是社会生活的表现和确证”[②]。人只有在社会交往中，交往意识才得以产生，也只有通过交往，人才能进行文化的生产和传播。关于人的交往，学界分为六种交往类型，即“直接交往与间接交往、个体交往与群体交往、内部交往与外部交往、地域交往与普遍交往、和平交往与战争交往、物质交往与精神交往”[③]。除了这些交往类型，根据人类社会的发展，还可以分为人的传统交往和现代交往，尤其是网络的普及，特别是随着新媒介的发展出现了新的交往类型，即虚拟交往，也称媒介化交往，成为当代社会人与人之间交往的新模式，对于青年群体来说这是最受欢迎、最普遍的交往模式。在信息媒介场域中，青年的交往观念、范围、手段、对象和内容都呈现出新的表征，新的交际圈的出现形成了当代青年新型的交往关系及交往文化。青年新的交往关系的形成及发展改变了传统的交往模式，青年交往的自主性、自由性及开放性程度是传统交往所不能比拟的，尤其是青年在虚拟世界中所结成的多样化的交往关系更是对社会交往关系带来了革命性的变革。

当代社会以互联网、手机、QQ、博客、微博、微信、直播等为代表的新媒体的出现及广泛的运用开启了人类社会虚拟化的交往模式，对于青年来说，“电子世界”的开放、自由、刺激的“虚拟牧场”是其青春、激情、郁闷等情绪表达的最佳场所，这种交往模式构建了青年迷文化的生成及传播路径。在当今新媒介成为青年生活交往的主要场域中，青年的反抗和批判意识在青年自愿沉溺状态中“不在场”，或在这种虚拟交往中青年呈现前所未有的认同和自我陶醉，正如法国思想家皮埃尔・布迪厄针对电视媒介描述的：“他们把自己的身体和灵魂都交给了电视，把电视当成了消息的唯一来源。电视成了影响很大一部分人头脑的某种垄断机器。”[④]而当今“新媒介”取代了传统“电视”媒介的地位，

---

① 马克思 1844 年经济学哲学手稿［M］. 北京：人民出版社，2000：170.

② 马克思恩格斯选集（第三卷）［M］. 北京：人民出版社，2002：302.

③ 闫艳 . 交往视域中的思想政治教育［M］. 北京：人民出版社，2011：30—32.

④［法］皮埃尔・布尔迪厄 . 关于电视［M］. 许钧，译 . 沈阳：辽宁教育出版社，2000：15.

成为当代青年的新宠，布迪厄的这一论述运用在青年与新媒介的关系中同样精辟。“网络对地域阻隔的冲突形成了跨越时空的网络交往，不仅进一步扩大和丰富了工业文明带来的以业缘为轴心的社会关系，还丰富了社会公共关系，形成了以社会公共关系为轴心的活动型的社会关系，并使指之成为现代社会交往的主要形式”①。青年在这种社会交往中进行迷文化的生成和传播，这种交往方式对青年迷文化生成和传播的效果是传统媒介所不能比拟的。最主要的除了新媒介的作用外，青年更加自愿、自主地在这种媒介化交往中进行的“迷”的自我内化，而不仅限于现实社会以呐喊助威、模仿、追随迷客体等外在形式的单纯的“迷”崇拜，媒介化的交往更让青年“迷”在灵魂深处与迷客体进行对话。针对青年对媒介依赖性的增强，“媒介系统依赖论”在分析媒介信息系统与社会个体、群体，以及其他社会系统的关系时指出：“个人、组织、群体以及其他社会系统必须依靠媒介所提供的信息资源来实现各自的目标”②。可见，大众媒介无论是对于个体、群体还是社会来说，其重要性都是不言而喻的。大众媒介与政治、经济、文化、社会及生态等构成了社会存在的基本样态，大众传播作为现代社会发展的一种基本机制联结着个体、群体及社会，只有在大众媒介系统的良性运作下良好的社会关系才能得以建构。从上述论述可以看出，青年“迷”之间、迷群之间社会关系的建立依赖于媒介化系统的信息传播和流通，这也是青年迷文化的生成和传播机制，唯有在媒介化的交往中青年迷文化才能得以更广泛的创造和传播。但针对青年对媒介的过度依赖，以及这种依赖过程中青年对迷客体的痴迷与癫狂状态，并没有使青年“迷”的经验、思维和情感真正得以延伸，相反却阻碍了青年的成长及偏离了迷文化生成和传播的正常轨道。

综上所述，青年媒介化的交往模式在一定程度上促进了青年迷文化的生成和传播，对各迷群的集结提供了虚拟交往平台。但不可否认的是，青年过度媒介化的迷交往和互动，一方面会使青年沉溺于虚拟迷世界，失去自我，与现实社会生活断裂；另一方面，对于痴迷和癫狂类型的青年“迷”来说，媒介化的

---

① 杨立英，曾盛聪．全球化、网络化境遇与社会主义意识形态建设研究［M］．北京：人民出版社，2006：63.

② 樊葵．媒介崇拜论——现代人与大众媒介的异态关系［M］．北京：中国传媒大学出版社，2008：42.

交往只会使这种痴迷与癫狂的行为更加深度化和极端化。因此，对于青年“迷”的媒介化交往行为应给予积极的关注和及时矫正及引导，使青年科学、合理地使用媒介，并利用媒介进行理性迷文化的生产、传播与创新。

第四章
青年迷文化的价值功能

无论是在传统社会还是在当代社会，青年迷文化并不完全被大众所认可和接受，大众对其认知常局限于表象化，容易被青年迷文化展现出的追星、品牌痴迷等与社会主流文化及价值相抵触的消极、负面的社会现象所误导，使其存在的正当性和价值性被大众所忽视，青年迷文化的发展也囿于其自身的局限性因素。大众对青年迷文化的质疑，甚至是对青年“迷”的偏见，不断挤压着青年迷文化的生存空间，但是并未从根本上动摇青年“迷”在实际生活中生成、创造和传播迷文化的信念，更不能因为社会偏见和迷文化异化所导致的不良后果进而不断否定迷文化自身存在的正当性、合理性及其价值性。从社会发展的角度来看，理性迷文化的创建和活动的开展有利于调动青年对于社会和文化发展的关注度和参与度，拓展青年社会视域，使其从关注自我视域到社会视域，从自我狭隘、闭塞的个人生活延伸到宽泛、开放的公共生活，进而不断提升当代青年对于社会发展、公共生活及社会道德建设的责任担当。从我国的文化发展来看，诸多文化存在的形态都离不开青年对于文化的生产、创造和传播，而迷文化对于青年来说，是诸多文化中最能引起青年共鸣和调动其积极性的文化。对于青年迷文化的合理引导有利于促进我国文化的大繁荣和大发展，更能将青年迷文化存在的意义和价值在当代社会中得以彰显。对在社会发展过程中出现的任何一种文化现象，我们都不能简单、粗暴地进行好与坏的划分，这种绝对性的归属划分对于文化的特殊性、规律性及发展性并未进行本质性的揭示和研究，只是被其文化的表象所遮蔽。迷文化虽兴起于大众传播，具有亚文化的部分特性，但并非所有的迷文化都是非理性的文化传播，发掘青年迷文化的正当性、合理性及其价值是确证青年迷文化地位和作用的前提。

第一节　青年迷文化的个体性价值

当代社会的迅速发展，新兴媒介的兴起，青年的自主意识、开放意识、创新意识、竞争意识的提升，使青年更加关注自我的成长、文化和精神需求。迷文化在青年世界中不仅是一种存在的文化样态，更代表着青年的一种生活风格、态度、理想和信仰，是青年的青春记忆和精神动力。青年因喜好不同钟爱各类迷客体，且勇于追求并享受这种“妙不可言”的迷情愫，迷文化使得青年的交往从血缘、地缘关系拓展到了趣缘、业缘，超越了家庭、学校、社区等既定的交往范畴，青年的交往空间因迷文化的存在和发展而不断向社会和网际空间拓展。积极、理性、健康的青年迷文化可以激发青年自主参与迷文化的生成、传播和创造过程中，不断提升青年的文化创造力。青年不仅是传统文化的继承者和弘扬者，更是“自我文化”的代言者，他们可能是“迷”，也可能是“非迷”“反迷”，亦可能是“此迷”或是“彼迷”。青年“迷”个体是青年迷文化形成和发展的原初力量，青年迷文化为青年“迷”个体提供了文化生成、传播和发展的条件，青年迷文化与青年“迷”个体在当代社会发展中相互促进、共同发展。

一、青年思想观念的塑造

分析青年迷文化对青年的影响从侧面反映了青年如何在思想、观念及行为方面成为“迷”，以及结成各类迷群的过程。青年迷文化对青年的影响是最为直接的，是对青年思想的触动和对其思想观念的再造，它是青年“迷”生存和发展的思想、情感和精神依托。青年迷文化对于青年“迷”或“非迷”来说，其影响程度有所差异，但不可否认的是，当代青年迷文化正是因为青年的积极参与而作为一种青年最热衷的文化存在形态，使青年获得前所未有的存在感、归属感、价值感和意义感。从某种程度上说，我们都可能是“迷”，我们尊敬、仰慕某位学者、作家、导演或演员，成为其作品积极的阅读者、欣赏者和收集者，我们甚至成为某个品牌、物品的忠实购买者或拥有者，只为获得时的那种满足感和愉悦感。每当这种时刻，我们都沉浸于对迷客体的奇妙情感中，并有意无意地成为迷文化的参与者、创造者或传播者。

（一）契合青年发展的需要

青年迷文化之所以在青年群体中引起广泛关注和参与，最为重要的原因是，其满足了青年生存和发展最基本的诉求，契合了青年发展的需求、动机和兴趣，满足了青年在发展期的心理期许。需要是个体在生存和发展过程中对客观事物产生某种需求的内心状态，是个体行为发生的最初动力，需要越强烈、迫切，其引发的个体从事活动的动机就越强烈。需要具有对象性、阶段性、社会制约性和独特性等特征，任何个体需要都是有目的的，而且随着个体需要的满足新的需要会产生，需要的对象会不断地扩大和发展。首先，针对需要的对象性及需要的起源和发展过程，需要可分为自然性需要和社会性需要、物质性需要和精神性需要。物质需要是指个体的需要指向具体物质产品，并且以对物的拥有作为需要的满足。精神需要主要指个体对一定的文化、艺术、科学知识、道德观念、政治信仰、宗教信仰、社会交往等活动的需求，而青年迷文化满足了青年对特定"迷"对象的文化、情感、社会交往等的诉求。个体需要的获得过程中物质需要与精神需要密切联系，青年迷文化虽然属于文化范畴，但具体的迷客体（物）也赋有文化属性和精神特质。同样，迷文化的精神需求在某种程度上也需要通过具体的物来承载。其次，需要的阶段性特征主要是指个体随着年龄阶段的不同会产生不同的需要，青年期在心理上都渴求得到他人、社会的尊重，自我意识的增强、情感的发展也使得青年在这一阶段中处于矛盾的凸显期，即独立性与依赖性、求知欲强与辨识力低、理性情感表达与冲动、理想与现实差异等矛盾。青年迷文化的多样、个性、鲜活、表现力强等特性极大地满足了青年情感、心理及个性化的多样诉求，青年在心理和情感上易对其产生情感共鸣和依赖。再次，需求的社会制约性特征是指无论是个体的自然性需求和社会性需求，还是物质性需求和精神性需求，在社会发展中都受到历史、阶级、时代、生产力发展水平及社会发展程度的制约。青年迷文化具有不同的发展阶段，身处其中的青年所追逐的迷对象也随之发生变化，迷文化的生成、传播媒介及影响机制也存在差异，皆需要进行深入研究。当前，我国大众物质生活水平的提升为当代青年的成长提供了良好的物质条件，尤其是社会化媒介环境已成为青年迷文化生成的主要场域，在新媒体环境中青年迷文化风格传播的速度、效率、时空范围超越了传统媒体的局限；政治生态环境的优化及网络政务阵地的建设与公开化为青年政治思想、观点、意见的表达提供了更加多元化的参与路径；大众文化的发展及文化多元化为青年提供了更多选择、参与文化创造的机会。青年文化不断得到社会及大众的认可，其影响力也不断增强。由此可见，青年的文化表达和创造具有良好的文化生态环境，我国经济、政治、文化、社会和生态的宏观环境发展为青年迷文化风格的生成提供了良好的物质条件和环境保障。最后，需要的独特性，主要是指由于个体生理、遗传因素、生存环境、知识储备等差异而具有的不同特性，凸显了个体在生存和发展过程中的个性化需求。青年根据自己的成长环境、心理特质、个性需求及知识结构选择迷客体，青年迷文化因不同的迷客体而形成具有独具特色的文化特征、价值属性及传播形态。针对不同青年的需要进行迷文化的传播，会对青年“迷”受众的思想观念、价值及行为产生重要影响。同时，青年对迷文化需要的产生还需要一定的情境诱发和外界刺激，这包括自然情境和社会情境。在一定的社会情境中，群体或个体参与迷文化生成与传播中的行为易引起青年个体的效仿，而具体的迷文化活动的开展也具有一定的暗示效应，通过具体的情境暗示、渲染和引导可提升迷文化的需求效应和影响力。这种潜移默化的影响功能使得青年从“非迷”向“迷”转换，并成为迷文化的积极参与者和传播者。

青年迷文化满足了青年成长发展的需求，而青年之所以被迷文化所吸引并积极主动地参与到迷文化的创造过程中，最重要的是迷文化能激发青年的兴趣。兴趣是个体追求认识某种事物、对象或爱好某种活动的一种心理倾向，兴趣是在需要的基础上产生，并通过具体的活动开展而培养起来的，正是因为青年在生存和发展过程中对迷文化产生了需要，才会对迷文化产生兴趣。

下面是一位青年“健身”迷的自述：

> 现实生活中有这样一群人，他们疯狂地喜爱某种事、物或人。当然了，我也有自己着迷的事情，那就是我已经坚持了四年的运动——健身。
>
> 现在我身上还有些许酸痛，这是三天前锻炼的成果。一般人可能不喜欢肌肉酸痛的感觉，而我却疯狂地迷恋它。因为我知道，在我的努力和坚持下，它们正在不停地成长，为我增长力量和自信。
>
> 小时候的我比较瘦弱，经常会被哥哥们嘲笑太弱，于是我便默默地努力，争取有一天可以自信地站在他们面前。现在，我已经足够强

壮了，可以勇敢地和他们比试一番，可是，我越发强大，我追求的就越高远。虽然我现在可以被人羡慕地称为“肌霸”，但我知道我要的远不止如此，我可是要成为施瓦辛格那样的男人！

随着健身年龄的增长，我结识了许多志同道合的朋友，我们成立了一个小小的团体，互相学习、督促，我希望可以带动更多的人加入我们！

健身无小事，健康靠运动！

从上述案例可以看出，兴趣使得青年将更多的时间、精力和物力投入青年迷文化活动中，这种兴趣倾向具有持久性、稳定性等特征。当青年对于迷文化的兴趣呈现稳定的发展态势时，这种兴趣不仅反映的是青年过去或者现在的需要，同时还会产生与此迷文化相关的新的需要，而这种需要将伴随着青年的成长，成为青年生活中重要的文化发展取向，影响着青年的生存和发展。因此，必须正视青年对于迷文化的合理需要，创造理性、健康、丰富的青年迷文化资源以满足不同青年的发展需求。

（二）塑造青年的思想观念

青年迷文化是青年所特有的一种文化存在形式，表征着青年思想观念、价值取向及行为方式等方面的特殊性。青年迷文化作为青年文化的重要组成部分，亦有其特殊的发展取向，即是青年文化中青年参与度最高的文化形态，在一定程度上拓展着青年的眼界，塑造着青年的思想，更规约、形塑着青年的行为。

1. 认知能力的提升

青年迷文化对青年认知观念的塑造主要是在青年参与研究迷文本的过程中发生的，这也是青年迷文化生成的过程。青年在直接参与迷文化的相关活动中通过对迷对象的长期关注、追踪，掌握最新的迷对象信息和动态，将迷对象文本的创生、传播纳入他们的日常生活，这是青年“迷”参与性的重要表现。参与青年迷文化不是塑造青年认知观念的主要因素，最重要的是青年“迷”在参与的过程中真正地去研究迷文本，成为具有文化生产力的“迷”。青年对迷文本的再次生产不仅限于迷对象服饰、话语、行为等形象的模仿和迷对象（物）的占有，更重要的是“这种‘迷’的生产力甚至可以扩展至更大的范围，生产出的文本足以与原初的文本相匹敌，或者对其加以拓展，甚至于彻底重写”[①]。青年对迷文本的研究在某种程度上可以达到参与、讨论、创造迷文本，改变迷文本人物、剧情、情境等的发展取向，使迷文本向“迷”所期许的方向发展。不可否认，所有的迷对象，无论是人还是物，其所创造或展示的迷文本都高于青年的实际生活，但其迷文本的情境创设、剧情铺垫、话语叙述、理念表达及意义传递都来源于现实生活，并反映现实生活中存在的矛盾和冲突。通过具体的宏大叙事场景的展现、对物质产品意义及价值赋予折射着他们的现实生活及期许，青年在这种迷文化氛围中对如何处理人与人、与社会、与环境的关系获得认知，在某个特定的情境产生共鸣，达到愉悦。同时，青年在参与生成、传播和创造迷文化的过程中，也被迷文化所传递的话语、道德所规约，形成迷文化特有的“文化圈”，通过具体的文化理念、价值、道德规范约束青年“迷”的行为，塑造青年“迷”的道德认知。当然，在青年的日常生活中，理性的青年“迷”不会无时无刻地表现自己的“迷态”，只是当迷对象有新的文本或物品出现的时候，青年的“迷态”就会表现得异常强烈，其迷文化的生产力也表现得最为突出。

2. 审美观念的塑造

在社会生活中，人作为社会实践的主体，也是发现美、感受美、创造美的主体，人们在社会发展中发挥主观能动性改变客观世界，不断创造着美的事物、美的生活和美的世界。同时，人们在这个过程中也不断地认识和完善自身，在创造美的过程中也在实现自我美的转化，并将这种美赋予自身。审美作为人类社会生活的重要内容，是主体与客体间的特殊实践形式，主体把思想、情感、意识付诸客体，在这个过程中获得对于社会、人生的认知与理解。这既是主体客体化的过程，也是客体主体化的过程，在此过程中审美主体与审美客体共在。青年迷文化是基于青年对于迷对象“美”的追求和迷恋基础上而生成的文化，要考察、探究青年对迷对象的审美心态，必须深入青年的生活世界，关照青年的现实生活，并关联青年的文化创造过程，在现实性基础上对青年迷文化进行总体把握。

① ［美］约翰·费斯克.理解大众文化［M］.王晓珏，宋伟杰，译.北京：中央编译出版社，2001：175.

下面是一位青年图片迷的自述：

> 当提到“迷”时，我的脑海里浮现的是各式各样的图片，没错，我所沉迷的事情就是收集各式图片。也许有人觉得无法理解，简单的图片有何沉迷并对其进行收集呢？而我想回答的是，图片可以传递各式各样的情感，图片是现实生活的缩影，震撼着你的内心。
>
> 当你看到一张图片的时候，你的心底就会对其产生“定义”，它带给你怎样的感觉，你能从中进行思维发散，或猜测这张图片背后隐藏的故事。而有的图片，会让你感觉心旷神怡，你欣赏它所定格的美丽，感叹大自然的鬼斧神工，或是沉醉于简单美好的幸福场景，图片可以引领着你进入他者的世界。有的图片却会让你产生悲伤的感觉，或沉闷的色调，或表达出悲惨的故事。在每一张图片中，你都能有所感悟，像是走入他人的世界一样，而这种感觉让我感到无比美妙。

青年在收集、生成和创造迷文化的过程中，迷文化也以其多元文化理念、价值取向、流行时尚元素塑造着青年对美的认知和理解。“审美离不开现实人生，但它绝不是‘满足’与‘迷恋’，而是发自内心的‘热爱’与‘珍重’；释放、抚慰、减负、宣泄只是审美光谱中的低限，由衷的身心俱悦才是审美的正效应。正是缘于此，审美从最高意义上说是以带给人类欢乐、自由、解放与光明为己任的，是以教人奋进有为为目标的，并合乎‘天行健，君子以自强不息’的精神状态”[①]。青年迷文化以最鲜活、直接、生活化的文化因子直接触及青年的现实生活，关注经典、前沿、时尚话题，以青年的视角发现美、解读美、创造美，激发青年对美的灵感和憧憬，彰显了青年的想象力、感悟力和创造力，在这个过程中青年生产了更多的快感和意义。虽然青年迷文化中也有对美庸俗化、图像化、符号化、消费化、狂欢化等审美泛化的隐忧存在，但这并不能否认青年迷文化对青年自身的意义和价值。因为“生活的创造，不只是为了活着，也不只是为了活出意义，还为了活出乐趣。三种人生，即谋生——自然人生，

---

① 傅守祥．审美化生存：消费时代大众文化的审美想象与哲学批判［M］．北京：中国传媒大学出版社，2008：253.

荣生——道德人生，乐生——审美人生"[①]。审美人生就是要求当代青年在生活中把握"美的规律"，在感性与理性的统一中开展审美活动，在多元迷文化格局中发掘"美的价值"及"美的意义"，创造审美人生。

3. 消费观念的塑造

青年迷文化的存在和发展不仅以文化的样式影响着青年的生活，更是借助市场和网络技术的发展所带动的"迷经济"热潮激发了青年的消费观念，带动了青年的消费行为，催生了新的消费群体和消费现象。学界将之称为粉丝经济，即"以情绪资本为核心，以粉丝社区为营销手段增值情绪资本。粉丝经济以消费者为主角，由消费者主导营销手段，从消费者的情感出发，企业借力使力，达到为品牌与偶像增值情绪资本的目的"[②]。传统迷文化因受时代及传播媒介的局限，其迷经济并没有形成，迷文化的存在形式也仅停留于青年"迷"及迷群的"馆藏式"收藏和分享。随着市场经济的发展及网络环境的拓展，为青年迷文化的生成、创造与传播提供了新的文化交流方式，也将迷文化由积累阶段推广到消费领域，刺激了青年"迷"的文化创造力和传播力，迷文化的消费、创造和传播成为当代青年"迷"及迷群最重要的交往方式。当代青年不仅可以通过单独购买力来支持"迷"对象和选择、收集迷文化资源，还可以通过迷文化生产过程的权力赋予获得更多的文化生产权和销售权。青年的消费观念在迷经济的消费浪潮中也呈现符号化消费现象，通过具体消费观念的指向、消费行为的实施来确证自己的地位、身份、角色及风格。青年迷文化的发展使青年的消费不再是单纯获得物的使用价值或是彰显其身份、地位的工具，而是青年个性、人格、生活方式及自我认知的深层次展示。青年迷文化所开展的具体活动中，青年的个性化消费是其主要内容，"自我感"更加凸显，这种消费观念不同于一般消费，不是为了建构社会认同、抵达社会共识，而是蕴含着青年个体理想、信念、生活习惯的消费，并与其身份、所追求的生活及自我发展相契合的消费活动。青年在参与迷文化创生及传播活动中的这种消费观念倾向更加关照青年自身的发展，在此过程中青年自我实现及发展的欲望会不断引发新的消费需求，制造青年"迷"的需要，青年通过具体新的消费行为标榜个性、彰显自我，进

① 陈望衡. 当代美学原理［M］. 武汉：武汉大学出版社，2003：17.

② 张嫱. 粉丝力量大［M］. 北京：中国人民大学出版社，2010：97.

而追求真我。

（三）对青年价值观的引导

价值观是人对生存所具有的意义的看法、观点和态度的总和，是判断是非曲直、真善美与假丑恶的价值标准，在社会文化中占据核心要素，是社会文化的精神实质所在。当代青年价值观的嬗变主要呈现为“群体本位取向向个体本位取向偏移，单一取向向多元取向发展，世俗性价值目标正在取代理想主义的价值目标”[①]。可以看出，青年价值观在总趋势上呈现积极、健康的发展态势，但对于青年价值观所表现出的世俗化、异化等倾向，需要整合社会、学校、家庭等各环节要素对青年价值观进行积极引导。对青年自身来说，其价值观的形成需要具备两个前提，即“需要和自我意识。需要是价值观形成的客观前提，自我意识是价值观念形成的主观条件”[②]。因此，青年价值观形成的最重要动力是在青年需要的基础上进行的自我建构。青年迷文化契合了青年在发展期的心理需要，理性、健康的迷文化所蕴含的价值导向对青年的影响是最为强烈的，也是最直接的。青年在日常生活中通过对迷文本信息的选择性注意、理解和记忆的强化来进行价值的选择和建构。

以下是一位资深的林俊杰迷在自己的微博中表达了偶像对自己价值观的影响：

> “0327，这个对所有 JM 来说都无比重要的日子，它具有无与伦比的意义，因为 39 年前的今天，上天把你这样一个音乐才子带到了我们的身边，用你的音乐感动我们，激励我们。很多人不明白为什么我们可以喜欢一个明星到这种地步，我想告诉他，因为你是林俊杰，你暖暖的笑容、甜甜的酒窝，还有尊重的态度，不管是对音乐还是对人对事，你无疑是一个优质的偶像。是啊，你就是你，是我们最好的林俊杰，39 岁生日快乐，很开心喜欢你到现在 14 年的时间里，你能够不断创作出好的音乐，激励我们前进，安抚我们的情绪，开心时听林

① 中国社会科学院社会学研究所“当代中国青年价值观演变”课题组．中国青年大透视：关于一代人的价值观演变研究［M］．北京：北京出版社，1993.

② 宣兆凯．中国社会价值观现状及演变趋势［M］．北京：人民出版社，2011：5.

俊杰，难过时听林俊杰，迷茫时听林俊杰。当然，你就是林俊杰，是那个温暖又有些无措，清楚又迷茫的JJ，这一年请允许我替你许一个愿望，快乐、幸福，衷心希望老林可以遇见一个真心爱你、理解你、照顾你的人，然后和你一起幸福下去。Ps：快点再开巡演啦！！我等不及了［可怜］”

同时在这位林俊杰迷的空间也有“你是感动，是阳光，是信仰”“你是我的关键词”“于是不管是什么歌，只要是JJ的，我都觉得原唱最好听！因为对于我林来说，每一首歌都有它的故事，只有他才能表达出来的感情（请原谅一个NC粉的执着）”等话语。

从上述林俊杰迷的阐述中可以看出，青年在接受、生成、再创造和传播蕴含优秀的迷对象、迷文本资源的过程中也是对自我价值观的塑造过程。青年迷文化以丰富的内容、鲜活的人物形象、饱满的情感共鸣潜移默化地为青年树立了道德标杆。

二、青年日常生活的充盈

日常生活是人们最直接的生存领域和生活范畴，虽然具有重复性、同质化、琐碎性等特质，却是人们思想、情感、习惯、行为形成，以及规则、制度制定的主要场域，是个体生命价值、意义实现的主要根基，更是结成各种社会关系的主要纽带。法国思想家列斐伏尔认为，日常生活具有重复性和碎片化特质，甚至当代日常生活充斥着被商品、消费、科技、金钱等异化的现象，但列斐伏尔强调“人是在平凡的日常生活中被发现和被创造的，而且正是在这样不起眼的日常小事中潜藏着整个社会关系，日常生活构成为整个社会关系和社会结构的一种基础性领域”①。迷文化依附于青年日常生活，在娱乐中生成、创造和传播，具有娱乐性、消费性、商品性、通俗性、流行性等特质。青年在迷文化的消费和娱乐中寻觅快感、视觉冲击、精神愉悦及自我价值，并以此来表达自我诉求、获得身份认同及实现自我利益。

---

① 王晓东．日常交往与非日常交往［M］．北京：人民出版社，2005：38—39.

(一) 丰富青年的日常生活

当代青年迷文化借助新媒体传播路径已融入青年的日常生活中，是他们兴趣发展、娱乐追求、人生意义、价值实现及精神愉悦的重要文化形式。青年迷文化的存在形态、内容结构、传播方式及发展取向改变了青年固化的生活状态，赋予青年日常生活更多期待、梦想和意义。迷文化扎根于青年的日常生活土壤，青年迷文化的价值在于它充分肯定、发掘了青年日常生活的本质及意义，解构了青年日常生活的重复性、同质化现象。一方面，迷文化为青年日常生活“解压”。当前我国经济的快速增长为青年的发展提供了良好的物质环境，但与此相伴的是严峻的就业形势、高强度的工作压力、超负荷的生活负担，这使青年无法承受生命之重，同时青年生存和发展环境分化现象的凸显等使青年的日常生活受困于困惑、焦虑、压抑和迷茫中。青年在日常生活中的幸福感获得并未因当前政治、经济、文化及社会发展为青年提供更多的发展空间和条件支持而得到最大化的实现。

下面是一位青年“自拍迷”的自述:

> 我没有特别迷恋的东西，喜欢的东西太多了，但是坚持最久并且永远不会喜新厌旧的大概就是自拍了。可能这个癖好在很多人眼里就是怎么会有人如此自恋，天天沉迷自拍无法自拔呢？举一些生活中的例子，今天和小室友一块出去逛街，化上美美的妆容搜寻灯光好的地方，和伙伴们约拍，换着各种造型，不同风格的发型，还有各样手势，装可爱，浮夸的演技再配上表情包，真是绝了！不仅如此，因为自己是资深的自拍迷，所以经常研究各种拍照软件，找美颜好的App，各种P图软件，还有神器背景，无他相机、facus激萌基本都给玩得很有技术了。每次一发朋友圈，动态都会有很多好友点赞，说：“哇，你去了哪里，风景好好，饭店格调好高……”这些全部归功于我的自拍能力。关于自拍，个人感觉更是一种积极的生活态度，去享受生活中的美好，做一个精致的猪猪女孩。当然，自拍会有虚假存在，但反过来想，真亦是假，假亦是真，开心就好，又何必较真？在拍照中，平凡的东西也能如钻石般闪闪发光，生活中任何微小的细节也不会被错过，这就是我如此沉迷自拍的原因了。

从上述案例可以看出，当代青年“迷”所迷的对象更加趋向生活化，他们幸福感的获得不再满足于基本的生活需求，而是追求时尚、品质、个性化生活的精神文化需求。青年迷文化以轻松、愉悦、休闲的方式缓解了青年日常生活中的压力，舒缓了青年的焦虑、压抑情绪，更是青年最真实自我的文化写照。

另外，迷文化丰盈着青年日常生活。迷文化的生成、创造和传播来源于青年的日常生活，当代社会偶像、影视、品牌、媒介等迷文化借助网络迅速发展，其多样的存在形态及内容丰富了青年的日常生活，为青年提供了多元化和个性化的文化选择，满足了当代青年的情感和文化诉求。迷文化以其丰富性、个性化、新颖性、时尚性消解了青年日常生活的同质化、琐碎性和平淡化，丰富了青年的日常生活，引领了青年的生活风尚，“构成了列斐伏尔所提出的诗意化和艺术化的日常生活的文化救赎力量”[①]。因此，迷文化拓展了青年日常生活的时间和空间，是青年最易接受的文化形态，亦是青年日常生活中归属感、幸福感和意义感获得的重要来源和途径，形塑着青年的生活习惯、态度和行为方式。

（二）改造青年日常生活的异化倾向

当代社会发展过程中的拜金主义、享乐主义、个人主义等消费意识形态渗透到青年的日常生活中，形成了青年多元异化的生活价值观，消解了主流意识形态在青年日常生活中的价值引导力。青年日常生活的这种异化倾向不仅使青年的生活世界失真，更重要的是，青年在这种异化的生活中使其主体性消解。而当前我国社会的快速发展为青年提供了更广阔的生活空间，青年对日常生活品质的追求呈现高品质、高效率、高规格的要求，他们追求自由、开放、个性化的生活方式，这为青年迷文化的发展提供了契机。迷文化不仅在内容、形式、结构等方面丰富了青年的日常生活，积极、理性、健康的优秀迷文化资源可以引领青年的日常生活。比如，以科技、影视、书籍、军事、摄影、学者、专家等迷对象为资源的迷文化，反映了我国传统优秀的文化精髓及改革开放以来的优秀文化成果资源，丰富了青年的精神世界，引领并塑造着青年的日常生活。迷文化对青年日常生活的引领过程也是对其日常生活异化倾向的改造过程，更是对青年自身塑造的过程。因此，只有通过迷文化对青年日常生活异化的批判及改造，才能使青年回归到生活的本真状态。精品的迷文化资源通过各媒介平

---

① 吴学琴．当代中国日常生活维度的意识形态研究［M］．北京：人民出版社，2014：356.

台将其迷文本的展播融入青年的日常，以富有品质、愉悦和精致的文化生活来改造平庸而异化的日常生活，规约青年在日常生活中的行为，提升青年对健康生活品质、人生价值及意义实现的思索与追寻。可见，丰富的青年迷文化拓展了青年日常生活的内容，增强了其意义及价值的生成，以青年日常生活自身内容的多样性、品质化消除当代青年日常生活的异化倾向。

（三）优秀迷文化资源与青年日常生活的深度融合

青年迷文化的内容、特点及传播形态决定了其与主流意识形态文化“灌输式”教育的不同，它以轻松愉悦的文化氛围、文化产品的新颖、意义及价值承载方式的不同突破了主流意识形态传播的格局。青年迷文化以涵育主流意识形态的具体表征获得青年的情感认同与支持。青年的日常生活不仅只有重复、平淡、零碎等日常生活的共同特质，同时也有青年所赋予的偶然性、个性化及易变性展示其对生活的理解与追求。在日常生活中，青年通过具体的思维方式、情感认同、话语表达、行为实施来处理日常生活中的各种事物。所以“无论人们愿不愿意观察、善不善于或能不能发现，日常生活始终流动着看似互不关联、片段、偶然、微妙、隐秘的‘小事件’。这些‘小事件’是绵延持续的生活之流不经意地跃动，是人们可观察到的日常生活的‘拐点’”[①]。青年迷文化将迷对象的信息偶然或必然的结合通过各种途径构成“小事件”，引起青年的积极关注和认同，成为青年日常生活中的“拐点”，而这些迷文本所蕴含的主流意识形态与日常生活的融合是其最真实、鲜活而自然的生活化表达和显现，可以对青年日常生活中的非理性、经验性的思想观念和行为基于理性的引导。社会主义意识形态借助网络媒介途径通过迷文化的具体呈现而获得传播，这种传播方式和路径比传统的意识形态传播更能引起青年的情感共鸣。青年迷文化关注青年的生存和发展现状，以青年的思想实际为契合点，将时尚、流行、经典的文化元素以青年自主参与生成、创造、传播的方式融入日常生活，在具有价值引导性的同时又具有娱乐性，是主流意识形态教育与青年文化、日常生活结合的最佳模式。青年迷文化蕴含主流意识形态的文化生成和传播模式，在促进青年思想交流、传播和融合的基础上实现了文化的繁荣和整合，提升了主流意识形态对青年思想、文化及日常生活的指导力，丰富

---

① 孟伟．日常生活的政治逻辑［M］．北京：中国社会科学出版社，2007：13.

了青年日常生活的休闲和娱乐，增进了青年日常生活交往及价值观的融合，促进了青年的发展。

三、青年文化素质的发展

青年迷文化是青年个体思想观念、价值理念、生活方式、心理状态、行为规范等在现实生活中的集合，作为具有差异性个体的受众，在参与迷文化活动的过程中，青年个体也在寻找自我、塑造“我文化”。正常、理性的青年“迷”个体在收集迷对象资源、参与迷社区及具体迷文化活动的过程中也是在寻找自我，塑造“我文化”的过程，并期望通过赋予自身印记的“我文化”区别于“他文化”，对于迷文化而言，青年个体应做到“迷而不狂”。青年迷文化的形成是青年以自我存在感、认同感和成就感获得的过程，更是青年文化知识的积累、文化人格塑造及文化自信树立的过程。

（一）青年文化知识的积累

青年参与迷文化不仅是对迷对象资料的收集和整理，还是青年自我文化知识的有效积累与塑造，更是在文化知识积累基础上对迷文本进行深入的研究和再生产，最终实现对文化的继承与创新。青年个体迷文化资本的积累程度决定着青年迷文化的生成能力，是青年迷身份的象征。“这种生产者式的行为与生产原初文本的活动十分类似。它既要求文化能力（对某一种大众文化文类或运动的常识或规则的知识），又要求社会能力（在这种传统中，‘人们’可能会如何去做、去感受或者反应）。”“有时候，这种‘迷’的生产力甚至可以扩展至更大的范围，生产出的文本足以与原初的文本相匹敌，或者对其加以拓展，甚至彻底重写”[①]。青年迷文化的范畴相当广泛，其迷文本相关知识的积累不仅限于对偶像、媒介、品牌、影视等青年热衷的迷文本知识的积累和创造，同时也包括对我国传统文化知识的传承与创新。青年是我国优秀传统文化知识的继承者，青年应有弘扬、创新传统文化、经典文本的责任意识和担当。例如，以传承和

① ［美］约翰·费斯克．理解大众文化［M］．王晓钰，宋伟杰，译．北京：中央编译出版社，2001：174—175.

弘扬我国传统经典文化为宗旨的《中国汉字听写大会》《中国成语大会》《中国谜语大会》《中国诗词大会》等电视节目，皆以弘扬中华传统文化，实现“中国梦”为主题。节目充分挖掘和运用中国历史、社会、人文、自然方面的文化元素，力求通过传统文化中的成语、诗词等经典文化的比拼及赏析，展现我国传统文化的语境之美，带动全民重温传统经典文化的趣味和魅力，从古人的智慧和情怀中汲取营养，涵养心灵。《典籍里的中国》则聚焦中华文化典籍，通过时空对话的创新形式，以“戏剧+影视化”的表现方法，讲述典籍在五千年历史长河中源起、流转及书中的闪亮故事，节目针对新媒体平台进行深度开发，设计网络衍生综艺、短视频、新媒体互动产品等多种内容产品，实现大小屏联动的“叠加刷屏”，展现其蕴含的中国智慧、中国精神和中国价值。这些节目的播出引起了广大青年的关注和参与，无论是参与节目还是在相关节目的贴吧、网站等媒介平台上，都激发了青年讨论、原创诗词的兴趣和爱好，他们在这些平台上共享传统经典文化。而相关影视、文学创作等作品同样蕴含了丰富的经典文化，它借助现代手段承载着传统文化的本质意蕴，赋予其时代特征并进一步弘扬和发展。同时，青年迷文化知识不仅限于对我国传统文化的继承及当代文化的创新，最重要的是青年“迷”对于迷对象的选择及其文本的收集是无国界的，兴趣、爱好的选择可以超越任何界限，跨国迷文化也成为青年迷文化发展的重要组成部分。可见，青年关注和参与迷文本的生成不仅是对时尚、娱乐、消费的强烈关注，更是在寻找、塑造“我文化”的过程中对文化知识的传承、借鉴、创新和发展。

（二）青年文化人格的塑造

青年在积累迷对象文本知识的同时对其进行再创造，而迷文化也塑造着青年的文化人格。“文化人格是指建立在文化基础上的人的精神特质，是人的自我意识、主观意志和内在目的性的综合体，是外在的社会变化在人的心灵中所遗留下来的精神轨迹”①。青年文化人格中存在着积极、健康、能够契合社会价值取向的因子，也存在着阻滞、异化的消极取向，该对冲性特质在青年的成长期尤为凸显。基于青年文化人格基础之上形成的青年迷文化自然也是这种主流文化因子与非主流文化因子共存形态，继而塑造着青年对迷文化特殊化的“迷情

① 朱美艳.当代青年矛盾统一的文化人格［J］.中国青年研究，2005（5）：70—73.

愫”，而“迷而不狂”是理性青年迷个体文化人格追求的最佳状态。

下面是以一位“千玺迷”的自述：

> 我是一位大四的老阿姨了，但是我有一颗少女的心，我非常喜欢易烊千玺，一个21岁的小伙子，其实也还不满21岁啦。
>
> 喜欢他是从初中开始的，那个时候TFBOYS还没有很火，他们还在路边卖唱，路边拍的视频，易烊千玺是最后一个入团的人，大概三个人的世界，总有一个人被挤在门外。千玺就是被挤在门外的那个人，自己心有感触地知道那种感受，真的很不好受，那个时候很心疼这个才十几岁的少年。
>
> 慢慢地开始喜欢上他，是因为他的人品魅力吧！当时TFBOYS慢慢火了，大街小巷都是他们的歌，他们开始出来公演。当时看到一个路人随拍的小视频，视频里经纪人在人山人海中护着其他两位成员，而他被挤在人群的一边，却仍然全程面带微笑，当时觉得这个少年好可怜，但又很温暖。
>
> 后来慢慢地了解到他，跳舞好，正能量，积极向上，温暖，知足，书法好，因为他的人品而更加地喜欢他，而他也一直激励我，他说：“努力变好来见我。”而我正在努力。

上述案例中易烊千玺的个人品质、魅力影响着千玺迷，并在潜移默化地塑造着他们的人格。当代青年“读什么或不读什么、看什么或不看什么，并不是文化产品的提供者所能决定的，而是青年在一定范围内主动选择的”[①]。青年的文化需求、偏好及审美取向是决定他们选择的主要决定性因素。以“真人秀”节目《奔跑吧兄弟》为例，从第一季播出到第四季节目组和中国青少年基金会联合发起分别推出的“让爱益起跑——公益跑鞋计划”、开启“阳光跑道公益健行计划”“‘奔跑阳光+’青少年成长助力计划”，开启了“真人秀”公益模式。明星通过个人实际行动上的积极参与有效地助推了公益事业的发展，他们通过个人的相关媒介平台对公益活动进行积极宣传和推介，使其青年“迷”在关注、

① 陆玉林．当代中国青年文化研究［M］．北京：人民出版社，2009：135.

收集明星文本资源的同时，更多地将注意力放置于明星的人格魅力，这种人格魅力又潜移默化地影响和改变着青年“迷”的人格特征。同时，对蕴藏着以爱国主义为核心的民族精神和以改革创新为核心的时代精神的优秀文化作品的公开展播与大力推广，对传统文化与现代文化相融合的优秀文化资源的开发与再生产，如，感动中国的学者、专家、道德模范的道德力量，以及对中国制造、创造、智造、精造诉说的中国品牌力量所彰显的“工匠精神”的高度推崇等，皆以厚重的文化力量、精神品质及人格魅力在悄然塑造着青年个体的文化人格。

（三）青年文化自信的养成

迷文化对于青年文化的形塑主要是指青年知识的积累、文化人格的塑造及青年文化自信的养成，三者之间相互影响、相互制约、相互作用。青年文化知识的积累是指其文化人格的塑造和文化自信的养成。文化自信的养成促进青年不断深化对迷文化的认知，积极架构并完善其原有的知识体系，对文化人格进行二次再造。文化自信是青年迷文化的生成促动力和前行归宿，它能不断提升青年对迷文化的喜爱感与接受度，有利于再次进行创造与传播。习近平总书记在庆祝建党 95 周年大会上的讲话中指出：“文化自信是更基础、更广泛、更深厚的自信”[①]。文化自信是继道路自信、理论自信、制度自信之后，中国特色社会主义的第四个自信，增强文化自觉和文化自信，是坚定道路自信、理论自信和制度自信的应有之义。青年迷文化的生成与发展既是传统文化知识的继承与发展，又是对当代中国特色社会主义文化的创新。改革开放至今，迷文化的内涵逐渐丰富，传播路径更加多元化，影响力更加深远，青年在迷文化创生与发展的过程中实现了自我价值及意义体现。“迷”原初文本中蕴含的优秀传统文化及现代文化精髓极大丰富了青年的精神世界，不断提升着青年的文化自信及其创造力。同时，青年也主动参与并组织起各种迷文化活动，积极打造能够体现社会主旋律及当代青年精神风貌的文化品牌群，不断满足青年多元文化的内在需求，推动不同迷文化之间的交流与融合，在蕴含着中国精神、展现中国魅力、传播中国力量的迷文化精品中培养青年高度的文化自觉与文化自信。

---

① 习近平．在哲学社会科学工作座谈会上的讲话［M］．北京：人民出版社，2016：17.

第二节　青年迷文化的群体性价值

青年迷文化对青年个体思想价值观念的形成及人格魅力的塑造具有重要作用，由青年“迷”个体组成的青年迷群作为特殊的空间、社区的存在，其群体资格的获得、群体认知的建构及群体行为的实施等皆受到迷文化的影响。在不同的迷文化语境中，由某一特定的迷对象或迷情境所建构的迷群在日常生活实践中具有不同的表征。“一个群体的文化有别于另一个群体的文化即每一个群体拥有‘自己的’文化。可以说每类群体有自己的文化，有他们明确的（或相对明确的）观念、价值观、信仰体系”①。这些观念、价值观、信仰体系指导着青年迷群，规范和协调着青年群体的需求及行为方式。在诸多的青年群体中每个群体的生活世界由其群体文化所塑造。因此，需在多样青年迷群交织、融合的文化语境中建构群体认知、塑造群体行为。

一、青年迷群身份的形塑

青年迷文化对青年迷群思想、观念及群体行为的影响，首先是对青年迷群身份的形塑。青年迷群身份的确立是迷群对青年迷文化认同的过程，但并非所有青年迷群资格的获得最终都落脚于文化认同，也存在着青年迷群的转换和跨界迷群的产生。“身份对于个人来说是独有的，它让我们和其他人区分开来；然而，身份又暗示着我们和更广泛的社会群体有着关系，需要表达相似性，从而获得相互的认同，比如当我们谈论国家身份、文化身份或者性别时就在表达相似性”②。因此，须探讨迷文化对青年迷群身份的形塑，即青年群体仪式感的培养、群体风格的形成、群体资格的获得。只有在青年加入迷群，参与迷群的具体仪式，形成迷群的特定风格后，才能真正地认同、融入并参与建构该迷群。

---

① ［英］戴维·英格利斯．文化与日常生活［M］．张秋月，周雷亚，译．北京：中央编译出版社，2010：7.

② 黄佩．网络社区：我们在一起［M］．北京：中国宇航出版社，2016：81.

（一）群体仪式感的唤醒

仪式在原始社会就已经存在，最初只是纯粹的宗教概念，被界定为发生在宗教崇拜过程中的正式活动。随着社会的发展，仪式从狭义的宗教领域拓展到社会秩序的维系，仪式在人类社会中发挥的作用更加广泛，逐渐成为人们日常生活中不可或缺的重要构成部分。仪式是文化的重要因素，作为特定的文化现象，“仪式既是现实产生的模式，又是产生现实的模式，它不仅外在体现了一定的社会秩序与社会关系，还集中表征了一定时代人们的意识观念、思想情感等”[①]。仪式从实际效用上看没有可见性的价值，但对于迷群而言十分重要。仪式是特定迷群标识性的特征，涵育着该迷群共有的文化、价值及传播体系，是青年迷群文化符号的征象，只有在这样的仪式中才能构建迷群的身份认同，青年迷个体在参与、完成仪式的过程中才能获得认同感、归属感。“新一代青年以集体化仪式产生高度文化认同感，促使青年共同体身份具象化，依托这一语言体系突破自我封闭壁垒，打破传统参与方式，越发积极地通过自我革新的亚文化模式关注并参与现实政治，为爱国理念增添了新的内涵价值和超越性价值意义”[②]。青年迷群身份的塑造，首先要唤醒青年迷群的仪式感，因为只有在参与仪式的过程中，青年“迷”个体及群体才会对迷对象产生心理认同及自身身份的建构，这是一种情绪上的牵引和共情。仪式让迷群成员获得存在感、现实感及对世界的理解和认知，仪式间接构建了迷群这一“想象的共同体”。同时，仪式“能够唤醒、引导和控制各种强烈的情感，比如，仇恨、恐惧、爱慕以及忧伤”[③]。青年迷群在对同一迷文本进行仪式感的分享、解读、生成、创造及传播过程中，仪式感所唤醒的青年“迷”及迷群的“迷态”交织着他们对迷对象的记忆、情感与体验，这正是该迷群区别于“他群”的重要表现，这种独特性的“迷态”也是该群的文化象征体系。青年迷群的仪式不仅塑造迷群身份，还重塑着该群的道德意识、制度规范及社会秩序，因为其迷群所使用的具体仪式性话语的主要功能是“肯定、巩固某种社会价值观，激发某种社会情感，以特殊的

---

① 吴晓群．古代希腊文化研究［M］．上海：上海社会科学院出版社，2000：1.

② 包雅玮．新媒体环境下青年爱国表达的新特征——以“B站”弹幕文化为例［J］．中国青年研究，2021（7）：96—102.

③ ［英］维克多·特纳．仪式过程——结构与反结构［M］．黄剑波，柳博赟，译．北京：中国人民大学出版社，2006：41.

形式标记话语秩序和话语权力”[①]。可见，青年迷群的仪式感是青年迷个体参与迷群的一种意识，更是规范青年迷群活动、理性开展迷文化创造及传播的前提。

青年迷群在创生迷文化的过程中必须通过媒介进行传播，因此谈到唤醒迷群的仪式感，必然涉及迷群的媒介仪式。美国传播学者詹姆斯·凯瑞提出传播也具有一种仪式性的意义，他称之为传播的仪式观，认为传播是一个文化共享的过程：“它不是指分享信息的行为，而是共享信仰的表征”。“传播的起源及最高境界，并不是指智力信息的传递，而是建构并维系一个有秩序、有意义、能够用来支配和容纳人类行为的文化世界”[②]。在新媒介语境场域中，青年迷群对迷对象信息进行收集与共享、发表评论、间接模仿、参加应援活动、促动迷经济消费，皆需通过这种特殊的仪式及行为在传播中抵达“迷”受众，而这已成为迷群活动的日常。青年迷群通过此类传播仪式使迷文化的价值及其意义得以最大化实现，迷群仪式感的获得在增强“迷”对迷对象及文化认知、认同的同时，也通过这种集体仪式的参与获得对迷群自身的认同。

下面是一位青年“科比”迷的自述：

> 在刚开始喜欢上篮球时，很多人会迷上科比·布莱恩特。我们不仅仅是迷上他那常人不能达到的篮球技术，而更多的是被他那曼巴精神所吸引。他教会了我想做一件事时，要花费自己全部的精力去完成，遇到困难时要不怕失败，不断拼搏，一次不行再来一次，相信自己总会成功。在科比的巅峰时期，记得有记者采访他时，问道：“为何你能取得如此成功？”科比竟然反问道：“你知道洛杉矶每天早上4点钟是什么样子吗？”“满天星星，寥落的灯光，行人很少。究竟是什么样子，我也不太清楚。但这没有关系，你说是吗？每天早上4点，洛杉矶仍然在黑暗中，我就起床行走在黑暗的洛杉矶街道上……”作为一名篮球运动员，科比带给我们的，不只有精湛的篮球技术，更是一种精神，叫作“科比精神”，也称曼巴精神。科比为了成为一名篮球巨星，每天凌晨4点开始训练，他的努力和汗水不仅感动了我，甚至感动了一代又一代热爱篮球的人。每次看到他投中那些

---

① 武瑷华 . 话语的仪式性［J］. 外语学刊，2014（3）：84—87.

② ［美］詹姆斯 · W. 凯瑞 . 作为文化的传播［M］. 丁未，译 . 北京：华夏出版社，2005：7.

绝杀球的时候，我都十分激动。科比给这种精神定义为永不言弃，球迷们理解的曼巴精神就是在逆境中坚强、受伤也不后退、越困难越不逃避、不停地创造奇迹。我觉得如果每个人都有他那种心态和精神，那做什么事都不会觉得困难了。我觉得他的行为鼓舞了我，我崇拜他没错，他的行为我将会铭记一生。科比并不是一个奇迹，而是一种精神，他的精神教会我做每件事，以他的精神去做自己，我们大家应该把努力变成一种习惯！

从上述案例中可以看到，"科比精神"是所有科比迷所欣赏的，更是照耀他们生活的一束光，这种精神仪式影响着无数的科比迷。当代青年生活于自由、民主、开放的时代，也承受着社会转型期的阵痛，高速运转的生活节奏、高昂的生活成本、高压状态下的就业压力、物化取向的消费模式等使得青年根本无暇顾及自我的兴趣、爱好及内在的真正需求，更妄论去顾及与感受仪式感，进而导致原有生活仪式的解体与消逝。处于繁忙生活中的青年如果是一个理性的"迷"个体，应该是一件幸福的事情，迷文化可以是日常生活中的最好的调剂品，能够为驳杂而繁忙的生活世界创生出各种幸福的片段和瞬间。青年除却常规事务之外，还需忠于内心世界的真实需要，那是关于兴趣、爱好与信仰的自我感受。仪式感的存在能够唤醒我们对自我内心世界的尊重，继而尊重我们生存的生活世界。简言之，仪式感使生活成为真正意义上的生活，而不再是纯粹的生存。"仪式唯独在心灵对我们发出召唤时才是必需的，这种召唤表现为心理的困境、缺失和需要。我们进入仪式的维度是为了回应心灵的召唤"①。因此，青年的生活需要有仪式感，带着一份爱、一份尊重、一份信仰去接触所喜欢的迷对象，坚持"迷而不狂"的原则，通过迷群仪式感的养成，使迷文化成为我们生活中具有趣味感、审美感和愉悦感的文化，感受迷文化所带来的真正的意义化、诗意般的存在价值，为我们的生活注入激情与希望。

（二）群体资格的获得

在我国社会转型期青年群体根据学习、工作、生活、趣缘等不同情境结成

---

① ［德］洛蕾利斯·辛格霍夫．我们为什么需要仪式［M］．刘永强，译．北京：中国人民大学出版社，2009：9.

不同的共同体，以不同青年群体资格为核心，从不同场域勾勒出青年群体的社会心理、思想观念及行为。迷文化是青年“迷”获得迷群资格的核心因素，当代青年迷群资格获得的生成渠道、空间、条件及组合方式发生了变化，青年迷群资格的获得比传统社会青年迷群更加规范，获得渠道更加多样，参与主体更加密集。迷群有自己的文化标识，而这些具体的文化标识、符号是青年迷群资格获得的必备条件，也是避免与其他迷群发生同质性的重要标签。“青年参与的持续进行需要建构特殊的‘意义表达空间’，以满足更深层次的情感需求和文化需求，这是青年经历了‘破裂和危机’阶段后采取的心理补偿和身份重塑的主体性行为”①。从青年迷文化的生成过程来看，青年迷群资格的获得就是“求同”与“存异”的过程，“求同”是强调同一迷群内部成员必须坚持基本的沟通主题、理念、原则及规定，有共同的话语沟通符号，而“存异”强调的是不同迷群之间文化、惯习、价值观、语言、服饰等具有差异性、特殊性，这种差异性表现为各迷群的区隔，也是决定迷群资格获得的条件。任何青年迷群资格的获得在必须具有群体应有仪式和风格的同时，也应拥有该迷群的群名称、迷群LOGO、服饰、代表色、迷群的官方应援物等，如，韩国明星组合一般都有自己的应援色，如BIGBANG应援色是黄色，应援物是皇冠灯；INFINITE应援色是珍珠金属色；EXO应援色是银白色；HOT应援色是纯白色，少女时代是粉红色等。迷群在组织具体活动的过程中必须有自己的文化标识、语言即图形符号，必须与他群之间进行本质区隔，即迷群必须忠于同一个迷对象，必须对其原初文本有基本的了解或馆藏式收集，这是迷群资格获得的基本前提。

从青年迷文化的表征可知，不同迷文化之间的区隔是相对的。在某种程度上会出现一定的文化融合，如，在市场、商品及消费主义刺激下，不同迷文化之间会发生相互交织与融合。同时，不同迷群之间因文化区隔而产生的矛盾、冲突等异化现象也是客观存在的。新媒介场域是青年迷群集合的重要空间，青年迷群在组织结构、信息传播方式、活动运行等多个方面彰显出特殊的活跃性。迷群根据迷文化性质制定基本准则、互动机制，确定迷群的独特标识和口号、会服等，进而最大限度地区隔于其他迷群，确立“我们”与“他们”的身份界定。青年迷群有着专属自我群体的话语符号、组织形式、文化文本格式及活动

---

① 李一凡，吴炜华．网络视频空间青年参与的行动逻辑和仪式表征［J］．中国青年社会科学，2021（3）：88—96.

方式，并进行原初文本的创作，优秀的文本作品在迷群内部或公共平台进行传播。总之，青年迷群以迷文化为其群体核心，通过迷文化的不断生成、传播和创新来增强文化的感染力和吸引力，维系并强化迷群成员之间的关系。迷文化使青年迷群能够厘清并准确界定其群体文化及边界意识。迷群资格的获得即青年对迷对象及文本资源的确定，是青年迷群在“求同存异”过程中固化、维护和发展群体边界意识和文化，进而提升迷群对迷对象、原初文本的忠诚度及其身份意识，增强迷群的内部凝聚力。

（三）群体风格的塑造

风格是青年亚文化研究的重要范畴，伯明翰学派学者在20世纪70年代中期开始运用意大利马克思主义理论家安东尼奥·葛兰西文化霸权理论、法国哲学家路易·皮埃尔·阿尔都塞的意识形态主体建构理论、法国人类学家列维—施特劳斯的“修补”理论和法国思想家罗兰·巴特的符号学理论对青年亚文化进行分析。他们把一些小众的青年群体所展现的日常生活中的“有意义的形式”，看作是构成青年某一特定群体生活方式的符号体系，即风格。至此，风格被用来分析战后英国青年亚文化（泰迪男孩、摩登族、光头党等）现象，并从阶级、种族、代际、性别等维度来深层次地探讨青年亚文化群体的符号表达及意义呈现。风格所呈现的并不仅是青年亚文化群体的衣、食、住、行等所用“物”的一种外在呈现，更重要的这种风格在通过不同方式的挪用之后其承载、生成、传达的意义的差异性，这种差异性从风格的表现形式更深层次地表达了青年亚文化存在的社会环境及群体心理等变化。从早期、后期的芝加哥学派、伯明翰学派到“后亚文化”亚文化理论，新自由主义的盛行、新传媒时代的崛起、符号消费的日渐勃兴，出现了新的青年亚文化群体，亚文化“风格”呈现多元化、虚拟化、复杂化。而最初青年亚文化研究时代境遇所赋予的阶级政治、阶级意识在当代社会也日渐衰落，青年亚文化自身的阶级区分、“抵抗”等意义也日渐式微。对于青年迷文化来说，青年亚文化之外的迷文化因素（军事迷、学者、专家迷等）具有正能量的文化现象及其风格象征意义对青年迷群日常生活实践具有重要的现实意义及价值。可见，青年迷文化不仅是一个文化传播和对青年进行文化塑造的过程，更是一个在商品经济迅速发展，社会化媒体境遇对青年迷群消费文化、虚拟文化、自主文化等多元风格进行耦合、形塑的过程。

风格“是可以辨识的，因为它们将某些周期性与模式化的要素合并为某种特殊的、结构化的整体或形式，而它表示和提出某种广泛的社会与文化关系上的同一立场”。风格“可能被当作特殊社会群体的象征性属性，明确有力地表达它们在广泛的社会、文化与方式关系上的定向性与姿态”[①]。从上述对风格概念的论述中可以看出，风格就是符号化、象征化、形象化的文化表现形式，是在融合社会环境、自我个性、知识结构等基础上对物使用的一种语言构成、行为方式及精神气质“标签化”的显现。风格也是特定群体在文化活动和日常生活中区别于“他群”的一种符号象征，是特定群体资格获得和社会认同产生的最重要的方式。研究青年迷文化需要深入探究其对迷群风格塑造过程及在这一过程中其具体风格类型、不同迷群差异等迷文化征象。青年迷文化作为社会文化中最特殊、在青年群体中流行的一种文化现象，其关键在于它所展示的风格及其所蕴含的意义满足并符合青年群体的需求。青年钟爱的服饰、发型及其对使用“物”品牌的偏爱和痴迷，对明星的狂热迷恋或对某种行为的热衷等表现形式，在当代随着社会的开放、文化多元形式的存在及大众对社会文化存在方式宽容度的提升，青年迷文化现象以更加开放、自由、自主的方式走进大众的视野，并成为青年群体的一种生活方式融入其日常。

青年迷文化不仅展现具体的风格内容及形态，更重要的是，在这些风格展现的过程中包含着青年个体的成长经历、知识、思想、观念、习惯、生活现状及自我意识，同时还包括特定青年迷群的价值理念、群体结构及其所依赖的物质、信息和文化条件。青年迷文化风格是不同青年迷群的“标的物”，通过不同风格的展现塑造各类型迷群文化的特点、构架及生成和传播路径。在青年迷文化风格生成过程中不仅对青年迷群的情感认同、话语方式、符号系统等具有丰富的内涵，同时这种风格的格调对“不同源性”的青年迷群也有不同程度的影响，会呈现风格的“对抗”或“认同”，在多元的风格丛林中可识别的风格是各迷群的符号边界和文化区隔。对于非“迷”的青年群体来说，迷文化风格在一定程度上是一种无形的感召力，在风格上的认同和模仿也促使其风格在生成、传播过程中吸纳不同群际力量参与迷文化风格的创生过程中，多元化是当代青年迷文化风格存在的主要特质。

---

① ［美］约翰·费斯克.关键概念：传播与文化研究词典（第二版）［M］.李彬，译.北京：新华出版社，2004：278—290.

二、青年迷群共识的建构

青年迷文化对青年迷群的身份具有形塑功能，但又不仅限于对青年迷群身份的确证，更重要的是增强青年迷群的认同，凝聚青年迷群成员的力量在一定程度上达成文化共识，继而提升青年迷群的文化生产力。在迷群身份重塑中提到青年迷群资格的获得，这个过程也伴随着群体的认同、建构或解构。青年迷文化是提升迷群共识度的重要条件，迷群成员对自身特定迷群文化属性、结构及自身群体身份的积极认知、评价、体验和践行是获得迷群认同感、归属感、存在感和意义感的重要前提。一般而言，群体资格的获得是基本前提，进而才能寻求群体间的深度认同，但也存在偶然性。青年“迷”在特定的情况下对自身的群体资格并不必然产生认同感，或者说这种认同感一开始是存在的，但并没有持续很久就发生断裂。在特定情况下，即由青年迷文化所产生的文化区隔、矛盾、冲突和异化所导致的青年迷群共识危机发生时，群体资格和认同则会呈现差异，而这种差异会造成群体认同感的中断，并促使青年“迷”寻求新的群体资格及共识。

（一）增强迷群话语共识

青年迷群通过具体的组织活动对迷对象文本进行生成、创造和传播，在这个过程中必须通过一定的载体进行文本的解读和阐释。无论是对迷文本解读者、再造者还是善意的批判者，都必须通过话语的言说、表达、沟通来实现群际间、群体内部的迷文化交流。德国哲学家海德格尔认为：“语言是最切近人本质的”[①]。当青年“迷”认同、接受某迷群的话语符号时，也接受其话语所承载的迷对象信息及相关迷文本内容、结构及传播方式。迷文化为青年迷群话语的交流和沟通提供了丰富的话语内容，迷文化的结构、特征及传播路径决定了青年迷群话语交往的方式，迷文化的不断生成过程也是青年话语符号及体系构建的过程，理性、健康、积极的迷文化是主导青年迷群话语交往开展的主要前提。同时，青年迷群话语交往过程也是丰富青年迷文化内容，构建其体系的过程。新媒介场域是当代青年迷群话语交往的主要平台，各类网络迷群平台主要通过议题设置实时对迷对象信息的发布、解释、再创作进行相关迷文本资料共

---

① ［德］海德格尔．在通向语言的途中［M］．孙周兴，译．北京：商务印书馆 2010：1.

享。青年迷群内部成员可以针对相关迷文本信息进行话语的讨论、闲聊，分享关于迷对象自己所收集、整理及了解的迷对象文本，原本个体化、零散的迷文本信息、认知和经验在迷群集聚的平台得到重新整合与建构，使迷们可以更深入地了解自己所身处的文化。与此同时，这种在虚拟媒介中的话语交往亦可以将迷文化的讨论、交流及其迷文本的创造深入现实生活，形成虚拟话语与现实话语互动。

青年迷文化是迷群话语交往的主要脉络，它决定了话语交往的内容、结构及实践活动，其话语交往范畴因迷文化的差异性而有所不同。青年迷群的话语交往并不完全依附于迷文化的原初文本，而是通过对迷文本话语的描述、理解真正抵达更深层次话语意义的生成，继而构建新的迷文本。青年迷群话语“不仅反映和描述社会实体与社会关系，还建造或‘构成’社会实体与社会关系；不同的话语以不同的方式构建各种至关重要的实体，并以不同的方式将人们置于社会主体地位”①。可见，青年迷群话语交往的内容、方式来源于群体成员日常的生活方式及习惯，同时也影响、改变着他们的生活方式，不同“迷”成员的话语表达方式在整合迷文化话语资源的基础上提升迷群的话语权。网络迷群借助新媒介平台以迷文化引领迷群的话语方向，设置话语主题。同时，迷群最大限度地推进迷成员参与迷对象的相关现实活动，争取话语权，提升迷群对原初迷文本的改造和创新能力，促使新的迷文本诞生。青年迷文化对青年迷群的话语引领及塑造，不仅能凸显迷文化的主导地位，更重要的是，在这个过程中青年“迷”自主性的养成，新媒介让迷文化从“隐秘性”存在转向开放式的文化发展形态。迷文化从幕后走进大众视野，从单向度的话语情感表达到多元迷话语的集合。在网络迷群的话语交往中，迷文本“传”者与“受”者的界限逐渐模糊，迷们不再拘泥于对迷信息的阅读、迷文本的馆藏式收集，而是更加乐意将之进行分享并围绕相关议题进行话语交流。迷文化构筑了迷群共同的文化理念及价值取向，并通过具体的话语符号强化迷群成员的意识，这些话语符号在遵循迷文化宗旨的同时，更对迷群具有精神支持及人生意义生成的作用。

---

① ［英］诺曼·费尔克拉夫．话语与社会变迁［M］．殷晓蓉，译．北京：华夏出版社 2003：3.

（二）凝聚迷群思想共识

青年迷群在以迷文化为主题的话语交往过程中不断加深其成员对特定迷文化的共识，并在虚拟与现实迷文化的活动中不断进行话语实践。迷文化对迷群具体实践活动的开展具有指导作用，并在此过程中借助文化来凝聚迷群思想共识，进而形成迷群特有的文化标识和价值理念，规约其思想与行为。青年迷群的文化身份是迷群成员“一种共有的文化”，是集体的“一个真正的自我”，“它反映了共同的历史经验和共有的文化符号，为我们提供了变幻的历史经验之下稳定不变和具有连续性的意义框架”①。迷群共同的历史经验和文化符号是“迷”成员关于迷对象的文化记忆，青年“迷”从关注迷对象就开始收藏、积累关于其相关资料，从服饰到音像、从书籍到电子产品、从品牌产品的第一代到其最新的产品发布等。关于这些迷对象无论是有形的“物”还是无形的思想、理念，“迷”都将其作为文化资本收藏，而这亦是“迷”最珍贵的文化记忆，无论是显性的文化资本还是隐性的文化记忆，在迷群内部拥有这些文本资本最多的“迷”则最具有话语权。“文化是依赖象征体系和个人的记忆而维持着的社会共同经验”②。青年迷群就是诸多个体“迷”之间的情感联盟，是一种“类”关系的建构，更是一种“类”经验的集合、分享和“类”意义上的认知，这种“类”的经验与记忆在迷群内部能达成关于迷对象相关基本文化知识的思想共识。因为“集体共通的时代记忆，稳定、生存与秩序的‘内在’需求，使得人们经由生存面前的妥协与共识而达致合作式的群体行动”③。可见，关于迷对象经验、记忆等相关的迷文化资源在迷群内部最大限度地满足了青年“迷”的情感和文化诉求，这也是引发迷群讨论及行为实施的重要因素。

一般而言，青年“迷”参与迷群必须具备相关的迷文化知识体系，并经由文化展示来彰显“我”之品位，以及“我们”迷群与“他们”迷群之间的文化区隔。这种文化倾向也渗透于青年群体的日常生活中，是一种日常生活常态化、重复化，以及经验化的文化及行为倾向，在这个过程中，“迷”都是积极的受众，积极参与迷群文化的传播、推广与创作。在该过程中，青年“迷”通过迷群

---

① 汪民安．文化研究关键词［M］．南京：江苏人民出版社，2007：283—284.

② 费孝通．乡土中国［M］．北京：人民出版社，2008：19.

③ 李正东．河村水会——日常生活、集体行动与生存文化（1978—1987）［M］．北京：光明日报出版社，2013：132.

以共同的兴趣、爱好及思想共识来凝聚力量，从事着富有价值及意义的文化实践活动。在迷群中，“他们获得了全新的身份认同，暂时忘却了现实生活中的矛盾，投入对某个明星甚至是某个构建环境的迷恋之中，‘迷’们的生活也变得鲜亮而有意义起来”①。在迷群中，“迷”们作为共同主体平等参与各项活动之中，逐步构建起类似于社区的“生活区域”。在该区域中，没有种族、身份、学历、经济条件等阶层条件的划分、束缚及门槛限制，每个个体独立存在并相互尊重、相互依赖。青年“迷”个体之间只需达成关于迷对象的基本思想共识即可参与其中并具有独立话语权，在多元、互动、平等的迷文化互动中共享“迷思”。

（三）铸造迷群价值共识

迷文化为青年迷群提供的不仅是话语谈资和文化交流的资本，还包括价值共识，各类迷群的存在和发展都是以其迷文化所具有的价值共识和价值导向为基础的。迷群内部迷们所持有的文本信息在一定程度上的集合是在迷群内部达成的文化共识，这种文化共识构筑了迷群的价值基础，“文化保护一个特定群体的观念、价值、信仰模式以及他们‘典型的’思考和感知方式”②。同时，对迷群行为具有规范和导向作用，协调迷群成员文化“需求”及迷行为。迷群是迷们以迷文化为中心构建的共同体，它不只是倾心于同一迷对象，更重要的是他们具有相似的兴趣爱好、价值观念和利益共同体，常集迷文化生产、传播与消费于一体。迷群之所以是迷们构建的集群，最重要的是他们有价值共识，即诸多迷个体对关于迷对象所建构的文化价值达成基本一致的看法、观点和态度。英国人类学家玛丽·道格拉斯认为，文化功能的主要表现是在一个共同的标准化价值观意义上来调整个体的实践，它预先提供某些基本的范畴，明确基本认同的图式。关于迷对象的各种思想、观点、价值都在这个认知图式中加以规范，成为迷文化的基本文化共识。而在青年迷群内部由迷文化所携带的经典、流行、时尚、审美、消费等价值标识和倾向易引发“迷”们的模仿、从众心理及行为，而这更加夯实了迷群的价值共识。

价值共识，是指在不同迷群中迷对象驳杂迥异，但却有其迷群内特定的文

---

① 黄佩．网络社区：我们在一起［M］．北京：中国宇航出版社，2010：201.

② ［英］戴维·英格利斯．文化与日常生活［M］．张秋月，周雷亚，译．北京：中央编译出版社，2010：1.

化标识、价值理念及信仰体系，引导和规约着各个迷群的思想与行为。相比于其他文化类群，青年迷文化具有自我特殊性，吸引青年痴迷其中并严格遵循高度的文化自觉性，拓展并创生迷文化的外延范畴与发展动力。这种文化自觉促使青年迷群高度关注并收集迷对象的原初文本，在此过程中，青年“迷”的参与度和认同度相对较高并容易达成价值共识，进而凝聚、整合着迷群。迷群成员以迷文化为主旨所达成的价值共识，对于青年迷群的思想和行为具有引导和规范作用。同时，价值共识中也隐含着一定程度上的排斥甚至是冲突。迷们所达成的价值共识使之在迷群中获得一种“共同归属感”，它凝结并蕴含于各种迷文化产品之中，价值冲突使这种归属感变得更加明显，因为价值冲突是价值共识形成的重要基础，只有在价值冲突中才能萌发构建价值共识的意识。迷群内部对于迷文化具有基本的文化共识和价值认同，但对具体迷文本及各种信息的理解则必然存在分歧和偏差，进而造成价值冲突。价值冲突容易激发“迷”们非理性的行为决策，这与迷文化本身具有的非理性特性紧密相连，处于该状态下的“迷”们往往忽视隐藏在冲突背后的文化及价值共性。这种缺憾的客观存在促使“迷”们超越冲突，不断去寻找抵达价值共识的生成路径，以求规范迷群的价值理念及日常行为。

三、青年迷群行为的导向

青年迷文化对青年群体的影响最终要落实于具体的生活实践，以迷文化的思想、理念及价值引领青年生活，指导并规约青年行为。迷文化是青年迷群资格确证的要件，是凝聚青年迷群的文化脉络，更是青年迷群理性参与各类迷活动的保障。迷文化是由青年迷群集“迷”个体力量生成和创建的文化，青年迷群既是迷文化的生产者、传播者，也是迷文化的消费者。迷文化所具有的文化结构、思想、价值及意义对青年迷群自身的影响远比其他文化要更直接、更容易引起青年的关注和共鸣。青年迷群创造迷文化，同时又在所创建的文化氛围中感知和践行生活实践，迷群的行为也在这个过程中被引导、规约和塑造。这里主要以当前的“真人秀”为例来分析迷文本对青年迷群的行为导向。“真人秀”中所蕴含的文化形态及内容的多元化是其节目的最大特色，在传递社会主流文化和价值的同时，将偶像迷文化、媒介迷文化、品牌迷文化、影视迷文化等融于一体，主要包括：户外竞技类、情景体验类、亲子纪实类、旅游类等，其内容直指爱情、婚姻、家庭、二胎、就业、代际等与青年生活密切相关及青年期凸显的社会热点问题。正是这种裹挟着问题、矛盾和冲突的迷文化展示直击青年世界，引起青年群体的共鸣。

（一）引领迷群聚焦青年问题

青年迷文化指涉着青年迷群关注的经典性、流行性和时尚性的迷对象，它映射着“迷”们积极参与文化生产和传播的行进路径，聚焦于青年热点问题，时刻关注青年发展实际，并引领青年迷群关注并改进其生存状态。传统社会中的青年“迷”借助于音像、影视、报纸、杂志等文本了解明星的动态，其认知囿于其塑造的角色和演绎作品，明星本体对大众而言位于“神坛”之上，具有神秘和间隔感。当前，我国“真人秀”节目使明星批量化从“神坛”走到“人间”，其内容涉及社会生活的各个方面，更是揭示了青年群体生存和发展过程中遇到的各种热点问题。

“真人秀”围绕社会现实设置议题与话语表述方式，通过对明星的恋爱观、事业观、家庭观等私我领域的公开展示，不仅使青年更加容易被吸引，还能促使青年在关注迷对象及“他者”的现实生活境况中开始审视自我的实际问题，关注自我的生存与发展前景，这种真实化、生活化的文本演示更容易触动青年的内心世界。比如，涉及亲子关系、代际关系的“二胎时代”，直击了当前我国二胎政策开放后给青年家庭生活带来的改变，以强剧情、强人物、强共鸣的方式全方位地揭示了我国多重家庭关系、二胎的社会痛点、代际关系等问题；与其相似的“真人秀”节目还有“爸爸去哪儿”“爸爸回来了”等，虽然节目逃脱不了同质性的诟病，但同时也揭示了当前我国青年家庭教育理念、生活习惯等生活方式的碰撞；而“旋风孝子”以“孝道”为主题的“真人秀”，是对我国国情、文化、价值观等进行深入研究制作的原创节目，它直击代际关系、人伦亲情、人性本善，与此相似的还有“女婿上门了”“婆婆和妈妈”等；“了不起的挑战”更是深入国内多个行业，邀请明星到普通劳动者的工作和生活场景中，完成各种艰难的任务挑战，从职业领域展现了各行各业普通人的生活，展示了不同行业领域青年的职业现状；同时还有涉及青年恋爱、婚姻的“真人秀”，如，“一路上有你”“出发吧爱情”“如果爱”“鲁豫的礼物”等以明星恋爱和婚姻为主题，通过不同场景、任务设置，在极限的环境中考验明星恋人、夫妻间的默契及生活态度，并融入我国传统文化特色和地域特点，传递“相信爱、练习爱、享受爱”的理念，引起广大青年受众的情感共鸣；“真人秀”还涉及自然生态、探险、旅游等方面，比如，“跟着贝尔去冒险”是亚洲首档自然探索类纪实真人秀，由野外生存第一人贝尔·格里尔斯携手明星们荒野求生、探索自然的奥秘，聚焦极限条件下人的智慧、勇气；“花儿与少年”“花样爷爷”“花样姐姐”等则以不同年龄阶段明星的搭配穷游异国，通过不同代际之间的沟通与互动，感受旅行的真谛、享受不同风土人情的人文之旅，这一点响应了青年群体中流行的“一场说走就走的旅行”的心态。任何文化的创造都离不开生活，“真人秀”通过不同主题、场景、人物角色等设置，以真人秀的方式展示青年生活中的各种文化、生活状态，使得青年在通过不同媒介观看的过程中，不仅关注迷对象，更是接受和领悟其所传递的文化理念及价值。“真人秀”场域中青年迷群呈现出来的迷文化景观属于一种自我生活的审视和反思，它引导着青年迷群树立其责任意识和担当意识，并从青年的视野与心性去关注社会、他人及自我生活。

（二）促动迷群参与公共生活

青年群体在任何时代都是社会文化的学习者、继承者和生成者，他们在接受社会主流文化引导的同时，也在不断根据时代境遇和自我个性创造体现青年特征的迷文化。随着我国社会转型及文化多元化模式的发展，青年文化参与特点呈现“由单一被动到多元主动”“由理想神圣到世俗功利”“由政治批判到消费娱乐”“由寻求根源到追求时尚”[①]。当前迷文化的具体征象契合了青年求新、求异、求真的个性特质。以“真人秀”中的偶像迷文化为例，虽然存在同质性问题，但其公益模式的开启，使迷文本成为主流媒体弘扬社会主义核心价值观、传递主流文化和价值观等正能量的有效途径，使走向同质性窠臼的“真人秀”有了新的曙光。当前“真人秀”等综艺节目改变了传统综艺节目过度追求娱乐，强化视觉效果，制造热点话题，神剪辑给受众以视、听觉冲突等有意思没意义的节目导向，而是成为肩负起社会责任，宣传社会文化、价值和培养受众公共性的一档公益性和教育性兼有的迷文化品牌

---

① 邱吉，王易，王伟玮．轨迹——当代中国青年价值观变迁研究［M］．北京：人民出版社，2012：266—269.

节目。随着我国现代化事业的不断发展，公共领域成为人们社会生活的重要组成部分，公共心理问题、公共道德问题、公平正义问题、环境污染问题等社会公共性问题凸显，社会大众公共意识的提升成为当前社会发展的重要问题。对于青年群体来说，由于我国社会的迅速发展，社会竞争激烈，青年群体生存压力骤增，使得“我们今日的整体社会生态，由于公共生活空间不够成熟，个体更多地选择在个人生活世界中精致地打拼，无暇关注社会公共生活中的正义与秩序”[①]。这必然导致青年无暇参与社会公共生活，公共性意识的淡漠、缺乏成为青年在公共性养成过程中亟须解决的问题。而“真人秀”公益模式以青年最关注的明星人物的影响力及节目轻松娱乐的方式，开启了青年公共性培养的新模式。以节目“奔跑吧兄弟”为例，从第一季开始，“奔跑吧兄弟”节目组就和中国青少年基金会联合发起“让爱益起跑——公益跑鞋计划”，旨在关注缺乏运动设施的贫困地区儿童，通过爱心义卖筹集善款购买跑鞋，让贫困地区的孩子也能感受奔跑的快乐。随着节目的热播，这项公益活动也在不断升级。在第二季，微博运动频道“奔跑 2015”推动从线上到线下全民健身公益，开启“阳光跑道公益健行计划”，一方面倡导大众绿色出行；另一方面通过完成奔跑目标，募集资金为贫困学校修建操场、跑道，增添体育器材，给孩子们创造健康奔跑、健康成长的条件。到了第三季，以“奔跑阳光 +”青少年成长助力计划为主题的公益行动仍在继续，“奔跑一小步、阅读多一字”，一步换一字，将这些数字都转化为公益资源，为全国 12 所小学捐赠建立了阳光书屋。与“奔跑吧兄弟”相似的公益性与娱乐性相结合的“真人秀”节目还有“远方的爸爸”“世界青年说”“极限勇士”“减出我人生”等。这些节目通过具体的迷文本主题设置将青年群体的视角纳入公共生活中，去关注社会、他人及周边环境的发展现状，并在这个过程中通过迷文化传播的方式引导青年走进公共生活、参与公共生活，在公共性的养成过程中增强其公共意识。同时，无论是在青年的何种公共生活范畴，“真人秀”的这种娱乐性和公益性都会成为青年迷群讨论的话题，亦是青年迷文化交流、传播的一种方式，更是青年群体现代公共意识养成的过程。

---

① 刘铁芳．公民生活与公民教育：学校公民教育的哲学探究［M］．北京：教育科学出版社，2013：9.

（三）规约迷群非理性行为

青年迷文化具有理性与非理性的边界，当青年迷文化超越了理性边界，其非理性因素主导青年迷群的思想。青年迷群的非理性行为极易发生，甚至是爆发群体性事件。而理性的青年迷文化对青年迷群的思想和行为则有一种规约和示范作用。当前社会发展过程中大众极易放大青年“迷”的非理性思想、行为或由其引发的个体事件，易以某些青年“迷”的非理性因素遮蔽青年迷文化存在的价值及意义。但其实在迷群内部，理性的迷文化交流与沟通、迷资源的分享对非理性的青年迷个体具有规约和引导作用。如，陈伟霆的迷群，在某平台开展的“最给力迷群”六强争冠赛中，陈伟霆迷群（女皇）发起了声势浩大的“技能换投票”活动。各种技能各显神通，高智商、高学历的“迷”引领新的追星潮流，更有迷弟迷妹感慨：“所以作为一名赤裸裸的学渣，你可能连追星的资格都没有……‘迷’的必备素质已经不仅仅是能为艺人摇旗呐喊，而成为让爱豆骄傲，让自己自豪的合格的‘迷’才是王道。”

可见，要成为“迷”不仅需要掌握迷对象的文化资本，还需要相关的技能资本，而不是一味地呐喊、助威，更重要的是在理性的范畴内深度参与迷群活动进而塑造、发展自我。同时，在迷群内部有组织、有纪律、有原则地开展迷文化交往活动，对迷成员具有一定的约束和监督作用，在迷成员的相互激励中提升自己创生迷文化的能力。以华为为例，华为是我国自主品牌的企业，花粉俱乐部是华为官方唯一的以服务花粉为宗旨的综合性网站，提供最新华为手机产品资讯、最丰富的应用软件主题游戏 EMUI ROM 资源、最丰富的花粉活动信息。在华为的迷俱乐部设置花粉广场、花粉学院（视频指导区、专家问答栏、金牌写手团、玩机技巧集、高手进阶版）、花粉随手拍、花粉漫谈、花粉福利专栏，在圈子专栏有兴趣俱乐部（主题爱好者、极客大本营、花粉之声、奇趣驿站、制造者—音乐堂、旅游部落联盟）、同城俱乐部、高校俱乐部（高校活动、高校公告、荣耀创新移动课题、花粉创客集结号）等区隔化板块供花粉选择。花粉在这个以华为文化主体的俱乐部中不仅可以和其他花粉交流，还可以通过花粉学院学习和了解华为品牌产品的相关技能及参与品牌产品的开发等。与此类似的还有我国自主研发的品牌——小米，它是一家专注于智能硬件和电子产品研发的移动互联网公司，“为发烧而生”是小米的产品理念，发烧友与“迷”有着共同的特质，是形容“痴迷”于某件事物，小米公司首创了用互联网模式开发手机操作系统、发烧友参与开发改进的模式。小米的企业文化是每位员工都是平等的，崇尚创新、快速的互联网文化，讨厌冗长的会议和流程，让每位员工在轻松的伙伴式工作氛围中发挥自己的创意，相信用户就是驱动力，并坚持“为发烧而生”的产品理念。从上述案例分析可知，任何品牌在向受众输出产品的同时，不仅是产品的出售，更是将其文化理念同时输入给受众，受众不仅仅消费其商品，更是其品牌文化理念的接受者和传播者。对青年品牌迷群来说，品牌文化是其迷群生存和发展的主要文化脉络，也是规约、引导和激励迷群理性行为的重要文化基础。

第三节　青年迷文化的社会价值

青年迷文化对青年“迷”个体及迷群的生存和发展具有重要的作用。青年迷文化作为社会文化的一部分，来自现实的经济、政治、文化及社会生活并受它们制约和规范。同时，青年迷文化又对经济、政治、文化及社会生活环境以反作用，为其服务，丰富社会主体的文化生活。青年迷文化虽是“过度的受众”所生产的文化，但并不能把所有的迷文化受众的“过度性”都等同于迷狂、盲目和非理性。理性的青年“迷”对于迷客体的“过度”青睐只是相对于正常、普通的大众较为强烈，这是他们自由、自主选择自己生活方式、兴趣爱好、个性生活及追求自我思想解放的一种文化诉求及能力的展现。理性的青年“迷”所生产、创新及传播的迷文化对社会具有重要的价值及意义。

一、新的政治生态建构与优化

青年迷文化的生成和传播离不开青年受众身处的政治环境，青年迷文化不同于社会主流文化及其他文化生成模式及内容结构，其意识形态倾向相对较弱，更倾向于主体兴趣、爱好及自身发展诉求。青年迷文化受社会主流文化收编、规范，其自身具有抵抗性，在抵抗与收编的过程中，青年迷文化亦在寻找与主流文化及青年受众自身文化契合的发展路径。当代青年迷文化已从纯粹的娱乐性转向政治、社会等多向诉求，从单一的以狂欢、快感满足为主向契合受众自身发展诉求方向发展。在青年迷文化的生成过程中，青年“迷”在关注迷对象对其文本进行改编、创造的过程中从不同的角度以“迷”的身份涉入政治环境，他们反感“灌输式”的意识形态教育及其文化传播形式，但他们又处身于政治生活。无论是偶像迷、品牌迷、媒介迷、影视迷或是纯粹的政治迷、军事迷，他们从不将自己排除在政治生活之外，只是忠于自己的兴趣，从不同趣缘场域关注政治、了解政治并以“迷”的身份参与政治生活。这样“每个文本及每种解读都有社会的也是政治的向度，这种向度部分存在于文本自身的结构中，部分存在于读者的社会关系及其对文本产生影响的方式中”①。从这个意义上来说，青年“迷”具体文化实践过程中迷文本的生成是“迷”的诉求，同时也是其政治身份的认同及人格塑造的过程。足球是世界上最受欢迎的体育运动，球迷永远是足球比赛最忠实、最热情的支持者。英国学者盖利 · P.T. 芬和理查德 · 吉利亚诺蒂以英国国球“足球”为例揭示了“国球”背后所蕴含的两种民族身份的冲突，分析“狂欢派”和“流氓式”球迷风格所存在的分歧及其压制分歧而呈现的正面“格子军”形象。探讨了苏格兰媒体是如何通过对苏格兰球迷的报道来参与民族认同的塑造的。苏格兰媒体试图通过对英格兰的整体区分来增强民族认同感，一边谴责英格兰足球流氓的暴力行为，一边忽略、压制任何对“格子军”形象不利的报道。在这个过程中，足球运动承担了表达苏格兰身份的重任，但靠这种二元对立而构建的苏格兰身份正是缺乏民族自信心的表现。我们可以以此来分析我国球迷在迷文化生成及传播过程中对国家身份及民族认同的强化作用。如，在奥运会赛场，就是一场球迷的狂欢，更是迷文化生成、传播及其迷身份认同及塑造的过程。迷文化在青年受众的参与尤其涉及重大国际事件的情况下，青年“迷”所深藏的隐性的政治情感、国家意识则会在群体的驱动下引发共鸣，获得更高的民族情怀的认同。

迷文化的政治价值体现需要结合不同的迷对象进行具体化分析，比如，政治迷、军事迷多倾向于具有强烈的政治知识、政治意识、政治文化和政治情感的迷文化信息，他们对政治符号化文本具有较强的敏感性，对原初文本

① ［美］约翰 · 费斯克 . 解读大众文化［M］. 杨全强，译 . 南京：南京大学出版社，2001：98.

的选择更倾向于政治与环境及对政治符号的领悟。随着社会的发展，当代青年的政治参与方式发生了极大变化，参与政治生活逐渐转向实质性参与，即由“被动参与到主动参与，由形式参与到实质参与，由非理性参与到理性参与，由单一参与到多元参与”[①]。青年迷文化的多元生成方式为青年提供了更多的政治参与机会。青年迷文化的生成不仅仅囿于迷对象，同样对迷对象所处的政治环境，尤其是政治迷，这里包括对政治偶像或政治书籍等迷对象的偏爱，在青年“迷”参与的过程中不仅是对迷对象文本信息的了解和认知，更是增强了青年对现实政治生活的理性认知及政治现象的思考，有利于引导受众以理性的态度关注政治现象、认知政治文化、参与政治生活。当前，新媒介已然成为青年迷文化生成和传播的重要场域，也为青年“迷”及迷群之间政治思想和政治情感的交流提供了新渠道。青年“迷”通过迷对象所处的政治生活开始关注和参与政治，而网络的平等性和虚拟性进一步激发了青年“迷”关注政治和参与政治的热情。青年“迷”在参与政治的过程中同时拥有表达自己观点和想法的机会，尤其在政治信息输入、政府决策、信息反馈、政策调整等政策实施网络化、信息化的过程中，青年“迷”的政治参与更加广泛，在这个过程中同时也提升了政府决策能力和效力。可以说，青年迷文化为广大青年建构了参与政治生活的新模式，使得青年自主从“迷”的视角去关注政治、社会及生活，去建构与自我迷文化相关的政治环境。青年迷文化不仅为青年的政治参与提供了机会，还使不同国家之间的文化和政治互动成为可能，文化只有在交流会通的过程中，才会绽放光彩。简言之，虽然各国的意识形态不同，政治制度存在差异，但是在共同迷对象基础之上的迷文化消弭了国家间的界限，使迷们因同一个迷对象而超越了国家边界与政治意识的藩篱。

以韩国前总统文在寅访华为例：

> 2017 年 12 月 13 日，韩国总统文在寅抵达北京，开始了为期 4 天 3 夜的访问。在这次国事访问中，特别吸引眼球的是随行人员和与会人员里有不少娱乐圈明星。“中韩 CP”于晓光秋瓷炫夫妇、人气组合

① 王玲，邓希泉．当代青年网络政治参与新特征之辩证观［J］．当代青年研究，2010（7）：39—43.

> EXO成员、宋慧乔都出现在这次访问的系列活动中。对于韩国政府来说，文娱明星一直是国家的一张名片，所以有明星出现在外事活动中并不意外。宋慧乔、EXO等人随同总统出访并不是首例，2016年，歌手金在中就曾经随同时任韩国总统李明博出访土耳其。韩国政府每年还会对在“韩流”中有出色表现的艺人予以政府级别的嘉奖。宋慧乔凭着《太阳的后裔》等电视剧在中国获得极高人气，被形容是中国卷起“韩流”的代表人物之一，宋慧乔还担任着两国文化大使，具有象征意义。专家认为本次文在寅总统的访华，更大层面偏向是“破冰之旅”，主要意义在于两国进入解除隔阂的第一步；而作为“韩流”明星，代表韩国文化界参与总统访华，自然拥有积极的意义。现阶段，中韩之间仍然存在着无法否认的隔阂，而文化产业又直接受到民意及两国关系的影响。但专家也认为，本次文在寅访华的确是两国关系的利好消息，但谈及“限韩令”松动则为时尚早。对于许多希望进入中国市场的“韩流”明星及企业来讲，现在的回暖局势的确使我们有了一丝希望，但“韩流”文化是否能够重回中国，还取决于日后两国关系的发展方向。

可见，不同国度、不同民族、不同性别及不同年龄区间的“迷”借助于迷文化的交流、话语的交往，以及迷资源的共享形成共同的文化体系和精神财富。例如，作为中国国粹的京剧，早已跨越国界的局限将古老的东方文明在全世界传播，京剧迷遍布全世界，迷们共建的迷文化可以集各国文化精髓于一体，消弭不同文化之间的摩擦与对冲，实现真正的文化交融与共享。青年迷文化可以跨越地域、国度、年龄、职业等阻隔，可以冲破意识形态及政治制度壁垒，在增强民族认同感、自豪感和责任感的同时，亦可以包容不同迷文化间的差异，青年迷文化的全球化、国际化间的交流为各国之间的政治交往拓展了新的政治生态空间，以更加柔性的文化交往优化了政治生态环境。可见，在坚持和平发展道路，推动构建人类命运共同体的进程中，“要尊重世界文明多样性，以文明交流超越文明隔阂、文化互鉴超越文明冲突、文明共存超越文明优越”[①]。青年迷文化为各国政治间的交往打开了一扇窗，优秀的迷

---

① 习近平．决胜全面建成小康社会　夺取新时代中国特色社会主义伟大胜利——在中国共产党第十九次全国代表大会上的报告［M］．北京：人民出版社，2017：59.

品牌亦可以成为全世界人民共享的产品，优秀的迷对象的人格魅力被各国青年“迷”追逐和敬仰。

二、迷群经济的崛起及价值开发

迷文化的存在和发展不仅以文化的样式改变着青年的生活态度、方式及思想观念，其引发的“迷经济”更是带动了青年“迷”及迷群新的消费热潮，借助市场和新媒体技术的发展催生了新的消费群体及消费现象的发生，迷群经济也成为当代社会发展的新兴经济形态。

（一）迷文化产业化促使迷群经济崛起

迷经济在当代社会成为一种品牌营销模式，基于迷经济基础的社群经济将成为主流的商业发展趋势，而企业则需要在迷群的获取方面投入更多的资源，为即将到来的社群经济做好充分的准备。可以说，迷群聚合而成社群，进而又衍生出“迷群经济”。事实上，使迷经济成为当代经济发展重要模式的不是“迷”本身，而是迷文化，它是由青年“迷”的深度参与，迷群对迷文本的改变、创造及消费所产生的经济效益和价值。迷文化经济赋予了当代青年新的生活状态，是因为文化经济是一种具有深刻文化内涵的消费性存在。“这种存在在文化商品的消费者、受纳者与文化产品的生产者、提供者之间展开的新型的物质社会关系的生产与再生产，反映了在一定文化社会背景下人与人之间社会关系的时代进展，揭示了人在生存状态上的新结构、新框架”[①]。当代“迷”与传统“迷”相比拥有更多的自主权，“迷”与偶像、品牌及影视作品的联系更加紧密。在新媒介背景下，青年“迷”触及迷对象并不遥远，可以通过直接或间接的方式与迷对象亲密接触，并且他们可以与自己有共同的兴趣、爱好及拥簇的对象，通过社交平台结成迷群，在迷群内建立统一的社群文化、价值观念及迷群生存规则。可见，迷群具有的文化属性是划界“迷”属性的前提。“迷”不仅是对某人或某物、某行为过度关注的一个

① 杨竞业．文化现代化——从“自由的文化”到“文化的自由”［M］．武汉：武汉大学出版社，2012：112.

名称，它更代表着迷群及这一共同体所拥有的兴趣、爱好、生活方式及价值观念。在“迷”从传统到现代嬗变与转型过程中其商业价值在市场、网络等媒介的催生下逐渐被开发，迷文化引发的迷经济所带来的效益及价值得到最大化彰显。

（二）情感经济趋势下的“成瘾性”消费

其实迷经济也是情感经济，是基于情感的人本管理模式，它以主体的情感投入度来衡量经济效益及价值。麻省理工学院教授亨利·詹金斯认为，情感经济是营销理论的一种新构型，它试图将消费者决策的情感基础理解为观看和购买决定的推动力。随着社会的发展，商品所具有的不仅是使用价值的功能，更重要的是商品承载着人类活动的情感符号，即商品情感化，情感体验和消费逐渐成为商品社会重要的消费及商业运行模式。尤其是对于“迷”来说，这种情感体验与消费是促进“迷”获得认同感的重要方式，情感经济在当代社会也作为社会重要的经济形式得以迅速发展。而“迷”和迷对象之间的密切联系、频繁互动能充分释放“迷”的情感，在这种情况下，“迷”将自己的情感融入迷对象，使迷对象呈现“迷”的主体化，同时“迷”更具有迷对象的客体化因素，如，品牌迷为品牌注入更多的情感，赋予品牌更多人性化的特征，最易激发青年“迷”对品牌的消费行为。这也是目前很多品牌在生成及销售过程中把迷社群纳入商品生产、营销战略的重要决策的原因。以果粉为例，果粉在购买“苹果”的时候会有“苹果＝乔布斯”的潜意识界定，不仅是对“苹果”产品的认同，更重要的是对乔布斯的崇拜，也就是在某种程度上果粉购买的并不是产品本身，而是对这一品牌的一种情结，因为“苹果”产品的背后是乔布斯为追求“极致”而不断对产品进行测试追求完美的一种人格魅力，即“迷”所追求的不只是产品，更是这一品牌所带来的品牌文化理念和精神力量。青年“迷”在消费过程中其目的并不是为了满足实际需要，而是追求不断被刺激制造出来的欲望的满足，他们消费的不单纯是商品的使用价值，而是这些商品所赋有的“符号象征意义”。青年“迷”对品牌所赋有的文化、价值、精神符号意义的认同所带来的必然是消费行为的实施，他们在消费过程中不断推广品牌价值提高其影响力，这也进一步印证了引发迷经济效益的并不是“迷”本身，而是迷文化。可见，品牌所具有的文化理念、精神符号等象征意义看似不具有商品本身的使用价值，但正因为没有价值才是潜藏的最大价值。因此，品牌要想得到更多忠实“迷”的支持，就必须以情感经济为基本的生产及销售模式，满足青年“迷”的情感需求，使他们具有高度的情感认同，使产品超越其使用价值本身，让“迷”在使用品牌的过程中具有愉悦感、满足感和幸福感的体验，这样他们才能在迷社群平台进行推广，引发迷社群消费，使其“迷”成员产生“成瘾性”消费，引爆迷社群经济时代。当代社会青年“迷”“即是明星（品牌）意义的创造者，他们的情感强度和持久度也直接决定着品牌的经济价值”[①]。任何品牌、偶像、媒介、影视要获得更多的迷经济效益，就必须依托“迷”的“功能控”生产及营销的模式，必须关注青年“迷”尤其是品牌“迷”的情感化需求和体验，这是在商品经济时代品牌生存及发展的核心理念。

（三）青年“迷”深度参与促使迷文化经济价值最大化

在社会发展过程中，衡量社会经济发展成就最重要的标志就是如何让大众最大化地享受到社会发展的成果。而社会发展成果要最大化，最重要的就是调动全民的积极性、创造性投入社会建设过程中，就像做蛋糕一样，如何把社会发展这块蛋糕做大，最重要的就是要让社会中的每一个人学会做蛋糕，积极地参与社会建设的过程中，这样每个人享受到社会发展成果也必然呈现最大化。迷文化所带动的迷经济兴起的最重要的一个必要条件就是青年“迷”的深度参与，“迷”不仅是消费者，更重要的是生产者。青年“迷”的深度参与是对迷对象原初文本的改造、创新与传播，只有在这个条件下迷经济的价值才能得以实现。当代社会是“泛娱乐”化的时代，偶像、媒介、品牌在这个时代融为一体，甚至在一定的情况下青年“迷”是多种迷对象的集合体，影视文化产业极力打造具有吸引力和影响力的IP资源，运用IP思维制造更多的话题与现象将影视产品转化为生产力。而围绕IP开放各类衍生产品并进行多领域、全方位的迷群产业链拓展，融服饰、玩具、书籍、音响等多商品于一体的差异性产品的开放，集聚迷群创造更多的迷经济价值。同时，重视青年“迷”及迷群对迷对象文本的深度参与并保护其新文本，在诸多媒介平台“迷”的创意作品诸多，如，青年“迷”对影视、品牌、漫画、游戏、小说等作品的翻拍、PS照片、创作歌曲，以及小说等文本深受“迷”的追捧，甚至优秀的文本被制作商采纳作为商品出售，迷文化的经济价值在青年“迷”的自主参与过程中被最大化实现。对于这些

---

① 杨玲．粉丝、情感经济与新媒介［J］．社会科学战线，2009（7）：173—177.

富有创意的迷文化创造者被称为“粉飞客”，源于英文（fanfic），是fans（迷）和fiction（小说）的缩写。“粉飞客”针对某部影视作品、小说、品牌等喜欢的作品，对其加以改编或续写，将其公布在迷群社交平台，供大家阅读、讨论，新媒介的兴起为粉飞客提供了更好的创作平台。从某种程度上看，无论是“粉飞客”还是“同人志”，他们都是迷文本的创造者和传播者，在特定的迷群范围内他们有共有的价值观念和生活方式。随着青年“迷”的深度参与实现的迷文化经济价值，必然会得到社会及大众的关注，迷文化圈会不断扩大、繁荣。小米品牌的创始人雷军针对小米的发展曾谈道，从某种程度上讲，小米贩卖的不是手机，而是参与感。可见，青年“迷”的参与感是提升品牌、偶像、影视等黏性、迷忠诚度与归属感的重要手段，只有在互动参与、分享中青年“迷”才会带动新的消费。小米的迷经济生产营销模式就是：“借助互联网思维搞定第一个100万用户、利用‘参与感’迅速引爆自媒体口碑营销、先做忠诚度再做知名度，这三个关键方法发挥了重要作用。”[①] 同时，小米开发的“米聊”终端社交平台为诸多“米粉”提供了深度参与的机会和空间，他们活跃在此充分地了解小米。对所有“米粉”来说，无论是手机、电脑还是其他都是玩物，而他们是具有很高兴趣感的玩家，这种高度的参与感及归属感引起了“米粉”的高度关注，也成功打开了小米的市场，刺激了大众的消费，迷文化的经济价值在当代社会不容小觑。

三、国家文化软实力的提升

在学术界，对青年迷文化的认知存在偏差，致使其文化价值及意义被遮蔽，具体体现为：一是对迷文化范畴界定的局限化。费克斯认为，“迷”是对迷客体“过度”的热爱，这种过度是与一般的受众相比较而言，但迷客体的范畴不仅限于偶像、品牌、媒介及影视作品文本，还应包括科技迷、书迷、京剧迷、古诗词迷等“X控”的迷资源，融入我国传统文化精髓的文化资源，不能因对迷客体对象界定的局限矮化了迷文化的存在价值。二是将青年迷文化等同于青年亚文化，视之为与社会主流文化“对抗”的文化，这种错误的认知是以迷文化的非理性思想及行为来完全否定其理性因素的存在，这种有失偏颇的认知和划分

---

① 韩布伟．粉丝红利：互联网时代的盈利宝典［M］．北京：电子工业出版社，2016：279.

完全抹杀了青年迷文化在当代社会发展中的价值。可见，揭示当代青年迷文化的文化价值，必须立足于社会发展、青年自身，以及迷文化完整的内涵的基础之上，剥离其非理性、迷狂性的因素，充分发掘其理性的文化因子及存在的价值及意义。从上述分析可以看出，迷文化的文化价值还在于对我国优秀传统文化、经典文化的传承与传播，迷文化内容的多样性、传播方式的媒介化，以及以当代青年作为主要群体决定了迷文化的传播力要优于其他文化，更有益于形成集文化、商品、市场、消费于一体的文化产业链。迷文化经济效益能带动新的文化消费现象，要实现文化产业发展，必然扩大文化消费，拓展文化消费市场，推动文化产业成为我国经济发展的朝阳产业。党的十九大报告中指出："要深化文化体制改革，完善文化管理体制，加快构建把社会效益放在首位、社会效益和经济效益相统一的体制机制。""推进国际传播能力建设，讲好中国故事，展现真实、立体、全面的中国，提高国家文化软实力"①。青年迷文化的发展成为青年文化的主要存在形态，其生成与传播、创新与发展在尊重青年自由、自主的发展需求基础上激发了青年的文化创造力。由迷文化促发的文化产业链带动的"迷"社群消费模式所生成的经济效益，以及价值已成为当前企业发展必须注重的现象，也成为诸多品牌生产与营销的模式，青年迷文化所促动的文化产业链对实现文化产业发展具有重要的推动作用。

当前中国文化软实力还存在诸多不足，比如，对于传统文化的宣传和推介过程中创新不足，优秀的传统文化资源的精髓、优势在社会转型中并没有转化成为现实的文化生产力，在现代社会发展过程中传统文化的创新、承载和传播力不够。但对待青年迷文化的态度不能全部否定和抹杀，"要加以持久的关注考察、协商利用，充分发挥其建构、凝聚功能，实现主流文化与青年亚文化和谐发展"②。青年迷文化的兴起和发展对传播中国文化、讲好中国故事、提升我国文化软实力具有非常重要的现实意义及价值。比如，在青年迷群中有四大名著迷、古诗词迷、京剧迷、独具民族特色的文化迷等，这些都是我国优秀的传统文化因子，在当代社会青年迷群中，有诸多青年"迷"成为传承经典、传播

① 习近平．决胜全面建设小康社会　夺取新时代中国特色社会主义伟大胜利——在中国共产党第十九次全国代表大会上的报告［M］．北京：人民出版社，2017：10.

② 罗红杰．祛魅与超越：当代青年亚文化的融合发展［J］．云南社会科学，2020（1）：164—188.

优秀文化的主要力量。青年迷文化在促使文化产业发展进程中，以迷文化的方式承载更多的传统文化内容，利用新媒介平台，实现我国传统文化的传承、转化及发展，使传统文化在现代社会发展中的文化魅力得以彰显，文化影响力得到提升。同时，文化产业发展也是传统文化传承与弘扬的过程，即“文化产业是促进文化资源产业化和市场化的现代服务业，而传统文化则是助推文化产业发展的宝贵资源”①。文化产业与传统文化之间相互促进有利于我国文化产业市场的培养和拓展，推进传统文化与青年迷文化、大众文化及人们日常生活的现代化契合。在迷文化助推文化产业化的过程中，最重要的是青年“迷”自身所具有的文化生产力，将传统迷文本与现代社会发展及大众生活相契合进行新文本的转化，这个过程不仅是文化的转型与创新，更是由青年迷文化所衍生的自主创造的文化精品系列，如，影视、文学、原创作品等问世及代表着中国特色的系列品牌所彰显的中国力量，都蕴含着深厚的文化底蕴。在全球化视域，青年迷文化的发展更有利于我国优秀文化作品的输出与他国优秀文化作品的引进，促进我国与他国之间文化的传播与交流。在过去，我国发展比较滞后，给西方国家的形象就是“中国能出口电视机，但出口不了电视节目”。这是我国文化创新力不足的重要表现，中国是制造业输出大国，但中国文化受制于其文化创新力不足的桎梏。“一个没有文化自觉、自立意识、自立愿望的文化产品创作、传播系统，侈谈大力发展文化事业和文化产业”②。青年迷文化无疑是青年自主性、创造性得以最佳发挥的文化形式，虽然青年迷文化的“非理性”“迷狂”等成为其发展的诟病，但任何文化的发展过程都是不断规范、合理、适应受众及社会发展的过程。在这个过程中，必须发挥青年“迷”主体的自律性、社会制度的规约和道德的约束使青年迷文化趋向理性。青年迷文化在促进文化产业化发展的过程中，其生成力、创造力、传播力及影响力是社会文化中最具有活力的，也是受众最易接受的文化形式。青年迷文化对丰富我国社会文化存在的形态、满足大众多元的文化诉求及促进我国文化的大繁荣和发展具有重要的现实意义。

---

① 栾淳钰．论文化产业发展与传统文化传承互促机制的构建［J］．云南社会科学，2016（2）：51—55.

② 龙小农．从形象到认同：社会传播与国家认同的建构［M］．北京：中国传媒大学出版社，2012：33.

四、现代城市精神的塑造

城市精神是一座城市的灵魂，是城市文化传统、精神积淀、社会风气、价值观念及市民精神气质、道德理想的综合反映。现代城市精神是现代城市在发展过程中的一面旗帜，是衡量整个城市现代化文明程度的重要标志，更是凝聚市民共识，提升城市发展的重要指标。一个城市的发展与民族、国家的发展紧密相连，现代城市的经济、政治、文化、社会及生态发展都深刻着国家的发展印记。可见，“城市精神根植于民族精神、服务于国家精神，是民族精神、国家精神的重要组成部分，城市精神正是以民族文化为血脉、以国家精神为骨骼、以城市自身性格和气质为特色产生和发展起来的”[①]。青年是现代城市的主要建设者，青年迷文化更是现代城市文化的主要组成部分，是承载城市历史底蕴、风俗习惯及城市精神的重要载体，更是青年理想、价值及精神在现代城市发展过程中的彰显。青年迷文化将青年的未来与整个城市的发展融为一体，广大青年“迷”及迷群在现代化城市的发展过程中共筑着现代城市精神。

下面以足球之城罗萨里奥为例：

> 阿根廷也许是与足球最密切的国家——甚至超过了被称为足球王国的巴西，对于阿根廷人来说，足球就像生存需要呼吸一样重要，伴随足球而狂喜狂悲。“梅西属于罗萨里奥，罗萨里奥人热爱他。”格兰多利俱乐部主席大卫—特维斯在接受BBC采访时说，他和他的家人就像所有普通的罗萨里奥家庭一样。他们没有忘记罗萨里奥，他的哥哥仍然住在这儿，他的父母经常回来，梅西则会在假期里回来。这种社区般的氛围在罗萨里奥随处可以感受到，特别是在工人阶层的邻居们之间。他们从小就一起在街道上玩耍，把踢球看作生活必需品，甚至是成长的仪式，足球对于罗萨里奥的意义远远超越了运动本身。在纽维尔老男孩和罗萨里奥中央深陷泥淖的时期，贝尔萨仍说：“罗萨里奥因人们对两支伟大球队的热情，才如此具有魅力。”勤劳、古老、淡雅——这就是罗萨里奥。当然，还有他们那与阿根廷乃至南美任何城市相比都毫不逊色的，对足球坚贞不渝、生

---

① 肖红缨. 试论城市精神［J］. 江汉论坛，2004（8）：126—128.

生不息的爱。

从上述案例可以看出，足球对于罗萨里奥来说已经融入了这座城市过去、现在及未来的发展中，罗萨里奥人对于足球的情节已经融入了这座城市及罗萨里奥人的生命里，更是世界无数青年足球迷为之向往和崇拜的地方。当代青年“迷”以优秀的迷文化资源丰富城市的文化生活空间，给予城市以时尚、激情、跳跃、温暖的青春气息，以具有时代性、创造性、丰富性的迷文化资源为现代城市注入了新的文化和精神元素，引领着城市的发展。同时，现代城市为青年迷文化的发展提供了更多优越的条件，现代城市的风土人情、历史传统、时代精神通过青年迷文化以新的文化视角给予新的解读、阐释、创新和传播。现代城市精神承载着以爱国主义为核心的民族精神和以改革创新为核心的时代精神，民族精神和时代精神融入了现代化城市的建设过程中，现代城市精神具有一定的导向功能、凝聚功能和激励功能。城市精神所蕴含的价值规范、道德理念及行为指引对青年迷文化的创生和传播具有一定的价值导向。从这方面可以看出，城市精神更能凝聚青年“迷”致力于现代城市文化的建设过程中，尊重青年“迷”的个体价值与社会整体价值的协调发展，能调动青年“迷”积极投入现代城市文化建设和城市精神的塑造过程中。优秀的青年迷文化创生与传播承载着城市文化、品牌、故事和城市精神，现代青年迷文化突破了传统仅限于对于偶像迷范畴的界定，将其延伸至品牌、媒介、影视、书籍等承载更多内容和意义的领域。对于现代城市精神来说，青年迷文化作为当代青年兴趣、爱好、旨趣最具代表性的文化，彰显的不仅是青年文化的取向，更是青年的思想、观念、理想及生活方式、理念的一种表达。青年迷文化代表着新时代青年对于自我文化的追寻、表达和创造，这种文化的选择、创生与传播是青年“迷”自主、自觉、自为的活动，其过程体现的是当代青年“迷”自主性、创造性的文化生成与传播，其融合的必然是青年对于城市记忆、情感、感悟、理解及向往生活的表达。这种文化的自主性和创造性过程必然是塑造、铸就城市精神的过程，更是青年将自我发展与城市发展共融的过程。

第五章
青年迷文化问题症候探察

青年迷文化不仅具有重要的正向价值及意义，还存在着“非理性”“过度性”及“迷狂性”等劣根性，对青年群体及社会造成的不良影响常被大众所诟病。这种劣根性脱离了迷文化的理性范畴，使其在异化的歧途上渐行渐远，并导致青年“迷”及迷群的思想及行为呈现“病态化”。迷文化是青年文化的重要组成部分，标志着青年由青涩走向成熟、由冲动走向理性、由迷茫走向清晰、由孤独个体走向狂欢的群体。在社会的发展中并未因迷文化的存在而使我们的青年成为垮掉的一代，迷文化的兴起、存在和发展有其存在的合理性及历史依据。但不可否认的是，少数痴狂的青年“迷”因其对迷对象的高度痴迷与疯狂行为而成为大众关注的焦点，进而佐证了学界对青年迷文化的这种非理性、褊狭与疏狂的高度关注与深化研究。“非理性”是青年迷文化客观存在的一种状态，大众对其认知和理解往往有失偏颇，例如，青年迷的非理性行为促发的迷文化异化具有哪些表征？它的根源及演变趋势对青年“迷”、迷群和社会发展会造成哪些后果？因此，必须对青年迷文化异化的本质进行界定、梳理与揭示，从整体性视角探究认知和理解青年迷文化的源起、逻辑演进、现实表现及发展取向等问题。

第一节　青年迷文化问题症候及其本质

青年迷文化问题症候是指在迷文化生成、传播和创新过程中，因“非理性”

因素的存在而造成迷文化与青年受众、主流文化，以及社会发展之间发生的区隔与背离。青年迷文化异化使少数青年“迷”丧失了主体性，社会规则、价值和道德标准也被模糊化和边缘化，呈现出“中心边缘化”发展模式。文化的存在不仅是知识、态度和阶层的象征，更涵育着特殊生活方式的意义及价值系统。青年迷文化对于青年迷群来说，是其文化及日常生活实践的凝聚性力量，但也最易产生文化的分离性因素。青年迷文化的分离性因素一方面是区隔青年各迷群生活方式、价值观及行为方式的标识；另一方面，是理性青年迷文化与青年迷文化异化的标识性区隔，是理性的“迷”、迷群与疯狂、痴迷、病态的“迷”及迷群的本质区别。青年迷文化因诸多迷群及迷对象的差异而具有特殊的文化属性和风格。因此，必须对青年迷文化异化的共性现象进行归纳，揭示其存在的本质及根源，从青年迷文化异化的共性到特性、从普遍到特殊、从宏观到微观、从青年“迷”到迷群等方面探寻青年迷文化异化的表象、原因及异化的后果。

一、青年迷文化问题的现实症候

当代青年迷文化的现实症候主要表现为文化边缘化、“去中心化”现象、文化价值的颠覆与滥觞、技术理性主导的数码焦虑、道德标准的失衡及“双重标准”的呈现等。青年迷文化出现诸多现实症候导致青年“迷”、迷群生存与发展空间受到挤压，最根本的原因是迷文化“圈层”下青年“迷”主体性的迷失。这里主要对青年迷文化的现实症候具象进行阐释，青年“迷”的主体性迷失是导致青年迷文化症候出现的主要原因，但在青年迷文化症候中的青年“迷”及迷群也深受诸多文化症候对青年“迷”主体性的“蚕食”。

（一）文化的边缘化

青年迷文化存在的首要症候是与主流文化的矛盾与冲突，在抵抗与收编的过程中将主流文化边缘化。这种边缘化主要体现在两方面：一方面，在全球化时代相对独立的文化体系的藩篱被打破，文化处于全球化的融合与发展过程中，迷文化所涉及的迷对象是跨越国界、地域、性别、阶层、职业及知识结构的文化。在全球化、媒介化语境中，青年迷文化深受西方文化价值观念的影响，在东方与西方、主流与非主流、传者与受者的文化对冲中青年迷文化与主流文化之间的区隔、情境、语境被模糊化、边缘化，青年迷文化呈现将主流文化边缘化的危机。另一方面，迷文化在迷群内最易引起青年“迷”的从众与模仿，这种单向度的文化思维模式是在缺乏文化创造力、辨识度的情境下进行直观性的文化传播，导致青年迷文化的同质化现象严重。在同质化的迷文化传播过程中，迷文化的经典、传统等代表着人类文化追求旨趣的文化属性、要义被其娱乐、时尚、消费、庸俗、虚拟等文化表象所裹挟、覆盖和湮灭，青年迷文化的价值、意义空间被窄化，青年迷文化生成和传播过程中文化附庸、“去中心化”现象日趋严重。美国媒体文化研究者尼尔·波兹曼指出：“如果一个民族分心于繁杂琐事，如果文化生活被重新定义为娱乐的周而复始，如果严肃的公众对话变成了幼稚的婴儿语言，总之人民蜕化为被动的受众，而一切公共事务形同杂耍，那么这个民族就会发现自己危在旦夕，文化灭亡的命运就在劫难逃了”①。青年迷文化是以兴趣为目的、以新媒介为场域、以文化商品生产的方式构筑的一种全新的文化体验及生活。青年在“迷”与非“迷”、角色与非角色、虚拟与现实间游离，这种文化的通俗性、娱乐性、生动性、大众化及沉溺性将迷文化自身的文化价值性与劣根性胶着在一起，致使青年迷文化成为一种缺乏深度、价值共识及意蕴的边缘文化，青年“迷”及迷群也成为“着魔的独狼”和“歇斯底里的群众”。虽然青年“迷”有书迷、音乐迷、艺术迷、科技迷等与主流文化契合的文化生成与传播，但“迷”身份的获得本身是一种充满风险的心理补偿机制，诸多青年“迷”往往在现实与幻想之间容易模糊和混淆，甚至是越界，其理智随时会被极化的情感所湮灭，看似正常的迷态亦会陷入疯狂而呈现病态化。在这种趋势下，迷文化注定成为在一种被大众拒斥的边缘文化，而在这种边缘化的过程中，其正常的迷文化实践活动也会被视为文化边缘地带。

（二）公共牧场的悲哀

当代青年迷文化生成和传播路径主要在新媒介场域，随着网络技术的迅速发展和新媒介的兴起，新媒介场域成为青年“迷”及迷群主要的文化实践场域。美国语言学家、人类学家爱德华·萨丕尔指出：“每一种文化形式和每一种社

① ［美］尼尔·波兹曼．娱乐至死［M］．章艳，译．桂林：广西师范大学出版社，2004：202.

会行为的表现，都或明晰或含糊地涉及传播”[①]。在新媒介的文化传播平台，青年迷文化的参与方式更加开放、自主，传播方式更加便捷、迅速，不仅是在青年“迷”、迷群之间进行文化互动与生成，还可以通过各直播平台与迷对象进行直接互动。可以说偶像迷文化、品牌迷文化、影视迷文化必须利用媒介平台进行文化传播，从一定程度上也直接加深了青年“迷”对媒介不同程度的依赖。人类到底如何对待媒介，20 世纪媒介理论家加拿大人马歇尔·麦克卢汉认为应“理解媒介”，在理解的前提下，“一方面享用媒介的好处和便利，同时应清醒地意识到人的感官、机能延伸对于人的负面影响——‘自我截肢’，清醒地意识到机器在给予我们很多东西的时候也在剥夺着我们的很多东西”[②]。在媒介场域，青年以数字化的生存方式和生活态度开展迷文化的实践活动，“在广大浩瀚的宇宙中，数字化生存能使每个人变得更容易接近，让弱小孤寂者也能发出他们的心声”[③]。在媒介场域中，青年“迷”无论文化资本积累如何，都可以成为“迷”并以“迷”的身份发声，庞大的信息场域满足了青年对迷文本信息的需求，在进行其他迷文化接受与传播的过程中无形中将自己塑造成了媒介迷。媒介场域就像是一个“公共的牧场”，青年以“在场”的常态享受着自由与自主、喧嚣与狂热的景观生活，同时也承受着“退场”后的孤独与焦虑，当青年“迷”离开媒介、迷群回归日常生活时，他们就是一个个孤独的受众。媒介改变了人类的生存方式，更是从思想、观念方面改变了人类的生活方式，尤其是为青年“迷”提供了文化交流的空间，各种视频、直播、图画、声频、影视等充斥媒介场域，将青年裹挟其中，刺激着青年的“迷态”。同时将这种媒介迷文化变成青年日常生活的仪式和景象，在碎片化的信息、直观的图像、强烈的视觉冲击、快速的“浅阅读”及狂欢的快感中挤压着青年的日常生活。青年“迷”在媒介场域中享受狂欢“盛宴”的同时也承受着“焦虑”并无形中“遗失”了其文化的自主性与自觉性。青年“迷”在迷文化生成与传播的过程中承受着身体与精神发展的失衡，他们的生活重心被倒置，生活目标被悬置，理想与信念被放逐，这是青年“迷”沉溺媒介这一“公共牧场”的真实写照。

---

① 周晓明．人类交流与传播［M］．上海：上海文艺出版社，1990：10.

② 吴伯凡．孤独的狂欢——数字时代的交往［M］．北京：中国人民大学出版社，1998：96.

③［美］尼古拉·尼葛洛庞帝．数字化生存［M］．胡泳，范海燕，译．海口：海南出版社，1996：7.

（三）价值的偏移与颠覆

青年“迷”的文化生产力不局限于对新文本的创造，同时还参与对迷对象原初文本的建构，从而将商业化的叙事、表演转换为代表迷群风格的文化。青年“迷”的文化生成过程是开放的，并充满矛盾与迟疑，这也表征青年迷文化在传播的过程中对青年自身价值引领、文化人格塑造等功能的发挥是有限的，甚至会引起青年“迷”个体价值的偏移与颠覆。青年是所有“迷”中最活跃、最挑剔、最具有辨识度的受众，他们根据自己的文化趣向关注迷对象、收藏迷文本，其生产的迷文化是多元、绚烂、争议并存的文化。“不论阅听者是谁，也不论这种情感投资可能代表什么意义，要看出迷们对于某特定文本的情感投资，最明显的指标就是规律、重复性的消费”①。这些消费包括某个特定的电视节目、影视作品、音乐、画展等更广义的通俗文本。在迷文本的获得过程中，青年迷群不仅是“迷”个体文本集聚和创造平台，更是“迷”的内在自我延伸与发展的归处。无论是青年“迷”在现代社会中将迷文本作为标识自我的象征性资源，还是将自我融合于社会经济发展及特定的文化情境，都隐含着一定的消费行为。当这种消费附有一定的“非理性”“迷狂”的倾向，那么青年迷文化则重构了一个与社会主流文化价值区隔的间隙市场，在这个文化间隙地带青年迷文化以消费、流行、时尚、娱乐等文化遮蔽了经典、传统文化及社会主义核心价值观规范，导致青年价值的偏移甚至是颠覆。在这种文化情境中青年面临着文化价值的失落与意义的凋零，而社会主义核心价值观对于青年迷文化的干预与规约则被迷文化的娱乐化、消费化的喧嚣所遮蔽。正如英国学者费瑟斯通指出的，“遵循享乐主义，追逐眼前的快感，培养自我表现的生活方式，发展自恋和自私的人格类型，都是消费文化所强调的内容”②。青年迷文化所带动的迷消费促使迷经济成为一种新型的经济形态，通过迷商品、经济、营销、广告等方式刺激青年的消费行为，以彰显个性、流行时尚、炫耀差异等颠覆了青年传统、实用、真实的文化态度、价值观念和生活方式，在青年迷群中引发拜金主义、享乐主义、个人主义等错误的价值倾向。青年迷文化中的非理性、过度的迷文本消费

---

① ［英］Cornel Sandvoss. 迷与消费［M］. 王映涵，译. 新北市：韦伯文化国际出版有限公司，2012：10.

② ［英］迈克·费瑟斯通. 消费文化与后现代主义［M］. 刘精明，译. 北京：译林出版社，2000：165.

并不是迷文本、商品本身，而是在消费过程中一种身份符号象征的获得感，这是对社会主义核心价值观的剥夺和侵犯，更是对青年自主、健康、科学发展理念的背离。

（四）道德标准的“双重”化格局

每个时代人们都有自己喜欢的美好的人和事物，甚至是某种行为，尤其是青年具有追求美好事物的激情与勇气，他们敢于突破成见、传统，甚至是规则去探寻所有未见的美好。每个时代都不乏偶像迷，我们这个时代称之为迷弟、迷妹，青年所追的明星、偶像、学者、企业家等，我们只看到其面目，而未见其心，但实际上青年都希望自己追的迷对象，既有姣好的容颜，亦相信他（她）有美好的内心和道德品质。在某种程度上，迷对象是被青年“迷”神圣化了的对象，表征着美好、希望和未来，在日常生活实践中迷对象就是他们的道德标尺。正是青年“迷”对迷对象这种强烈的情感依附致使青年迷文化在现实生活中呈现“双重”的道德标准。青年迷文化以迷对象为核心进行文化传播，对于迷对象及原初文本的忠诚度是青年迷文化的宗旨，而在这个过程中迷文化的内容及道德、价值尺度在迷群内与迷群外、青年“迷”生活与社会生活中呈现的是“双重”道德格局。青年对于迷对象及其文本的忠诚度和坚守是每一位“迷”及迷群生存和发展的前提，也是青年“迷”获得认同及归属的文化坚守。但这种对于迷文本的坚守与维护有时会打破社会的传统道德及底线，背离现实社会的道德标准及尺度。比如，当迷对象触碰法律及道德底线时，以某明星吸毒为例，当电视台曝光后，这位明星在拘留所穿的马甲，居然成为某网站热卖的服装，更有部分“迷”为该明星的吸毒行为辩护甚至抨击社会道德规范及现行法律，并形成一定的迷文本在迷群里传播，为其声援。可见，青年“迷”对于迷对象的热爱在某种程度上已经突破了道德、规范和制度，在迷文化范围内与其文化范畴外是两种道德评价标准和判别体系，只要是其所忠诚的迷对象遭遇非议，哪怕是学术性的探讨，也会造成该迷们“群起而攻之”的网络暴力现象，而这无关于真相、道德、法律、原则和规范，只忠于其所忠诚的迷对象。对于青年迷文化所带动的迷经济狂潮，迷经济营销的并非是迷对象或其人品，而是青年“迷”的“迷狂”。青年“迷”在对迷文本进行传播和创造的过程中出现过度的迎合与效仿，无底线的崇拜、挪用、消费，导致青年“迷”崇尚以生命的激情对抗社会道德、规范，以滋育快感而放纵个性的张扬。这种狂欢为青年

“迷”提供了打破常规、惯性生活的机会，他们渴望改变，无论是自我还是现实环境，这种自由的放纵与快感的释放将青年被压抑的诉求、声音，以及激情觅得向社会宣泄的机会。“狂欢的本质是它对规范着日常生活的规则的逆转，狂欢的必要性源自被压制者最终对屈服于社会规范的拒绝，所以狂欢的力量是从属者日常生活中起压制和控制作用力量的对立面”①。可见，社会道德标准、原则规范在青年迷文化“圈内”失衡，而其“圈外”的现实生活中的道德对于青年“迷”及迷群的道德约束呈现弱化、松弛状态。社会道德约束的范畴被青年“迷”人为地窄化与屏蔽，以青年迷文化圈自行运转的道德标准、原则规范参与日常生活实践，弱化了道德对于个体及社会的规范功能，青年“迷”及迷群道德的失衡则直接导致他们行为的失范。因此，青年迷文化圈的道德重建是青年教育及发展亟须关注和解决的问题。

二、青年迷文化问题症候的本质揭示

青年迷文化现实症候的实质是青年“迷”生成、传播和创造的文化反过来对青年发展的束缚与制约，以及迷文化在青年主体化的过程中加深了青年“迷”、迷群对迷客体、迷文本的依赖程度。娱乐、消费、时尚、商品已成为青年迷文化产业发展的主要标签，迷经济所带动的迷群消费对青年迷文化消费形成某种强制力。在迷文化产业化的进程中决定了青年“迷”与“非迷”、“迷群”与“他群”文化消费的方式、内容和结构，并控制和规范着青年受众消费的需求，在某种程度上形成迷文化的生产力、影响力和消费力，支配青年“迷”的思想和行为，这就是青年“迷文化的异化”，其本质是青年“迷”的异化。要揭示青年迷文化隐藏的症候，必须对青年“迷”身份及其异化过程、原因进行分析，真正了解青年迷文化异化的本质。学界对迷文化本质的研究存在两方面的问题：一方面，学者在对青年迷文化进行界定时，认为它与其他文化之间的差异在于青年对于迷文化具有“过度”的情感依赖，但对“过度”的程度缺乏明确的界定与分析，即“过度”中哪些属于正常的、理性的迷文化活动范畴，哪些又属于越界的非正常、非理性的迷文化活动范畴？另一方面，学者

① ［美］约翰·菲克斯．解读大众文化［M］．杨全强，译．江苏：南京大学出版社，2001：148.

在研究迷文化的过程中往往会面对“我们”与“他们”、“好的”与“坏的”、“我文化”与“他文化”的二元对立局面，缺乏合理、有效的阐释。具体而言，人们都有权利表达、追求自己的兴趣、爱好，无论是对人还是物或是某种行为，但我们经常视“我们”的这种文化偏好是安全的、健康的、理性的、合法的迷文化活动。而我们视偶像迷、品牌迷、影视迷等为“他们”，与正常的“我们”相对立，而“他们”对于偶像、品牌甚至是某种行为的迷态我们认为是“危险”的迷文化。我们人为地进行“迷”与非迷、“我文化”与“他文化”的区隔，甚至是直接将“迷”、迷文化视为异类及危险的“他文化”，是对社会及“我们”有危害的主体及文化存在，这是导致我们无法真正阐释、厘清青年“迷”的行为及迷文化存在及发展态势的根本原因。因为我们无法合理解释“我们”的趣向与迷们趣向的异同，我们更不能解释理性的“迷”及其迷文化对于“我们”文化人格的塑造及社会文化发展的贡献。因此，只有在“我们”不人为地将“迷”视为“他们”，当我们就是“迷”，而“迷”就是我们的时候，我们才能合理地理解“迷”的思想、行为，才能真正理解青年为迷对象而疯狂、为迷文化而痴迷并对其进行建构的原因。只有这样我们才能真正走进“迷”的世界，理解迷态及迷文化存在的价值，更能厘清理性与非理性的“迷”及迷文化界限，我们也才能真正地关注青年“迷”、迷群的发展及其迷文化的内涵建设。

（一）现代性中的“我们”

现在的我们在享受现代社会自由、民主、快乐和发展的同时，也经历着现代社会对于传统的分裂与革新，亦存在传统与现代的矛盾、冲突及抵抗，而我们正承受着激进与保守、激情与平庸、惶恐与憧憬、理想与现实、成功与失败焦灼的现代社会之痛。关于现代性的风险，马克思认为这是资本主义社会人性异化的过程；德国思想家马克斯·韦伯认为在现代性中社会的理想、价值与意义面临着失落；德国哲学家尼采斥责现代性中“灵魂”的堕落并坠入虚无主义；德国哲学家马丁·海德格尔则担忧在现代性中人们被技术“反控制”而沦为技术的奴隶；英国思想家安东尼·吉登斯从社会学的角度认为现代社会隐藏着诸多不可预知的风险。加拿大哲学家查尔斯·泰勒对现代性之隐忧进行了分析，认为个人主义的盛行、工具理性的猖獗和人的自由的丧失是现代性的三大隐忧，是致使我们生活既平庸又窄化，是导致我们存在的意义丧失、公共生活和道德视域趋于“黯淡”“没落”的主要原因。“现代性在把人变成现代化的主体的同时，也在把他们变成现代化的对象。换言之，现代性赋予人们改变世界的力量的同时也在改变自身”。[①]而身处现代性中的“我们”的思想、意识、文化、道德及行为也被现代的碎片化、不完整性所解构，而“迷”的身份对于现代性中碎片化、不完整的“我们”来说是一种心理补偿，“迷”身份及其文化补偿了“迷”们在现代性社会中所缺失的、不完整的思想、文化及生活的价值和意义，但这种心理补偿却充满着诱惑和风险。尤其是对于青年“迷”而言，他们的身份、社会关系、心理结构正处于建构和成长期，而现代性的风险、隐忧对于青年的影响是最为直接且具有冲击力的，身处现代性的我们是孤单的，甚至是脆弱的。传统稳定的社会、文化关系在被现代社会解构或重构的同时，现代社会的结构、价值、文化等体系和机构并没有实现健全地发展，身处传统性与现代性鸿沟中青年“迷”极易迷失于大众媒介，现代性虚构的娱乐、消费场域，并深受诸多迷群影响而成为危险的“他者”。身处现代性中的“我们”更难以掌控“现实”与“幻想”的界限与尺度，更易被非理性的、失控的外界力量所左右，而成为非理性的、迷狂的“迷”。我们身处所倾向的迷对象之中，并被其迷文化所熏陶和感染，美国思想家汉娜·阿伦特认为，我们被这些事物包围着，而这些事物比生产这些事物的行为更加久远。现代性的“我们”会对怎样的人、物及行为产生兴趣和爱意，我们又会以怎样的心境和态度面对我们所钟爱的这些对象，如何做到不沉迷、不沦陷于这些对象而被其奴役呢？如何赋予其新的意义与价值，这是身为现代性中的我们需要去思考和解决的问题。

（二）作为社会症状的“迷”

青年“迷”作为特殊的受众，由于“迷”从来都不是以一个中立的立场来进行表达或进行单一的“指涉”，青年“迷”的处境和表现随青年所处的时代、社会及文化场域的不同而有所转变。无论是影迷、书迷、乐迷、品牌迷等，都很难清楚地界定、表达或叙述其对于迷对象热爱的心境或程度，作为社会症状的迷文化首先必然是以作为社会症状的“迷”的存在。英国精神分析学家唐纳德·温尼寇特从精神分析的角度认为肥皂剧对于它的“迷”而言是一种“过渡性客体”，即“迷”可以通过对肥皂剧迷文本的改造、运用，处理肥皂迷文本外

① ［英］戴维·弗里斯比．现代性的碎片［M］．卢晖临，等，译．北京：商务印书馆，2003：4.

在与"迷"内部世界的关系，无论是沉溺于内在世界还是疏远外部世界，都会导致"迷"呈现一种病态的症状。可见，作为正常"迷"的存在必须确保内在与外在世界相互分离而又存在真实而紧密的联系，对于正常、理性的"迷"来说，这至关重要。英国精神分析学家唐纳德·温尼科特认为"迷"在文化中都有情绪性的情感依赖，他认为这种"些微的疯狂"是维持"迷"与非"迷"身心健康的方法，以此推论，就没有病态化、非理性"迷"的存在。但温尼科特设置的前提是这种"过渡性客体"必须维持内在与外在世界的平衡，"迷"不仅能够区分真实与幻想的不同境界，而且能够保持内在与外在主体性的存在状态，能自由地在"真实"与"幻想"间跨界。在这个过程中，迷文化既被发现又被创造，而"迷"总是在某个特定的环境中与迷客体发生密切的互动与关联，建构认同并实现其对迷文化的创造。相反，作为社会症状的"迷"的存在则是对正常"迷"的跨界，虽然学界没有对这种"过度"的程度进行明确的界定，但这也意味着当青年"迷"将"现实"与"幻想"混淆，不能进行明确的区隔之际，那么即使是正常的"迷"，如果没有这种场域的区隔，依然会有成为"着魔的独狼"和"疯狂迷群"成员的风险，作为社会症状的"迷文化"的生成者和传播者，会成为威胁"我们"的存在，给社会带来更大范围的紊乱。正常的"迷"的存在能够进行"幻想"与"现实"的区隔，同时具备"可靠的常识"、理性及自控力，这是成为正常"迷"的前提条件。而作为社会症状的"迷"则偏离了这些要件，当青年"迷"无法区隔"现实"与"幻想"，以迷态、迷情感主导理智时，那么青年"迷"就失去了自控力，就会作为社会症状的"迷"而存在，其生成的"迷文化"也呈现病态与疯狂。当然，在当代社会中正常"迷"所从事的迷文化活动有的已经形成特定的文化脉络和体系，但在面对大众对于青年"迷"、迷群及其迷文化的质疑、排斥与偏见时，在迷群的各类活动及迷文化圈内仍潜意识地存在着文化的防御意识和能力。当代青年"迷"、迷群的存在不再是传统式"沉默"的"迷"，他们敢于表达对迷客体的情感，敢于创造、改变和传播迷文本而形成独具个性的迷文化风格，他们对于迷文本有着强烈的文化保护欲和创造力，当其身份、文化或是其忠于的迷对象受到质疑时，他们会极力地为其进行辩解和澄清。但同时，如果青年"迷"、迷群的理智及自控力"缺场"时，其迷行为对于社会及大众具有不可控性，是"危险"性的存在，而之前所大力宣扬和证实的迷文化的合理性就会被大众视为一种偏离主流文化的、越轨的、具有残缺的文化。这样的话无论是"迷"主体还是因其所生成的迷文化，其社会症状的特殊存在形式就难以被根本改变，而作为一种被假定的社会紊乱的心理症候印象也将持续存在下去。

（三）“我们”与“他们”的划界

正是因为在社会中有作为社会症状的“迷”存在，大众或学者将这类“迷”的存在界定为有危险性的“他们”，将“他们”的文化视为越轨、对社会有危害性的文化存在。而“我们”也力图与“他们”划清界限，这种主体的区隔与划分所带来的必然是“我文化”与“他文化”的区隔。而“我们”无法厘清我们对于某些人物或行为所表现出的兴趣、喜爱和追求与“他们”的差别，这种衡量的标尺至今都无法界定。“我们”是受社会尊敬的爱好者、收藏家、赞助者的存在，“我们”的偏好、旨趣是有品位的，选择有价值、意义的人、物或活动作为自己钟爱的对象，“我们”的这种选择取向是正常的、安全的爱好者行为，是符合大众及社会的价值取向及规范的。而“他们”对于媒介制造的通俗对象的热爱则是危险的、不正常的，“他们”是“歇斯底里的群众”，“我们”与“他们”划界的后果就是“我们”与“他们”、“我文化”与“他文化”的冲突、矛盾持续不断，甚至升级为暴力冲突。但从“迷”的含义界定来看，在某种程度上“我们”亦是“过度”的“迷”，美国传播学者苏·卡利·詹森分析了学术活动与迷行为的相似性，他认为，“迷”的行为之所以被妖魔化是因为“我们”（学者、专家、收藏家等）是有学术身份和学识资本的爱好者、收藏者，他们视“迷”为边缘化的受众，是具有较少文化资本、身份及地位并处于社会边缘的青年受众。学者、专家、收藏家等认为，他们的理性优于这些处于社会主流文化、核心身份边缘的受众，他们的理性优于迷们感性的思想和意识，受教育程度优于正在进行知识学习和积累的青年“迷”。这些学者、专家、收藏家等认为，他们是合法的“迷”，他们的文化生产、创造和传播是有价值和意义的文化行为。这种二元对立的分析源于社会身份、文化等级差异，这是一种有偏见的文化等级制度的划分，不仅是社会地位、高雅文化与大众文化的区隔，更是情感差异，“我们”是理性、慎重、良性的情感展示，而“他们”则是着魔、痴迷、疯狂的情感宣泄。早在19世纪的游行、公共文化表演及报纸风格就已涉及这些问题，“不带感情的、冷静的、疏离的行为比充满情感的、激烈的、‘狂热的’行为更有价值，更值得钦佩。‘好的’游行是整齐、有序和严肃的（不是吵闹、混乱和轻佻的）；‘好的’观众是被动、安静和恭敬的（不是活跃、喧哗和吹毛求疵的）；‘好的’报纸是中立、客观和灰色的（不是激情、主观和多彩的）”[①]。可见，“我们”“好的”兴趣、爱好是以自控的、非扰乱性的情感表达，而“他们”“坏的”情感表达则是戏剧性的、扰乱性的。这种带着身份偏见和优越感的主体及文化的划界将“迷”主体及其文化边缘化，在现代化的社会中与“我们”有价值、有意义的生活越来越疏离。

对青年迷文化与“我文化”二元对立的划界由来已久，只是在当代社会青年迷文化的发展达到了高峰期，无论是其内容、结构、传播形式，还是青年“迷”与迷客体的关系都发生了颠覆性的改变。但青年迷文化依然受困于“我们”与“他们”、“我文化”与“他文化”二元分立的格局，这种划界模式遮蔽了青年“迷”及其文化存在的价值及意义，扩大了迷文化对于“我们”及社会的危害，也致使我们无法真正触及、解决青年迷文化的本质问题。在任何时代，人们都有深藏于心的爱好、兴趣，都会在这些兴趣和爱好上付出一定的努力，以期达到自己所期望的效果，甚至在今天很多人将这种兴趣和爱好作为自己的事业，并且取得了一定的成就。如果我们把对这种兴趣和爱好中“过度”的情感依附和行为实施界定为“着魔”“迷狂”，那么我们一定会比那些青年“迷”更加疯狂。可见，对于“迷”及迷文化这种粗浅、鲁莽的二元对立的划分并没有厚重的理论及现实基础，存在严重的缺陷，意味着我们在研究过程中先入为主地将青年“迷”及其迷文化认定为非理性、迷狂和危险的存在，却忽略了现实生活中那些正常的、必需的、普通的、现实的被大众所接受的文化的存在。这种划界剥夺了迷们对生活中诸多人、物、事的兴趣及对于这种兴趣的情愫和爱恋，而“我们”在现实生活中如何对于所爱之人、之物、之行为展现情感，“我们”所忠于的这些对象又如何展现我们所赋予的价值及意义呢？“我们”将“迷”界定为具有暴力和破坏行为倾向的危险“他者”，而“他们”对于特定的迷对象的情感都是非理性的迷态。这必然导致的结论就是：“我们”生成、创生和传播的迷文本是高雅的文化，而“他们”所创生和传播的迷文本是庸俗的。理性审视“我们”与迷们对于客体的情感及其行为，本质在于能否真正保持现实与幻想的区隔与平衡，既能理智地划分现实与幻想不同场域中的“我们”，又能保持这两种场域有明确的界限，身处其中的我们不摇摆、不偏移。如果不能

① ［美］约翰·费斯克．粉都的文化经济［A］．粉丝文化读本［C］．陶东风，编．北京：北京大学出版社，2009：127.

理性地区隔现实与虚幻，那么我们也终将会成为“着魔的独狼”和“歇斯底里的群众”。

下面以一位大学日语专业的“川端康成”迷的自述为例：

> 纵横于尘世，非情字，非行字，情义两难全者，亦有有情人终成眷属，亦有尘埃芳华，人生苦短，何能无乐。何为乐业，寻一事一物，一草一木，一人，持者悦之。人生中所追求的一番“乐”，亦是一种沉沦、沉溺。现代社会诸多“迷”，即对某一事物、人等的极度喜爱，其程度甚至倾狂，成了一种生活习惯。如同是猫爱吃鱼、狗爱吃骨头一般，成了一件习以为常的事情。有人迷于“网”，有人迷于“情”，有人迷于“追求名利”，有人迷于“功德”。其实，以上所述，本人也皆有染指，但不能到痴迷的程度。若非说本人痴迷于什么，那便是川端康成先生的著作了吧。
>
> 川端康成，日本文学作家，笔下的明珠如《雪国》《古都》《千只鹤》《伊豆的舞女》等人尽皆知。有人说：“一本好书如同一场春雨，可洗涤尘埃、冬季的雪痕。一本好书如同一盏茗茶，闻其香醇，品其醇入口，慢慢品尝，仿佛是饮山间泉水般甘甜，不再有涩味。”第一次读川端康成的名著是在小学，《伊豆的舞女》华丽而又不浮华的文辞，扣人心弦的故事情节，怎叫人不心生倾慕，也便是从那时起，对日语产生了兴趣，先生的作品也是一一细读，未敢疏漏。
>
> 很多时候，“迷”也未尝不是件好事，主要是看“迷”什么，以什么心态“迷”罢了。

因此，我们必须尊重“他们”（迷们），尊重“他们”对于迷对象的志趣，把“我们”视为“他们”，“他们”视为“我们”，“我们”就能理解青年“迷”的情感与行为，更会带着一种相同的情愫与理解看待其迷文化。脱离于现实生活在幻想场域中迷茫、流浪的迷狂者更能警醒着在现实生活中的我们，只有在真实的、有触感的现实中我们才是真正的自己，我们才能更好地思考活着的意义及价值，才能真正倾听内心对于某人、某物、某行为的珍视、渴慕、欲望、探秘等真正的意义。

第二节 青年“迷”的主体性迷失

迷文化对于青年的影响主要是青年“迷”、迷群，当然也包括其他非“迷”青年群体和其他受众，青年“迷”是生成、创造和传播迷文化的主要群体，他们在享受迷文化所带来的狂欢的同时，部分“迷”也逐渐迷失于其所建构的消费化、娱乐化、虚拟化景象中，青年“迷”主体性的丧失是当前青年迷文化现实症候的主要表现。青年“迷”及迷群通过对迷对象投入“过度”的情感、思想甚至上升至行为，以此而获得对于迷对象文本资源的积累，进而获得相应的参与迷群文化实践活动的话语权或一定程度上对迷文本的支配权，这个过程无论是对于青年“迷”而言，还是对于迷文化本身而言，都是新的价值及意义获得的过程。青年“迷”在参与迷文化生成和创建的过程中，尤其对卷入度较深的“迷”而言，他们的忘我与痴迷、癫狂般地沉迷于自我异化过程中，其自身是无法感受、认知到有任何的不妥的，这种非理性的情感与痴迷对“迷”而言恰恰是其拥有丰富迷文化资本的身份象征。在不断呈现或即将发生的青年迷文化问题症候中，青年“迷”无论是积极参与者，还是“沉默”的受众，或者是非“迷”者的观望，抑或者是此“迷”与彼“迷”间由话语博弈、文化暴力上升的迷群间矛盾的极化，都是青年“迷”在迷文化场景中主体性“迷失”的后果。

一、媒介场域中青年“迷”的异化

当代社会发展尤其是网络时代的兴起，为青年发展提供了新的方式与发展前景，青年追求更为个性、自由的生活，青年的价值判断和审美选择呈现多元化趋势，衍生出多层次、多领域的迷文化。当代社会已步入微时代，而微交往成为最受青年“迷”欢迎的媒介交往方式之一。微时代场域中的青年“迷”呈现“微生活”化的特点。微时代主要以微博、微信等作为传播媒介的代表，以短小精悍作为文化传播特征的时代，其信息的传播速度更快、传播的内容更具冲击力和震撼力。微博、微信等“微媒体”用户呈现年轻化、高收入、高学历的发展趋势，宣告了“微时代”的来临。微博、微信成为最受青年“迷”青睐的网络交流方式之一，其以高效、快速的媒介传送着关于诸多迷对象海量、丰富的文字、图像、音频等原初及青年“迷”创造的迷文本，深度介入了青年“迷”的生活。青年“迷”在微时代场域中被诸多碎片化、不成体系、互不关联、缺乏辨识度的快闪信息所迷惑，极易迷失于媒介所建构的虚幻的光影世界中。“互联网使当代青年亚文化呈现由反抗对立到去中心化、由身份圈层到兴趣圈层、由小众参与到大众卷入、由价位传递到情绪传导的形态变迁”①。可见，媒介场域中的青年“迷”在获得更多迷文本信息的同时，也面临着诸多危机，尤其是在嘈杂、缺乏考证和辨识度的迷信息中青年“迷”最易被这些迷信息所迷惑，进而成为这类迷信息、文本的直接生成者和传播者，其作为“迷”的主体性也受困于其建构、传播的迷文本信息中。

（一）青年“迷”现实生活的窄化

传统青年迷文化传播受到时间、空间及地域限制，其主要特征体现为“迷”英雄崇拜与“迷”精神崇拜的共契性，主要习得路径是传统学习性的“迷”教育。微时代场域中，青年迷文化的传播打破了传统社会单一的传播路径，迷文化在多维度虚拟社会与现实社会中弥散，使青年迷文化融入“微生活”。目前，学界对于青年迷文化的研究主要是将之放置于新媒介场域中进行价值及意义审视。青年“迷”充分利用以微博、微信、直播等为代表的“自媒体”，随时用文字、照片、语音、视频、多人语音对讲等多媒体融合的方式发布和分享关于迷文本的解读，即参与迷文化的热点话题和关注感兴趣的“迷”对象进行“微交往”。“微交往”成为青年“迷”及各类迷群交往的主要方式，这也契合了当代社会的高速发展模式，人们疲于工作与生活，无暇顾及真实生活中的人际交往，而“微交往”无疑是弥合我们现实生活交往缺失的最好方式之一。对于青年“迷”来说，无论是与其他迷对象的交往还是参与迷群的活动，“微交往”拓展了青年“迷”的生活空间，使他们不再受困于自己有限的迷信息和迷文本，在微平台他们可以与更多和自己志趣相投的“迷”进行关于相关迷话题的交流或迷文本的创作。这对于青年“迷”来说是提升其迷文化创造力的最好方式之一，但这种方式也窄化了青年“迷”的实际生活范畴，为青年“迷”深陷于这种浅层次，缺乏情感、质感和真实度的生活提供了理由和条件。青年“迷”的“微

① 杨子强，林泽玮．青年网络亚文化的变迁与治理［J］．思想教育研究，2022（2）：87—91.

生活”模式为他们现实生活的人际交往设置了诸多障碍，加剧了他们“现实”与“幻想”的间隔，导致他们越来越钟情于“微生活”而疏离现实生活。

（二）青年“迷”的话语区隔与冲突

青年通过网络即时对话实现了真正意义上“迷”个体及迷群间的对话，推动了青年迷文化交往中“微话语”的流行与传播。任何迷对象都是具有一定寓意的意义符号，青年“迷”将不同的迷对象文本符号进行重新组合和架构，形成多样寓意的话语符号体系，在各个迷群间传播和交流。这种话语符号具有开放性，在不同的语境，不同身份的“迷”对其进行诠释与解读就会被赋予新的意义和价值。微时代场域中，青年“迷”交往呈现“话语自由化”。微时代新技术、图像崇拜和视觉狂欢成为“迷”交往中青年文化的追求样式，他们在不断涌现的迷文化潮流中追求简洁、流行、时尚、个性的微话语交际方式，各类网络流行体在青年群体中被广泛使用。青年“迷”通过“不断地发明句式、词汇和意义，在言语层面上促进语言的发展，并且带来了巨大的快乐。但即使是这样的快乐，大概也并非与成就感无关，这种成就感是因为至少战胜了一个势均力敌的对手而产生的，这个对手就是根深蒂固的语言，就是内涵”[①]。可以看出，青年“迷”不是简单、重复地对迷文本话语采取移植、粘贴等机械式应用，而是赋予了青年“迷”的思想、意识及情感的话语创造，值得注意的是青年“迷”的这种话语创造倾向于对经典迷文本的娱乐化改编，或者是对传统文化及价值进行风格、意义的抵抗。微时代青年迷话语符号在社会中极易导致话语隔阂与冲突的发生。首先，青年“迷”话语与社会主流文化话语符号的冲突，最终引发青年迷文化与社会主流文化的对抗。其次，青年“迷”话语与父辈的代际隔阂与冲突。微时代媒介信息的传播本身颠覆了青年与父辈传统的话语交往方式，但这并不是导致青年“迷”与父辈话语冲突的本质原因，其根本在于“迷”身份导致青年“迷”与父辈话语沟通不在同一个文化圈层。父辈认同青年“迷”是危险的、不良的身份，对他们所忠诚的迷文化更界定为不健康、不成熟、不符合传统价值观念的文化，青年“迷”话语与父辈话语之间的代际冲突、隔阂在微时代更加凸显。最后，青年“迷”与非“迷”、他“迷”的话语冲突。这种

---

① ［法］让－弗朗索瓦·利奥塔尔．后现代状态——关于知识的报告［M］．车槿山，译．北京：生活·读书·新知三联书店，1997：18.

话语冲突是青年“迷”之间最为常见、最易引发话语冲突和暴力现象的。原因在于无论是“迷”、非“迷”还是他“迷”都存在身份和价值取向的差异，青年“迷”与非“迷”之间的话语冲突和障碍在于，非“迷”无法理解“迷”对于迷对象及其文本的忠诚度及强烈的情感依赖，尤其是非理性“迷”引发的极端情绪及行为倾向。此“迷”与他“迷”因拥护、忠诚不同的迷对象的具体利益冲突而引发青年“迷”、迷群之间的话语冲突及暴力。在微时代场域中，无论是青年“迷”、非“迷”、此“迷”及彼“迷”都可以随时、随意地表达自己对于“迷”及迷文化的观点，这是一个开放的、自由的、自主的，同时又缺乏文化宽容度、理解度和辨识度的交往场域。可见，微时代中青年“迷”个体、非“迷”及迷群间“迷的对话”过程中微话语的模仿性、区隔性和冲突性超越任何时代，这极易导致青年在生存和交往中失去应有的理性判断和自我审视意识。

（三）青年“迷”的“橡皮人”人格呈现

新媒介青年迷文化融入“微生活”的主要标志是青年参与迷文化更加自主化。在传统媒介境遇中，“迷”依赖于以形象、服饰等外在形式融入迷群，而当代青年借助新媒介平台能够更加自由、自主地与迷对象进行深入交流和互动，其“迷”主体身份得以强化，主体意识和本位意识更加浓厚，其参与度和认同度得以不断提升。青年“迷”根据“迷”的性质来组织集结不同迷群，在“迷”社区中进行文化的再生产及传播，如，中国粉丝网、粉丝帝国等具有专业性和组织性的迷网站的产生。这类迷网站和迷社区有专业或更高层次的“迷”个体对其进行自主组织和管理，并引导迷群成员进行主体的身份建构。青年对新媒介积极的接触使迷文化的创造、传播水平得以提升，但青年对新媒介的过度依赖及青年缺乏理性的参与客观上限制了其自主化水平。因此，青年在参与迷文化的过程中极易发生文化的价值取向偏离，导致青年“迷”深陷困境，“橡皮人”就是迷文化现实症候中青年人格的一种异化。“橡皮人”是指一种社会人格，现在社会上部分人没有神经，没有痛感，没有效率，没有反应。整个人犹如橡皮做成的，不接受任何新生事物和意见、对批评表扬无所谓、没有耻辱感和荣誉感，类似于心理学中所说的亚斯伯格症患者。当前部分青年“迷”就是“橡皮人”，他们在虚拟网络中是“时刻在线”一族，他们在网络中的存在感完全超越了现实的自我存在，他们因人或物、媒介而沉迷于传播媒介平台，“时刻在线”状态已经是青年“迷”共识的生活状态，这是他们抚慰现实焦虑、消除孤独，获得情感慰藉和成就感的最直接的方式。而事实上，将自己陷入娱乐新闻、贴吧、论坛、微博、微信、直播等网络碎片化信息的包围中，远离的不仅是恐惧和孤独，还有真实的生活。尤其是对于身处迷文化症候中的非理性青年“迷”个体，他们在某种时刻偏执地认为获得更多关于迷对象的文本，执着的情感就可以拥有更多的迷文化资本，但事实上他们深陷自己的“非理性”思想、意识及碎片化的网络信息中犹不自觉，他们在现实生活中获得的认同度、信任度及理解度更加稀缺。这些青年“迷”逐渐沦为“橡皮人”，他们常患有手机依赖症、拖延、贪睡、熬夜等症状，这些行为不同于“网瘾”，其危害性却被青年“迷”视其为正常并将其常态化。更多的青年“迷”在碎片化的迷文本信息中成为无梦（价值枯竭）、无趣（才智枯竭）、无痛（情感枯竭）、无力（活力枯竭）的“橡皮人”。青年“迷”渴求通过迷文化获得充实感、幸福感，但随之而来的却是深深的空虚感和自责感，使他们经常陷入“两难”境地，这种生存模式遮蔽了青年“迷”的真正身心需求，他们更多成为快捷、喧闹、狂欢的微时代场域中的流浪者，无论是身体还是心灵，都被自我放逐。

青年“迷”无论是忠诚于何种迷对象，参与哪种类型的迷群，开展怎样的迷文化实践活动，都深刻展示了当代青年“迷”发展的自主性，以及他们对于迷文化的依恋与追寻。但不可否认的是，青年“迷”在寻求存在感的同时也失去了内在的、现实的真实自我；青年在追求娱乐狂欢中却深陷孤独与迷茫，在游离纷繁复杂的网络信息中却深受自我责备、纠结之痛；因此，青年迷文化的发展趋向是否积极、健康，严重影响着当代青年“迷”的生存和发展，必须对青年“迷”热衷的新媒介场域、微生活、微交往方式进行深入研究，尝试构建青年“迷”理性、健康的迷文化交往活动。

二、青年“迷”的伪需求与伪体验

身处迷文化现实症候中的青年“迷”对其所忠于的文化内容、价值及意义取向并未有任何质疑，他们认可并高度赞同这种文化存在及传播形态，在理性与非理性、自主与盲从、现实与理想的双重胶着中享受着迷文化所带来的狂欢与孤独。确切地说，青年迷文化是青年“迷”对于迷对象主体化的过程，也是迷对象客体主体化的过程，青年如何保持独立性、自主性是创造迷文化的关键。由青年迷文化的存在及发展状态可见，部分青年“迷”往往在迷文化中迷失，主要是片面地抽离迷对象文本所具有的物化、消费、流行、前沿、娱乐等元素，而对其本质内涵、精神实质、文化传统则进行自动或无意识地遮蔽。“迷”主体之所以会迷失是因为他们只注重迷文化的表象，而忽视了其本质，只接受了非理性迷文化的诱惑，而拒斥了经典、传统等优秀迷文化资源。青年身处迷文化症候，在这个过程无论其所钟情的物、人还是媒介或某种行为，都离不开物化的过程。迷对象只有在物质化的过程中才能成为大众可知、可欣赏的文本，迷对象的价值、意义才能得到实现和转换。迷对象的物化过程使得青年“迷”在接受其文本的过程中把这种“物化”当成一种虚假的需求，需求所带动的必然是青年“迷”疯狂而痴迷的虚假消费，并从这种虚假消费的过程中获得伪快乐、伪幸福，把这种虚幻的快乐和幸福作为其生活的唯一目标，并因此产生执着、痴迷的“迷”思想、意识和行为。可见，青年“迷”迷失于青年迷文化所建构的虚假需求、虚假消费，以及伪快乐和伪幸福所建构的“迷”之景观中。

（一）“物化”世界中的青年“迷”

青年迷文化最为典型的特征就是“迷”对于迷文本的收藏和消费，并通过收藏、拥有迷文化资本作为“迷”身份最重要的象征符号。传统社会“迷”对于迷对象文本的积累受媒介和市场的局限，其文本的积累仅限于“迷”个体的“馆藏式”收藏，青年“迷”文本的积累能力有限。但在当代网络媒介中，迷文本的生成、流通及传播路径带动了青年“迷”对于迷文本创生的兴趣，为更多的青年成为“迷”而创造了条件和机会，迷文本的收藏和拥有仍然是成为“迷”最基本的条件和身份标识。任何物的存在对于主体来说最基本的是其使用价值的实现，但物还有另一种功能，就是被主体拥有并赋予以主观的存在形态，在这种状态下物的功能价值被剥夺了，这就是“物化”的过程。在商品经济条件下，匈牙利著名哲学家卢卡奇认为，物化就是“人自己的活动、人自己的劳动，作为某种客观的东西，某种不依赖于人的东西，某种通过异于人的自律性来控制人的东西，同人相对立”[①]。当“迷”作为收藏者被迷文本诸多物所包围时，

① ［匈］卢卡奇．历史与阶级意识：关于马克思主义辩证法的研究［M］．杜章智，任立，燕宏远，译．北京：商务印书馆，1999：150.

迷文本在青年“迷”的生活世界中充当调节者的角色，是“迷”思想、意识、情感及行为的寄托，这些迷文本作为物被“迷”赋予了主体性的精神，而这些客体主体化的物就是我们自己。“迷”将这些物积累到一定的程度，而且随着时间的推移其会不断地增加，“迷”将自己与某种物化机制联系在一起，而“迷”自己在这个收藏过程中存在的意义和价值被扩大，甚至是实现，“迷”与其所收藏的物已完全融合，其实在这个过程中“迷”收藏的总是自己。在青年迷文化生成传播体系中，这种被迷文本包围、物化的存在状态成为“迷”存在与发展的常态化合理性生存，这种迷文本物化的意识是迷们的共识和成为“迷”的基本仪式。

下面以一位青年品牌迷的自述为例：

> 提到迷文化，我想到了自己高一的时候，当时沉迷于品牌鞋子，像耐克、阿迪等之类的品牌。为什么着迷呢？现在想来，也是“攀比”心理导致的。当时，我看到班上很多同学穿着耐克之类的品牌鞋子，再配上卷起裤脚，别提有多帅气了！于是，我的内心蠢蠢欲动了，我当时就一直想求父母给我买一双耐克鞋，耐克鞋对于我们的家庭收入来说一点儿不便宜，甚至可以说是非常昂贵，因为一双耐克鞋就是母亲半个月的工资。但在我的苦苦哀求下，母亲还是答应了！我也有耐克鞋了，上学时穿着，卷起裤脚，回家的时候就马上脱了，洗擦一下。在刚买的时候，我甚至还把鞋子放在床头，让它陪我入眠，觉得非常幸福！
>
> 在那段沉迷的时光里，我的思想甚至有些扭曲、变态了，走在路上，我看到人的时候，第一眼不是看他的脸，而是看他穿什么鞋？这鞋是不是名牌？贵不贵？好不好看？

从上述案例中可以看出，迷文本物化意识直接导致青年“迷”对迷对象的过度崇拜及疯狂的迷文本积累，把对于迷对象的情感、思想转化为对其迷文本的收藏和拥有，以迷对象其物替代其对迷对象的痴迷，以物的使用价值涵盖了“迷”生活的所有诉求。当“物化在人的整个意识上留下它的印记”后，“人们相互关系的任何形式，人使他的肉体和心灵的特性发挥作用的任何能力，越来越屈从于这种物化形式"[①]。而迷对象文本的物化已成为迷文化生成中最基本、普遍而又被视为"正常"的状态，其直接后果必然是这种"物"对青年"迷"思想、意识、精神和行为的"反控制"和支配。这种物化在当代社会市场经济及大众媒介的催化下已全方位渗入"迷"身心，致使青年"迷"的生存和发展局限、屈从于迷文本，成为"迷"从事日常迷文化活动的原则和生活态度，导致青年"迷"在片面、孤立、功利的物化生活中主体性被其割裂。青年"迷"的物化生活态度影响着他们的日常生活，并成为他们"迷"范畴之外生活及为人处世的最高原则和出发点。"'物质化'对人的精神世界及其价值导向的'异化'必然助推'消费至上'的观念"[②]。物化意识颠覆了青年"迷"的主观世界，以客观的物的存在和拥有矮化了青年"迷"的存在价值及意义。青年"迷"主体对于迷文本这些物的狭隘误识，对物的功能分裂和剥夺并内化为其存在和发展的物化意识，是对具体的物的存在价值及其"迷"个性的湮灭，最终使"迷"主体沦为这些物的"奴役"。

（二）青年"迷"的"伪幸福"

青年"迷"在对迷文化进行生成、创造的过程中以对迷对象文本的收藏、拥有的"物化"过程为前提，在这种"物化"意识的驱使下青年"迷"产生了过度的欲望、虚假的需求，但这种需求的满足和获得并不是真正的幸福和快乐，而是一种伪快乐、伪幸福。青年"迷"追求迷对象、参与迷实践活动所获得的是一种"替代性"的满足，弥合了自身的现实生活与幻想生活，现实自我与想象自我的距离，实现了对于青年"迷"的补偿功能，这种"替代性"的满足使青年"迷"获得了前所未有的快乐、幸福和成就感，激发了青年"迷"参与迷活动的积极性。这种"替代性"满足获得的过程会诱发青年"迷"诸多虚假性需求和虚假性满足，不是青年"迷"主体思想、情感和精神的真正需求和物质性满足。以媒介迷为例，"一个人越依赖通过使用媒介来满足需求，媒介在这个

① ［匈］卢卡奇．历史与阶级意识：关于马克思主义辩证法的研究［M］．杜章智，任立，燕宏远，译．北京：商务印书馆，1999：167.

② 令小雄，李春丽．"躺平主义"的文化构境、叙事症候及应对策略［J］．新疆师范大学学报（哲学社会科学版），2021（7）：116—131.

人生活中所扮演的角色就越重要，因此媒介对这个人的影响力也就越大”[①]。当代媒介对于青年“迷”来说已不仅仅是使用性、功能性需要，现代媒介与之前的传统媒介相比是有温度的，因为通过诸多媒介平台可以满足大众尤其是“迷”的精神需求，而这也是导致“媒介成瘾”现象出现的重要原因。因为媒介这种虚拟性的满足并不能真实触动、解决受众现实生活中的问题、矛盾和冲突，这种虚假满足只会引发更多的青年“迷”沉溺于媒介，诱发青年“迷”自身更多的现实问题。在现代科学技术的迅速发展态势下，大众尤其是青年“迷”的生活都是以大众传播媒介为轴心，其所承载的娱乐、新闻、图像、影视、符号、品牌等“迷”之景观充斥着我们的现实生活。“文化工业不断在向消费者许诺，又不断在欺骗消费者。它许诺说，要用情节和表演使人们快乐，而这个承诺却从没有兑现”[②]。日常生活中现实的、真实的、赋有情感温度的东西都被这种繁杂的信息、休闲、娱乐、消费等虚假的繁荣、喧嚣和幻觉所遮蔽。青年“迷”在被这种景观所主导的社会中成为最疯狂而又痴迷的主体，他们习惯把“迷”之景观所塑造的琳琅满目的商品、集体狂欢的快感、迷对象视之为终极偶像膜拜的虚假幸福和想象中，把流行、时尚、庸俗视之为美，把颠覆传统和经典、道德和规范视之为个性，这种虚假需求中所引发的伪审美、伪快乐、伪幸福成为青年“迷”衡量事物标准的依据。美国哲学家马尔库塞揭示了现代工业社会中“现行的大多数需要，诸如休息、娱乐、按广告宣传来处世和消费、爱和恨别人之所爱和所恨，都属于虚假的需要这一范畴”[③]。青年“迷”陷入了“迷”之景观的虚假陷阱中，尤其是迷文化的产业化正在通过具体的迷文化商品、符号、消费等产业链全方位地覆盖“迷”的生活。迷文化不仅给予青年“迷”以精神慰藉、快感享受，还在某种时刻使青年“迷”获得了归属感、成就感和幸福感。同时，青年迷文化是温柔的杀手，扼杀着青年“迷”的个性、自由、自主性、创造性及抵抗性。青年“迷”将虚假幸福作为其生存和发展的目标，但“这样的幸福会妨碍（他自己和旁人）认识整个社会的病态并把握医治弊病的

---

① ［美］斯坦利·巴兰，丹尼斯·戴维斯．大众传播理论：基础、争鸣与未来［M］．曹书乐，译．北京：清华大学出版社，2004：315.

② ［德］马克斯·霍克海默，西奥多·阿多诺．启蒙辩证法：哲学断片［M］．渠敬东，曹卫东，译．上海人民出版社，2006：163.

③ ［美］赫伯特·马尔库塞．单向度的人：发达工业社会意识形态研究［M］．刘继，译．上海：上海译文出版，2006：6.

时机”[①]，亦会成为阻碍青年“迷”生存与发展，认识自我和社会的抑制性力量。青年“迷”在非理性迷文化所塑造的虚拟景观中积极建构着被其文化思想、意识所奴役，以及压制的单向度、狭隘的思想和行为模式。

（三）青年“迷”的“伪体验”

青年“迷”必须通过消费来实现对迷文本的拥有，消费是“迷”参与迷文化实践活动的主要行为，通过消费获得具体的迷文本及“迷”社会身份资格。青年“迷”的消费行为引发了迷经济效益，迷群经济成为社群经济中最具有代表性的新兴消费热潮。不可否认的是，迷经济的兴起刺激了大众的消费行为，激活了“迷”“迷群”等社群的消费市场，带动了经济的发展。青年“迷”的消费主要通过物的消费（迷文本）、社会关系建构及精神需求满足三个方面抵达其消费目的，但审视青年“迷”的消费思想、意识和行为，是充斥着非理性的、盲从的消费。这种消费是逾越了青年“迷”的实际需求、物的实用性及其自我经济承受力的消费，是凌驾于青年“迷”自我、理想及信仰之上，疏离其日常生活及现实境遇的消费，它矮化了青年迷文化的功能及价值，将其带动的迷经济作为迷文化存在和发展的主要视域。当代社会中的消费已经突破了传统商品物的使用功能及其满足主体需求的自然性、功能性设定范畴，其具体的符号体系隐含着某种特定的价值和意义。法国哲学家波德里亚认为，把消费仅理解为需求的满足时无法把握现代社会生活的特质，他指出“消费是一种积极的关系方式（不仅于物，而且于集体和世界），是一种系统的行为和总体反应的方式。我们的整个文化体系就是建立在这个基础上的”[②]。青年“迷”的消费是一种“能动的关系结构”，所结成的是青年“迷”与“迷群”“他群”等其他受众之间的沟通体系，体现的是青年“迷”的具体社会关系结构和沟通体系。因此，青年“迷”要满足虚假需求、幸福就必须通过消费，这将“迷”最终推向了虚假消费的陷阱，刺激“迷”的虚假欲望，在这种虚拟的文化景观中消费思想、态度和文化主导着青年“迷”的生活。

迷对象的文本不仅是物、符号的存在，还在广告、宣传、网络等媒介的操

---

① ［美］郝伯特·马尔库塞．单向度的人［M］．刘继，译．上海：上海译文出版，2006：6.

② ［法］让·波德里亚．消费社会［M］．刘成富，全志钢，译．南京：南京大学出版社，2006：前言．

纵下赋予这些物更多的意义和价值。任何一个青年“迷”都有关于迷对象的相关记忆，这是与“迷”主体生活密切关联的“客体”，他们会习惯性地关注迷对象文本，在迷文化产业化、迷经济的促发下新的迷群会不断涌现，他们的共同特质就是因为消费品位、生活方式的接近而构成了群体身份认同的基础。在特定的迷群范围内也是通过青年“迷”主体的消费与“他群”相区隔，通过具体的、频繁的、相似的消费体验和情感依赖增强迷群内部的认同，否则就会被迷群隔离或排斥。青年“迷”为了获得身份认同增强与迷群的契合度，在进行相关消费的过程中把自我塑造成消费的主体，其面对的并不是迷文本或使用价值的主体，而是由迷文本这些物的符号所建构的“迷”的“幻想”。当青年“迷”通过消费获得迷文本时，看似按照自己所忠于的迷对象、旨趣进行其文本的选择和判断，但其实他们早已受困于这些被大众媒介所裹挟的形象、品牌、情调、风格、广告等建构的虚幻假想中。在这个过程中，青年“迷”成为被这些物所控制的“客体”，而象征着迷文本的物成为主宰青年“迷”思想、意识和行为的“主体”，诱发了青年“迷”的虚荣心和占有欲，他们被迷文化的虚假、炫耀、异化的消费所操纵，“迷”失于迷经济所建构的虚幻、繁荣的消费景象中。导致在青年“迷”的日常生活中广告、品牌、影视作品、形象等给予青年大量“奢华”与“尊贵”的体验，这种虚假体验满足了青年“迷”在现实生活中所缺失的情感与精神需求。同时，在这个过程中青年“迷”只关注身份、流行、时尚，担忧自己被迷群所抛弃而成为孤单的受众，无力关照真实自我的现实需求，成为盲目、从众的迷文化疯狂的拥趸者。“物质世界的‘丰裕’并不能掩盖精神世界的‘贫困’。尽管人们消费着琳琅满目的商品，欲望可以无限制地被满足，但精神家园的缺失和意义世界的荒漠仍然是突出的现实问题”①。青年“迷”在迷文本消费的过程中混淆了“真实需求”与“虚假需求”的界限，被迷经济的消费逻辑主导，无暇顾及迷文本的本质及潜藏于其内部的非理性、盲从的思想和意识，被迷文化虚假的繁荣、消费和狂欢景象所遮蔽，青年“迷”身陷迷文化“退场”后其现实与幻想、虚拟的矛盾和冲突中。

---

① 李琴．中国传统消费文化研究［M］．北京：中央编译出版社，2014：120.

三、青年"迷"的身份焦虑与困惑

青年迷文化中的"迷"主体通过消费获得伪快乐、伪幸福，实现其对于迷对象的精神需求，在他们所建构的迷文化场域中，青年"迷"对迷文本所进行的非理性的迷狂行为对正常大众来说并不属于正常的、必需的生活范畴，但青年"迷"却将迷文本所承载的"潜藏"的意义纳入自我发展过程中。青年非理性的迷文化所引发的现实症候打破了青年及社会"常态"的发展状态，违背了社会的价值共识，其所建构的"意义图式"将青年固化在虚幻、狂欢、忘我的场景中，企图以此掩盖、遮蔽青年现实所面临的生存及发展困境。其实质是将青年悬置于迷文化所建构的虚幻文化场景中，而青年被"迷"的角色固化会导致其沉溺于"迷"的身份中无法进行其他角色的合理置换。迷文化与社会主流文化的断裂引发了青年"迷"的身份困惑及危机突发，青年"迷"的个性被消解，价值被遮蔽，自我沉溺、迷失于其自身所建构的迷文化场景。

（一）身份困惑与角色冲突

青年"迷"作为迷文化的主体而存在，但青年在现实生活中不仅仅是作为"迷"的身份而存在和发展，而是在家庭、社会、工作、校园等不同场景下是多重身份与责任的承担者，肩负着不同的角色责任和义务。社会学家将社会主体的多元身份及角色承担称之为"角色丛"，又称"角色集"，即"个体在社会生活中角色行为的多样性，我们可以用'角色丛'这个概念来描述与行动者各种身份的某个身份相联系的所有角色的集合"[①]。而青年作为"迷"的身份确认对正处于青年期的"迷"个体来说，在思想、意识及价值取向等方面有着重要影响。青年迷文化的时尚、前沿、流行、庸俗、物化等驱使"迷"排斥自身承担其他角色，或把其他角色身份作为自己成为资深"迷"、积累迷文化资本及参与迷实践活动的工具和手段。青年"迷"对"迷"身份、角色的强化必然导致其"迷"身份的固化，而为获得和强化"迷"身份必然付出更多的时间和精力，无形中剥夺了其承担的其他角色的目标、功能及价值支持。而青年"迷"身份固化引起身份困惑和焦虑现象也日趋凸显：一方面是青年"迷"角色冲突、矛盾及危机的发生。青年"迷"身份的强化会导致青年主体身份、人格的分裂，即

---

① 邵培仁，江潜．知识经济与大众传媒［M］．杭州：浙江大学出版社，1999：81.

他们沉迷于迷文化场域而远离其现实生活，“迷”身份所赋予他们的价值及意义在现实场域遇冷。青年“迷”在迷文化场域中身份的炫耀、成功、狂欢与现实中自我的落魄、孤独、迷惘相冲突，其他身份、角色与“迷”身份的失调引发了青年“迷”的身份焦虑和困惑。“这种焦虑主要体现为两种：一种是青年群体对自身的焦虑，这是就青年与现实关系而言的；另一种则是社会对青年群体的焦虑，这是就青年与未来关系而言的，但其前提仍然是现实生活中的青年状况”①。而青年“迷”的“焦虑实质上就是恐惧，它通过无意识所形成的情感紧张而丧失其对象，这种紧张表现的是‘内在的危险’而不是内化的威胁。我们应该把焦虑的本质理解为一种无意识组织起来的恐惧状态”②。当青年“迷”在与其他身份、他群进行参照、对比的过程中易发生心理冲突，他们自身内在的自洽状态被破坏，引发其身份危机。“危机不能脱离陷于危机中的人的内心体会：面对客观的疾病，病人之所以感到无能为力，只因为他是一个陷入被动的主体，被暂时剥夺了作为一个完全的能够控制自己的主体的可能性”③。身份危机的发生意味着青年“迷”身份的整体性被打破，他们参与迷文化实践活动的规范、秩序、结构被摧毁。另一方面是青年多重身份角色转换机制的僵化。青年身兼多重身份，在社会发展中具有重要的地位，青年“迷”身份对于社会及大众来说具有争议性，关键在于部分青年沉溺于“迷”的世界而对现实与幻想、真与假、美与丑、高雅与庸俗缺乏区隔和辨识能力，强烈的“自恋”式的疯狂迷恋遮蔽了青年其他身份的责任和义务。青年“迷”的身份是借助于内在的精神及价值诉求而进行积极的身份塑造和迷文化建构，充分发挥了其作为“迷”的生存和发展价值及意义，把“迷”身份作为其个体的生活目标和价值追求，但对于其他身份，青年“迷”则是被动的扮演者和塑造者，在缺乏内在自主性和需求的身份建构过程中其他身份存在的价值及意义被青年“迷”身份挤压和剥夺。

---

① 李保森．“佛系青年”：观念、认同与社会焦虑［J］．当代青年研究，2019（3）：32—38.

② ［英］安东尼·吉登斯．现代性与自我认同：现代晚期的自我与社会［M］．赵旭东，方文，译．北京：生活·读书·新知三联书店，1998：49.

③ ［德］尤尔根·哈贝马斯．合法化危机［M］．刘北成，曹卫东，译．上海：上海人民出版社，2000：3.

（二）个性消解与放纵

青年迷文化虽然迎合了诸多青年“迷”的兴趣、爱好，在一定程度上满足了“迷”的精神需求，丰富了青年的个性，但对于非理性的迷文化来说，则是对青年个性的消解与湮灭。首先，青年迷文化是集时尚、消费、娱乐为一体的文化。青年迷文化场域充斥流行时尚、炫耀性消费等与青年生存和发展价值取向相悖的价值观，青年“迷”被迷文化的表象文化形态和特质所诱惑，其对于迷文本的创造性被激活，他们的自主性在这一场域中得到最大的彰显和发挥。但青年“迷”所建构的时尚、流行、消费等表层的文化符号并未真正抵达迷文化的本质要素，相反则将“迷”共性即对物的痴迷、对时尚的追求等展露无疑，而针对青年“迷”的个性、旨趣发展等则被这些迷文本的“物化”形态所遮蔽。青年迷文化的时尚、消费、娱乐、狂欢的文化节奏已在“迷”的生活中达成共识的价值选择，而他们真正意义上的个性选择和批判则被湮灭。其次，“迷”个性的放纵导致的自我内在世界及社会系统的紊乱。迷文化场域中青年过度追求个性的释放与兴趣、爱好的自由发展，而导致其与社会发展及自我成长呈现冲突及矛盾。青年“迷”个性放纵的后果就是在现实的生活中他们的存在感、成就感和幸福感的获得降低，对于现实生活呈现的更多是抵触、批判的心态。青年“迷”对于社会主流文化、价值“去中心化”，他们以“迷”的思想、意识来处理现实生活中的各种社会关系，世俗趣味的迎合、个性更加张扬等零散化、即时性、非中心化导致他们将无深度、意义感文本的创造及传播视为“迷”生活的逻辑。在这样的文化氛围、情境中，青年“迷”思想的枯竭、匮乏，情感的轻浮与淡漠、生活的碎片与漂浮完全解构和颠覆了他们的内在世界及其与外在社会关系的相处状态，紊乱、失调、迷茫成为青年“迷”生活的基调。最后，青年“迷”沉迷于虚假的迷文化创造及传播实践活动中。青年“迷”参与迷文化创建，不仅是对于迷文本的传播，更重要的是对其进行改编、创新，但在非理性的趋势下，部分青年“迷”沉迷于虚假的文化创造和满足中，更多的是对迷文本的挪用，经典文本、话语寓意的曲解，有悖于迷文本原初寓意的文化创造，在这种文化创造中有价值的文化成果甚少，吞噬了“迷”的时间与精力，导致其丧失参与其他现实活动的机会，这种虚假创造中不可用的文化成果的传播对其他青年群体则会产生负面影响。在迷经济的趋势下，迷文化产品呈现批量、规模性、标准化、公式化的生产与仿制趋势，迷文化的系列衍生产品不是精品化、质量化的创造，而是在利益操纵下的、迎合众多“迷”与非迷群体偏好的流行风尚的生产逻辑。青年“迷”最初参与迷文化的兴趣、个性取向则在迷文化的时尚、流行、物化等商业逻辑中的文化本质属性被消费文化的内涵与逻辑所主宰。而青年“迷”最初的忠于自我、忠于迷对象精神品质、价值的文化旨向被剥离，他们的个性也湮灭于商品生产与流通逻辑、大众传播世俗情境及其对迷对象文本的浅层次、表象的追求中。

（三）“主体”丧失与意义失落

青年迷文化通过具体的迷对象，如，偶像、品牌、媒介、影视等主导“迷”的话语，影响着青年“迷”的价值导向和消费倾向，在其场域中青年“迷”既是迷文化的生产者又是消费者。迷文化对于青年“迷”的影响不仅在消费领域，更重要的是借助于迷文本蕴含的思想、意识弥散到青年“迷”的日常生活层面，并内化为青年“迷”的心理习惯和定式。具体的迷文化产品诸如虚拟媒介、影视作品、书籍等形成对于“迷”的操纵和支配力量，青年“迷”忠于迷对象，依靠对其迷文本的生成、传播和改造塑造其“迷”身份，发展兴趣和爱好，通过参与具体迷文化活动弥合其现实生活的缺失感。青年“迷”将迷对象作为自己的终极信仰，坚信并始终不渝地维护着迷对象。在迷文化场域中的流行、时尚、前卫、去中心化成为“迷”生活的基本格调，在迷文化诸多非理性、迷狂等因素的裹挟中，青年“迷”成为迷文化的弄潮儿，他们亲身感受着迷文化“在场”的狂欢和“离场”后的孤独与惆怅，在现实与虚拟的两极场中体验着自我身份的分裂与人格的迷失。“现代社会将自由整合进一个压抑性的总体框架，结果便是，生命的贬值和幸福的感觉并行不悖，物质财富的膨胀和内心世界的萎缩携手共进。”[①] 在迷文化场域中，青年“迷”是迷文化生产者和创造者，对“迷”来说是真正的主体，在这里他们不被压抑、不被意识形态规范、不被价值束缚，爱我所爱，忠于内心情感的需求，无关乎信仰、未来甚至是现实。他们忽视的不只是规则、价值、理想和现实，还连同自己一起抛弃在迷文化所营造的虚假的欲望、需求、狂欢和幸福的情境里。虚假幸福之外隐藏的是迷文化对于青年“迷”更彻底地奴役。青年“迷”迷失于迷文化场域中的喧嚣、浮

---

① 张凤阳．现代性的谱系［M］．南京：南京大学出版社，2004：463.

躁和狂欢裹挟的无意义、无价值的景象中，自我认同弱化或缺位。在迷文化中，青年“迷”不能获得真实的精神、文化的自足感和成就感，自我价值感失落，关键之处在于其内心世界的萎缩及价值意义的失落，“个人的无意义感，即那种觉得生活没有提供任何有价值的东西的感受，成为根本性的心理问题”[①]。青年“迷”在迷文化创建中本身是一个意义追寻、生成的过程，但呈现的却是意义的失落与断裂，其根本原因在于在迷文本中青年“迷”主体性的逃离，卷入了迷对象文本浅层次、世俗化迷现象的矛盾和冲突中，解构了迷文化存在的根本价值及意义。其实，青年迷文化的存在与发展不仅丰富了社会文化的存在形式，促进迷经济的兴起，还给予青年“迷”及其他受众文化价值的支持及引导，丰富“迷”主体的精神及意义世界，而不是纯粹地将“迷”安置于迷文化的表象，流于迷商品消费与流通的主体存在，使青年“迷”在迷文化中处于“丧失”“缺场”的境地。而由于青年“迷”主体性的消失，迷文化的价值功能没有得到有效的开发和利用。

第三节　青年迷群的群际冲突与社会风险

青年迷文化只有在迷群范围内才能提升其文化的创生力和传播力，迷群只能通过具体的迷文化来构建、塑造和巩固其“迷”身份。迷群是青年个体通过群体成员的“情感联盟”开展具体的迷文化实践活动，而“迷”“个体认识到他（或她）属于特定的社会群体，同时也认识到作为群体成员带给他的情感和价值意义”[②]。“情感联盟”是迷群生存和发展的情感基础，是其迷文化生成和传播的基础要件。任何文化都是在情感基础上通过具体的象征形式来实现文化体系的建构，“文化是体现于象征形式（包括行为、语言和各种有意义的物品）中的

① ［英］安东尼·吉登斯．现代性与自我认同：现代晚期的自我与社会［M］．赵旭东，方文，王铭铭，译．生活·读书·新知三联书店，1998：9.

② 张莹瑞，佐斌．社会认同理论及其发展［J］．心理科学进展，2006（5）：475—480.

意义形式，人们依靠着它相互交流并共同具有一些经验、概念与信仰”[①]。这些经验、概念与信仰是具体迷文化生存、传播和发展的精神内核，也是凝聚迷群成员共识的重要元素。但对于非理性的迷文化来说，这些经验、概念与信仰则是引起迷群集体坠入狂热、迷狂思想及行为的主要原因，更深刻地揭示了青年“迷”人性中的疯狂基因——从众与贪婪。

一、青年迷群冲突与迁徙

约翰·菲斯克指出，区分与创造力是迷群最主要的行为特征，也正是因为“区分”才有具体的迷群属性。迷们对他们所喜爱的迷对象进行具体的迷文本划分，在“区分”基础上对具体的迷文本进行创造性的改编和创造，迷群拥有了自己群体身份标识的文化及传播体系，并成为迷群成员基本的文化坚守和交往方式。“区分”是迷群及其迷文化区隔与“他群”的重要界限，这种“区分”一方面强化了迷群及其成员的迷身份，同时也规定了其迷文化的具体范畴及性质，是“此迷群”区别于“彼迷群”的重要标志；另一方面，这种“区分”虽是对迷群的划界，但迷群的“创造力”所进行的迷文化的生产，其实质是由迷群的区分而引发的迷文化的区隔。在现实迷文化症候中，它具体体现为迷文化的冲突、暴力、斗争等，并直接或间接地导致迷群的极化。迷群之间的群际差异、冲突也因具体迷文化的冲突现象呈现扩大化、显性化、非理性化趋势。在当今社会多元迷文化生成、传播的过程中，青年迷文化在彰显具体属性和特点的同时，也扩大了其群际差异及冲突，即青年迷群在理性与非理性、激情与迷狂、抵抗与冲突的夹缝中寻求生存与发展的契机。

（一）青年迷群的误识与分化

青年迷文化的区隔与划界的本质必然是迷群的分化，任何一种文化的存在和发展在表征群体身份、凝聚群体共识的同时，也对群体具有“分离性”功能。即当该迷文化不能作为群体成员的文化标识时，迷群成员的忠诚度及热情则会

---

① ［英］约翰·B. 汤普森. 意识形态与现代文化［M］. 高铦，等，译. 北京：译林出版社，2005：146.

减弱。当迷文化发生冲突或受到他群迷文化的排挤、诋毁及攻击时，这种文化的“分离性”也是导致迷群边界划分的主要原因。迷群边界的划分对于迷群自身来说促进了群体成员对其迷文化的深度认同，以此建构群体成员的集体认同感。迷文化具有多元性，对于“我群”的划界并不是纯粹的单一，而是在迷对象基础上的文化多元性。迷群的划界意指差异、分类及区隔，即“我群”与“他群”、“此群”与“彼群”，甚至是反迷群的存在。迷群划界背后是“类”意义上的区隔，“预设人的认知活动，尤其是分类或范畴化过程，并且这种区分结果是社会共识性的，而不是私人性的”[①]。不可否认的是，迷文化标识下的迷群划界强化了群体成员的文化属性和共识，树立了壁垒森严的迷群界限，迷群及其文化不同于其他群体及文化存在，他们是在高度忠诚于迷对象及对其情感依赖基础上的群体及文化的存在，这导致了“我群”与“他群”、“此群”与“彼群”成为孤立而“自由”的迷组织。基于迷群对迷文化资本积累的程度不同，迷群也有不同的划界，比如，对迷对象关注度、痴迷度不高的迷群，称为路人粉。完全沉迷其中无法自拔，连迷对象的缺点也一起爱的就是NC（脑残）粉。苏粉/逆苏粉，“苏”字来自“玛丽苏”，有“YY”之意，苏粉就是“想投入他的怀抱”那种花痴型YY粉。毒唯饭，一指为了维护迷对象，说出恶意侮辱其他迷对象言论的粉丝；二指唯饭中的毒瘤，常常为爱豆招黑，抹黑自家粉丝形象的粉丝。“美帝”，强大最猖狂的意思，意指力量最强大的迷群体，多在CP粉里出现。在青年迷文化划界中，看似是迷主体所忠于迷对象的迷文化差异，其实质是迷群主体思想、情感及行为的分化。这种分化一方面致使青年“迷”囿于迷群范畴，无暇顾及其他社会群体及文化的创建，青年将大量的时间、精力投入迷文化活动，挤压了其他社会资源在青年生活中的作用和地位，青年迷群文化创生活动窄化，成为仅围绕迷对象而进行的文化创造与传播，阻滞青年参与其他社会群体的文化创造力；另一方面导致诸多青年“迷”成为义无反顾的“迷徒”。青年迷群的划界在强调其迷群属性的同时，也增强了其群体成员将“我群”与“他群”的比较，从思想、情感、认知的角度对“我群”产生偏好及积极的评价，而且倾向于夸大、虚假的评价，扩大与“他群”的差异及冲突。在青年迷群的世界里，其所忠于的偶像、品牌、媒介、影视等迷对象永远是高

① 方文．群体符号边界如何形成——以北京基督新教群体为例［J］．社会学研究，2005（1）：25—29.

大、正面的形象，而当其所忠于的迷对象陷入负面效应境地的时候，迷们永远保持的是一颗忠诚的心，不计成本和后果无条件地维护其迷对象的声誉，用他们超强的战斗力和创造力为迷对象洗白，他们将这种“共同的误识”刻意合理化，在迷群内部构成群体成员机械地从众与模仿，失去理性判断的他们在“迷途”的道路上越走越远。

（二）青年迷群的冲突与抵抗

在迷文化场域中，诸多迷群及其文化的角逐都是由迷群的分化引发的，迷群与迷对象的关系也逐渐变质，他们毫无保留地维护迷对象，包括迷对象的错误思想、价值及其行为。迷们随时保持警惕，与各方质疑、诋毁其迷对象及文化的人进行斗争，任何小事都能触发迷们敏感的神经。迷群作为一个“想象的共同体”，他们时刻与假想敌进行文化的讨论、争辩及协商，这种不同迷群间的文化争辩上升到一定程度必然会引发迷群间冲突及暴力，甚至是群体极化。这主要源于迷群分化基础上的迷文化抵抗性因素，青年迷群的抵抗主要是在特定的文化情境中与更广泛的社会文化所发生的具体的矛盾和冲突，他们的行为具有越轨、失范倾向。青年迷群抵抗、冲突和斗争的方式不只是激烈、极端的方式，更多的是较为温和的文化协商，主要体现在时尚、流行、消费、休闲、审美等领域，凸显了青年迷群的特殊风格及文化标识。

一方面，青年迷群的文化标识与主流文化的抵抗。当代社会急剧变迁导致传统文化在物质生活飞速发展的过程中失序，青年身心发展失衡，迷文化给予青年的安全感、归属感和喜悦感使得他们自主加入迷群，并对于该群的迷文化积极接纳、保护和支持。迷群成员将迷文化与主流文化相区隔、抵抗，以此来寻求、建构群体及其迷文化的认同，他们积极地适应、选择和采纳迷文化所彰显的时尚、流行、消费、物化的生活方式，他们通过迷群的风格和符号凸显作为群体性存在的集体性共识。青年迷群对于主流文化抵抗还体现在反传统、反权威的倾向，他们通过迷文化的生成与传播表达抵抗思想，在这种情况下青年“迷”处于矛盾状态，他们期望得到社会及大众的认可，期许在主流文化中寻求迷群的生存空间。同时，他们又特别强调自身文化与主流、传统文化价值的差异及区隔，并不断扩大这种间隔。一般而言，青年迷群及其文化的存在对社会不存在威胁，只是在一定程度上导致青年知识、兴趣及能力的窄化，束缚了青年的视域及成长空间。但在青年迷群的抵抗性成为有组织、有目的、非理性的反传统、主流的思想、意识及行为，在青年迷群成为一种“标签”之后，就意味着迷群的抵抗性逐渐使青年迷群边缘化，最终跨越了正常迷群及其迷文化的范畴而成为病态的迷群，以“越界”的姿态践踏道德、规范及法律，最终沦为危险的存在。

另一方面，青年迷群与其他群体的冲突与抵抗。对于社会大众来说，青年迷群异于其他群体的正常存在，这在之前我们讨论过的青年迷群与正常的“我们”的划界中有详细的阐述，这种对于迷群的“偏见”致使迷群与其他社会群体的抵抗和冲突频发。最显著的就是迷群与其他群体的文化冲突与抵抗中所凸显的具体矛盾，即社会结构性矛盾的普遍存在，它主要集中于阶级、性别、种族、代际、消费方式等方面，这些结构性的矛盾与冲突主要呈现出处于从属、弱势或边缘地位的青年迷群对占主导地位的阶层、意识形态及价值观的偏离与抵抗。青年迷群的文化生成与传播不同于其他文化的纵向传承模式，它是受大众传播媒介影响为主的横向传播模式，并使青年迷群的文化生成、传播力及影响力优于其他群体，进一步扩大了青年迷群与其他群体的间隔。青年迷群通过迷文化凝聚群体共识，对他群造成冲击，而由于青年迷群对于迷对象的偏执感超越个体进而导致迷成员思维窄化，难以与他群开展顺畅的文化沟通与互动，逐渐以其固化思维模式来坚守信仰。同时，青年迷群打破了时空界限，在真实与幻想、虚拟与现实、过去与现在场域中随时切换，却将自我从现实生活中剥离，与其他社会组织、群体的交往关系断裂，“去组织化”是青年迷群对社会其他群体及组织的抵抗。青年迷文化有其群体性特征，与社会主流文化和一般意义上的迷文化既有相似性，又有差异性，在迷群之间的文化交流与沟通过程中可能会产生冲突与对抗。而他们所构建的社群关系、文化脉络、价值体系会遭遇主流文化及社会大众更多的质疑和批判，抵抗与冲突成为青年迷群生存及其迷文化传播的主要特征。

（三）青年迷群的迁徙与离散

对于青年迷群而言，迷文化能够满足其情感渴求、抵达共识，使置于迷文化场域中的青年重新发现自我和塑造自我，这种与初始“迷失”情境相悖的现实从侧面佐证了挖掘青年迷文化的价值和意义。需要警惕的是，在此过程中，必须注意多元迷文化为“迷”主体及社会发展造成的各种非理性的诱发和侵扰。当代社会青年迷文化的现实症候给迷群带来的是“误识”与分化、冲突与抵抗的复杂、混沌的迷态，达到一定程度必然会引发迷群的迁徙与离散。青年迷群与其他社会群体相比缺乏一定的社会支持系统，它是由青年“迷”自主建构的群体组织，在现实发展中会受到其他正式群体、组织机构的挤压。迷群的活动范畴主要以新媒介虚拟场域为主，从根本上导致青年迷群组织因缺乏现实基础、社会资源支持及价值支撑而存在组织涣散、体系不健全等问题。当迷群成员遭遇诸多社会现实及其自身发展亟须解决的问题而无法以迷文化的交往模式予以解决时，当迷群无法真正给予迷成员以归属感和成就感，无法满足“迷”的情感需求和依赖时，迷群存在的根基就会被撼动，面临的必然是迷群的迁徙与解散。

在迷文化场域中，迷群的身份获得存在“泛认同”现象，即“某一迷主体分散于多个迷群社区，选择性地参与、认可多类迷文化的实践，满足多种心理诉求，获得不同的情感体验，它是一种新型的身份认同方式”[①]。“泛认同”实质上就是一种认同的漂移性，打破了传统媒介环境中迷群身份的单一性。当代社会青年迷群是集偶像、品牌、媒介、影视等迷文化于一体，迷群的单一主体性及价值诉求被解构，青年“迷”游走于各迷文化族群，在多元迷身份获得及其迷文化需求满足的过程中他们不只归属于某一个迷群社区。这种多元迷群身份的获得打破了青年“迷”身份固化的局限，相反在多元迷文化交集的场域中，青年“迷”可以获得更丰富的迷资源，迷文化传播方式、路径更加多样。但不能忽视的是，在“泛认同”的情境下，青年“迷”在获得多种迷群身份的同时，这种身份的获得感也呈现暂时化、片段化等特征，他们在进行群际比较、识别的过程中自主、自由地对迷群的优劣、地位、声誉等进行筛选，甚至会因为迷对象自身的原因而随时进行迷群身份的更改。青年“迷”通过“泛认同”对诸多迷文化进行比较、筛选、确定，利用新媒介对迷身份进行不断重组和建构，优化迷群身份，结合自身发展及需求选择更加优秀的迷群来确证其作为“迷”的自尊与自信。在青年“迷”对迷群身份重组与建构的过程中，青年“迷”游离于多元迷文化场域，他们自由而又孤独，期望在迷群中能减缓或弥合现实生活中的诸多缺憾，但对于非理性“迷”而言，他们又无法真正理性地厘清“幻想”与“真实”的情境。青年迷文化的泛认同化使得“迷”在迷群的生活处于迁徙与离散状态，稳固而又健全的迷群组织的建立是一项复杂而艰巨的工程。

---

① 陈霖．迷族——被神召唤的尘粒［M］．苏州：苏州大学出版社，2012：85.

当代社会青年迷文化所带动的迷群经济已成为当代社群经济的主要发展模式，在迷文化产业化过程中，因过度追求迷群经济使青年迷文化呈现低俗、过度物化等现象凸显，颠覆了青年迷文化的核心要义，是一种违背社会道德、价值规范及法律的纯粹低俗化的迷经济营销模式。比如，椰树椰汁曾一度被视为国宴饮料，畅销国内外，但近几年因其赤裸、低俗的广告语而引发大众的质疑，椰树椰汁低俗广告语的背后是椰树集团近年来面临业绩下滑、品牌老化的发展瓶颈。椰树集团为提高青年消费者的购买力和影响力，企图以低俗的风格定位新的广告，进而改变企业的现状。椰树椰汁发展至今，拥有不少椰汁“迷”，但椰树椰汁以低俗的广告语作为话题违背了其市场定位，伤害了其“国宴饮料”的称号。这种以背离社会道德、价值及市场原则的纯粹经济利益的文化宣传和炒作方式颠覆了其品牌迷群对于这一品牌的信任与坚守，摧毁了椰树椰汁所建构的“国宴饮料”的品牌效应，其低俗的宣传方式必然使迷群内部价值混乱，从而导致其成员向其他迷群迁徙，其所引起的不仅是品牌迷更是广大消费者的反感。

综上所述，在青年迷群的多元化环境中呈现的是动态化的特质，即青年迷群内部会呈现由一般的“迷”转变为积极的“迷”，从只关注迷对象、收集迷文本到积极参与迷文化包括其产品的生成、监督等实践互动的“迷”，再从对迷群有强烈归属感的“迷”到渐行渐远的“迷”，迷群内部成员的这种迁徙与离散是由“迷”个体及迷群的心理、社会及文化等机制的影响造成的。

二、青年迷群风格局限与拆解

青年迷文化风格是通过具体迷群的风格予以呈现和创造的，青年迷群风格依赖于特定的物质、文化等条件，是由特定迷群组成围绕其群体活动而展开的具有群体个性与文化标识的产物。这里所强调的青年迷文化风格着重分析风格的差异、区隔、扩散、拆解及抵抗。风格对于强化迷群认同具有重要的作用，但在当代多元迷文化所集结的风格丛林中，不同源、不同质的迷文化群体风格间的斗争、对抗、扩散及拆解弱化了青年迷群固有的文化属性，将青年迷群思想、行为及文化导向了纯粹的“市场”“消费”“物化”。青年迷群也沦为迷群经济的主要生产和消费主体，成为推动迷经济发展的主要助推力量，导致了迷群文化的“同质化”倾向。风格对于迷群来说最初所具有的独特性文化标识逐渐消失，风格也失去了对特定迷群话语、习惯、特性的表征意义。

（一）青年迷群风格的遮蔽与拆解

在青年迷文化的发展过程中，任何一种风格的出现都是迷群成员对于该群肯定性的认同及评价，是青年“迷”获得迷群资格的身份象征，当各迷群发生冲突时，其实质是由各自迷群共同体所形成系统的迷话语、语境、思想及具体行为而组成的风格冲突。在商品经济条件下，青年迷群风格被扩散至迷文化之外的空间，迷群风格呈现“多元”而又“单一”的特征，具体表现为青年“迷”可以自主地进行风格的选择、挪用、拆解或重组群体风格，由诸多青年“迷”个体所组成的风格呈现多元、个性的风格征象。但在市场、商品经济控制下的迷群风格以“物化”“消费”“时尚”迷文化产品消费、流通的倾向遮蔽了迷群的多元、个性化趋势，以“消费”风格为主的迷群经济以满足广大迷群、其他消费群体类似的“迷”产品需求刺激着迷群的消费欲望、意识及行为，迷经济也因此成为当前社会新兴的经济形态。不可忽视的是，当迷群的“消费”风格成为迷文化的主要风格时，迷群经济必然成为商品生产者的主要利益链，以刺激迷群消费欲望、引导迷群消费，迷群的消费文化成为迷文化的主要文化发展取向。但迷群风格则被扩散到其他领域，其固有的迷文化风格则被遮蔽，其文化属性也被迷群经济所牵引。迷群体的消费行为也将迷文化导向以纯粹的迷文化产品的生产、流通和宣传为主的经济营销模式，迷群不再是纯粹的以文化生成与传播为主的文化群体，而是以当代社会经济、新兴媒介、网络等组成的真实的以迷文化消费风格为主的迷群经济实体，迷群风格也转变成纯粹的“市场”或“消费”风格。

青年迷群风格的消费转向导致了其风格的“拆解”，即在市场、商品、网络经济条件下迷群所生产的迷文化被迫脱离它固有的语境和群体，而其迷群经济、商品、利益则成为迷群文化发展的主要态势。在青年迷群消费风格的驱使下，其风格的文化生成整体性被保留，但当与商品、市场、消费相关联时，迷群风格完全转向以“消费”为主的风格。青年“迷”在这种消费风格的引诱下，更易接受迷文化的“消费”风格，而其他风格在“消费”风格面前则逐渐消失，迷群的“消费”风格也成为当代青年迷群文化生产中的主要特征。青年“迷”个体则通过这种无差别、无阶层、无知识结构差异的消费风格来获得、凸显其迷群身份，而虚假性、炫耀性的消费则主宰了青年迷群的思想和行为，完全解构了青年迷群的文化生产和创造力，青年“迷”在这种群体性消费风格中沦为迷文化产品的附属物。综上所述，迷群经济所建构的消费景观不仅是对青年“迷”个体的思想、行为的“物化”，更是通过各种时尚、流行的物化符号控制青年迷群的思想，导致他们深陷迷文化的广告、宣传、影视等所建构的“幻想”的虚假世界中。青年迷群成为迷群经济的消费主体，成为市场、商品、消费的产物，迷群的文化生产力和创造力则在这种“消费”风格浪潮中被逐渐拆解。

（二）青年迷群智能的衰颓

青年迷群风格在迷文化发展的过程中呈现不断分化、拆解、斗争、重组的特征，同时又具有惯例化特质，青年迷群风格的趋同、模仿、从众导致迷群同质化现象日趋严重。当青年迷群成为一种非理性迷文化的生成者时，迷群内部成员间的相互模仿、追逐、竞争就演变成一种缺乏理智的迷狂状态，而这种迷狂缺乏的是群体所需的规范性和制度性约束，是一种接近恐慌、骚乱的群体极化行为。青年迷文化语境中迷群行为更多的是一种“文化协商”，当它面对群际间的抵抗、矛盾和冲突时，易发生网络暴力事件，这是青年迷群失范心理的前奏，是青年迷群智能衰颓的主要迹象。“当一个群体可以利用群体行为，利用群体中的任何个体都无法完成的方式共同解决问题时，群体行为就变成了群体智能。”[①] 在关于群体智能的研究，最初是来自自然界群居性生物通过协作所表现出的宏观智能行为，在人类群体中这种群体智能的行为更加明显和立体，青年迷群的群体智能是通过“迷”个体之间的文化交往而表现出的智能，具有组织性。群体智能的发挥有助于凝聚群体力量和智慧解决群体所面临的各种问题，提高群体的生存和发展能力，但当在非理性迷文化语境中时，群体成员的默从与模仿所导致的必然是群体智能衰颓。

一方面是青年迷群中的“马太效应”。在青年迷群中，青年对于迷对象的情感依赖高于任何其他群体，他们在对迷对象文本生成的过程中，夹杂着个人的崇拜、钟爱、拥有等感性情感因素，非理性迷文化正是感性情感的过度化、狂热化而导致的迷群价值观的异化。青年迷群中的马太效应主要是指在青年迷群中，由

---

① ［美］道格拉斯·肯里克，史蒂文·纽伯格，罗伯特·西奥迪尼．自我·群体·社会：进入西奥迪尼的社会心理学课堂［M］．谢晓非，等，译．北京：中国人民大学出版社，2011：16.

青年迷群生成和传播的迷文化所凸显的消费、物化、时尚等会产生一种迷文化表象的积累，当这种迷文化的消费、物化、时尚等表征发展到一定程度，青年迷群成员必然会顺从，这种倾向所导致的迷文化必然呈现“物化”倾向。在青年迷文化的感染、暗示性操纵下青年迷群群体智能流于对浅层次迷文化的模仿与生成、复制与传播。在青年迷群中，群体情感、思想和行动都具有感染力和影响力，当这种群体“迷态”达到激情、迷狂的程度，在这种激情与迷狂、时尚与消费、幻想与冲动的浅层次、表象文化中青年迷群的群体智能无法得到真正的生成与发挥之时，青年“迷”只能是迷经济的消费者及促使者，迷文化更多的是被消费文化所侵蚀，进而失去了迷文化固有的文化创造力。

另一方面是青年迷群中“迷”个体身份感的消失。当个体身处某一群体之中时，往往会因集体的荣誉感、归属感和安全感而失去自我的身份感，这个过程被学者称之为“去个体化”。在迷群中，青年“迷”的“去个体化”是对自身个性的压抑与销蚀，还会纵容自我对非理性迷文化及行为的顺从和认同，更会成为违背社会价值规范、道德原则约束的迷文化的生成与传播者及迷行为的实施者，而这恰恰是导致青年迷群智能衰颓的重要原因。在正常情况下，如果青年“迷”个体没有遇到迷群时，其可能是一个有道德和原则的人，单独的“迷态”并不能将其对于迷对象的情感推至迷狂状态，其非理性的迷文化及迷行为的实施对社会和他人的危害性影响也是有限的。但当青年个体“迷”与迷群相遇时，对于迷对象的“迷态”达到群体情感的集合就会出现迷狂者及“歇斯底里的受众”，他们所具有的原始的、粗暴的、疯狂的情感就会淋漓尽致地展现，无关乎他人、社会，只存在于他们对于迷对象痴迷而又疯狂的迷思中。青年迷群这种集体性的迷狂正如法国社会心理学家勒庞所指出的，一个群体是冲动的、易变且不安的。“群体绝不渴求真理，它们需要的是幻觉，没有幻觉便不能行事。它们总是赋予不真实的东西优越于真实的东西，它们几乎被不真实的东西像真实的东西一样如此强烈地影响，它们具有不在二者之间做出区分的明显倾向”[①]。可见，当青年“迷”个体身处非理性迷群环境中时，不仅意味着个性消失，更会在该迷群思想的暗示、诱惑下造成其所坚守的原则、道德防线崩塌，而作为疯狂“迷”的幻想、痴迷、癫狂、“忘我”本性被唤醒。在这种境况下，

① 车文博．弗洛伊德文集 6—自我与本我［M］．长春：长春出版社，2004：58.

青年迷群的思想和行为极易受外界因素的刺激而失控。在缺乏意志力、批判力和反思力的青年迷群中，迷群的智能往往低于“迷”个体的理智能力，迷群的思想及行为越界往往存在不可控和偶然性。

（三）青年迷群意义的失落

对于青年迷群来说，在所构建的风格丛林中，无论与何种迷对象进行群体间风格上的融合，最重要的是，在这个过程中所生成的风格体现、融合、表达着该群体的自我思想、意识及行为，是该迷群在进行迷文化交往过程中的思想符号及精神主旨。青年迷群的风格更多的外显于青年的服装、饰品、话语及行为等诸多元素中，但隐藏在风格下的是青年迷群空间、资本及权力的交往。尤其是在新时代，青年迷群的主动性和创造性得到前所未有的彰显，他们对迷文化的生产力、创造力和传播力超过了任何文化群体。在媒介场域，青年迷群转变为积极的受众，他们通过购买迷对象文本资源、参与迷社区讨论及迷文化日常实践活动，在迷文本的生产与分享中积累迷文化资本。新媒介不仅提升了青年迷群的文化生产力，还使迷群在空间、权力、资本之间的斗争与冲突更为凸显，迷群的行为更易被其左右而走向非理性和迷狂。无论是现实空间还是虚拟空间，无论青年迷群是“在场”还是“缺场”，无论是在青年迷群公共空间还是“迷”个体的私我空间，都存在空间的差异、视效、体验、认同、时尚、文化等消费，同时也存在空间之间的转换与融合。在这个过程中青年迷群通过心理暗示、情绪感染、行为模仿与从众而形成迷群集体逻辑。在不同的空间中，青年迷群之间存在着权力与阶层的划分，拥有更多迷文化资本的“迷”则会拥有管理、组织迷群活动的话语权。虽然在迷群社区中任何“迷”都可以自由地进行相关议题的讨论，但仅限于迷文本资源的交流与分享，更多的青年“迷”在迷群中成为“沉默的受众”。而在由青年迷群的抵抗与冲突所引发的群体网络暴力事件中，迷群中存在两种“迷”成员：一种是对迷群及其文化认同度较高的迷，与迷群及自身直接利益相关者；另一种是对于迷群认同度低的无直接利益相关者。在迷群的利益博弈中，对迷群认同度较高的成员会极力维护群体利益及迷对象，而作为“沉默的受众”更易借迷群的冲突而发泄对社会、家庭及自我的抵抗与不满，青年迷群更易被其他利益群体所操纵，在这个过程中媒体起到了推波助澜的作用。当代青年迷群积聚于网络社区，他们对于迷文化的生成与传播从虚拟世界按不同传播路径倒灌于现实空间，进入大众的公共生活领域，通过具体的风格来凸显迷群的文化标识。迷群在具体文化实践活动中将焦点集中于迷文化的衍生物——迷文化产品上，并赋予其特定的意义内涵。青年迷群风格的差异不仅反映在迷文化风格的“物”上，更多的是赋予了这些“物”以意义及意义的再生成。在青年迷群风格意义生成过程中，青年迷群已逃脱了传统迷文化生成与传播的逻辑，卷入了多元迷文化的意义博弈中，在争取价值认同、生存空间、意义影响的过程中，青年迷群的文化属性、价值被其塑造的多元风格所遮蔽。在这个过程中青年迷群的主体地位处于“消失”的境地，其对迷文本的改编、创造力也趋于庸俗化，青年迷群存在及其发展的意义囿于其所建构的迷文化范畴。在当代社会发展过程中，青年迷群的文化整合力、修复力和创生力是不足的，如果青年迷群继续进行迷文化表象的生成，而不去挖掘迷文化的丰富资源及现实价值，并继续沦为碎片化、娱乐化、庸俗化迷信息文本的主要推手，最终导致的必然是青年迷群存在意义的失落。

三、青年迷群社会责任的规避与放逐

青年迷文化之所以会存在理性与非理性的发展取向，其根本原因在于青年迷文化本身内在矛盾的不可调和性，它既有符合社会主流价值取向的理性迷文化成分，亦有与主流文化价值取向相悖的非理性、迷狂的迷文化。正是因为在迷文化内部这种正向与非正向的文化及价值的糅合与对冲，以及迷对象文本自身价值取向的多元与易变和媒介传播中对迷文本真相的忽视及虚假信息的过度渲染，导致青年迷群无法真正挖掘迷文本资源的真相，丧失了探究迷文化本质的兴趣与积极性。青年迷群在复杂、混沌的迷文化创生过程中无法厘清理性与非理性的边界，更无法把握迷文化“沉浸”与“沉迷”的情感尺度，他们在理性与非理性、虚拟与现实、自我沉迷与群际狂欢的边缘享受迷文化的快感。青年迷群的这种生存状态导致的不仅是青年迷群内部的价值混乱，更重要的是青年迷群公共性的衰微。

（一）青年文化的迷失

青年文化凝结了青年群体共识，是由青年在参与各类社会实践活动中所体现出的独特的思想认识、审美情趣、人格倾向和价值判断等方面的概括，主要是由青年创生和传播的文化。迷文化是当代青年文化最重要的组成部分之一，其影响主体不仅限于青年迷群，也包括其他青年群体，其中，非理性迷群的青年迷文化生成诱导并阻碍了青年文化的发展取向，局限了青年的发展空间。迷文化是青年文化具有代表性的文化，但这并不是青年群体唯一的文化生存及发展趋势。青年迷群把迷文化视为其主要的文化发展需求，以“真人秀”为例，它是集明星、时尚、品牌、媒介、影视宣传于一体的迷文本的传播，为各类青年迷群提供了丰富的迷文本资源，借助明星效应在青年群体间掀起了迷文本讨论、创造与传播的热潮。节目组为提高收视率所做的过度、无底线的炒作、虚假宣传所带来的不仅是青年迷群内部迷文本的混乱，更是对其他青年主体的知识结构、文化及社会认知的冲击与诱导，潜移默化地改变着青年文化的内部结构及价值导向。近年来，电视真人秀节目越来越热，已经成为电视综合频道的一个重要节目类型，为广大观众提供了更丰富的收视选择。大多数电视真人秀节目导向正确、内容健康，受到社会好评。但也有些节目既不攀登正能量的高峰也不触碰负能量的底线，“有意思”但没意义，收视率虽高但缺少价值引领，有的甚至传播错误的价值观或流于低俗，遭到舆论批评。无论是“真人秀”之类的娱乐节目，还是其他影视作品或畅销小说等，均激发了青年迷群文化创造的热情、兴趣及欲望，与这些迷文本相伴随的是迷文化衍生产品的流通。从青年迷群生成、传播迷文化到文化产品的问世，在这个由文化形态转换成现实的“物”化过程中，他们过度注重、强化迷文化符号与意义的戏说、娱乐与消费，甚至是对传统经典文本、历史人物及典故的调侃、戏谑，抽离传统文化的精髓与底蕴，过度修饰、夸大、违背历史人物、事件及传统文化的客观性，否定文学作品的原创性、权威性及价值性。当前，在诸多青年迷群繁荣文化景观的发展中存在着文化失衡、文化虚无、价值扁平及意义消失现象，从文化内涵、寓意、结构及价值导向等方面解构青年文化内容及价值体系。青年文化代表着当代青年的生活方式、态度及价值追求，是青年思想、意识及对社会及自我认知的集合，然而青年迷文化的这种另类发展取向背离了青年文化应有的价值主旨及其对青年迷群的引领，而是迎合了其他青年受众追随与模仿的需求。青年迷文化的这种发展导致青年迷群与社会主流文化、价值观的矛盾与冲突多发，其文化生产力和创造力也囿于其迷文化所建构的困境之中。可见，如果任由青年迷文化过度娱乐化、消费化、虚无化和碎片化，导致的必然是青年迷群主体视域的窄化，沉迷于迷文化固化、虚无的文化空间而丧失对其他文化的兴趣与文化创生力。当前，青年迷文化及迷群生存困境的根本原因在于青年迷群文化自觉的缺失，缺乏对传统文化的继承与创新，缺乏对社会主流文化的信仰与坚守，缺乏对当代社会发展优秀文化资源的体验与感悟，更缺乏对群体自身文化的自省与关照，这种文化的缺失改变了青年迷群的审美兴趣和价值取向，矮化了青年迷群对中华优秀传统文化、革命文化、社会主义先进文化的认知。青年迷文化是青年文化的重要组成部分，但不是青年唯一的文化发展取向。因此，青年迷文化的发展必须专注青年成长与发展的实际，以社会主流文化价值为导向，关注社会发展的现实，调动青年的主动性创造积极健康正能量的文化，引领青年思潮，为青年提供优秀、高质量的文化资源共享空间。

（二）青年迷群公共生活的黯淡

在现代社会发展中，群体和个体关系最明显的变化在于由传统社会的集体主义向个体发展的重大转变，个体个性的自由发展成为个体解放的显著标志，个体的存在及发展由群体向自我转型。但“现代性不是把社会或共同体看成首要的东西……而是把社会理解为为达到目的而自愿结合到一起的独立的个人的聚合体”①。青年“迷”在迷群内部空间所开展的迷文化活动也是其个性塑造及发展的过程。迷群作为青年迷文化生成与传播的共同体，“迷”个体在青年迷群内部通过各种途径发表自我观点，塑造其存在感及话语权，青年迷群的发展规模取决于其内部成员所结成的伙伴关系。当代青年更加注重个性的发展，他们更加积极与主动，当代社会为个体自由发展提供了更多的契机与条件。但这种发展模式所带来的弊端就是过度关注个体发展进而将个人主义推向了极端，导致了社会公共生活的“没落”。尤其是对于青年主体来说，他们正处于自我社会选择、定位及发展的历史最佳时期，在个体高度发展的情境下，青年的个性更加张扬。在个体自主性与多元选择的境遇中，青年的人际交往与信任处于较低水平，青年参与公共生活的机会及公共性在当代社会发展中被青年边缘化。“公共生活乃是个人进入他人之中，通过追求、分有某种公共价值而让自己站到公共空间中来生存，拓展自我的生存空间，从而超越自我孤立化的生存，显现自

① ［美］大卫－雷·格里芬．后现代精神［M］．王成兵，译．北京：中央编译出版社，1998：5.

我存在的卓越”[1]。从公共生活的界定可以看出，青年迷群并不是远离公共生活，他们在迷群的现实与虚拟空间所开展的迷文化的实践活动就是一种公共生活的参与、公共性的养成过程。但从青年迷群所从事的迷文化范畴可以看出，青年迷群的公共生活仅限于迷文化的生成与传播，其所关注的必然是迷对象及其迷文本，他们并没有拓展其公共生活范畴，而是将青年个体“迷”聚集在迷群、社区这一公共空间来开展迷文化活动。青年迷群的公共生活参与仅涉及迷群范畴，并没有对公共生活领域进行延伸，其公共性的培养也仅限于青年迷文化生产力的提升，但这种提升对于非理性的迷群来说是一种文化生产力的固化。

下面以某高校一位青年大学生的自述为例：

> 当今，社会文化发展和网络信息日新月异，人们的生活水平较15年前飞速增长，尤其能从青年的娱乐生活中体验出来。智能手机已成为人们生活中最重要的组成部分，仿佛手机端口就是和人体直接相通的，获取信息只要轻轻地触碰就可以。最明显的是青年沉迷网络，前几年只是强调网络，如今已经衍变成网络游戏、网络小说、网络直播等，沉迷于这些的群体在不断扩大，上至高龄老人，下至幼儿园的小朋友。现代社会的人们很难控制和处理这个信息时代方便人们的产物。最明显的就是，人们的聚会从最开始的无话不谈、畅所欲言，关系甚为紧密，到现在一桌人各自坐在座位上低头玩手机，人与人的交流变成了人与手机的交流，现代社会人们的交流方式发生了根本性的变化。比如，中国的传统节日春节，本该是团圆的日子，却成了大家在网络群中抢红包的日子，这种场景用一句网络流行语来形容就是“出来聊五毛钱的”。这种情景所导致的必然是大家远离了亲情和生活，彼此变得陌生，而网络则成为彼此交流的主要媒介，现实生活则被疏远。

可见，青年迷群所触及的公共生活是被娱乐、时尚、消费、物欲所充塞和包裹的去中心化、去生活化、去道德化的生活，是被个人主义、消费主义、享

---

① 刘铁芳.公民生活与公民教育：学校公民教育的哲学探究［M］.北京：教育科学出版社，2013：49.

乐主义、拜金主义裹挟的群体。青年迷群被封闭于狭隘的"迷态化"人格中，导致青年迷群对公共生活的淡漠，进而失去参与公共生活的兴趣与能力。青年迷群沉浸于迷文化制造的景观中，他们沉浸于消费、时尚、娱乐、欲望所建构的狂欢中，这种景观支配了青年迷群的时间、兴趣、爱好、思想、意识及行为，青年迷群看似是自由、自主地参与迷群活动，但其实质是他们在默从迷文化景观的同时被其控制，导致青年走向自我与现实、社会、他人的分离和孤立，抹杀了青年迷群与真实自我及现实社会的界限。综上所述，青年迷群对社会大众来说，其生活范畴就是一种"小众化"的生活。而对其所关注的迷对象来说是青年"迷"个体群际集合的公共空间，其实质是一种"小众化"的存在。青年迷群"小众化"的生活更多的是集中于虚拟空间及自我的幻想，无法真正触及他人、社会及公共生活。青年迷群生活范畴的窄化，意味着青年迷群无法拥有参与公共生活的意识及智慧，更无法在公共生活中进行公共精神和品格的养成，青年迷群的"公共性"也无法照亮自我及现实生活，对他们公共意识和公共责任的培养任重而道远。

（三）迷群责任的规避与逃离

在现实生活中，每个个体或群体承担着相应的责任和义务。广义的社会责任包括社会个体自我的责任意识和对社会、他人所应承担的责任意识，社会个体在承担责任和履行义务的过程也是个体人格塑造的过程。青年在不同社会时期承担着不同的历史使命和时代责任，使命呼唤担当，使命引领未来，以命运共同体为基础来推进青年个人发展和国家发展的有机统一。在青年的理想定位、记忆共享、参与共建和价值追求等多元理念集合的基础上实现有机统一，尝试构建青年发展性的共同体。德国哲学家康德指出："人，每一个在道德上有价值的人，都要有所承担，不负任何责任的东西，不是人而是物件"①。尊重青年的主体地位，要求青年需具备独立的人格意识、批判性思维、公共精神、参与意识及能力等综合素质。青年迷群随着媒介技术及传播的发展不断壮大，作为青年群体中具有特殊代表性的群体存在，他们更应承担应有的责任和义务。当前，青年迷群还处于不成熟期，在过度庸俗化、虚无化、娱乐化的迷文化生成及传播过程中，青年迷群缺乏内源性文化的生成，青年迷群的责任意识和担当也被

① ［德］康德．道德形而上学原理［M］．苗力田，译．上海：上海人民出版社，1986：6.

其所建构的迷文化消费、娱乐、狂欢等繁荣景观所遮蔽。青年迷群的责任认知、界定被模糊化，他们创生迷文化的过程就是青年“迷”个体及群体责任意识和担当培养和塑造的过程。青年迷群因“过度”关注迷对象本身及其迷文本的生成而有意或无意地将自身所承担的责任摒弃，尤其在迷群内最易使青年“迷”个体默从、模仿和从众。因“迷”个体责任的规避与放逐所导致的必然是整个青年迷群对自我、社会和他人的无责任、无意识行为的发生。迷群范围内的责任规避与放逐看似是群体行为，但其实质是青年“迷”个体自我无意识地在群际范围的集体化表现。虽然青年“迷”个体的责任规避行为对社会或他人产生的后果是有限的，但如果这种行为成为整个群体的一种现象，那么必然导致青年迷群非理性群体行为、事件的发生。确切地说，青年迷群的群体责任并不是完全呈现规避与放逐的姿态，当迷对象及其文本涉及国家最高利益的时候（例如，韩国部署萨德导弹事件），青年迷群的责任感会以“国家面前无爱豆”的姿态高度回归，这种责任意识超越了文化层次而与国家命运相融合。不可否认的是，青年迷群的责任回归具有很强的感性色彩，当迷文化与自身利益相关，抑或具体的迷文化事件与青年迷群有直接利益关联之时，一般会出现两种状况：一是青年迷群会放弃其所忠诚的迷对象及其文化；二是在迷对象价值观发生异化的过程中，青年迷群会呈现毫无原则地坚守和维护。这两种状况都有可能引发青年迷群的极化暴力事件，青年迷群如果情感起伏不定，迷文化生成与发展也会因具体事件而发生波动，青年迷群的责任意识和能力则被他们的这种情感、文化的波动所牵制，其最根本的是，青年迷群没有坚守最基本的文化理念和价值底线，其隐含的就是在青年迷群中共享的核心价值理念的缺失。这种价值理念所关涉的就是国家、社会及个人的责任意识及担当，影响着青年迷群最基本的思维方式、处世原则及价值取向。可见，青年迷群的“迷态”决定着青年迷文化的发展取向，在这个过程中，青年迷群责任的规避与放逐的实质是青年迷群作为社会存在的主体性及其发展性的消逝，更是青年“迷”个体自我存在和发展的异化与终结。

第六章
青年迷文化教育与规约的前提性认知

当代青年迷文化的存在和发展打破了传统单一的生成及传播方式和路径，青年“迷”个体及迷群可以近距离地接触迷对象并获得形象的、多样的迷文本，在虚拟场域中，通过各种媒介与迷对象进行直接互动，青年“迷”的积极性前所未有地得到提升。不可否认的是，青年迷文化发展所呈现的过度的娱乐化、消费化、虚拟化导致的文化消极现象频发，影响着青年“迷”自身的发展及其他青年受众，亟须从教育引导、社会规约角度对青年迷文化进行引导，确证青年迷文化存在及发展的价值性资源。对于青年迷文化创生与传播过程中出现的由异化所导致的青年“迷”个体及群体的“迷失”，需整合社会各方面力量关照青年“迷”的现实生活及自身实际需求，从青年“迷”自身及其迷群生存现状入手对青年迷文化异化进行归因，分析影响青年迷文化异化的社会性因素。同时，从青年“迷”、迷群生存的实际及社会发展多元化等方面探究对青年迷文化的引导及纠偏策略，使青年迷文化在符合社会主流文化发展趋势的基础上，真正成为关照当代青年兴趣、爱好、需求及发展的内源性发展文化。

第一节　青年迷文化教育与规约的现实际遇

青年迷文化的教育、引导和规约应在科学理论的指导下进行，任何文化的发展都要有具体的理论基础。青年迷文化不仅要立足于马克思主义关于人的全面发展理论探讨青年迷及迷群的生存与发展，更要借助于社会学、青年学、思想政治教育学、文化学及传播学等从理论高度给予青年迷文化以理论导向。在此基础上对异化的青年迷文化现象及行为进行纠偏，引导青年“迷”在符合社会发展规律、青年自身思想发展实际及文化诉求的基础上夯实其发展的理论基础，为青年迷文化生存与发展确证理论发展取向，规范青年迷文化发展的内容结构体系。党的十九大报告中指出：“中国特色社会主义进入新时代，我国社会的主要矛盾已经转化为人民日益增长的美好生活需要和不平衡不充分之间的矛盾”①。进入新时代的中国社会主要矛盾发生了本质性变革，为中国发展提出了新挑战，创造了新机遇，布设了新议题，也为青年发展赋予了新的历史使命和时代责任。使命呼唤担当，使命引领未来，承担这一历史使命与时代责任的主体必将是无数为之奋斗的青年，青年发展关涉新时代国家的命运和发展走向，关涉社会主义和谐社会的优化建构和良性运转，关涉青年自我价值的创造和青春梦想的放飞。但当前我们仍面临着诸多问题，社会矛盾和问题交织叠加，我们在建设现代化的过程中，仍面临传统向现代转型过程中处于文化、价值、道德体系“破”与“立”的断裂现状。而青年在当代社会对传统文化、道德、价值的内容及传播方式呈现拒斥与解构的态度，在高速发展的经济、物质、技术、网络发展过程中，现代文化、道德、价值体系并没有呈现像经济一样蓬勃发展的态势并得以塑造，而是被经济、物欲、网络等裹挟前行，失去了文化应有的传承与弘扬，青年迷文化更加趋向于外在的时尚、前沿、流行、消费、娱乐等表征。青年迷文化对于青年人格的塑造具有重要作用，青年迷文化必须立足于我国文化发展的宏观视域、社会发展的中观视域及青年个体发展的微观视域，从国家、社会及青年个体发展的三重视域中去探寻青年迷文化教育和规约的方向维度，引导青年迷文化使其成为服务于国家、社会及青年和其他受众的民族的、科学的、大众的文化。

一、宏观视域

文化在社会发展中具有重要的作用，在坚持“五位一体”的总体布局中，

① 习近平．决胜全面建成小康社会　夺取新时代中国特色社会主义伟大胜利——在中国共产党第十九次全国代表大会上的讲话［M］．北京：人民出版社，2017：41.

如何继续保持中国共产党的文化先进性，如何继续推进和发展中国特色社会主义的先进文化，如何解决人民日益增长的美好生活的需要和不平衡不充分的发展之间的矛盾，如何在继承传统文化的基础上实现现代文化的科学发展，如何拓展新媒介空间实现文化传播体系的高质量、高效率等，是新时代我国文化发展中亟须解决的重要问题。青年迷文化借助市场、科技、网络迅速发展，成为我国社会转型期最具有代表性的青年文化类型，其受众主要以青年为主，甚至呈现低龄化趋势。相对于其他群体来说，青年群体对于迷文化的创生及传播更加活跃，并成为当代社会的一种文化现象和景观。迷文化已成为我国社会文化的重要组成部分并活跃于大众的日常生活中。随着我国社会的发展，我国文化相关政策的出台进一步为迷文化的教育和规约提供了政策导向和制度支持。尤其是我国文化产业化发展以来，文化产业不仅在繁荣我国社会主义文化，满足人民的精神文化需求，促进人的全面发展方面等发挥了重要作用，在优化产业结构、创造就业机会、带动现代服务业、拉动对外文化贸易、促进国民经济增长等方面的作用也日益凸显。2011 年 10 月，中国共产党第十七届中央委员会第六次全体会议通过的《中共中央关于深化文化体制改革　推动社会主义文化大发展大繁荣若干重大问题的决定》（以下简称《决定》）中指出，要加快发展文化产业，推动文化产业成为国民经济的支柱性产业，要构建现代文化产业体系，形成公有制为主体、多种所有制共同发展的文化产业格局，推进文化科技创新，扩大文化消费。《决定》还要求加大对拥有自主知识产权、弘扬民族优秀文化产业的支持力度，打造具有我国特色的知名品牌，通过具体的品牌效应提升知名品牌以涵育我国传统及现代优秀文化的深度和广度，在传统媒介与新媒介深度融合的基础上实现传统文化产业与新兴文化产业的结盟，为青年迷文化的发展提供了广泛的生存空间及其发展取向。

党的十八大以来，我国文化产业相关政策的实施与推进为迷文化的发展提供了政策支持，借助于市场与网络技术，青年迷文化进入了繁荣发展期。党的十八届四中全会通过了《中共中央关于全面推进依法治国若干重大问题的决定》，强调要加强文化立法、完善文化法律制度，是推进文化建设和深化文化体制改革的重要内容，对推动社会主义文化大发展大繁荣、增强国家文化软实力具有重要意义；加强文化立法、完善文化法律制度更有助于规范和引导青年迷文化的创生及传播行为，提升青年迷文化有效的文化生产力。党的十八届五中全会通过了《中共中央关于制定国民经济和社会发展第十三个五年规划的建议》，提出要坚持“以文化人”这条红线、协同推进社会主义文化建设协调发展、坚持文化产业支柱地位的战略布局、推动文化产业与公共文化融合发展、文化及文化产业发展要坚持双效统一、实现网络文化安全健康发展、文化发展要以精品为导向等方面进行部署和规划；习近平总书记在《在庆祝中国共产党成立95周年大会上的讲话》中强调，文化自信是更基础、更广泛、更深厚的自信，涵育着我国优秀的传统文化、革命文化和社会主义先进文化，积淀着中华民族最深层次的精神追求，是中华民族独特的精神标识。从上述论断可以看出，自2015年至今，我国文化产业迅速发展，各项政策相继出台，如，《关于加快构建现代公共文化服务体系的意见》《国务院关于大力推进大众创业万众创新若干政策措施的意见》《关于积极推进“互联网+”行动的指导意见》《2015年扶持成长型小微文化企业工作方案》《三网融合推广方案》等。针对近年“真人秀”的井喷现象及其所引发的社会问题，国家广播电视总局发出通知要求电视真人秀节目要主动融入社会主义核心价值观，发挥好真人秀节目的价值引领作用；贴近火热的现实生活，挖掘并展示思想文化内涵和社会意义；植根中华优秀传统文化，大力推动创新创优；坚持健康的格调品位，坚决抵制低俗和过度娱乐化倾向；切实加强管理和调控，引导真人秀节目健康发展；同时，各地方政府也协力推进文化产业的发展，针对地方特色出台了相关文化政策，如，北京市出台的《关于促进文化消费的意见》提出了加强文化消费供给、培育文化消费理念、引导文化消费行为、丰富文化消费业态、拓展文化消费空间等的工作重点任务；天津市出台的《关于本市发展众创空间推进大众创新创业的指导意见》明确构建现代公共文化服务体系的指导思想、基本原则和主要目标，指出从均衡发展、增强动力、加强内容供给、推动科技融合、体制机制改革等方面构建现代公共文化服务体系的保障措施等。党的十九大报告中进一步指出，在新时代要“健全现代文化产业体系和市场体系，创新生产经营机制，完善文化经济政策，培育新型文化业态”[①]。这些从中央到地方关于文化产业发展和体制建设的相关政策性的指导意见，在立足我国文化发展实际情况的基础上，从公共文化服务、创新创业、“互联网+”、扶持中小微文化企业发展、产业融合发展等方面，为文化产业在“十三五”期间的创新发展进行统筹布局，为我国

---

① 习近平．决胜全面建成小康社会　夺取新时代中国特色社会主义伟大胜利——在中国共产党第十九次全国代表大会上的讲话［M］．北京：人民出版社，2017：44.

文化产业的发展指引了新方向、带来了新机遇、指明了新思路，也为青年迷文化的发展带来了契机、条件支持和制度保障。“十四五”规划纲要进一步指出，要坚持把社会效益放在首位、社会效益和经济效益相统一，深化文化体制改革，完善文化产业规划和政策，加强文化市场体系建设，扩大优质文化产品供给。实施文化产业数字化战略，加快发展新型文化企业、文化业态、文化消费模式。尤其是相关文化立法、法规的出台，文化立法成为我国在文化建设中的重点，同时也是未来我国文化产业发展的主要方向，这些相关政策有助于规范青年迷文化的创生及传播方式，教育引导青年进行理性、健康、有益的迷文化创造，提升青年迷文化的生产效率和质量。有关文化产品供给、文化精品生产等方面政策的出台，使文化产业发展也从“供给侧”出发，从大众文化需求、消费的实际出发，真正创造有利于青年及其他受众精神文化需求的有价值、有意义的迷文化产品。

二、中观视域

在人类社会的发展过程中，文化与人类是相互阐释、共生、促进的关系，即“没有人类当然就没有文化，但是同样，更有意义的是，没有文化就没有人类”①。人们正是基于文化与人类共生的这种关系，将文化看作人类社会文明发展程度的象征，英国当代文化研究之父斯图亚特·霍尔进一步指出了文化对于人类社会发展其更深层次的意涵，“文化与其说是一组事物（小说与绘画或电视节目与漫画），不如说是一个过程，一组实践。文化首先涉及一个社会或集团成员间的意义生活和交换，即‘意义的给予和获得’”②。在不同的历史发展时期，文化对于人类社会发展的作用是不言而喻的，在特定的历史发展阶段，其社会文化的发展程度直接反映了社会发展的特殊性及人文景观。构建和谐社会既是我国贯彻和落实科学发展观的一项根本任务，也是我国改革和发展的客观要求，更是广大人民群众的根本利益和共同愿望。党的十六届六中全会通过的《关于

---

① ［美］克利福德·格尔茨．文化的解释［M］．韩莉，译．南京：译林出版社，1999：62.

② ［英］斯图亚特·霍尔．表征：文化表象与意指实践［M］．徐亮，等，译．北京：商务印书馆，2003：2.

构建社会主义和谐社会若干重大问题的决定》明确了社会主义和谐社会的性质及其定位，构建社会主义和谐社会的指导思想、奋斗目标和主要任务以及必须遵循的正确原则，并从加强社会事业建设、制度建设、建设和谐文化、完善社会管理、激发社会活力五个方面对构建社会主义和谐社会作出了工作部署。其中，建设和谐文化是构建社会主义和谐的重要工作任务和必然要求，因为“一方面，和谐社会是和谐文化的生活世界基础、创造性支撑和现实载体；另一方面，和谐文化又是和谐社会的观念再现、精神承诺和价值前瞻”①。社会的和谐发展要求有最基本的文化共识和价值取向，而当前社会经济的快速发展所带来的人们物质需求的多样化、网络技术拓宽了大众的生活空间、经济全球化所带来的文化多元化等，要求和谐社会的构建需从多方面激活社会活力、丰富大众的文化生活，满足其多元的精神文化需求，促进我国文化的大繁荣和大发展。青年迷文化是以青年为主要趣味群体形成的以偶像、媒介、品牌、影视等文化为主生成、创造及传播的文化活动，是集广告、娱乐、印刷、影视制作等传统文化和包含新媒介、动漫游戏、数字出版及文化创意等为主的现代文化于一体的文化活动。而由迷文化所带动的以迷群、社群为主体的迷经济也成为当代社会经济发展的新兴趋势。从青年迷文化的生成内容、传播形式、创新方式、发展规律等可以看出青年迷文化激活了社会活力，丰富了大众的文化生活。迷文化在当代社会以更多元、丰富的文化产品、形象及行为渗透于大众的日常生活，它以青春、时尚、流行、前沿的文化发展态势赋予大众以文化自主性和创造性，激发了社会主体的文化参与力和创造力。同时，青年迷文化成为涵育传统文化的最好方式，给予传统文化以更好的承载形式、内容表达方式、多元的传播路径，提升了社会大众对传统文化新的认知及传承，增强了传统文化与现代文化的融合度，进一步解放和发展了文化生产力，为社会大众提供了更广阔的文化平台。青年迷文化作为当代社会发展的最具有代表性和大众参与度较高的文化，为社会主流文化及价值的传播提供了更多契机，提升了社会大众对社会主流文化及价值的认知和共识度。

党的十九大报告中明确指出：“要坚持中国特色社会主义文化发展道路，激发全民族文化创新创造活力，建设社会主义文化强国”。“要满足人民过上美好

① 戚畅．论和谐文化与和谐社会的关系［J］．东北师大学报（哲学社会科学版），2011（3）：11—15.

生活的期待，必须提供丰富的精神食粮”。[①]我国和谐文化的建设不仅仅是主流文化及价值的宣传与教育，同时也包含了迷文化在内的其他文化的存在，满足大众多元的文化诉求，虽然青年迷文化与主流文化之间存在着抵抗甚至冲突，但更是文化间的渗透、协同、融合与发展过程。青年迷文化的生成、传播、创新及发展规律有助于我国文化的立法、政策、组织及管理方式的改革与发展，有助于推动中国特色社会主义文化的民主化、科学化、大众化发展。青年迷文化的发展不仅丰富了社会文化空间，还激活了市场，迷文化产品的产业化、市场化和社会化流通在满足人们精神文化需求的同时促进了文化产业的发展，提高了文化产品的生产和流通，更直接地促进了诸多品牌所蕴含的迷文化的传播与创新。和谐社会的构建最重要的是和谐“主体”的成长与发展，青年迷文化的存在与发展不仅改变了大众的思想、观念及行为，渗透于大众的日常生活，同时也直接塑造了社会主体的文化人格。青年迷文化的多样性、生活化、个性化契合了大众不同情境的精神文化吁求，拓宽了不同地域、阶层、年龄受众的生活空间、业余生活，舒缓了人们的紧张、高强度的工作及生活压力，丰富了人们的生活价值及意义。青年迷文化使社会主体更注重关照自己的兴趣、爱好及自我精神文化需求，满足了现代“我们”人性的自我需求，进而引导“我们”树立合理、科学、理性的生活态度和观念，构建和谐的“自我”，使“我们”的生活趋向科学、健康和文明的方向发展。

三、微观视域

在人类文化的发展过程中，文化往往被看作一个整体，一个时代的烙印或一个民族的精神印记，而个体对于文化的价值及意义往往被弱化，但实际上，没有独立的个体在现实生活中具体的文化实践，文化就不复存在。在社会的发展过程中强调尊重个性、尊重主体的创造性，这也印证了“文化是一个活生生的、积极的过程：它只能从内部发展出来，而不能无中生有，或从上面强加而

① 习近平．决胜全面建成小康社会　夺取新时代中国特色社会主义伟大胜利——在中国共产党第十九次全国代表大会上的讲话［M］．北京：人民出版社，2017：41—44.

成"[①]。当代社会强调激活社会主体的文化创造力，文化的发展也由注重规则到关照意义的生成，从注重群体文化的创造到尊重、重视个体文化的发展。学者也从社会个体文化交往的角度界定文化的意涵："由社会个体交往实践所承载和推动的，意义的生成、持存、流动和发展过程"[②]。可见，只有通过社会个体具体的社会实践文化才能传承、更新与发展。同样，个体只有在文化的不断发展中才能满足自我的精神文化需求，实现自我的文化创造。青年迷文化是在满足青年自身成长发展的基础之上而存在的文化形式，它是由青年个体多样的兴趣、爱好所构成的趣缘群体，在发展自我的基础上所进行的文化生成、创造与传播。在不同的社会发展时期，青年总是站在时代的前沿，青年文化始终是与时尚、流行、消费、品牌等集合于一体的文化，是社会发展的"晴雨表"。在文化产业化发展的当代社会，青年迷文化突破了传统视域的局限，青年对于迷文化的深度参与及所体现出的迷群特征更加契合当代青年对个性的表达、对网络媒介交往的需求、对偶像明星的膜拜、对品牌的购买欲望、对特定迷群情感的认同、对高压生活的压力纾解、对闲暇时光的安排，以及对自我兴趣和爱好的选择等。青年迷文化在某种程度上是真正属于青年自身的文化，是青年自我的思想、观念、情感及行为的表达，虽然青年迷文化在某种程度上有娱乐化、消费化、零散化、非理性化等被学者、社会大众所诟病的地方，但这并不妨碍青年对于迷文化的热爱与追随。因为青年生成、传播与创造迷文化的过程正是青年关照自我精神世界、倾听自我文化需求、发现"真我"并将其呈现的过程，无论是理性的还是非理性的迷文化都属于青年成长与发展的一部分。社会发展使人们对于迷文化的态度更加宽容，也深层次地改变了人们对青年"迷"的看法，因为"在互联网上'迷'的普及也许意味着，过去关于'迷'是边缘的痴迷者的成见，应该让位于这样一种观点，即'迷'，只是一个一般的网友。在互联网上，似乎每个人有可能成为'迷'，每一个事物有让人着迷的理由"[③]。上述界定给出了当代"迷"的普遍性及价值性，但我们更应看到正是这种普遍性的存在

① ［美］约翰·费斯克．理解大众文化［M］．王晓钰，宋伟杰，等，译．北京：中央编译出版社，2001：28.

② 李红春．自由空间与审美话语——社会领域分化中的当代中国审美文化［M］．北京：中国社会科学出版社，2014：56.

③ ［英］戴维·冈特利特．网络研究——数字化时代媒介研究的重新定向［M］．彭兰，等，译．北京：新华出版社，2004：98.

让我们认为其是合理的，却忽略了每一位“迷”着迷程度的差异性，正是这种差异性、沉迷的不同阶段性导致“迷”主体呈现不同的状态。

迷文化借助市场、新媒介、消费等为青年提供了多元的价值及审美取向，他们通过深度参与迷文化的创生及传播，使青年“迷”主体的个性及文化创造力得到充分彰显，在迷文化的创生过程中他们拥有话语权，可以自主地进行迷文化的创生及传播。但青年迷文化在发展过程中也隐藏着诸多深层次的矛盾和问题，比如，青年“迷”主体的盲从及依附的行为特征在迷群内部最为明显，他们虽然深度参与迷文化活动但往往趋向于表象的浅层次参与，他们对迷文本资源的改造与创生同质化现象比较严重。青年“迷”在进行迷文化创生过程中迷失自我等问题凸显，在一定的情况下，青年迷文化面临着被主流文化收编的可能。但青年迷文化也充满着未知的可能，在未来社会发展过程中，青年迷文化的创生、传播及发展模式对主流文化、社会建构及大众精神文化世界都具有重要的意义及价值。对于青年自身来说，正因为迷文化价值、意义的存在以及其不稳定性、矛盾化等两极现象的存在，才促使青年“迷”义无反顾地投身于迷文化资源价值及意义的发掘过程中，这个过程也是当代青年生存意义及价值实现的探索过程，更是丰富当代青年人性的过程，这个过程需要整合社会力量从教育、规约的视角引导青年“迷”进行迷文化的创生与传播。

第二节　青年迷文化教育与规约的原则

整合社会力量对青年迷文化进行教育与规约，必须坚持自主性与规范性、多样性与主导性、创新性与发展性原则，即在尊重青年自主性的基础上整合社会诸多力量对青年迷文化进行引导、规约，使青年迷文化契合社会文化发展趋势及青年自身发展的期许；当代青年迷文化的存在形态是多元化存在基础上的驳杂迷文化景观，必须以社会主导文化及价值统领、规范青年迷文化，使青年迷文化在符合社会主导文化及价值取向中得以生存与发展；由于迷文化的特殊性，青年对于迷文化的创新动力来自他们自身对于迷文化的诉求及与自身的相关性，青年与迷文化的相关性远高于其他文化存在，这也是青年对于迷文化具有最大创造性动力的源泉。同时，青年对于迷文化的创造性必须具有发展性，而不是违背社会发展、青年思想发展规律及文化本身发展的创造，这样无原则、无底线的迷文化创造最终也被导向非理性迷文化的范畴，背离了文化发展性的规律，因此，青年迷文化应是在服务于社会发展、社会大众及青年自身成长基础上的文化。

一、主体性与规范性

在规范和引导青年迷文化的过程中坚持主体性原则，主要指涉青年迷个体的主体性和迷群的主体性。青年“迷”个体是身处迷群中的个体，在迷群中的青年“迷”个体的主体性，不是一般意义的主体性，而是“迷”共处的主体间性。青年迷群的主体性依赖于“迷”个体主体性的发挥，但这不是“迷”个体主体性的单纯叠加，身处迷群中的“迷”个体也并不是其个性、主体性的消失，相反是“迷”个体在保持其独立性基础上结合迷群文本资源及共享平台来进一步提升其主体性。迷群迷文化生产力的提升取决于迷个体、迷群主体性的发挥状况。青年“迷”主体性的发挥主要包括两个方面：一方面是独立自主性。它要求“迷”自主性的发挥必须实现合规律性与合目的性的统一，即青年“迷”在参与迷文化活动中必须符合社会发展、自然发展及青年主体成长的规律，其所生成的迷文化必须是对社会发展及大众有益的文化。苏联学者科恩指出：“自主有两个尺度：第一个尺度描述个体的客观状况、生活环境，是指相对于外部强迫、外部控制的独立、自由、自决和自主支配生活的权利和可能。第二个尺度是对主观现实而言，是指能够合理地运用自己的选择权利，有明确目标，坚韧不拔和有进取心”[①]。在青年迷文化的生成过程中，“迷”须认识并善于确定和把握自己的目标，不仅能在错综复杂的环境中善于掌控迷文化的发展取向，还能控制冲动的“迷态”及情绪，进而理性表达“迷”情感。另一方面是积极的主动性。当代社会发展给予青年更加开放、自由、自主的生存与发展空间，追求自我、个性张扬、崇尚自主成为当代青年生存与发展的逻辑，竞争意识、平

① ［苏］伊·谢·科恩. 自我论［M］. 佟景韩，译. 北京：生活·读书·新知三联书店，1986：407.

等意识、效率意识与风险意识共存的现代生存意识影响着青年的处世方式，他们更加务实、多元、宽容与进取，他们渴望改变现状，更渴望实现自我，在现实生活中他们更加积极主动。青年“迷”在发展过程中亦注重自主精神、进取精神、创新精神和团队协作等主体精神的养成，在各类迷文化实践中他们注重主体能力的开发，即注重在迷群内部的分工及自我定位，提升对迷资源的自主选择、学习、创新、协调能力。同时，青年迷文化对青年“迷”的人格具有塑造功能，引导“迷”主体在知、情、意、信、行方面形成发展的个性，促进他们积极投入社会文化的建设过程中，促进中国特色社会主义文化的大繁荣、大发展。坚持主体性是教育和规约青年迷文化的前提和基础，只有在尊重青年“迷”主体性的基础上才能对他们的思想及行为进行引导。

坚持规范性是基于青年“迷”的主体性而言，只有在规范性条件下的主体性才是有效的主体性发挥。由于青年正处于生理和心理成长的过渡期，处于不稳定且极易呈现矛盾性的时期，这种矛盾性在他们的情绪表达上体现为“‘爱’‘移情’‘愤怒’‘恐惧’‘紧张’‘孤独’‘空虚’‘欢乐与悲哀’‘烦恼与焦虑’‘羡慕与嫉妒’‘敌意与攻击’‘内疚与羞愧’‘抑郁’等”[①]。对于青年“迷”主体而言，这种情绪特征表现得最为强烈，他们以标新、入时、从众、立异、消费等来彰显自己的“迷”身份。正是因为青年“迷”主体的思想不成熟、“迷”意识的片面性及“迷”行为非理性发生的可能性，才应坚持规范性原则。青年“迷”主体在某种程度上不一定从属于单一的迷群，在某种情况下青年“迷”主体会参与多种迷文化活动，如，媒介、影视、品牌、偶像等多种迷文化在当代社会的融合度超越了以往任何时代，迷文化的同质化现象也致使青年“迷”主体身份不再那么纯粹和单一。这必然导致诸多迷文化在共存的状态中冲突凸显，由迷文化所牵引的必然是“迷”主体思想和行为的异化。因此，必须以教育、道德、法律等对青年“迷”主体的思想和行为进行规范和引导，同时健全迷群内部的规范制度，针对各迷群的特殊性制定相应的规范章程，规范和引导青年“迷”的行为。在社会现代化进程中，“不仅是一种事物、环境、制度的转化或一种基本概念和艺术形态的转化，而几乎是所有规范准则的转化——这是一种人自身的转化，一种发生在其身体、内驱、灵魂和精神中的内在结构

① 张进辅．现代青年心理学［M］．重庆：重庆出版社，2002：185—195.

的本质性转化；它不仅是一种在其实际存在中的转化，还是一种在其判断标准中发生的转化”[①]。现代社会不仅是人的生活方式的改变，更重要的是影响人的文化、价值体系及意义标尺的转变，对青年“迷”主体的规范性原则必须正视这种传统与现代价值规范的转变。我国目前正处于社会转型期，青年“迷”所面临的不仅是社会结构的变迁，更重要的是处于传统社会价值观念被怀疑、解构、转型的阶段，失去对“迷”主体的规约和引导功能，而新的价值体系正处于建构尚未形成期，青年“迷”正是在这种断裂与夹缝中僭越传统规范，重塑“迷”主体自身的价值取向与标准，以“迷”的视角审视发展中的自我。青年“迷”也处于英国社会学家安东尼·吉登斯所言的“生存的孤立”状态，不仅是“迷”与其他社会受众及环境的划界与隔离，更是青年“迷”个体存在、生活的片面性与无意义状态，他们原初主体生存与发展的意义系统遭遇被动摇、破坏、否定和失落的境地。因此，必须在尊重、坚持青年“迷”主体性的基础上，针对青年“迷”的实际生存状态对其思想和行为进行教育、规约与引导，建构和完善青年迷群内部运行的规范制度，引导青年“迷”尊重社会规范并使其成为基本规范的践行者。同时，通过青年迷群内部规范制度的建构，引导“迷”主体成员达成社会规范的共通性，使青年“迷”在具体的迷文化创生过程中培育理性共识，磨砺对规范的公共性认识，使迷群内部规范真正实现合理性、合法性和合规律性，并使其成为青年迷群最基本的价值共识。

二、多样性与主导性

文化的多样性发展是社会发展及社会主体成长的动力之一，多样的文化存在不仅能促进政治的民主、经济的繁荣及社会的和谐发展，还能够满足个体和群体多样的文化及精神诉求，丰富社会主体的情感生活和精神世界。青年迷文化的多样性由青年“迷”身份所决定。当代青年“迷”的存在方式打破了传统模式中对单一的迷对象忠诚的局限，他们所面临的是媒介场域中迷对象的交错与融合，从具体的偶像明星、学者等到热销的品牌产品，从畅销的出版物到对

① ［德］马克斯·舍勒．资本主义的未来［M］．罗悌伦，等，译．北京：生活·读书·新知三联书店，1997：207.

某种具体行为的偏爱，“迷”的思想、观念与行为融合于当代社会发展及大众的日常生活中。青年“迷”所追逐的迷对象范畴更加宽泛，涉及社会发展中的人、物或某种介体、行为等。研究青年迷文化的多样性，必须立足于青年“迷”身份的多重性进行分析，只有深入“迷”受众自身，才能真正地揭示多样迷文化深层潜藏的本质问题。当代社会新兴媒介推动了青年迷文化多样化生存与发展的进程，让诸多青年有意无意地成为迷文化的生成者和传播者。青年“迷”在自己的个人空间或朋友圈建构自己的迷文化圈层，同时积极参与迷群所组织的迷文化活动。青年迷群作为一个共同体参与迷对象文本的宣传和创生过程中，但青年迷群又区别于其他共同体的存在，因为他们具有流动性和不确定性。青年“迷”可以根据自己的兴趣、爱好或特定时期的情绪以共同话语的讨论建立迷群，比如，流行音乐迷群、科幻小说迷群、旅行迷群、悬疑影视迷群等，而青年“迷”个体亦可能属于不同的迷群、范畴或具有多个迷群身份。英国思想家齐格蒙特·鲍曼认为，流动的现代性生活中所带给我们的必然是“流动的恐惧”，这恰恰是由社会发展及我们多元变动的“身份”所致的结果。法国思想家皮尔埃·布迪厄也曾指出：“现代社会不是由相互层叠、边界清晰的群体构成的，而是由同时具有多角色、多参照标准的个体组成。根据社会条件和历史情境，他们根据自身个体或集体的以往经历来选择参照和身份认同的不同形式……现代社会建立在人们的流动之上，建立在他们忠诚或背叛的多元性之上，建立在他们身份的多元性之上”①。“迷”主体身份的多元化使得青年“迷”所呈现的是身份的悬置，一方面多元“迷”身份致使青年“迷”灵魂无处安放，其所坚持的信仰和生活方式在与现实生活相遇时无法真正解决他们的现实焦虑与困惑；另一方面，青年“迷”所创生的迷文化呈现“分众化”趋势，文化的拼凑、混杂等良莠不齐现象成为当前我国迷文化发展的常态。因此，必须对多样性迷文化的存在状态进行规范和引导，只有在坚持主导基础上的多样性才能将迷文化导向积极、健康、向上的文化发展取向。

在对青年迷文化进行教育、规约的过程中必须坚持主导性基础上的多样性，坚持主流文化对青年迷文化的主导。所谓主流文化，主要是指在特定社会发展时期国家所倡导的核心文化，是意识形态的重要组成部分，当前我国社会

---

① ［法］阿尔弗雷德·格罗塞．身份认同的困境［M］．王鲲，译．北京：社会科学文献出版社，2010：3.

主要开展新时代中国特色社会主义文化建设，推动社会主义文化繁荣兴盛。党的十九大报告中指出："发展中国特色社会主义的文化，就是以马克思主义为指导，坚守中华文化立场，立足当代中国现实，结合当今时代条件，发展面向现代化、面向世界、面向未来的，民族的科学的大众的社会主义文化，推动社会主义精神文明和物质文明协调发展"[①]。青年迷文化的生成与传播必须以中国特色社会主义文化为导向，中国特色社会主义文化要善于运用新媒介规范青年迷文化的生成和传播路径，培养理性的具有正能量的、成熟的、稳定的迷文化，突出青年迷文化的个性化特色及创造性特质。主导性文化要融入青年迷文化的具体活动中，加强与青年"迷"的话语沟通与交往，使青年"迷"在遵循主流文化发展趋势的同时，获得与迷文化生成、传播、创造和消费的同等体验，打破传统单一的主流文化生存状态，要在以中国特色社会主义文化为主导的前提下调动青年"迷"的主动性进行多样文化的生成和创造，丰富青年文化的生活空间及文化意义的获得。在当代青年"迷"主体的自由、自主、开放生活世界中，他们具有多重身份，在复杂的媒介场域中他们接触的是多重声音、需求、倾诉等诸多可能性的集合，社会文化的整合性被碎片化信息所分解，文化的传承性被现代性所解构，主体对于文化的真诚态度被浮躁、喧哗的群体狂欢所销蚀。青年"迷"渴望在尊重"我"文化基础上的文化归属，渴望他们所热爱、追随、忠于的迷文化能够得到社会的认可，他们却身处迷文化所营造的迷思想和行为的理性与非理性、规范与失范并存的两难境地。理性的迷文化存在正在被非理性"迷"的疯狂迷行为所驱逐，自由、开放、自主的文化创造氛围使青年迷文化趋向于无边界、无自我、无道德和无规范束缚的边缘文化。青年迷文化需要主导性文化来规范其文化方向，需要重建迷文化秩序对迷文化的不确定性、漂浮性所孕育的危险、冲突、不稳定及网络暴力现象进行规约。可见，青年迷文化正是在多元化、差异化、冲突化的现实与虚拟公共空间交错的基础上产生的。"在我们、我群或内群与他们、他群或外群之间存在着分别。我群内部人之间的关系是和平、有序、规范、治理和互相帮助的。内群成员与所有外人

---

① 习近平．决胜全面建成小康社会 夺取新时代中国特色社会主义伟大胜利——在中国共产党第十九次全国代表大会上的讲话［M］．北京：人民出版社，2017：41.

或他群的关系是斗争或掠夺的，只有双方达成共识，状况才会发生改变”①。因此，在我国文化大繁荣和大发展的趋势下，我们应坚持发展中国特色社会主义文化这一最基本的价值共识。“社会文化实践不是主流文化单向的诠释和宣告，而是国家和社会治理的诉求与多元化的行动实践互为情境，其蕴含着主流文化与媒介文化之间互构性、互释性的复杂逻辑建构，其本质是由参与互动的行动者的复杂构成决定的”②。在此基础上给予青年迷文化生存与发展的空间，尊重青年“迷”主体创生迷文化的兴趣与爱好，在加强主导性文化对青年迷文化教育、规约和引导的前提下发展其多样性。在坚持和弘扬社会主义核心价值观的前提下，尊重青年“迷”思想、观念和情感的表达，充分发掘青年的迷资源及迷文化生成空间，使青年迷文化成为服务于当代青年文化教育发展、服务于社会发展及大众文化精神世界的主要文化资源。

三、创新性与发展性

随着经济全球化、科学技术的深入发展，新媒介技术已深度与大众日常生活融合，各种思想文化通过新媒介传播路径实现了文化前所未有的融合与发展，提升文化软实力成为各国发展的重要内容。青年是最具有创新力的群体，他们积极参与社会文化的交流与互动，通过对文化的不断创新与发展满足其自身多样的文化需求。据对上海青年文化创新认知的调查显示：“对‘青年文化创新的动力来自青年不断增长的多样性的精神文化需求’表示‘非常赞同’和‘比较赞同’的青年分别占 43.1% 和 47.2%，合计有 90.3% 的青年表示‘赞同’”③。青年对于迷文化的文化生产力超越了任何一种文化，最为根本的原因在于迷文化契合了青年内在的文化需求及青年的兴趣、爱好，迷文化满足了青年成长期多样的精神和文化诉求。当前，我国的动漫、网络游戏、

---

① ［澳］迈克尔·A. 豪格，［英］多米尼克·阿布拉姆斯 . 社会认同过程［M］. 高明华，译 . 北京：中国人民大学出版社，2011：22.

② 胡玉宁，徐川 . 青年圈群脉动的媒介感知与文化诠释——基于“饭圈”现象的叙事分析［J］. 中国青年研究，2020（11）：70—79.

③ 赵文，赵凌云 . 当代青年文化创新认知与意识调查——以上海青年为例［J］. 中共福建省委党校学报，2013（2）：94—100.

文化旅游、影视制作、广告传媒等新兴文化产业迅速发展，这些特有文化产业延伸出的系列品牌文化，培养了特定的文化消费迷群，并参与迷文化相关品牌的生成、传播与创新过程中，使青年迷群在文化消费市场领域扮演着重要的角色。青年“迷”的创新力主要体现在他们对于迷对象文本资源的发掘、激活、整合和创造的过程，但青年“迷”对于迷文化的创新并不是脱离现实生活、违背社会发展规律，以及主体思想发展实际的空穴来风和无中生有。虽然迷文化是青年文化中最时尚、前沿的文化，但其在传播过程中诸多社会问题及文化症候也更加凸显，比如，青年迷文化的低俗、庸俗、媚俗等倾向。青年“迷”热衷于追逐“热”“潮”“奇”等社会现象，失去了对文化本质的探索而呈现文化的表象化，这种表象化与青年“迷”在人生探索期的迷茫、冲动、幻想等是共在的。青年“迷”亦具有较强的文化传承、文化参与、文化创新等文化生长性和创造性特质，但同时也伴随着激进、偏执、张扬与失范。可见，不能任由青年“迷”的创新性漫无边际地发挥，必须在尊重他们的自主性、主动性和创新性基础上，引导他们进行积极、健康、理性的迷文化创新，真正使青年迷文化成为对社会发展、青年“迷”主体及其他受众发展有益的文化创造。

从上述论述中可见，青年迷文化的创新性必须是具有价值性、全面性和发展性的文化创新，只有在此基础上的文化创新才是有意义的、服务于大众的文化创造。青年的文化创新具有“‘渐进式继承与创新’‘阶跃式继承与创新’‘发散式继承与创新’‘反判式继承与创新’”[①]。其中，“反叛式继承与创新”在青年迷文化中最为凸显，并由此引发的对传统文化的解构和曲解等误区也成为诸多青年“迷”及迷群的文化反叛式表现，它对新兴文化现象的标新立异也背离了文化发展的正面取向。因此，必须从两个方面着手：一方面，在价值性基础上对青年迷文化进行价值规约，引导青年树立正确的创新意识，坚持正确的价值导向，以社会主义核心价值体系为指导，澄清社会发展中矛盾、冲突最凸显的迷文化现象和景观，引导青年“迷”及其他青年群体遵循文化的内在发展规律，继承中华民族优秀的传统文化资源并借鉴世界各国先进的文化，以开放、自主、全面的态度和眼界创造优秀的迷文化资源。青年迷文化的创新并不仅限于外在

① 付红玲．青年文化继承与创新形式及其互动机理研究［J］．中国青年研究，2010（3）：78—80.

传播形式、方式、方法的创新，更重要的是迷文化内容在本质上的融合与创新，实现青年迷文化及其他文化的创新与发展，为青年主体提供更加丰富的精神文化资源，满足青年多元的文化需求。另一方面，尊重、保护和开发青年“迷”的文化创造性。需尊重青年“迷”的文化创造意识，为青年迷文化创造良好的文化创新氛围，激发青年“迷”的文化创新动力和热情，满足青年多元化的文化创新需求。针对不同青年“迷”主体的生存及发展现状，关注多元青年“迷”主体的个性化发展需求，对个别青年迷群内部存在的文化争论及与他群之间的文化冲突，要在合目的性、合规律性、合价值性基础上给予引导，为青年迷群创建迷文化创新成果展示平台，拓展青年迷文化生成、创造及传播空间；人类的发展就是不断创新和发展“文化”的过程，即“以文化人”和“以文育人”，青年迷文化的理性、健康、全面发展是孕育青年主体心智的过程，更是引导青年“迷”主体由片面向全面发展的过程。青年迷文化的创新要摒弃“现象性”文化的浅层次变化倾向，要注重迷文化的本质内容的整体性、全面性延伸。因此，青年迷文化的创新性必须与发展性相结合，只有立足于国家、社会及青年发展基础上的迷文化才是有价值、有意义的文化生成，其文化的影响力也才是有效的、深远的。

第三节　青年迷文化教育与规约的价值确证

青年迷文化的教育与规约不仅针对的是非理性的迷文化思想、观念及行为，还涉及对理性青年迷文化资源价值、意义的确证及发挥。如果青年迷文化的研究仅限于凸显的文化症候现象及其解决，而忽视了对理性青年迷文化的生成、传播及再创造，那就忽视了青年迷文化自身价值性资源的意义。任何文化在其发展过程中最为重要的是对文化本身具有价值性的文化资源的坚守、传播与创新，并以理性的、科学的、有价值性的文化内容澄清文化内部所存在的诸多文化冲突与对抗，继而在比较与鉴别、澄清与治疗的过程中实现文化自身的治愈，青年迷文化亦是如此。

一、确证青年迷文化的价值性

青年迷文化的生成与发展需要对其进行规约和引导，使青年迷文化符合我国文化发展的价值取向，但对于青年迷文化来说，在教育与规约前需厘清理性迷文化与非理性迷文化的界限，确证青年迷文化存在的价值及意义，充分发挥理性青年迷文化在当代社会对青年主体成长及社会发展的重要性。青年迷文化的教育与规约，一方面是对非理性青年迷文化的价值规约；另一方面更重要的是理性青年迷文化的价值及意义的实现，以理性迷文化规约非理性迷文化的思想和行为，而这个前提就是要确证青年迷文化的价值性。当代青年迷文化较之传统视域下的迷文化而言，其生存与发展的空间更加开放，使青年“迷”的自主性更加凸显。新媒介场域中青年“迷”与迷对象之间可以打破诸多局限而实现线上与线下的接触，青年“迷”可以有更多机会掌握更多的迷文本资源，更有能力对迷文本资源进行再次开发。当前青年迷文化呈现的是混沌而驳杂的状态，理性与非理性相互交织，与传统文化相比失去了纯粹性，社会及大众对于迷文化的态度从初始的抵触与反抗已转化为宽容与接纳，每一个人可以成为迷文化的主体。其中，青年“迷态”与其他受众群体相比更加凸显与强化。正因为如此，对青年迷文化的教育与规约应首先对理性的青年迷文化思想、意识及行为进行积极确证，加强对健康的青年迷文化的传播与创新，但这并不意味着青年迷文化的创生与传播可以随意。不能因为迷文化存在形式的多元、内容的驳杂、主体“迷态”的情绪化而对其存在价值及意义进行含糊界定，更不能因为青年迷文化具有非理性特征而全盘否定青年迷文化存在的价值性。

确证青年迷文化的价值性，其实质是对理性青年“迷”与非理性青年“迷”的界定，在学界目前没有明确划分理性与非理性青年“迷”的标准，更多的是将专家、学者、艺术品收藏者等高雅的行为视为“我们”，并且认为“我们”不是“迷”，只是专注于某件事情或物的爱好者。而把崇拜偶像、品牌、媒介、影视等青年“迷”视为“他们”，认为他们是危险的、疯狂的、非理性的受众，这种划界只是从文化资本积累的对象上进行了“我们”与“他们”的区隔，同时也形成了长期以来迷文化划分的固有标准。这种划界并没有从根本上改变青年迷文化的现状，相反加剧了社会大众对青年“迷”的偏见，激发了青年“迷”创造迷文化的激情，以“他们”的方式回应社会的质疑与批判。青年“迷”正是在这种夹缝中寻求迷文化的生存及发展空间，表达其应有的文化及发展诉求。确证青年迷文化的价值性，就是突破传统视域中人们对于迷文化固有的偏见与质疑，给予青年迷文化对个体、群体及社会价值以积极的认可和评价，这是青年迷文化教育与规约的前提和基础。随着社会的发展，青年“迷”的规模、范畴在不断扩大，迷文化呈现新的发展态势，青年“迷”主体的态度决定了偶像、影视、品牌、媒介、图书等文化品牌的效益及知名度，更决定着迷文化等衍生品牌的推广与开发，青年迷文化所承载的育人价值及意义极大地丰富了主流文化的内涵和传播方式。因此，必须客观、理性地从价值视域看待青年迷文化存在及发展的必然性，确证青年迷文化现有及隐性价值性资源的功能及意义并有效发挥其作用。

二、充分发掘青年迷文化的价值资源

在确证青年迷文化价值性资源意义的基础上，还需要充分发掘其价值性资源。当前青年迷文化价值性资源的开发存在三个方面的问题：一是对青年迷文化价值性资源发掘不够全面、充分。针对青年偶像、影视迷文化的研究比较多，而对于媒介、品牌及新时代新兴青年迷群所生成的迷文化的关注度不够，青年迷文化发展的广度受限，难以契合当代青年“迷”的情感及文化需求。二是对青年迷文化价值性资源发掘不够积极。有的青年迷文化甚至呈现非理性等消极倾向，在发掘青年迷文化的过程中其积极的价值及意义被轻忽，无论是从对青年迷文化的驾驭还是规约方面呈现的都是对现有问题或现象的研究，缺乏对青年“迷”思想、观念及行为的先觉预判意识。因为只有预设青年迷文化存在的突出问题并加以积极地关注、教育和规约，青年“迷”的非理性行为才会得到及时地疏导，进而实现青年迷文化发展的力度、深度和可持续度。三是青年迷文化价值性资源发掘过程呈现的“非常态发展”状态。青年迷文化自身在发展的过程中就是理性与非理性交织的过程，目前对于青年迷文化价值性资源发掘呈现的“非常态发展”趋势，主要是指对于青年迷文化价值性资源的发掘是缺失的，更多的是对其非理性异化倾向的批判，对青年迷文化的发展来说，社会大众的质疑、批判超越了对青年迷文化价值性资源开发的程度，这种发展本身就是“非常态发展”状态。无论是从青年迷文化的理论研究，还是实践向度的考察，更多的是对其迷狂、非理性思想及行为的揭示，但对青年迷文化自身所存在或潜藏的价值性资源缺乏重视程度，导致青年迷文化发展呈现不平衡的发展态势。要实现青年迷文化的发展，必须重视青年迷文化价值性资源的发掘向度，实现青年迷文化由“非常态发展”向“常态发展”的积极转变。

在对青年迷文化充分发掘的过程中，不仅要注重青年迷文化所延伸的文化品牌是以迷经济为主的物质文化的生产力，更要注重迷文化精神文化生产力的发展；青年迷文化不仅要注重新兴迷文本资源的开发，更要继承我国优秀的传统文化资源并对其进行现代文化的价值性转化；以品牌迷文化为例，优秀的品牌不仅是民族的，更是世界的，其所蕴含的是深厚的、具有民族性的文化底蕴，品牌的发展不仅是产品本身的发展，更是一种品牌文化生命力的彰显，其所牵引的必然是一种特殊的文化需求，重视和发扬我们民族优秀的传统文化精髓，使品牌所具有的民族特色成为品牌文化的灵魂，这是优秀品牌生存和发展的社会基础。青年迷文化价值性资源的开发，应当立足于我国优秀传统文化精髓及现代文化的发展成果，将具有我国民族特色、优秀传统的文化精髓、现代文化精神融入高质量的精品文化品牌中，以优秀的迷文化对消极的、迷狂的非理性迷文化进行澄清、治疗，以打造具有特色的迷群；青年迷文化价值性资源的开发不仅是对未来潜在价值性资源的开发，还包括对现有迷文化价值性资源的再开发和利用。在这个过程中应注意，不能粗暴地进行全面否定或肯定，更不能伤害青年“迷”的情感，应给予“迷”主体以充分的尊重和理解，减少青年“迷”主体间的文化对抗与冲突，结合迷文化的融合性特征增进迷群之间的文化关联性，以促进迷群间优秀文化资源的交流与互动。任何一种迷文化在当代社会都不能单独存在和发展，只有在“你中有我，我中有你”的融合中，才能真正实现文化资源的共享与发展。

三、青年迷文化价值有效性的发挥

青年迷文化教育与规约的价值确证，在确证与发掘的基础上，更重要的是青年迷文化价值对于青年个体成长及社会发展的价值的最大化实现，青年迷文化发展的最终目的是要服务于青年、其他受众及社会发展。如果青年迷文化的价值功能最终未发挥及有效实现，那么青年迷文化价值确证、价值性资源的发掘等前期工作都是没有意义的，所以要注重青年迷文化价值功能的有效实现。当前青年迷文化研究过程中价值功能的实现存在着两个方面的问题：一方面，青年迷文化价值实现的方式、路径方面缺乏规律性的研究。在青年迷文化价值有效实现的研究过程中，要注重“青年在场”的内涵，即青年作为“场中人”在迷文化创生与传播过程中其价值实现的现状、特点及规律。“青年在场”就是要注重青年“迷”的思想、心理及行为与其所处环境的各种“场域”之间的关联性及相互作用的规律，注重青年迷文化价值实现的内在动力机制研究，而这方面的研究恰恰是不足的。另一方面，在青年迷文化价值功能有效实现的探索过程，之所以出现青年迷文化价值弱化现象，其根本原因是在研究过程中青年“不在场”的现状。青年迷文化的价值实现探索与青年“迷”自身及社会发展实际存在较大的距离，对青年迷文化的发展过程缺乏系统梳理研究，对青年“迷”、迷群现状缺乏准确的把握。在学术界，青年迷文化长期被忽视或简单地与亚文化等同，将青年迷文化研究范畴窄化，轻视青年“迷”在迷文化价值实现过程中的主体性。总之，青年迷文化研究过程中的核心概念、理论体系、形成规律等缺乏系统性研究，对青年“迷”、迷群缺乏客观性的分析，学理性研究不足导致在青年迷文化应用性研究过程中其价值难以充分实现。

综上所述，在青年迷文化价值功能有效发挥路径的探索过程中，必须对当前青年迷文化价值功能发挥的障碍性因素进行深度分析，同时全面考量青年迷文化价值的特点、规律、路径等综合性因素。要注重青年迷文化价值性功能有效实现、利用过程中，青年“迷”主体性功能的发挥及迷群的文化生产力和传播力的重要作用，将青年迷文化的价值功能实现与青年“迷”、迷群及社会发展紧密联系，从宏观、中观、微观视域探究青年迷文化功能实现的方法。对确证的青年迷文化价值性资源应充分应用于学校、家庭、社区、网络空间等青年的日常生活范畴，通过显性教育、隐性教育涵育青年迷文化价值性功能，有效地实现青年迷文化“以文育人、以文化人”的功能。同时，在青年迷文化的教育与规约过程中，通过确证理性的青年迷文化教育资源教育和引导非理性的“迷”、迷群及他们的迷文化。在青年迷文化交往活动中将具有价值性、正能量的迷文化作为迷群的共享资源，以多样的方式渗透于青年迷文化的具体活动中，扩大健康、科学、理性青年迷文化资源在网络虚拟空间中的覆盖面，拓展理性青年迷文化对于非理性青年“迷”、迷群的教育及引导功能。规范青年迷群文化的生产及传播行为，从迷群规章制度建构与完善方面高度规范青年“迷”个体的行为，从迷群内部培养青年“迷”成员有秩序、有规律、有理性的迷文化生产及传播，引导青年“迷”成员科学、理性地进行有价值的迷文化创生活动；规范青年迷群社区的版面设置，进行理性、健康、有价值性的议题设置，对非理性的迷话语、文本进行自主屏蔽、删帖，在迷群内部减少非理性迷文化的生成及传播路径，从迷文化生成的本源消除传播隐患；对非理性的“迷”个体，迷群内部应设置警告、教育、惩罚等处罚机制，对于过激的迷行为直接从迷群移除，以净化迷群空间，为青年“迷”主体提供良好的迷文化交流空间。

第四节　青年迷文化教育与规约的实践逻辑

从青年迷文化的时代境遇中探究其现实与理想逻辑，立足于青年迷文化的现实症候，探求解决青年迷文化发展的理想路径。从青年迷文化创生的过程来看，青年迷文化的未来发展必须遵循创生、传播、交往、生态及其发展逻辑，它涉及青年迷文化创生与传播的全过程。任何一种文化的创生力及其文化创造活动都不应该受到排斥或冷落，青年迷文化更是如此。因此，着力探讨青年迷文化形塑与发展的逻辑体系，不仅蕴含着现实与理想、理论与实践的逻辑，还从更深层次揭示了青年“迷”主体遵循的理性思维，从青年“迷”对迷对象文本资源积累、改造、创生与传播之初遵循理性逻辑，并在青年迷文化形塑与发展过程中不断夯实理性逻辑的现实基础。

一、生成逻辑

迷文化对于青年“迷”来说属于“成长性需求”，青年迷文化要走出当前发展的困境，必须通过青年“迷”自身的文化生成真正走进青年，走向社会，走向真、善、美的文化境界，使迷文化满足青年的“成长性需求”，将青年导向更加积极健康的发展状态。当代社会处于开放、多元、复杂、多变的动态发展中，青年迷文化的生成要避免停滞、单向、禁锢、复制、模仿的生成模式，就要提升青年迷文化的生成力和影响力，拓展其影响范畴，满足青年自主性、个性化与创造性的需求。青年迷文化的生成要避免迷失于驳杂的媒介景观中，必然要回归青年自身、回归文化本质，青年“迷”要致力于探觅迷文化存在与发展的真谛，揭示隐藏在迷文化背后的真实状态，生成属于当代青年精神特质的文化属性，给予青年迷文化以更多的意义生成及机制蕴含。

（一）重复性生成

文化生成首先是重复性生成，任何文化的存在和发展都有一定的文化基础，即原初文本。文化重复性生成是指在继承文化本质特性的基础上，保持文化原初文本内涵及其意义的过程，它是文化存在和发展的基础，更是保持文化应有社会关系的稳定性和发展性的基本前提。如果缺失重复性生成这一重要环节，那么文化生成过程中的创造性生成和反思性生成就无法延续性地开展，整个过程就会发生断裂，文化的继承性也会随之而丧失。由此可知，文化的重复性生成效力决定着文化创造性和反思性生产力的程度。青年迷文化的重复性生成是青年“迷”参与迷文化活动的重要形式，青年“迷”通过重复性生成借鉴、挪用、积累关于迷对象的文本资源，反复强化对迷对象的认知程度，真正把与迷对象有关的情感、认知、思想、精神等原初形态通过迷文化呈现出来。迷文化的重复性生成使青年通过复制、模仿、归纳等将对迷对象的思想、情感、行为在自我生活中再现和延续。这里所强调的青年迷文化的重复性生成，并不仅限于模仿和复制等功能，其最根本的是青年“迷”对迷对象原初文本资源的收集、整理和归纳的具体文化实践活动，以此形成对迷对象系统的文化认知及迷群范围内基本的文化共享资源。青年“迷”所具有的迷文化重复性生成是对迷对象原初文本的语境、内容及意义的辨识，这个过程不仅是对原初迷文本的继承与阐释，更是对当代迷文化新的要素、特质、精神的凝结与提升，其实质酝酿的是新的迷文化范式的诞生。

1. 青年迷文化重复性生成的内在逻辑性

当代青年迷文化的存在与发展已打破了以往被边缘的格局，并寻求在现有社会结构生存与发展的合理性及发展性的可能，迷群经济的崛起已昭示迷文化的广阔前景。不可否认的是，“从青年文化的发展规律看，青年文化的跳跃性、非规则性非常明显，其自身内部的承继性、关联性和连续性较弱”[①]。这亦是当前青年迷文化发展存在的主要问题，即青年迷文化缺乏系统性、逻辑性及体系化，零散化、表象化、突变性是青年迷文化存在的状态。我国社会主义市场经济的深化发展催生了青年迷文化产业链的形成，迷文化的产业化发展趋势加速了迷文化与市场的融合，青年“迷”则是最主要的促动者。青年迷文化的重复性生成过程展现的是青年“迷”的自我文化选择、认同与社会结构的深层次融合，他们的自我认知决定了其迷对象的选择、文本的积累及迷文化的定位。其实质反映的是青年迷文化多元化存在过程中的区隔性，但往往注重、强化了区隔和边界意识，而忽略了迷文化间的关联性，最终导致青年迷文化呈现的是类别化而缺乏系统性，凸显了迷对象的差异性而忽略迷文化的共同性。同时，重复性生成过程中的“去中心化”意蕴凸显，忽视青年迷文化与主流文化之间的一致性文化生成加剧了两者的抵触与对抗。值得注意的是，青年“迷”在抵触与对抗中也从另一种视角来审视和推进青年迷文化的生成与发展，无形中又丰富了主流文化的多元化存在方式，进而通过抵抗与认同、选择与接纳逐渐实现了青年迷文化与主流文化之间的共存、共享和共生。青年迷文化重复性生成的深度建构和意义生成必须正视这种多元迷文化间的区隔性、关联性和系统性，必须理性认知两种文化之间存在的抵抗性与一致性。

2. 青年迷文化的意义生成

无论是传统还是当代迷文化都面临着意义危机，如何使迷文化具有深度的意义蕴含，是青年迷文化重复性生成过程中亟须解决的问题。青年“迷”参与迷文化的最初目的是满足自身文化的需求，获得更多的幸福感，通过与迷对象的积极互动来彰显他们对迷文化原初文本积累的丰富程度，而迷文本又为他们提供了文化产品信息源和与其他迷群互动的信息资料，其迷文本积累程度的高低决定着青年“迷”在迷文化重复性生成过程中话语权的拥有程度。但青年“迷”在丰富的迷文化景观中所进行的文化重复性生成正如法国思想家卢梭对现代性的批判所阐明的，“我们为了增进幸福而产生的焦虑不安，反而把幸福转为

---

① 邓希泉．青年文化发展规律研究［J］．中国青年社会科学，2015（5）：17—22.

不幸”[①]。青年“迷”及其文化意义的丧失是青年迷文化在发展过程中所遭遇的弊病。青年迷文化在重复性生成过程中，需注重文本资源的客观性、文化生成的规律性及其文化意义、价值的内涵。青年迷文化的生成不仅是对青年自身个性化存在的确证，更是对“存在意义”的文化追寻，心智、情感的寄托及精神的安顿。“人的精神生活在历史的积淀中逐渐形成和孕育出一个相对稳定的意义世界和‘活’的文化世界。这一世界既是人存在的个性化本质与精神追求的文化表征，也为人的存在提供着终极的价值支撑和神圣的意义归属”[②]。青年“迷”存在意义的失落及迷文化具体活动所呈现的紊乱无序，所隐含的是青年“迷”内在精神意义系统的缺失、抵牾，即青年文化焦虑、危机的凸显，是青年“迷”认同危机的具象化。可见，对青年迷文化存在与发展意义的追问，最根本的是文化对青年、社会及他者的意义再现与丰富，也就是迷文化必须具有为人的取向，即迷文化的“为人性”。青年“迷”必须确证并意识到“迷”身份存在的特殊性，在迷文化最初的重复性生成过程中保持对这种身份的客观性及文化生成规律性的认知，并保持迷文化与经济、政治、社会、生态等的互惠关系，明确意义取向并一如既往地贯彻执行，只有这样“为人性”才能真正成为青年迷文化的内核。

3. 青年“迷”责任意识的养成

青年迷文化的重复性生成是青年“迷”最初接触和参与迷文化的初始状态，在这个过程中充斥着青年“迷”对迷对象炙热的情感及其积累迷文化资本的热情。与此同时，青年“迷”应将责任意识贯穿于参与、生成迷文化过程的始终，只有具有责任意识的文化生成与创造才是有价值、有意义的文化，正如习近平总书记在关于青年社会责任的论述中指出的，青年应呈现出“‘浓郁的民族情怀’‘鲜明的伦理精神’‘高远的理想追求’‘强烈的时代特色’‘开放的世界眼光’和‘突出的实践品格’六个特点”[③]。当前，由青年迷文化所引发的

---

① ［美］达林·麦马翁．幸福的历史［M］．施忠连，徐志跃，等，译．上海：上海三联书店，2011：215.

② 侯勇，徐海楠．困境与超越：青年精神生活的现代性图景［J］．中国青年研究，2012（7）：5—10.

③ 马建青，陈曾燕．习近平关于青年社会责任重要论述的特点［J］．中国高等教育，2016（20）：17—19.

青年“迷”的迷狂、集体狂欢等非理性思想和行为的发生，根本原因就是青年“迷”社会责任意识的缺失、认知的匮乏、情感的淡漠、意志的消沉及行为失当等。在青年迷文化的重复性生成过程中，潜藏着诸多问题、矛盾和冲突，而青年“迷”责任意识的淡漠使其难以有效辨识、科学阐释与妥善疏解这种矛盾和冲突，极易陷入迷群间的模仿和盲目从众之中。因此，必须培育青年“迷”的责任意识，重复性生成不是单纯的量的累积，而是在迷文本累积的过程中融入青年“迷”对迷对象的思想、认知和情感，是融合了青年自我成长阅历、自我思想意识的文化生成。

（二）创造性生成

当代青年“迷”已不是传统意义上的被动受众，而成为迷文化积极的创造性参与者，他们更加注重自我迷身份、迷思想及迷行为个性化的表达。传统的迷文化创生集中于对迷对象文本、作品等文化资本的累积性生成，迷文化的风格、内容、式样、途径等也仅限于陈规化的创生与传播。当代社会迷文化被商品化、市场化、技术化、产业化，青年迷文化具有不可估量的发展前景，日益成为新兴文化产业的重要组成部分。这离不开青年“迷”对迷文化的创造性生成，创造性是让迷文化突破传统向现代迷文化转型的重要元素，更是决定迷文化未来发展程度的重要因素。对于青年“迷”来说，阻碍其创造性发挥的主要有习惯、旧式思维、创造能力的匮乏等，这些使迷文化更多地停留于初始生成、模仿、恶搞及“迷”的集体狂欢与喧嚣之中。对于疯狂的、病态的“迷”来说，他们的创造性趋向于极端化，即迷文化创造近似于“疯狂的”、愚蠢的和狂热的举措，他们不惧怕大众的嘲笑、讽刺甚至是拒斥，更是抛弃道德和法律的约束。疯狂的“迷”、迷群绝不会抑制自己的“迷”情感，他们放纵自己的情感在无“我”的文化生成中义无反顾、赤裸地表达自己对于迷对象的爱与恨。青年迷文化的创造性生成需要打破习惯，习惯具有双重性的影响，既可以帮助青年“迷”更快地适应迷文化活动，又会阻碍他们创造性生成的发挥，固化青年“迷”的思维。习惯往往导致的是青年“迷”无法真正适应当代青年迷文化变化与发展的多维图景，致使青年“迷”以惰性的方式替代了迷文化多元且丰富、活跃且真实的感知，学习及思考的创生逻辑。习惯所导致的必然是青年“迷”陈规化的思维、技巧及结论，这里不仅限于“迷”，也包括社会大众对于迷文化固有的偏见与质疑。社会给予青年“迷”的迷文化创生空间受到各方挤压、主流文化收编等，这种陈规化的偏见及标签化的质疑阻碍了“迷”、迷群文化创生的积极性。青年“迷”自身的陈规化思考及文化思维亦不能适应迷群经济时代的文化创造需求，用陈规化、机械化、单向度的模仿、复制习惯和技巧来解决迷文化的创生问题只会泯灭青年“迷”的文化创造性。在青年迷文化交往过程中，已有的、简捷的、枯燥的文化生成已无法契合迷文化自身的灵活性和创造性，造成青年“迷”自认为是处在多元、动态的迷文化景观中进行文化创生，其实质却是被自我“静态化”。

青年迷文化创造性生成的过程是青年“迷”自身成长与发展、自我实现的过程。当前青年迷文化还处于发展期，文化的创生过程还需完善、创生内容需要规范、创生路径需要拓展。任何文化的存在与发展本身就是自由、自觉的活动，只有在自由、自主的基础上青年“迷”的文化创造性才有可能，他们才能通过迷文化的创造性生成实现自我、超越自我。这就意味着青年“迷”要把迷文化的现实境遇与其价值追求统一起来，把青年“迷”的自我现实与理想统一起来，充分发挥自我主体性的文化存在感，进而创造能够体现当代青年“迷”睿智的思想、丰富的观念、真实而又充满生机的文化生活。

青年迷文化的创造性生成又是一个长期的、繁杂的过程。首先，青年“迷”必须具备创造性的品质。如，勇气、自由、自我接受、整合性、活跃性等，这些品质使青年迷文化的创造性生成成为可能，青年“迷”通过创造性的生活、态度、个性将自我对于迷对象的思想、观念及情感表达出来。青年“迷”的自我价值实现建立在内在的、稳定的现实基础上，即他们要有实现求真、向善、务实、自由、幸福的愿望，处于稳定的价值体系追求中，而不是只依附于娱乐、消费、物质等模仿、复制的迷文化风格模式，只有这样青年迷文化才能真正走近青年，走向社会深处，真正地触及人们内心的文化诉求与期待。只有创造性的迷文化生成，青年“迷”才是自由、快乐的发展自我兴趣，才是真正地唤醒自我确信、洞见及成长。其次，青年迷文化创造性生成的目的性必须明确。旧有的文化模式已难以满足社会转型期青年的文化诉求，青年的价值观正处于社会传统价值的“破”与新的价值体系“立”的过程中，新旧价值体系的断层在青年的文化创新过程表现得极为强烈，迷文化代表着当代青年的精神文化需求。青年迷文化的创造性生成必须以主流文化为导向，必须以优秀的理性文化、高雅文化成果帮助青年“迷”在精神失落的境况下回归自我，帮助其构建具有现实性、理想性、意义性的精神家园；对于广大的青年“迷”来说，应努力构建具有明确价值导向功能、理想塑造功能、丰盈的意义感受及多样的情感体验的社会文化形态，真正反映当代青年文化、青年精神、生活世界的文化样态。最后，必须以创造多层次的文化体系为发展方向。当前社会文化呈现大繁荣、大发展的趋势，文化角色更加丰富、文化空间更加开放、文化内容更加多元及其文化间的宽容度、融合度不断提升，开放、自主、自由的文化空间提升了青年“迷”的文化创造力。迷文化的创生过程必须以社会主导价值为核心，创生过程必须遵循主体、社会及文化的发展规律，充分调动青年“迷”的文化创生力，构建更加丰富、开放、多层次的社会文化体系，满足青年及其他受众不同层次的文化需求。当前青年迷文化存在着诸多矛盾和问题，市场化和商业化成为催生迷文化发展的重要动力，青年“迷”的依附性、盲从性导致迷文化创生流于表面，迷文化缺乏内在的关于其本质的文化创生，而理想的青年迷文化应该是注重创造性生成的文化。这里以品牌迷文化为例加以说明。对于品牌来说，其生产不仅仅是物质产品的生成、创造过程，而文化也不只是品牌外在的附属物，优秀品牌生成的过程实质上就是以该品牌为标志的文化创造过程。可以说优秀品牌所创造的文化必然会引起其“迷”的文化需求，并且反过来成为满足这种特殊文化品牌的需求，这就是品牌迷文化的魅力所在，而创造性恰恰是品牌及其文化的生命力。

（三）反思性生成

青年迷文化生成逻辑在遵循青年自主性、文化规律性的基础上进行重复性生成和创造性生成，反思性生成是对重复性、创造性生成过程秉持客观、公正的批判与理解，是青年“迷”主体对前两个文化生成过程的审视，更是青年“迷”主体的自我反思、批判、塑造“迷”身份的过程。当代社会青年迷文化的技术化、商品化、市场化、产业化势不可当，青年“迷”在自由、自主选择、生成和创造迷文化的过程中乐于享受迷文化产业、迷群经济崛起中“迷”角色身份的力量、地位。审视迷文化在社会转型期的现状，迷文化产业化的过程背负更多的是青年“迷”的依附性和盲从性行为特征，迷文化原初的个性、旨趣和功能发生了根本性的改变，走向了平庸和媚俗。迷文化的商品化驾驭于其文化属性之上，迷文化的自主性、个性化、自律性和反思性被商品经济模式收编，导致青年“迷”的文化生成流于表面，看似青年迷文化打破了传统文化创生和传播模式，而在现实中的迷文化隐藏着深层次的矛盾和问题。无论是社会大众对青年迷文化的直观审视，还是学者的学理性研究都把其原因归结为“迷”的非理性思想和行为。对于迷文化异化的现象，审视青年“迷”的文化生成必须涉及“迷”存在的根本性问题。理性是人类在生活中进行判断、分析、综合、比较、推理等方面的能力，人们要在正常思维状态下获得预期的结果就必须以理性的思维行事，必须有自信、有勇气、冷静地面对特殊的现状和问题，并快速全面了解现实，分析出多种可行性方案。理性思维是人们对客观事物的本质和规律的理性把握，是人类思维的高级形式，能够对事物的问题、现象进行理性的观察、比较、分析和综合的一种思维。“理性在实践生活中为我们提供一种反思性的指导，给我们赋予一种思考生活及其世界的智慧和力量，使我们对生活实践的目的获得反思和瞻视。可以说，理性是人的实践生活的基本构成。因此，我们只有通过理性而解决理性的危机，通过理性而解决理性的错位”[①]。只有这样青年迷文化才是理性的文化、有价值和有意义的文化。

青年迷文化的理性生成实质是一种反思性的生成，这就要求青年“迷”在文化生成过程中要有问题意识，在迷文化的生成过程中善于发现问题、分析问题和解决问题，更应有问题的预见性，这是每一位青年“迷”应具有的基本素养。问题意识是青年迷文化反思性生成的重要环节，只有在问题意识的促进过程中，青年“迷”的反思性意识才能养成，才能够以发展的视角看待迷文化所处的境遇、发现青年“迷”自身的问题，进而理性地建构迷文化图景。审视青年迷文化的发展历程，青年迷文化所呈现的喧嚣背后的孤独、躁动与不安、抵抗与顺从都与青年“迷”所处的现实与理想的冲突密切关联。在青年的发展过程中不可能消除这种冲突，冲突促使青年以更加理性的态度和行为来对待自身的文化。青年迷文化反思性生成需要以问题意识为基础，不断审视“迷”与迷群的思想、迷态及行为，改变青年迷文化繁荣景观背后的逻辑乱象，促进迷文化反思性的制度化，重塑青年“迷”的身份。同时，在反思性意识基础上开展青年“迷”、迷群的文化批判意识。青年“迷”需要正视和防范部分“迷”、迷群的非理性迷文化生成，一方面，青年“迷”处于成长期，难以完全、理性、辩证地看待和把握迷文化发展的方向，社会转型期凸显的各种问题使得青年“迷”更加无法理性地选择、判断和把握迷文化生成逻辑；另一方面，当代青年

① 金生鈜．教育为什么要培养理性精神［J］．教育研究与实验，2003（3）：12—16.

“迷”参与迷文化的深度、广度超越了传统迷文化的生成过程，介入诸多社会矛盾、牵扯诸多利益冲突与纠葛之中，导致青年“迷”对迷文化现象、矛盾和问题的误判，在缺乏理性思考和判断的情况下仅凭一时的热情、感性参与迷文化的集体狂欢中，忽略了青年迷文化的纯粹及本质。因此，青年“迷”在反思性迷文化的生成过程中应理性、客观、公正地看待自身文化所发展的境遇、现状及其存在的问题，这不仅是迷文化的反思更是“迷”的再次成长。加强“迷”自身问题意识、反思意识及其批判意识的培养，不断增强自身明辨是非的能力，以积极、主动、有效的迷文化生成机制遏制青年“迷”的非理性文化生成，使迷文化成为促生青年兴趣、爱好发展及能力提升的文化。

二、传播逻辑

青年“迷”在迷文化的生成过程中，不仅要关注文化的生产力和创造力，还应深化对文化传播力的相关研究，只有依托有效的传播才能实现对青年迷文化的继承与扩展，才能在此基础上不断提升青年迷文化的影响力，体现其意义和价值所在。当代青年迷文化超越传统媒介的局限，借助新媒体加速了迷文化在人际、群际、组织间传播的效率。新媒体是融合了人际、组织、国际传播等多层面的媒体形式，强调人性化的传播，更加注重个性及主体的自主传播，新媒体在传播的过程中为不同类型文化的传播提供了空间及可能。可见，必须从青年迷文化传播者、受众、环境、内容、方法、路径等方面整体考量其传播的理性逻辑和机制，提升青年迷文化传播的信度和效度。

（一）核心的传播理念

青年迷文化的传播力、辐射力、影响力是加强青年“迷”间交流和互动的重要维度，新媒介技术的兴起与迅猛发展推动了迷文化的“井喷式”发展，青年迷文化传播理念必须立足于现实，将青年“迷”传播者，广大迷受众，新媒介场域，传播议题、内容、方式及其路径等多种元素进行有机融合和统筹。新媒介时代，文化的传播能力是决定文化软实力的重要因素，在探究迷文化传播理性逻辑的过程中，需要从非线性传播、链式传播、融合式传播等方面厘清青年迷文化的传播理念。青年迷文化的传播路径走向网络化，它不仅大幅提升了迷文化的传播速度，还极大地丰富了传播的内容体系，随着海量迷文化文本在网络空间的上传和下载，青年“迷”参与的积极性明显提高，引发了各种迷群的关注与参与，使迷文化的网络生成与传播线路始终处于高热度状态。在考察青年迷文化传播逻辑的过程中，必须从青年“迷”的个体差异、“迷”的社会类型、迷群社会关系、“迷”与非迷的社会参与等方面深入考察迷文化传播的内在逻辑。青年“迷”的兴趣、爱好、性格、价值观的差异决定了他们不同的“迷”倾向和行为，他们在接受迷文本的过程中遵循内在的选择机制，即在诸多迷文本过程中，他们选择性地注意、理解、记忆和接受与自我需求相关的迷文本，决定了青年“迷”在进行迷文化传播的过程中是以自我的文化需求为基本内在逻辑，促使“迷”自主、自觉地参与迷文化的创生与传播过程中。青年“迷”所进行的文化创生与传播是与众多“迷”共生的文化互动，具有相似、相近性格、倾向的“迷”会遵从同一社会关系的选择，而相异的群体会选择不同的“迷”文本甚至会对同一信息有不同的反应。青年迷文化传播需要深入了解不同青年群体及其他受众的兴趣、爱好、需求、价值观及其对迷文化的态度，进而有针对性地提升迷文化的传播质量与效率。青年迷文化的传播逻辑必须注重诸多迷群关系在迷文化传播过程中的作用，青年“迷”对迷对象关注度的差异决定了他们自己特定文化圈的范畴界定。“迷”处于多样的迷群之中，各迷群有自己特定的机构、管理及互动方式，迷群内部根据迷文本资料积累的程度差异设有具体的层级制度，在迷群范围内所进行的迷文化创生与传播使“迷”自身及受众都会受到影响或束缚，受众对于迷文本信息的选择、接受也会受到广大迷群的影响与牵制。迷群对“迷”成员本身有一种无形的心理压力，须遵从、受束缚于迷群的具体规范，成员的迷文本选择在某种程度上是倾向于迷群所接受和认可的范围。这种迷群压力也是决定青年迷文化传播的重要影响因素，要了解某一特定、典型“迷”的思想、迷态及行为，就要先了解其所属迷群的迷文化传播逻辑，才有可能预判其迷文化传播效果。除了上述青年“迷”、迷群的迷文化深度参与和传播，还需要了解其非“迷”受众的迷文化参与过程，这是激发广大“迷”文化创生与传播力的重要因素。非“迷”受众可能不会像“迷”那样过度关注和深度参与迷文化创生，但是在某种状态、情境下对此文化的认同会激发青年“迷”的迷文化创生热情，迷文化被更多的受众认同、接受是迷们文化生产的动力。

（二）特色的传播平台

文化传播必须借助媒介平台，随着现代传播技术的更新和普及化，传播平台的进入门槛逐渐降低，传播平台也从现实世界向虚拟世界进一步延伸，进而将青年迷文化从传统的传播平台和“迷群”自我视域拓展至日常化范畴之中。青年迷文化的传播权力从原初的集中发布转向多源发点、分散化的生成发布，“去中心化”态势凸显，迷群自身分化现象严重，青年迷个体差异化的思想、观念和喜好偏向等成为“迷”个体参与迷文化活动的内在逻辑路线，青年迷文化的生产与再生产是在传播过程中实现的。新旧媒介联动发展与融合，尤其是新媒介作为一种社会化媒介，“首先，它突破了传统媒体单向传播的方式，凸显其交互反馈的功能。其次，它是去中心、去组织化的媒介平台；话语权由少数人转向多数人；由统一集权转向多头分权；话语权威由媒体的掌控者更多地偏向知识话语的传播者”[①]。青年“迷”在网络空间中“迷”情愫的表达及“迷”行为的实施，碎片化的迷文本资源的积累及创造成为其维系迷群关系的重要维度，相比于“宏大叙事”的文本风格，青年“迷”更易接受“微小叙事”、碎片化、轻松愉悦的文本风格，这也成为迷文化信息创生的源泉。在新媒介平台，关于迷文化议程设置主体更加多元化，青年“迷”所关注的热点议题在多元媒体场域突破原有的发展轨迹，迷们人性中的虚伪与脆弱、傲慢与迷狂、真诚与挚爱、倾听与盲从、批判与建构、理性与非理性的思维及情感交织于迷文化的传播过程中。当前媒介环境已从区域传播转向全球的信息流动与共享，迷文化早已实现跨界传播，超越种族、地域、时空及语言等障碍。在当前“互联网+”的网络思维指引下，青年迷文化与新媒介的融合发展成为迷群经济发展的新态势，进一步推进了迷文化与科技的深度融合，消除了诸多迷群间的壁垒，不断寻求在新媒介场域中迷文化发展的共性特质，满足青年“迷”多样的消费需求，提高青年“迷”的文化生产与消费水平，促进迷文化在媒介场域中的转型与深度发展。发展数字经济，推进数字产业化和产业数字化，推动数字经济和实体经济深度融合，打造具有国际竞争力的数字产业集群已成为我国在“十四五”阶段经济体系优化升级的重要部署。由迷文化带动迷群经济发展产业链的蓬勃发

---

① 师曾志，胡泳.新媒介赋权及意义互联网的兴起［M］.北京：社会科学文献出版社，2014：133.

展为经济发展注入了活力，迷文化在青年“迷”的推动下实现了经济价值、效益的转化。青年迷文化在网络媒介的发展强化了网络传播的效能及其影响力，必须立足于新媒介的基础优势和发展态势，大力加强在全媒体语境下青年迷文化的传播引导能力建设，强调电子报纸和杂志、网络广播、IPTV、三网融合、移动互联网等新媒介产业在传媒体系中的创新引领地位。注重网络电视、网络音乐、网络文学、多媒体数据库等新型网络文化元素的舆论引导。发挥北京、上海、天津，以及深圳、广州等具有高度聚合性和强大传播力的大城市功能，把青年迷文化纳入公共文化范畴，实施文化云计划，提升青年迷文化的服务效能，建立中国文化大数据，实现青年迷文化消费的供需精准匹配，有效整合各种媒介资源和生产要素，推动传统媒体和新兴媒体融合发展，完善网络文化传播机制，构建现代迷文化传播体系。

（三）有序的传播秩序

当前青年迷文化所遭遇的逻辑性失序、主流文化缺场、发展性迷失等困境，必须从青年迷文化主体、内容、传播载体、方法、路径等方面确证社会主义核心价值观的主导地位。遵循我国文化发展战略，把以网络平台为主要载体的青年迷文化的吸引力、影响力作为“塑造民族精神家园、加强文化价值的传承发扬、提升文化认同度的重要构成，在网络文化中实现从文化经济、文化工业维度向文化品质、文化价值维度的转变和提升，打造具有中国特色和世界影响力的网络内容中心”[①]。当代青年迷文化传播无处不在、无时不在，也只有在迷文化的传播过程中其价值及意义才能真正地实现及拓展，新媒介作为青年迷文化的传播渠道及消费终端，对迷文化经济价值的实现及转化具有基础性的作用，正是媒介传播建构了多渠道、多载体、多方式的迷文化传播与消费的多元格局，促生了迷文化资本及迷群经济价值的转化与提升。加强青年迷文化传播能力建设，必须“对中国人民和中华民族的优秀文化和光荣历史加大正面宣传力度，通过学校教育、理论研究、历史研究、影视作品、文学作品等多种方式，加强爱国主义、集体主义、社会主义教育，引导我国人民树立和坚持正确的历史观、民族观、国家观、文化观，增强做中国人的骨气和底气”[②]。青年迷文化借

---

① 孙东哲 . 新媒体与国际传播［M］. 北京：外文出版社，2014：359.

② 习近平 . 习近平谈治国理政［M］. 北京：外文出版社，2014：162.

助信息技术实现了文化产业链的规模性生产和经济效益的良好发展。青年迷文化在传播的过程中，提升了社会主体文化消费，但其规模化、工业化的生产方式必然导致消费商品生成过程中出现模仿、复制和创造性乏力现象。迷文化在传播过程中的商品性、消费性、娱乐性等遮蔽了应有的文化特质，即对青年“迷”或其他社会主体精神世界的丰富及自我发展的延伸。迷文化对于青年“迷”来说，具有特定的思想性、精神性特质，是“迷”所忠于及坚持的信仰，青年“迷”特有的文化认同、接受、创造及传播的独特方式可直接实现他们精神世界的陶冶与感染功能。同时，必须规范青年迷文化传播秩序，引导青年“迷”在文化传播的过程尊重秩序、规则，树立迷文化传播的秩序感。青年迷文化保持着“迷”应有的个性、旨趣，在迷文化传播过程中应防止个性、旨趣的消逝，更应防止个性、旨趣的无边界、无规则传播而失去迷文化应有的自律性和批判性，进而走向庸俗与迷狂，对秩序、道德、规则及法律的敬畏感的树立是青年“迷”应有的自省，更是迷文化发展应有的原则。应整合法律、行政、经济等力量规范青年迷文化的传播秩序及行为，坚决遏制违法、有害迷文化信息的传播，加大对青年迷文化的管理、惩戒力度，规范青年迷文化传播的方向，巩固壮大健康向上的主流舆论。因此，青年“迷”在迷文化的传播过程必须认清自己的使命及责任，要始终坚持社会主义先进文化的前进方向，积极关注我国优秀的民族文化，弘扬时代精神，坚持正确的舆论导向，遵循网络传播规律，大力培育和践行社会主义核心价值观，塑造积极健康向上的人文品格，建构理性的迷文化心理结构，注重优秀迷文化传播力的建设与发展。

三、交往逻辑

青年“迷”的交往理性与文化重建是迷文化发展的重要维度，青年“迷”只有在交往中才能真正促使迷文化的传播与繁荣。德国哲学家尤尔根·哈贝马斯在现代性批判中指出，理性在现代社会中的最大病态就是工具化和形式化，它引发现代性危机，而克服现代性危机必须以“交往理性”克服“工具理性”。交往理性“就是让理性由‘以主体为中心’，转变为‘以主体间性为中心’，以便阻止独断性的‘工具行为’继续主宰理性，并尽可能地使话语性的‘交往行为'深入理性，最终实现理性的交往化"[①]。青年"迷"在交往过程中表现出对媒介交往工具的崇拜与痴迷，商品、市场、消费侵占文化领域，文化固有的规则、本质遭遇市场经济法则的遮蔽，青年"迷"的文化消费意识取代了文化批判意识，迷文化商品的消费成为广大"迷"追求的目标，迷文化沦为迎合青年"迷"消费群体娱乐、消遣需求的附属物。在这个过程中，青年"迷"追求的不是知识的获得、自我的提升、社会责任的担当，"迷"所参与的讨论、闲聊、议题设置等也沦为碎片化、无意义的文化参与，迷文化不再引领广大青年，而是俯就青年、迎合青年。随着市场化、媒介化的发展，迷文化的生成与传播无边界地扩散，批判意识在迷文化交往中让渡于青年"迷"偏执的思想及行为，批判意识在迷群活动中也让位于消费观念，青年"迷"之间理性的公共交往被同质化的个人行为接受，迷文化的价值及意义生成也止步于这种肤浅、模仿的文化取向。在消费主义的支配下，青年"迷"的个体认同与社会认同分裂，他们在交往中批判意识缺场，在集体狂欢中丧失了理性的交往方式，固有的文化共识也被非理性的迷文化所解构。当代青年"迷"主要借助网络媒介进行迷文化交往，媒介作为技术性的存在推动和改变了广大"迷"的生存方式。同时，在网络媒介中存在的"'权威的缺失现象'、信息技术理性'应然'与'实然'的悖论、信息生活'善'与'恶'的交织、信息伦理'自由'与'监控'的两难、'信息伦理相对主义问题'、信息教育中的'信息代沟'问题等，在现实性或者是最终意义上是来源于人类现实生活的各类问题和矛盾"[②]。可以说，信息传播逻辑必然是人的逻辑在媒介场域的延伸，无论青年迷文本信息是囿于迷群范围而与其他文化相区隔，还是各类迷文本信息相互交织，最终决定迷文化价值及意义的永远是"迷"主体。只有在青年"迷"理性的交往实践中才能构建"迷"特有的文化身份及生活方式，进而塑造"自我"。

青年"迷"要实现理性的交往，必须摆脱"物的逻辑"。在迷文化的交往过程中，部分青年"迷"的迷失会导致迷文化异化的根本原因在于"迷"被迷对象所牵制与支配从而失去自我。尤其是物质生活的飞速发展使媒介成为迷文化主要的生成与传播场域时，"迷"对理性的信仰转向了对物、科技的崇拜，迷

---

① 曹卫东．文化间性：记忆与反思［M］．上海：上海人民出版社，2016：18.

② 宋振超．信息化视阈下高校思想政治教育有效性研究［M］．北京：中国书籍出版社，2015：197.

对象不再是简单的一种物或主体的存在状态，而是成为具有一定支配能力的“物的逻辑”并主导着青年“迷”的交往。在当代社会，青年迷文化的转型与发展要关注青年“迷”生活的物质层面或迷文化所处的境遇，青年“迷”必须在“物的逻辑”交往中保持自我本真、对驳杂的迷文化景观保持一定的辨别能力，要保持对生活的感悟、对所崇拜迷对象的态度及生存意义建构的能力。青年“迷”在交往过程中所面临的是现代社会的高度的“理性化”与青年“迷”极端的“感性化”的悖论存在，其所带来的必然是社会心态的现代性的转变。最明显的特征就是青年迷文化逐渐合理化、常态化，“迷”无处不在，迷文化现象不断涌现、迷文化层出不穷、迷文化产品已深入大众的日常生活，迷经济已成为我国经济发展的新业态，迷文化已不仅仅是青年或“迷”的一种专利，只是青年“迷”相对于其他受众来说，对于这种交往更加频繁和凸显。青年迷文化在当代社会已成为一种现象级文化，要避免青年“迷”在交往过程中这种极端的“感性化”“庸俗化”“娱乐化”等偏执思想和行为，就需要青年“迷”探寻更加理性、健康、严肃、触及“心灵深度”交往的可能性。而导致青年“迷”交往这种可能实现最大的困境就是“迷”主体失去了自我统一性，“迷”个体的自我特殊性与普遍性的精神实质消解了，他们离散的心性秩序从社会的整体性中抽离，导致他们失去了和谐心态与生存的精神根基，他们对生存的心理预期、趋向与自我、社会的发展发生了背离。青年“迷”在交往中所体现的这种自我断裂性，必然造成其在道德领域的分离及其公共领域道德的混乱与缺失，他们在公共生活中的文化参与转变为附和式与表象的参与，背离了对迷文本最初的理解、建构及意义的生成。“迷”的独立性、自主性、批判性消解于迷文化的扁平化与虚假狂欢之中，失去了认知世界、感知自我及自我建构的能力。从上述分析可见，青年“迷”在迷文化交往过程中是“迷”主体精神建构的过程，需要青年“迷”在这个过程中保持自我同一性、知行同一及文化批判精神的共在与实现，只有这样青年“迷”的交往才能抵御价值颠覆及心灵失序的可能。青年“迷”理性的交往关系着“迷”个体及社会价值的实现，不仅能提升“迷”的自我精神境界、丰盈社会文化范畴、优化自我精神结构，还能真正实现青年“迷”个体与社会、特殊性与普遍性的同一，促进青年“迷”与他者之间的和谐交往，实现当代青年社会心态、情感、意义建构、社会文化结构之间的良性发展与精神的统一。因此，青年“迷”在交往实践中应在不断扬弃迷文化“异化”现象的基础上，着力构建更加规范化、科学化的实践平台，青年“迷”应以自主、自觉的态度树立富有理性化、规范化、科学化及人性化的交往理念，在具体的交往实践中实现其主体性发展，促进社会文化的繁荣与发展。

第七章
青年迷文化的教育形塑

青年是国家的未来、是民族的希望，青年兴则民族兴，青年强则国家强。党和国家历来重视青年、关怀青年、信任青年，始终坚持把青年作为党和人民事业发展的生力军，为青年的发展提供了广阔的平台和优越的条件，尊重青年的首创精神，注重激发青年的参与热情和创新活力，关心和解决青年现实所遭遇的发展困境，倾听青年的诉求，支持青年实现人生的理想，引领青年、服务青年、发展青年。青年迷文化作为以青年“迷”为主体的文化，针对当前青年迷文化发展存在的诸多问题，应从思想政治教育视角对青年迷文化形塑，教育和引导青年“迷”理性地开展迷文化活动。

第一节　青年“迷”自我意识的形塑

青年迷文化的教育形塑，在注重引导方向、原则、取向的同时，更应注重青年迷文化主体心理的疏导及现代青年“迷”心理的建设。青年心理正处于发展期和成熟期，虽然褪去了少年期的稚嫩，但是青年期凸显的问题及现象一方面在指涉着青年心理的不成熟与不稳定；另一方面指涉着在我国社会转型期所带来的阵痛引发的青年“迷”心理的失衡。当代社会经济、政治、文化、社会及生态变迁所导致的青年“迷”的心理发展不平衡，矛盾与困惑的凸显，成为当代青年心理教育、发展亟须关注和解决的问题。在诸多青年“迷”文化问题和现象中，可以说原发性的青年问题相对较少，更多的是青年迷文化问题及“迷”主体心理失衡，而这是我国社会转型期诸多社会问题的衍生，是由于社会结构性问题所引发的青年问题。因此，深入了解和探究青年“迷”心理、价值观念及社会心态变化轨迹，不仅能针对性地解决青年“迷”的心理问题，更能深刻把握当前社会发展所存在的问题及对未来发展取向进行预测。对青年迷文化的教育形塑，要注重青年“迷”心理的疏导，尤其是现代青年“迷”心理的建设，引导青年“迷”主体构建成熟、稳定、理性的迷心态，对自我有正确的认知、客观的自我评价、积极的自我提升及观照自我内在的成长，为青年迷文化建设构筑坚实、稳固以及丰富的“迷”精神世界。

一、自我认知的疏导

一般而言，当代的青年具备较为完善的知识体系，对于事物及其发展具有一定价值判断能力。但不可忽视的是，在快速发展的社会进程中青年“迷”心理所呈现出的是自我矛盾、发展困惑与前景迷茫，亟须通过思想政治教育对青年“迷”进行形塑，并促发青年迷主体在自我认知、自我分析的基础上进行逻辑化梳理及疏导。当代青年“迷”的文化交往走向多元化，在呈现交往间接化、理智化、务实化、个性化的同时，也伴随着他们急于追求个性又迫切寻求集体归属、亟须在媒介场域中建构“自我”又渴望回归现实“真我”、亟须获得“迷身份”又迫切澄清“我们”与“他们”的划界等矛盾心理，这种矛盾、失衡的迷心理最终导致的必然是他们精神的压迫与精神世界的困顿。因此，必须通过教育引导青年“迷”进行自我认知的梳理与廓清。

（一）青年“迷”焦虑情绪的疏导

青年“迷”心理困惑、矛盾、迷茫所导致的必然是焦虑情绪的产生，而青年自我焦虑情绪疏导的前提是须深入考量社会转型期对青年“迷”心理的影响。当代社会的迅速发展、急剧变迁和网络技术的变革所带来的不仅是物质生活水平的提升和科学技术对人类生活环境的改变，还伴随着质朴、简单、宁静、平和、稳定的生活被繁杂、多变、紧张、漂泊的焦虑感所充斥。青年正处于这样的年代，其迷文化更能体现出现这一时代的文化品质。美国学者阿尔君·阿帕杜莱认为，当代社会中我们身处生存焦虑中，而这种生存状态恰恰是当今世界文化发展的核心问题，他指出："如今我们所处的世界似乎是根状茎式的，甚至是精神分裂式的：一方面召唤出理论去解说无根、异化及个人和群体之间的心理疏离，一方面营造着电子媒介下亲密感的幻想（或噩梦）"[①]。青年"迷"正是在这种状态中催生了迷文化，他们的焦虑由过去的隐性转变为显性，最根本的表现就是青年"迷"对于自我的不确定感和无助感，以及身处迷文化中的不安与惧怕。青年"迷"在不断寻求迷群归属感、增强相关迷文化资源积累，以及获得、塑造"迷"身份而实现自身的发展，但是这种显性的焦虑使这种发展模式受到了威胁。青年"迷"的身份困惑与角色冲突所凸显的焦虑最终导致的是他们无法确证、认知自我，感到生存与发展的恐慌与迷茫，更多的是生活的脆弱感、无助感与不安全感，这种感触不仅涉及青年"迷"个体，同时也在青年迷群中弥散。无论是理性的还是非理性的青年"迷"，在特定的迷情绪、情感的波动中多少会受困于这种焦虑，只是非理性"迷"凸显得更为强烈。青年"迷"正是在这种焦虑情绪中不断加深文化失范的体验，并试图在这种文化失范的图景中尝试构建一种新的生活方式及价值体系。

从上述分析可以看出，青年"迷"的焦虑情绪看似属于心理范畴，却是青年"迷"异化及其文化失范的根本原因。这就需要通过教育引导青年"迷"正视、梳理这种焦虑情绪变化的核心向度，自我调整迷情绪、迷心态，从情感化向理性化转型，正视青年迷文化存在、发展的合理性及其非理性化的变化取向。从多元化的视角看待青年迷文化的发展：一方面是青年"迷"个体层面上的个性化发展；另一方面是青年迷群体的复杂化及多变化发展取向。青年是迷文化的创造者，又囿于其所建构的多元迷文化困境中，迷文化已成为青年成长和发展的一部分，他们在理性与非理性、真实与虚幻的迷文化边界游离，若娱乐、消费、时尚等超越了必要的界限，青年迷文化就走向了非理性。这就需要通过思想政治教育引导青年"迷"对焦虑的情绪进行正确归因，把握理性与非理性的边界，在凸显"迷"个性化特质的同时注重与主流文化语境、现实生活内容及自我发展前景相契合，丰富自己的生活内容，勿让迷文化成为牵制自己生活的主要力量。娱乐、消费、时尚等只是迷文化的

---

① ［美］阿尔君·阿帕杜莱．消散的现代性：全球化的文化维度［M］．刘冉，译．上海：上海三联书店，2012：37.

一方面，切勿将其归结为迷文化的全部，进而放逐自我、迷失自我。针对青年迷群的具体活动开展思想政治教育，引导青年“迷”时刻坚守应有的理性和原则，不应抛弃原则、道德、法律而成为非理性迷文化的主导者，不应在迷群内被疯狂、痴迷情绪、情感所掌控，克制自己的非理性迷情绪并及时地对这种不良情绪进行自我疏导与剖析。因此，青年“迷”焦虑情绪所导致的非理性“迷”思想及行为，需要通过思想政治教育关注青年“迷”的情绪、迷态及迷行为，引导青年“迷”个体时刻保持警醒的觉悟，以理性的态度、情感对待纷繁复杂的迷文化，学会辨别、剖析及自我诊断，以现有的知识积累及较成熟、稳定的情感把控自我的迷态。

（二）“我们”与“他们”身份的融合

青年迷文化认知的梳理首先必须理性对待青年的“迷”身份，青年迷文化症候揭示最根本的原因在于青年“迷”个体、迷群间对“迷”身份的争夺及大众对于“迷”身份的划界，致使出现“我们”与“他们”“我文化”与“他文化”等身份及文化间的矛盾和冲突，这里只阐述和分析青年“迷”主体间的身份认知的媾和。当代社会发展过程中青年“迷”个体在某种情况下可能属于多个迷群，其自身所赋予的身份价值、情感及意义也更加多样化和复杂化，而这种多样的迷群身份满足了青年“迷”不同的迷文化需求。社会认同理论认为：“对群体认同度较高的成员会更加热爱所属群体，更倾向于贬低外群成员。很多社会心理学研究表明，这种基于‘我们’和‘他们’的社会分类是群体冲突和偏见的关键原因”[①]。在“我们”与“他们”二元划界的思维范式下，青年迷群冲突更加凸显，其所衍生的迷文化也更加倾向于矛盾及冲突的激化，进而失去了诸多文化共生的发展理念，忽视了青年“迷”身份的多样化及他们所承载的文化的关联性、系统性、社会性和发展性。青年迷文化也在这种“迷”身份、话语的争夺、冲突中更加趋向于异化，而青年“迷”真正的旨趣被遗失。

面对上述问题，需要通过教育对青年“迷”的自我认知及焦虑等情绪进行疏导，打破传统思维中“迷”身份狭隘化、固化的思维壁垒。通过家庭、学校、

---

① 管延军.个人—文化匹配、群体态度与组织行为［M］.北京：社会科学文献出版社，2013：99.

社区等教育引导青年“迷”及迷群更加宽容地对待、接纳不同迷身份的存在及他们不同的身份、思想、观念、文化及行为，给予青年“迷”主体更加宽容、和谐的生存及发展空间。当然，对于隶属于不同迷群的青年“迷”来说，必然会在不同的情境、语境中更加关注相应迷群及迷文化的发展，所谓的打破迷群身份壁垒并不是说打破迷群身份的归属，失去“迷”的个性及迷群的特殊性，而是要引导青年“迷”以发展的视角来看待不同迷群、迷文化的发展，改变青年“迷”个体对于其迷群身份的认知来促进迷群间和谐关系的建构，提升青年“迷”主体认知的广度和深度。青年迷文化的教育形塑更要在尊重青年“迷”个性及其迷群特殊性的前提下，塑造青年迷群的整体身份，使不同的青年“迷”意识到在归属某个或多个迷群的同时，还隶属一个更包容、开放的集体，而非安全独立、封闭的小群体，这样青年“迷”对其他“迷”及迷群的态度就会向更加宽容、理解、积极的向度发展。青年迷群的边界意识、固化思维就会有所改变，对原本由于“迷”主体身份引起的偏见、冲突等不良认知、动机就会减少，更加倾向于宽容、和谐等积极迷群关系的建构。在青年迷群间开展教育形塑活动，引导青年迷群营造尊重、欣赏其他迷群优秀文化理念的思想，在差异中学会借鉴、学会成长、学会发展，使迷群间的文化、价值差异不再是阻碍迷群间交流的障碍，更不是引发迷群冲突的主要因素。通过教育引导青年“迷”、迷群在尊重多元迷文化发展取向的同时，更多的是青年“迷”真正理解多元中所蕴含的积极性、发展性的文化内涵，尊重多元“迷”身份，真正发掘多元迷文化发展资源对迷群生存与发展的积极作用。

（三）寻求“共识”的“迷态”

美国著名社会心理学家亚伯拉罕·马斯洛认为人的需要可以分为“匮乏性需要”和“成长性需要”，他认为生理需要、安全需要、归属需要、自尊需要属于“匮乏性需要”，这些需要在很大程度上依赖于他人和社会环境，在满足的效应上“匮乏性需要”主要可以避免成长过程中的困惑、矛盾、疾病等。“成长性需要”则指的是自我实现的需要，是“匮乏性需要”相对的概念，其导向的则是更加积极健康的自我发展状态。迷文化对于青年“迷”而言则是“成长性需要”，这是青年“迷”在迷文化交往过程中所达成的共识，也是他们的共同心理状态和心理基础。对于青年迷群成员而言，在生成和传播迷文化的过程中，“他们较少害怕自己的想法，即使这些想法是‘疯狂的’、愚蠢的或狂热的。他们较少惧怕被人嘲笑或被人拒绝。他们能够放纵自己的情感”①。这也是所有青年“迷”在理性与非理性边界迷失自我的心理轨迹，即使这种“迷”思想、行为是被社会、大众所拒斥的，是触犯道德和法律的，支撑他们这种迷心理的就是迷群的心理“共识”，而“共识就是共同的意识，它所指的其实就是社会生活中共同的意义”②。这种心理共识给予了青年“迷”主体更加合理性、合法性进行迷文化生成的心理基础，即使迷文化是失衡的、是与主流文化及价值相冲突的，但它们依然被迷群范围的心理共识所牵引。

青年“迷”自我意识的塑造不仅是自我意识的回归，更是迷群范围真正心理“共识”的达成。一方面，青年“迷”根据自己的兴趣、偏好、需求等聚集在一起，就共同心理、精神、价值需要达成共识，这种共识也是迷群之间文化、价值及社会意义最根本的区别，是迷群的身份标识。迷群应共筑这种心理“共识”，一个成熟的迷群应有最基本的心理、规范、价值、制度和理念共识，这种共识更是与社会发展、青年文化成长相契合的，它对非理性“迷”思想、行为具有群体范围内的教育、规范和监督作用，引导青年“迷”的心理、思想和行为更加积极。另一方面，青年迷群的心理共识抵达程度关系迷群成员的迷文化需求和发展，影响和丰富着青年“迷”的世界。在迷群的组织内部应扩大迷群成员的心理共识范围，不仅是对自我迷群内部，同时对于“他群”也应给予一定“迷”的尊重，关涉迷群内部成员的迷文化思想、心理情绪及行为。围绕迷对象生成的迷文化价值共识都具有“迷圈层”内部的群体心理及公共性倾向。因此，青年迷群内部的心理共识度是迷群存在与发展的基础，也是“迷”成员思想和行为成熟的标志，这种心理共识不仅是关于迷文化的相关程度，更是群体范围内青年“迷”生存与发展的价值共识，亦为青年“迷”参与其他组织社会生活提供了动力和资源。在对青年迷文化教育形塑的过程中，要在青年迷群内部建立柔性的教育管理模式，在感性与理性、情与理、虚拟与现实等交错的内在与外在空间中构建通往“迷”个体与迷群的心理疏导、教育、澄清、治愈通道。在这个过程中既需要对青年“迷”情感的唤醒，又需要建构“迷”主体间的情感信任及说理辩论，梳理迷群内部的情感及个别青年“迷”非理性的情

---

① ［美］亚伯拉罕·马斯洛．动机与人格［M］．许金声，译．北京：中国人民大学出版社，2007：204.

② 彭立群．公共领域与宽容［M］．北京：社科学文献出版社，2008：23—24.

感表达与宣泄。在理解、尊重的基础上使青年“迷”主动调节与社会、群体、他群等的文化、情感及价值冲突，使他们在寻求“共识”的心理中促进迷文化的健康理性发展。

二、自我个性的养成

青年迷文化的思想政治教育形塑，最重要的是在塑造青年自我认知的基础上，使青年“迷”主体重塑自我意识，使“迷”成为真正的“自我”，即青年“迷”“应该是将自己锻造成一个具有‘深度’和‘厚度’的生命体，使‘我’具有‘成为自我的能力，即过一种其节奏不受外界偶然事件影响的内心生活的能力’”[①]。因此，必须通过思想政治教育形塑引导青年“迷”主体重新回归自我，重塑自我意识，发展真我，使青年迷文化成为服务于青年成长及社会发展的文化。

（一）自我意识的复归

美国人本主义心理学家罗洛·梅认为人的存在主要有三种方式，即存在于周围世界之中（人所处的自然世界、物质世界）、存在于人际世界之中（人与他人的交往）和存在于自我世界之中。这三种存在方式共同构成了人类生活的本质，人只有存在于周围世界中才能真正地感触世界万物，只有在人际交往中才能体现人的社会性，只有身处自我世界中才能有自我意识。罗洛·梅指出：“自我世界需要人的自我意识作为前提，现代人之所以失落精神动力，就在于放弃了自我世界，缺乏明确而坚强的自我意识，由此导致人际世界的表面化和虚伪化”[②]。当代社会生活中高强度、高节奏的生活压力使青年处于焦虑、空虚、孤独等现代心理症候之中，而迷文化恰恰弥合了青年心灵的孤独与缺失，但过度地沉浸于“迷”对象的世界中又必然会迷失自我而沉浸在“他者”的世界中，

---

① ［法］米·杜夫海纳．审美经验现象学（下）［M］．韩树站，译．北京：文化艺术出版社，1996：439—442.

② ［美］罗洛·梅．心理学与人类困境［M］．郭本禹，方红，译．北京：中国人民大学出版社，2010：15.

那么“迷”的自我意识也会逐渐丧失。青年“迷”在共享迷文化资源的过程中促进迷文化的发展，但迷文化发展所遭遇的却是文化的失衡，主要体现在：一方面，青年“迷”的过度参与和沉浸于迷文化世界而远离“自我”，过度地依赖、顺从和参与所导致的必然是“自我”的迷失；另一方面，青年“迷”过度地沉浸于对“迷”对象的世界而封闭、束缚自我，自我与外界割裂，导致的是偏执的“迷”心理及迷行为。这两种情况的共同点就是青年“迷”自我意识的缺场。

青年迷文化的正常发展前提必须是青年“迷”自我意识的复归，回归自我的原始状态，也就是青年“迷”必须建构“自我同一性”。在青年“迷”“自我同一性”的建立中必须有一种坚实而内在的同一性才表征着青年期真正的成熟，而青年只有具备这种坚实而内在的自我同一性，其所参与的迷群活动、所生成和传播的迷文化、所实施的迷行为才是理性的、完整的。这就要通过思想政治教育引导青年“迷”将自我置于迷群组织内部，不仅需要承认自我，更要承认他者的存在，只有这样才能建构、实现“自我同一性”。只有在相互承认的视域下，青年“迷”既可以实现自我“迷”个性、情感的表达，也可以在参与迷群和其他社会组织中实现个体的社会化并获得“自我同一性”，青年“迷”在个体化和社会化过程中不断认知自我、建构自我、实现自我。只有通过思想政治教育使青年“迷”坚持自我意识，保持警醒的意识，不被驳杂的迷文化景象所迷惑、不被物欲所遮蔽、不被高速的信息场所驾驭，才能始终坚持自我、审视自我、倾听自我及观照自我。罗洛·梅认为，心理健康的首要条件就在于接受自我、肯定自我，在自我的成长中必须不断鼓励、督促自己，使自我趋于成熟。我们的教育只有引导青年“迷”真实地观照自己，塑造其自我意识，青年“迷”才是真正意义上进行迷文化生成、传播和创造的“迷”，青年迷群才是真正传递青年文化、青年精神和青年力量的组织。

（二）青年“迷”个体化的深化

个体化是社会结构从传统向现代转型的重要标志，当代社会人们思想、社会心态的个性化最重要的表现就是选择自主化和个性化。青年迷文化得以迅速繁荣与发展的最根本原因在于当今社会更加尊重青年生存与发展的精神文化需求，更加重视青年个体潜能的发挥，社会对青年个体的人生价值、目标、成就给予了尊重、肯定和支持。个体化是青年“迷”价值取向多元化的必然结果，“个体化趋势正在带来社会成员个体心理空间的扩大，这种个体心理空间的扩大，并不意味着个体逐渐地以自我为中心，或者越来越远离社会的管理和规范。相反，个体化是促进公民个体产生和现代社会成长的一种重要力量”①。随着当代社会的发展，青年的个体空间和心理空间在日益扩大，成为青年迷文化生存与传播的重要基础。青年身处传统文化、现代文化及西方后现代文化交织的多元文化时空中，他们的文化选择、判断标准更加趋向多元化，虽然青年迷文化更充满活力、激情，但同样也存在多重选择性及双重标准，导致青年文化发展面临诸多的不确定性、模糊性。青年“迷”在生成和传播迷文化的过程中其个体化得到空间的彰显，但这并不意味着个体化可以逾越道德、法律、规范进而疏离主流文化范畴，而是促进青年与社会成长与发展的个体化。

通过教育对青年迷文化的形塑要求青年“迷”深刻理解个体化，加深对个体化的认知，虽然青年的迷文化活动有个体形式，但主要是以迷群为主而体现不同的迷文化特性，他们通过具体的迷文化活动对某一迷对象进行研究、发掘迷资源，对同一迷对象有了共同的认知。正是在迷文化交往中，青年“迷”相互认同、理解，他们关于迷文化的思想、观点、情感得到某种程度上的共鸣和共通，青年“迷”个体的文化生产力得到了拓展和发挥。而人性就是人的个体化，是个体生理、心理、社会等综合素质在不同生活领域中的集中体现。“人的个性发展的一个重要方面是人的自主性发展，或者换句话说只有自主的人才可能是真正有个性的人”②。文化常被作为社会和人类发展的整体单位来进行考量，而个体对于文化的意义和价值则容易被忽视，但实际上没有个体在现实生活中的文化创造、传播等具体实践，文化的发展就无从谈起。当代社会文化的发展理念倾向关注个体的文化需求、创造，更加注重个体在文化创造中能动性的发挥。青年“迷”在迷文化交往中追求的是自由个性的凸显，自由的前提必然是自主，青年“迷”所表现的文化吁求、选择及其表达方式已达到自主和自觉，但这种自主和自觉必须是符合社会发展、社会道德法律要求及青年自身发展的自主和自觉，自主、自觉的程度决定了青年“迷”个体化程度及迷文化的发展状态。

---

① 沈杰．中国改革开放以来青年发展状况研究［M］．北京：人民出版社，2015：362.

② 袁贵仁．马克思主义人学理论研究［M］．北京：北京师范大学出版社，2012：277.

（三）意志力与自控力的养成

青年迷文化交往过程中之所以会出现“迷”主体的迷失，主要是因为青年“迷”缺乏意志力和自控力。若面临迷文化选择时失去了自主选择权，他们就感受不到现实生活的意义及价值，自我处于虚空、焦虑和孤独中，从而逃避真实的自我，沉浸于虚幻自我。美国心理学家凯利·麦格尼格尔认为，现代人更加关注意志力，意志力“就是控制自己的注意力、情绪和欲望的能力。我们知道，意志力会影响一个人的身体健康、经济安全、人际关系和事业成败”[①]。他指出，在我们的现实生活中，大多数人觉得自己的意志力薄弱，自控只是一时的行为，相反，力不从心和失控则是我们生活的常态，而缺乏意志力是我们实现目标的最大障碍。在某种程度上青年“迷”能认识到自己的生存困境，更会为自己的“迷”思想、行为导致自我及他人的失望而感到愧疚，但当其进入“迷”的状态时，便无法掌控自我想法、情绪及欲望，所有的思想和行为都是冲动而非审慎的抉择。

在我们现代生活中，每个人都以某种方式抵制各种诱惑、癖好、拖延或干扰。这不是青年“迷”这类个体独有的弱点和不足，而是现代社会中人所共有的状态，意志力缺陷是人生存过程中不可避免的，最重要的是青年“迷”要提高自控力，必须清楚自己为何失控？失控的程度如何？只有意识到自己失控的原因及限度，才能真正有效地避开意志力失效的陷阱。在对青年迷文化进行教育形塑的过程中，要引导青年“迷”首先须深知，并不是拥有了意志力就能解决青年“迷”及迷文化所面临的现实困境，自控力也有其局限性。通过思想教育引导青年“迷”深思如何在面对偶像迷、媒介迷、品牌迷、影视迷等迷对象的过程中会屈服，会迷失自我，会由沉浸发展为沉迷，只有自我对迷失的过程进行反思，才能思考抵制诸多诱惑的教育对策。可以说，意志力对于每个人有所差异，只有能控制自己情绪、注意力、思想和行为的人，才能获得更多的幸福感。对于“迷”而言，意志力的挑战是一次“自我”的博弈，“过去的我”“现在的我”“现实的我”“未来的我”“虚幻的我”等在“迷”的世界中是共存的，而具有“迷”特性的“虚幻的我”“迷狂的我”试图控制“迷”的思想和行为。因此，青年迷文化的教育形塑须强化青年“迷”的自我意识、自我思

① ［美］凯利·麦格尼格尔．自控力［M］．王岑卉，译．北京：印刷工业出版社，2012：1.

想和自控力，唤醒意志力，让价值回归理性，让“真实的”自我意识占主导地位，这样青年“迷”才会拥有意志力和自控力，才能更理性地解决文化冲突，成为优秀文化的传承者和创造者。

三、文化人格的塑造

青年“迷”的社会心理之所以呈现矛盾性、困惑性、模糊性，主要是由于我国社会转型期社会结构的变化、文化多样性的发展等所导致的青年“迷”心理不适。同时，也源自青年“迷”自身具体的问题所导致的心理冲突。要解决青年“迷”的异化及其迷文化在当代社会中的症候，必须加强思想政治教育，注重青年“迷”的现代社会心理建设，对青年“迷”进行积极的人文关怀和心理疏导，培养青年“迷”自尊自信、理性平和、积极向上的社会心态，为青年迷文化的创生和传播培养坚实的心理基础。这就要求青年“迷”要培育自由、自尊、自主和宽容的现代人格，继而唤醒自我，发展自我，探觅抵达身体与心理愉悦、幸福的路径。

（一）自由

当代青年“迷”追求的是自由而开放的文化理念，他们打破传统的禁锢、规则的束缚、大众的偏见，勇敢地以自己的方式通过情感、语言、文字、影像等表达对“迷”对象的热爱，对自我兴趣的勇敢追求与“迷”生活的向往。但不可忽视的是，青年“迷”却误读了“自由”，进而导致他们放任自我的情感、思想及行为。因为自由并不仅意味着青年“迷”突破束缚获得应有的权利，同时还意味着责任，他们所追求的“迷”自由的活动应该是在一定范畴内的自为的、自主的，更是自觉的活动。通过思想政治教育对青年迷文化形塑的过程中，要注重青年“迷”的现代心理建设，引导青年“迷”必须正确、理性地看待“自由”，即青年“迷”在自由选择“迷”对象开展具体迷文化活动的过程中，要引导他们意识到自己的社会责任，并愿意对自己的“迷”行为承担主体责任。从这个意义上讲，相应的责任是青年“迷”享有自由的前提，自由与责任相统一是青年“迷”在开展迷文化活动过程中必须遵循的原则。“自由是主体在认识活动和实践活动中追求和表现出的一种状态、一种境界"[①]。自由的状态和境界对青年"迷"而言就是其在开展迷文化交往过程中所表现出的自觉、自为、自主的状态。

当代青年"迷"追求自由、开放、多元的文化氛围及理念，迷文化的兴起在当今作为一种具有代表性的文化，更代表的是青年对于自由的追求及对自我的文化标识与塑造。这种自由是一种青年"迷"自觉的迷文化生成，在教育的过程中应引导青年摒弃盲目、模仿、顺从等文化的同质化倾向，促使青年"迷"在对迷对象原初文本进行文化创生的过程中有自觉而明确的目的、预期的目标，这种目的性是青年"迷"有意识的、有目的的，而非盲目的、非理性的缺乏文化辨析的随意性生成与传播。青年迷文化活动的这种目的性是在自我发现、选择、创造、实现的基础上抵达文化目的，"迷"自觉的文化创生活动就是其"自由"的体现与确证；青年"迷"在参与迷文化活动中的自由也是自为的文化生成，自为的行为是与自发的行为相对应的，整个人类的文化发展史也经历了从自在到自为、从不成熟到成熟、从不自由到自由的发展过程。青年迷文化作为一种兴新文化发展形态，其发展速度及青年的参与度、影响度超越了任何一种文化，从当前迷文化的发展态势及凸显的问题可以看出，青年迷文化正处于一种自在、自发的状态，这正是需要通过思想政治教育的形塑之处。可见，青年"迷"行为必须由自在向自为发展，在开展思想政治教育的过程中要注重提升青年"迷"对迷对象的认知，提升他们参与迷对象文本的转化和支配能力，确保青年迷理性、成熟地开展迷文化交往，促使青年迷文化由自发向自为行为转化；青年迷文化的自由活动同时也是一种自主行为，自主是相对于强迫、压制而言的。在传统社会中，青年的"迷"行为更多的是一种隐秘的、私我的文化行为，而这一时期的思想政治教育方法及措施也是非常粗暴和片面的，对青年迷文化的价值性功能引导及发挥是欠缺的。但在当代社会，青年"迷"的私我文化行为突破了传统观念及环境的局限，进入了公共生活范畴，融入了大众视野。青年"迷"在迷文化活动中的自主行为足以凸显他们的身份和地位，他们对于迷对象的选择、对迷文本的创生、对迷文化活动的组织，以及其迷群范围内活动的具体规划、设置、分配等都拥有话语权及迷文化活动开展的自主权。可以看出，通过思想政治教育形塑的迷文化，青年"迷"的自由是"迷"主体

① 袁贵仁．马克思主义人学理论研究［M］．北京：北京师范大学出版社，2012：250.

在认识“迷”对象的过程中有目的地选择、支配、创新、传播及控制迷文化活动的能力和权力的统一。而青年“迷”的自由程度有赖于他们对“迷”对象的认知程度及具体的文化创生决策，有赖于迷文化实践活动中具体的教育引导效果。因此，青年“迷”的自由就是他们与迷对象客体之间的关系，“迷”对迷对象文本创生中的自由并不是随心所欲、盲目的模仿和创造，而是在主体与客体、权利与义务、自由与责任统一基础上的自为、自主、自觉行为。

（二）自省

“自省”是自我意识能动性的表现，是通过自我意识来省察自己言行的过程，是主体的自我评价、反省、批判、调控和教育，从心理学的视角来看，自省不仅是一种优良的道德品质，更是一种使人抵达幸福的能力。一般而言，具有良好自省能力的主体，他们的个性比较独立、意志力强、有明确的生活目标、勇于追求自己的兴趣、自我存在的价值感较高、能独立并较好地处理各种社会关系，其生活幸福感较高。青年迷文化的教育形塑必须培养青年“迷”的自省能力，这样他们就能善于审视自我，能自我遏制盲目、迷狂的非理性思想和行为。自省不仅意味着自我审查、批判，同时还包括了自我肯定，无论处于顺境还是逆境，都要具有自省的态度，自省并不等于盲目的自我批判，自省是积极的、愉悦的、具有建设性的心理活动，是青年“迷”将自己的思想、行为导向理性、健康的行为。青年“迷”的自我意识是他们对自己的“迷”心理倾向、“迷”心理特征及“迷”心理过程的认知与评价，“迷”主体自我意识的复归就是要求他们要正确地认知自我、客观地评价自我、积极地关注及提升自我。

首先，要提升自我认知。自我认知在自我意识系统中具有基础地位，在自我意识中属于“知”的范畴，是青年“迷”对自己身心特征的认识，他们的自我评价就是在自我认知基础上产生的自我判断。青年迷文化的教育形塑必须引导青年“迷”客观、理性地认知及评价自我，正确的自我评价对青年“迷”个体心理生活及其心理具有重要影响。在诸多的迷文化交往过程中，矛盾、异化的根本点在于青年“迷”对迷对象的认知评价超越了其客体本身。“迷”主体与迷对象关系失衡，青年“迷”心理呈现自卑或过度的自满心理，导致了青年“迷”的自我评价失去客观性。自我评价是自我意识发展的主要成分和主要标志，是青年“迷”在认识迷行为和活动的基础上产生的。这就需要通过思想政治教育提升青年“迷”的自我评价能力，学会客观、理性地在迷文化交往中去比较、鉴别，客观地认识和定位自己的“迷”身份，在自我意识复归的基础上提升自我认知程度；其次，要学会自我体验。自我体验是青年“迷”对自己的认知而引发的内心情感体验活动，是他们“迷”情绪及“迷”态的一种具体体现，如自信、自尊、自卑、内疚、自满、羞愧等。青年“迷”的自我体验与自我认知、自我评价休戚相关，对自我体验的训练，就是通过教育引导青年“迷”在迷文化交往过程中要有自信、自尊、自省的心理活动，时刻体验自我情绪、思想及行为，保持健康、理性、客观的自我心理体验；最后，适当的自我监控。青年“迷”自我认知、自我体验训练的最终目的就是自我监控、自我管理、自我教育，进而自我调节“迷”情绪和行为，对偏执、迷狂等非理性的思想和行为进行及时地管控和自我疏导，提高自我的监控和教育能力。青年“迷”心理、行为的矫正离不开其他外界力量和条件，但是对于青年“迷”而言，自我控制和教育远比外界力量更加有效，所以对于青年“迷”的心理疏导必须是以自我调控为主导。这就需要青年“迷”对自己的思想、态度、行为等进行合理调控，自我比较、监督和控制，学会管理“迷”情绪、心理和态度，主动掌控自己的“迷”情绪，而不是被“迷”对象牵制，更不是“无我”的沉浸。这就要求在思想政治教育的过程中引导青年“迷”要及时、有效地对过度、过激的“迷”思想、情感、行为等进行自我心理活动的终止，或是进行心理活动的调节和转移，自主地对不良“迷”心理活动进行积极干预等。

（三）尊重

现代文明发展的核心就是尊重，尊重也是现代教育和心理发展最重要的品质，尊重包括对自己的尊重和对他人的尊重，是对人的基本权利的尊重，这种权利不仅包括人的生存权、劳动权、发展权等，还包括人最基本的感觉的权利、思想的权利及行动的权利，也就是人有自己独立思考、选择和行动的权利。但人不仅是个体的存在，还存在于各种群体、社会关系中，社会化的存在是人的本质存在。在这个意义上谈尊重，不仅包括人尊重自我的思想、观念及行动，还包括尊重他人的思想、观念和行动的权利。现代社会发展过程中人与人的关系更加复杂和多元化，现代教育及心理建设更要注重在尊重基础上的人与人、群体间的交往，是人与人之间和谐共处的关系建构。对于青年“迷”来说，他们是强调个性凸显、注重风格标识的群体，个体化的存在与发展成为青年“迷”的共识，但他们之间亦存在不同的“迷”及迷群。正是因为过于强化自我而忽视对“他者”的尊重，青年“迷”个体、迷群存在与发展的狭隘化，导致了不同迷群之间的文化冲突甚至发生行为的异化。青年“迷”在自我“迷”空间中膨胀，抨击、歪曲，甚至是暴力曲解“他群”，导致迷群因迷对象差异而呈现“区域化”，这是当代青年迷文化发展出现困境的主要原因，迷文化分化现象凸显，但缺乏迷文化间的互动与整合，缺乏迷文化融合基础上的发展与促动。

针对上述问题，在对青年“迷”教育及现代心理建设中必须强化“尊重”意识的重要性。一方面，青年“迷”主体要自我尊重。自我尊重的实质是对自身的善与好的维护，是对理想自我的一种渴望与期待，“它是人们渴望的更好的自我，不是现在状态下的自我；是从生活中创造出来的最好的我”[①]。在教育的过程中要引导青年“迷”尊重自己的旨趣，尊重自己的“迷”情感。当代社会发展过程中人们被物质、欲望及高压快速的生活挤压，剥夺了我们的感官，信息时代的快速阅读、虚拟交往剥夺了完整阅读、深度思考的习惯，人们的思想交流被碎片化、娱乐化，思想交流无法真正延伸或者触及我们的内心，仅停留在思想的浅层次，兴趣、爱好被我们有意无意地放逐，成为无视自我趣向、没有旨趣的现代人。党的十九大报告中指出：“加强社会心理服务体系建设，培育自尊自信、理性平和、积极向上的社会心态”[②]。因此，在思想政治教育的过程中应引导青年“迷”尊重自己表达“迷”爱好的基本权利，尊重自己的“迷”对象，客观理性地表达“迷”情感，使这种情感和行为塑造更好的自我。另一方面，要引导青年“迷”尊重其他“迷”及迷群。青年“迷”应尊重“迷”的差异性，更应尊重不同迷群所传播的迷文化，应在尊重与被尊重中进行迷文化的交往，塑造“迷”的修养。青年“迷”只有在尊重“他者”的基础上，才能公正、理性地评价一个人、一件事情甚至是某种行为，才能建构理性、客观的迷文化评价体系，才能真正以“迷”的姿态对待“他者”。尽管在青年迷文化的交往中存在着“我文化”和“他文化”的区分，但是青年“迷”的身份是相同的，有着共同的对自我爱好的追求，有着对未来自我发展的预期，更有着平淡

---

① ［美］查尔斯·霍顿·库利．人类本性与社会秩序［M］．包凡一，王湲，译．北京：华夏出版社，1999：171.

② 习近平．决胜全面建成小康社会　夺取新时代中国特色社会主义伟大胜利——在中国共产党第十九次全国代表大会上的报告［M］．北京：人民出版社，2017：49.

生活中的“迷”的情愫及属于自我的文化标识。青年“迷”也只有真正学会尊重，才能赢得社会及其他受众对青年“迷”及其迷文化的尊重与认可。

（四）宽容

宽容是人的一种高贵的品格，更是人心理成熟的一种表现，在人类诸多复杂的社会关系中，宽容使我们对人的理解超越了人类初始阶段的狭隘性，使我们的生命变得更加通透与豁达，人与人之间的隔阂、矛盾、冲突等现象通过宽容得以缓解。宽容使我们更加注重自我价值的实现，这种自我实现不是建立在相对的、外在的、狭隘视角下的自我，更不是在模仿、顺从交往模式下的“无我”状态，而是在注重内在、现实基础上对真、善、美的追求，对自我价值实现的高度认可和拼搏追求。宽容是现代社会发展的主要心理基础，更是我们构建和谐公共生活的愿景，任何文化的发展都需要良好的社会心态和环境，宽容作为现代教育及心理建构的主要基础，青年“迷”需要在宽容、豁达、畅通的心境中开展迷文化交往。青年“迷”正是因为缺乏宽容而使“迷”个体文化、迷群文化的差异性上升为矛盾、冲突的激化。可见，任何文化的传播与发展都必须以宽容为基础才能为文化的生成与传播提供更广阔的发展空间，才能提升主体的文化生产力。因此，青年“迷”要把其他“迷”理解为自己的同类，他们都属于迷文化圈层中的主体，无关乎其身份、地位、阶层、学识等，应尊重每一位“迷”，对他们的“迷”观念和行为应以“迷”的心境学会“共情”。

通过教育在对青年迷文化形塑的过程中，要引导青年“迷”淡化“迷”身份的差异性，这并不是要去除“迷”的个性化，而是要“迷”在迷文化交往过程中更加注重彼此文化的共同性，在注重差异的基础上凸显迷文化的特色，在注重文化融合的基础上提升迷文化的整体文化生产力和传播力；宽容可以帮助青年“迷”增强共同体意识，使他们以更加广阔的视野来定义“迷”主体的存在及其文化的发展，要将这种意识贯彻到迷文化的“小圈层”中，而不是各迷文化“圈层”的独立、单一、区隔化发展；要注重各类迷文化间的交流与合作，致力于迷文化创造、传播等文化生产力的提升。同时，宽容可以对不合理的思想、观念及行为进行克服和超越，现代宽容主张观照人的真实存在，通过对人性的真正理解来建构人际关系，宽容让青年“迷”克服因“我们”与“他们”的不同而产生的情绪、思想及行为的排斥现象，真正地让青年“迷”把“他者”视为同类，整合青年“迷”的力量使青年成为自由、自主、自觉的共同体，使他们发展成一个健康的、自主沟通和疏通的有机体，在理解、倾听、交流的基础上致力于迷文化的创生与传播；宽容需要“迷”主体之间彼此尊重、需要他们坚强的意志力和勇气、需要有豁达而坚定的理性之爱，才能化解青年“迷”之间因迷对象差异而导致的思想、观念、话语、行为及为争夺资源而引发的矛盾与冲突。需要从精神上给予关心、尊重、理解、沟通和信任，舒缓青年“迷”的情绪、调节他们的“迷”态，使他们互相支持、尊重和理解，防止出现迷文化的隔绝、对立与崩解，消弭青年“迷”及迷群之间的心理距离、冲突，弥合青年迷主体间的人际情感，增强青年“迷”之间的精神关照。青年“迷”主体间的精神观照，主要是对他们的兴趣、爱好、理想、信仰、人生价值、意义的关怀，这种观照超越了青年迷文化的差异及区隔，在纷繁复杂的社会现实中使青年“迷”能坚守内心真实自己所追求的旨趣。宽容的情绪也有利于青年“迷”突破自我情感的狭隘性和固化思想，可以和诸多“迷”个体进行互动，亦可以参与各类迷群。没有宽容，青年“迷”的自由就无法真正实现，只有在宽容的心境和情境中，青年“迷”才能真正地进行迷文化的生成与传播。

第二节 青年迷群自我教育的形塑

青年“迷”的生存和发展离不开迷群，迷群为个体提供和创造了获得自由发展的机会，是个体表达意愿、思想、情感和理想的主要场域，只有在各迷群合作、共享、发展的生活情境中，个体的生命力、创造力及精神品质才能得以更好地展现与发展。迷群蕴含了多元的思想文化资源，丰富的活动形式激发了个体潜能，弥补了个体因单独面对复杂环境而呈现的失落与无助。“人多样之间的互补，差异性之间的交流，互相协助，不同兴趣之间的相互激励，共同道德的相互砥砺，只有在共同体的合作形式中才能实现”[①]。青年“迷”对于兴趣、爱好等迷活动从崇尚个体关注转向群体性参与，青年更愿意突破个体迷文本材

---

① 金生鈜. 教育与正义——教育正义的哲学想象［M］. 福州：福建教育出版社，2012：50.

料收集的局限，在共同体中共享更多优秀的迷文化资源，在现实空间与网络空间中形成一种线上线下的聚合生成，具有开放性、公共性和包容性的特质。青年“迷”因迷对象差异而组成各个迷群，诸多迷群在参与迷文化的具体活动中构成关于迷文化生成与实践的集群。青年迷文化群体的认知特性不同于“迷”个体成员的认知特性，不能从某个“迷”个体的认知来预测整个青年迷群的认知特性，只有迷文化群体成员集体所表现出的认知特征才能构成该群体在迷文化信息选择、收集、整理、评判、生成、创造、传播等方面的认知图式。青年“迷”通过自主选择参与迷文化群体之中，在迷群中所形成了关于迷文化的风格、气质、精神，成为成员集体参与、行动的旨向，为青年“迷”提供更有价值、意义的文化生活。青年迷群的构建有助于满足当代青年“迷”个体追求差异又渴望存在感、归属感的文化心理，有助于丰富和促进社会文化的多元形态发展。在研究青年迷文化的过程中，必须注重青年迷群整体的构建与发展，只有在处理、协调迷群内部厘清与优化、冲突与平衡、协商与对话、抵抗与自治、共享与发展、愿景与行动之间关系的基础上才能真正从内源性生成方面促进青年迷文化的发展。

一、厘清与优化

青年迷群在形塑与发展的过程中首先要厘清迷群发展过程中的各迷群边界、区隔及理性迷与非理性迷的差异，在厘清的基础上寻求迷群共同发展共识，凝聚、形塑迷群精神，为青年“迷”的成长提供精神支持。青年迷群的厘清与优化是解决当前青年迷文化症候的前提，只有在厘清迷群发展边界的基础上才能规范成员的思想与行为，确证迷群发展的价值取向，使青年迷群成为广大“迷”相互支持、激励、监督的发展空间，而不是群体性的无章法、无规则、无约束、无精神旨向的集体性狂欢。青年迷群精神的塑造在于突破当前迷群的区隔与冲突，在集合迷群思想、意识及文化特质基础上寻求共同发展的精神源泉，使各类迷文化在塑造其自身迷文化特性的同时遵循迷群的“公共精神”，在强调自身迷群利益及迷对象文本的同时更多地融入整个迷群及社会发展进程中。

（一）青年迷群“界限”的厘清

青年迷群界限的厘清主要包括两个方面：一方面是指青年迷群理性与非理性的边界。只有厘清理性与非理性的边界问题，青年“迷”的发展才能被视为正常的“迷”；理性与非理性其实就是要求青年迷群要对迷对象有明确的界定，要对美与丑、善与恶、真与假的价值取向有明确的认知。青年迷群内部不仅存在对于迷对象的痴迷、疯狂的追求者而导致迷文化的异化，同时也有在选择迷对象的过程中价值观的颠覆现象，美与丑、善与恶、真与假在迷群中的界限因为过度崇拜、迷恋而导致其界限混淆、颠覆，这也是当代青年迷文化发展受阻的首要因素。青年迷群的自我教育要引导其成员客观、理性地选择迷对象，只有积极、健康、向上的迷对象文本才能真正地促进迷群的成长。青年迷文化的异化不仅是迷群内“迷”成员过度、痴迷的迷文化生成，还包括对迷对象选择的定位偏差，如果将以张扬假、丑、恶价值取向的对象作为崇拜者，迷群的内部对于迷对象的定位、选择、甄别就缺乏应有的价值导向，其迷文化生成过程本身必然伴随模糊与混乱。这正是从迷文化发展至今其迷群本身所面临的困境并未得到真正解决的原因。因此，青年迷文化的发展需要迷群对迷对象实施划界与厘清。另一方面，厘清青年迷群内部各迷群之间的特性。青年迷群内各迷群组织所代表的是自身的迷文化属性，所关注的是迷对象文本资源的差异性。如何在尊重、厘清各迷群迷对象文本差异性的基础上探寻青年迷群整体发展的道路，使其成为各迷群共同遵循的文化发展特质及规律，就要求青年迷群在发展的过程中既要突出各迷群之间的文化差异，又要强调各迷群的共性，最终在差异的界定与共性的融合基础上实现迷群的发展，实现青年迷文化在创生与传播过程中普遍性与特殊性的统一。在当代青年迷文化的发展过程中，迷群内部往往强调和凸显各迷群组织的迷文本的差异性，并因差异性而导致迷群冲突、暴力等异化行为的发生。因此，青年迷群在发展的过程中需要厘清各迷群的文化差异，需要在尊重的基础上实现各迷群的融合式发展。

（二）青年迷群“共识”的达成

共识就是共同体的意识，是指人们在参与社会生活的交往过程中所达成的基本认知。由于青年“迷”的兴趣、需求的差异，具有相同取向的“迷”会聚集在一起结成迷群，因共同需求而达成共识。但从当前青年迷群及迷文化的发展来看，这种共识更多的是诸多迷群内部所达成的共识，而对于整个青年迷群本身来说其共识域是薄弱的，一个发展较为成熟的群体应有明确的目标，有行之有效的规范，这恰恰是青年迷文化共同体所稀缺的。对于媒介、偶像、品牌、影视迷群来说不仅是类型群体的划界，同时也是不同迷文本的区隔，迷文化相对于其他社会文化来说，从发展类型、特点及规律来看比较复杂，其迷群更迭较为频繁，迷文化发展也呈现不稳定的态势。究其原因在于青年迷群缺乏较为系统、规范、稳定的“共识域”，这种共识适用于任何迷群，是诸多迷群发展应遵循的目标、规律及原则。青年迷群共识的达成就是在整个迷群内部形成规范的认知、基础和依据，“共识域”基础越扎实其对“迷”成员的行为规范越有针对性，成员的行为便越有章可循。但青年迷群所达成的“共识”并不是本身就固有的，而是在群体成员的参与、交往基础上通过长期的实践形成的合规律性、合目的性及合理性与合法性相统一的结果。青年迷群共识的抵达需要其成员在具体的迷文化活动中去探究他们对于迷文化的公共性认知，在迷文化的创生与传播中培育成员的理性共识，扩大迷群的共识域，使共识涉及每一个青年“迷”、迷群的生存与发展。也就是说，共同的观念是共识达成的基础，而对于迷文化的理解则是交往共识的前提和基础。可见，“‘共识’是理解的一种媒介，而‘理解’是共识的特定媒介”[①]。理解是青年迷文化主体实现交往共识的理解，而交往共识则是构成青年迷文化理解的主体条件。同时，关注迷文化在传播过程中凸显的现象及问题，针对所存在的共性问题探求解决对策，提升迷群应对社会发展及青年“迷”自身的文化需求，促使迷文化真正成为有益于青年成长及社会的发展文化，这是青年迷群共同的责任担当。青年迷文化交往的主体只有承担并履行相应的义务、责任，只有建立在责任基础上的迷文化交往才是具有价值及意义的。青年迷群共识的抵达需将共同体自身的生存与发展与其成员及迷群自身发展相契合，夯实青年迷群整体共识的根基，提升成员对基本共识的认同度，进而成为规范成员思想、行为及他者对迷文化认知的基础性资源。

（三）青年迷群精神的塑造

青年迷文化发展的本质在于通过广大青年迷群将迷文化的文本资源、理念、

---

① 杨竞业．文化现代化——从“自由的文化”到“文化的自由”［M］．武汉：武汉大学出版社，2012：146.

价值、意义进行再生并传播给广大受众，将青年“迷”导向具有真、善、美精神品质的主体。在当前社会发展过程中，青年迷群在多元迷文化景观中面临着多重的价值判断、甄别与选择，青年“迷”凭借群体“共有价值”参与迷文化创生与传播的实践活动，“共有价值”是青年迷群坚持的基本精神。任何群体的存在都是通过人的社会行动而建构的伦理实体，其存在的形式具有伦理目的，意味着群体是以一定的价值关系、目的把成员凝聚在一起，是具有道德价值的人际交往关系和模式。群体成员通过道德关系相互联系，不仅是群体与成员之间，成员之间也都存在一定的道德关系来维持群体的存在，而这种关系的核心就是群体精神的存在，进而凝聚群体成员使他们对共同体有依赖感、存在感和归属感。

青年迷文化的繁荣与发展必须塑造群体精神，提升群体的文化凝聚力和生产力。一方面，必须探究青年迷群的文化主旨，培养迷群精神。任何群体都以自己特殊的文化符号来表征其文化体系，但由于青年迷文化文本资源的多样性及其存在与转换形式的特殊性，青年迷群是以迷对象为主要研究范畴而展开的诸多迷群参与的文化活动，以创生和传播迷文化为主要文化活动形式。青年迷群是以培育青年“迷”兴趣和爱好、拓展自我文化生活空间范畴、丰富自我精神世界、促进迷文化价值理论及意义实现等为主旨的特殊群体。青年迷群在遵循青年“迷”思想、社会及文化发展规律的基础上根据各迷群研究范畴、迷对象、文本内容、传播方式等差异创建能够体现共同体精神符号特性的文化，并以共同体精神的构建来引领迷文化的发展。

另一方面，针对青年“迷”的迷失现象，必须重塑迷群精神。青年迷文化在发展过程中出现异化现象的根本原因在于青年迷群内部缺乏规范的选择、创生及传播迷文化的制度。青年迷群的文化创生力及传播力增强趋势明显，但缺乏有深度、有质量的文化生成，主要是迷文化优秀文化资源稀缺，缺乏规范的迷文化创生及传播系统。当前许多现实问题妥善解决的关键点就在于青年迷群精神的建构和塑造之上，其重心是对青年“迷”思想、观念和精神品质的塑造。这个目的的实现，需要在群体内部建立规范的文化创生和传播系统，需要整合青年“迷”力量，规避迷文化创生和传播的随意性，深深扎根于迷文化的现实境遇之中，汲取各种文化营养因子，积极培育群体意识，引导青年“迷”在遵循文化生成和传播规律的基础上自主选择、合理生成和有效地传播迷文化，将迷文化视之为青年“迷”自我生活、自我发展的幸福源泉，从迷文化的生产和传播中体悟更深层次的获得感、幸福感和意义感。值得注意的是，青年迷文化的生产和传播不是青年“迷”抛弃原则性、无底线地进行随意架构，那必然会使其自我淹没于这种无意义的生产过程之中，并将自我个性进行“禁锢”，从而使青年“迷”追求幸福感、获得感和意义感的正向努力转化为摧残自我本性，使自身处于焦虑和不安中。青年迷群必须塑造成员的集体意识和精神，让更多的“迷”成员认识到只有将个体孤立、脆弱的身心安顿在良好的人际关系之中，才能获得更多的安全感和归属感，这是获得幸福的一种方式。“幸福的生活伸展于事务、处境、各种人际和各种行为之间。一个人的幸福在这些跨度范围中展开”①。幸福感的获得需要有良好的人际关系，和谐的群体关系是获得幸福的前提及源泉。青年迷群应尊重其成员的“迷”取向，引导他们自觉地、自主地、理性地参与，避免非理性、盲目的、被动式、从众式的文化参与，培养文化自觉、自主、自为精神，共享和发展优秀迷文化成果，以优秀的迷文化成果塑造成员的文化素养；应根据青年迷群属性、存在样式、文本内容等特性在具体实践中塑造群体精神，在尊重、关注诸多迷群“小众”式发展的同时应构建迷群共同意识，塑造迷群精神，共同关注青年迷群的生存与发展，真正实现迷文化对青年“迷”、社会发展及其他大众的文化服务；在此基础上，青年迷群内应积极关注成员精神世界凸显的弥散、异化问题，理性审视迷群内部的精神现状，在迷群内部进行迷文化基本理论知识、风格、文化标识及精神气质的积累，构建青年迷群开放、共融、和谐的发展模式，塑造青年迷群精神。

二、寻求与构建

青年迷文化迷群的形塑与发展是一个寻求平衡与构建和谐的过程，在这个过程中不仅是迷群自身在探索寻求平衡与构建和谐的方法、对策，同时也是其成员在多元迷文化景观中寻求自我平衡、身心和谐及与其他成员和谐相处的过程。青年迷群寻求的平衡并非绝对的平衡，而是相对于当前青年迷群迅速壮大、迷文化驳杂景观中应保持相对稳定的态势而言。审视青年“迷”实际现状，迷

① ［丹］尼尔斯·托马森．不幸与幸福［M］．京不特，译．北京：华夏出版社，2004：543.

文化喧嚣景观背后的是与核心价值观的背离与解构，青年迷群不断扩张所面临的是迷群组织的无序、秩序的混乱和精神的失落。青年迷群寻求的平衡不仅是青年迷文化与其他文化之间的协同发展，更是青年“迷”身份与自我其他身份的融合式成长，也是青年迷群保持稳定、和谐发展的主要模式。青年迷群寻求平衡与构建和谐关系需要迷群集体的智慧和力量，只有群体成员积极参与、共同关注迷文化发展现状，共同致力于解决迷文化存在的问题，迷群内才能保持平衡。一般而言，迷群成员只会对自己关联度较高的迷对象文本进行积极的文化关注、生成，抑或以这种迷对象文本模式解释、构建自我生活，按照这种文化价值观的导向来处世，这必然使得成员以自己建构的文化思想、观念来认知社会、感悟人生。这就需要青年迷群在尊重“迷”成员迷倾向的同时，更应关注内部诸多迷群发展过程中存在的特殊性及其关联度，迷群内之所以存在迷群、“迷”成员的冲突、暴力等现象，根本原因在于各类迷群认识到其身份的独立性及迷文化的特殊性，但却忽视了其作为迷群的共性。

从青年迷群发展的整体性来讲，寻求平衡与建构和谐，首先是情感化与理性化相结合的过程。青年迷群应倡导成员理性对待迷文化的生成过程，尊重成员的情感需求，引导成员合理把控情绪，选择理性的方式寻求现实与理想之间“我”的情感诉求表达与实现之间的平衡，青年迷群的理性化构建要求尊重成员感性化的情感需求。其次，青年迷群应寻求理论研究与实践研究的平衡与融合。青年迷群不只是单纯的文化生成，还是一种有价值、有意义、有深度的文化生成，具有育人功能和服务社会功能。青年迷文化研究尚未形成系统化的研究，对迷群而言还缺乏基本的理论、实践研究基础和稳定的内在机制。在青年迷群对迷文化理论与实践研究过程中存在着失衡问题，比如，对理论与实践、虚拟与现实、青年“迷”身份与其他身份、迷文化与其他类型文化等之间的关系缺乏整体性分析与研究，过度注重彼此之间的区隔而忽视了其整体性的客观存在，缺乏从大文化观的视角下探究青年迷群的发展方向。最后，青年迷文化共同体是寻求文化传承与创新、享有文化选择权力与承担义务相结合的发展过程。青年迷群在发展的过程中必须寻求适度的娱乐、消费与迷文化价值及意义实现的平衡，迷文化成为被消费、娱乐所牵制、主宰的文化，那么迷文化必然会被异化并呈现反向发展，从而导致迷群的异化，因为“反叛和戏谑让他们在抵制痛苦中制造快乐，在低语和喧嚷中宣泄情感。当生活被泛审美化，艺术也就不再仅仅是审美，娱乐的魅力抢占了更大的市场”①。迷群必须在迷文化活动实施中寻求青年“迷”兴趣、爱好与其生活的平衡点与契合点，构建迷文化场域中娱乐、消费与青年“迷”实际生活意义的价值关联度，既不完全被娱乐、消费倾向所牵制而失去创生及发展迷文化的本质价值及意义，又不湮灭青年“迷”的兴趣和爱好，真正实现青年迷群的内生性、价值性及意义性的发展。这就要求青年迷群在自我教育的形塑中必须塑造成员理性的交往态度、价值及理念，引导成员理解、欣赏和遵守迷群交往规则，共享迷群在拓展兴趣、爱好等具体迷文化活动实践中所形成的意义。青年迷群在发展的过程中应注重引导成员尊重和践行交往的理念、制度和价值，通过具体的社会实践交往来获得迷文化意义的传承与创新、再生与发展，在共享迷文化价值、传播和意义的基础上主动承担起继承、创新和发展迷文化的现实责任。

三、协商与对话

青年迷群发展过程中遇到的最大障碍是迷群内部成员间“惯习”“日常化”“评价”的瓶颈。“惯习”瓶颈主要是指青年“迷”自身拥有固化的思维、行为方式及价值取向，在迷群内部因“惯习”差异而导致文化的冲突及异化倾向，对于青年迷群的发展来说，尊重“惯习”差异、纠偏不良“惯习”及重塑良好的迷群需要一个长期的过程。“日常化”瓶颈主要是青年迷群所生产的文化与社会现实及大众思想发展之间的矛盾和冲突，迷文化不仅是迷文本的生产及创造，还是对青年“迷”自身及社会发展的服务功能的实现。迷文化是在迷群文本创生及传播阶段的实施，对于主体及社会发展的实际功能的转化及实现则需要长期的实践探索过程。“评价”瓶颈不仅涉及迷群成员自身对其所创生及传播的迷文化的评价，还涉及社会大众对于青年“迷”及迷文化的评价，正因为这种“评价”所产生的差异及不客观性导致了迷群发展前景迷茫，这也是迷群在发展的过程中所要解决的主要问题。协商与对话是解决青年迷群内部矛盾与冲突，提升迷群文化生产力，促进迷文化发展的主要方式。青年迷群在创生与传播迷文化的过程中之所以会出现主体性的失落、迷文化异化倾向，其根本原

---

① 陈亮．论青年文化在传播中的社会导进功能［J］．中国青年研究，2005（3）：4—9.

因在于迷群在迷文化生产过程中缺乏协商与对话机制，即只求迷文化的“生产”而忽视其“生成性”关系的建构，只关注迷文化的“发展”而忽视“当下”现状，强求“理性”的养成却脱离具体文化“语境”，所导致的必然是青年迷文化形式化、单向度、去理性化的倾向，迷文化的发展与青年“迷”及迷群的精神建构相分离。协商与倾听、对话模式是青年迷群交往最理想的模式，将协商与对话机制纳入，要求青年迷群在迷文化生产与传播的过程中注重生成性关系的建构，而不是单纯关注迷文化的生成，真正关照青年“迷”的精神文化需求，使迷文化真正成为促进青年迷群成长的文化。

（一）协商与对话条件的创设

协商与对话关系的建构就是要培养青年迷文化共同体的素养，在参与迷文化实践的过程中更重要的是文化自觉的养成，在平等的沟通、思想的碰撞、文化的熏陶及多元迷文化的争论、交锋、博弈中通过协商解决问题、听取意见、求得最大的认同度，使得迷群在迷文化的创生、传播过程中的具体决策更加趋向科学、合理。在协商的过程中重要的是迷群内部“对话”的畅通与有效，对话其实是一种态度，是主体积极主动地参与、介入、互动与合作的一种“意识”。“一切实在皆是活动，我参与它但非占有它。在‘我—你’的本真关系中，‘我’因参与实在而成为实在，‘我’之参与越充实，‘我’之实在越丰盈”[①]。在协商与对话的过程中建立迷群理想的语言情境，实现迷群内部成员之间的精神交往与心灵对话，使得青年迷群的理性交往成为可能。青年迷群内部因协商和对话的缺失，所凸显的就是迷文化言说、表达及传播过程中困境重重，因为在所有的文化表达中“每一个词语，每一个概念，每一次命名，表层是‘语言’问题，深层是‘价值’问题”[②]。要使迷群成为青年“迷”兴趣、爱好栖息的“家园”，就必须使其文化越过语言的层面，真正抵达青年“迷”的价值需求，在协商与对话中塑造青年迷群的价值观。因此，在对迷群进行教育形塑的过程中，必须创设青年迷群协商与对话的条件，只有在条件具备、完善的基础上迷

---

① ［德］马丁·布伯．我与你［M］．陈维纲，译．北京：生活·读书·新知三联书店，1986：55.

② 李政涛．交互生成：教育理论与实践的转化之力［M］．上海：华东师范大学出版社，2014：268.

群内部的协商与对话机制才能有效地运转。

1. 青年迷群必须是有“爱”的群体

爱是青年迷群开展协商与对话的前提和基础，只有在充满爱的思想、观念和行为中才能真正开展对话，迷群中青年“迷”有对于迷对象、迷文本及迷文化的爱和兴趣，这是他们参与迷群活动的起点和基础，只有在爱的基础上迷成员才能真正参与迷群的维护和发展中，才会尊重并守护迷群的规则、制度和秩序，才会有对其他成员、迷群及迷文化发展的责任意识。同时，爱也是青年迷群发展的润滑剂，可以尊重、包容其他“迷”成员的差异、个性，可以为迷群及其迷文化的发展打破自我不成熟、不理性的思想僵局，敢于面对和修正自我的不足。如果青年“迷”成员不喜爱迷对象、不欣赏迷文化，不爱生活、不尊重他人，那么青年迷群就无法进入协商与对话的过程中；爱也不是控制，在协商与对话的关系中爱充满了勇气和毅力，爱意味着对他人及迷群责任的担当，不同取向的青年“迷”、迷群在迷群内部并不是意味着在协商与对话的过程中要控制话语权，因为在控制的关系中，协商与对话是不存在的。所以青年迷群因“爱”而集合的群体应该是自由的、开放的，更应该是彼此尊重、平等和欣赏的。

2. 青年迷群必须有谦虚的态度

在青年迷群的交往中，协商与对话本身就是一种创造性的行为，对于参与的每一位成员、群体，如果对话双方缺乏谦逊的态度，协商与对话关系就会破裂。信任也是协商与对话的重要前提，青年迷群只有把协商与对话建立在爱、谦逊与信任的基础上，对话才是平等的关系，因此青年“迷”之间的相互信任、支持是协商与对话机制构建的前提要件。如果在青年迷群的交往中没有相互信任的氛围，那么迷群内部良好的合作、互动、交往关系就无法建立，协商与对话也无法在迷群内部开展；同时，青年迷群应对迷文化的发展保持坚定的信心及希望。青年迷文化作为一种新兴的文化形态，随之而带动的迷群经济在当代社会发展过程中发挥着重要的作用，青年迷文化对繁荣我国社会文化形态、丰富社会大众的精神文化需求具有重要的作用。但青年迷文化自身发展所遭遇的困境也是其迷群发展所要解决的，只有青年迷群在探索的过程中摆脱、解决自身的问题，才能实现青年迷文化的发展。因此，青年迷群应保持坚定的信心，只有在充满希望的探索过程中，青年“迷”对于迷文化的建设及发展才会充满信心，他们的探索过程才不会空洞、迷茫和乏味。

3. 对话理性的介入

对话理性的介入是解决青年迷文化“危机”的重要方式，反思青年“迷”迷失的深层原因，最重要的在于理性的缺场，尤其是对话理性在青年迷群交往中的缺场。青年迷群内部矛盾、冲突的激化导致迷文化的异化，在这个过程中不仅是迷群内部话语的隔阂、冲突，最重要的是“人从其自身的存在之中编制出语言，在同一过程中他又将自己置于语言的陷阱之中”[①]。不同的话语本身就存在类似的魔圈，即使是相对稳定的话语，青年迷文化也会出现这种状况。对话理性的介入是解决青年迷群内部话语魔圈的重要方式，因为对话理性本身就蕴含着开放、自由探讨的旨趣及实践的意向，是对青年迷文化异化倾向的反思，意味着青年迷群真正开始关注“迷”自身，是更人性化的追求与发展。对话理性的介入使得青年迷群内部在发展的过程中不仅关注“迷”个体倾向，同时不同“迷”、迷群之间也呈现由特殊性向普遍性研究的转向，注重从迷文化整体性的角度来考量其迷群自身的发展，解蔽了迷文化的自我囚禁式发展，实现了迷文化整体、宏观上研究视野的拓展，这是青年迷文化研究的一种突破与整合式发展。对话理性是以协商与对话的方式来审视青年迷文化的发展，着眼于对青年迷群及其成员精神的观照，以协商与对话的方式实现对青年“迷”主体的终极关怀，即在协商与对话的过程中抵达对话的目的，在对话中实现青年“迷”主体之间的生命交流及精神相遇，使得青年“迷”走向更丰富的人生，体现了青年迷文化对“迷”主体生活及其自身发展的价值及意义。

（二）协商与对话关系的建构

青年迷群在话语交往中协商与对话关系、模式的建构决定着迷文化的创生及传播效率，如果迷群对于迷文本资料的掌握仅仅停留在积累或仅作为知识的工具性存在，那么这些文本资料、话语就失去了它的本真意义。青年迷群在创生迷文化的过程中呈现将兴趣、爱好屈从于市场，被技术化、娱乐化、消费化所取代，迷文化所承载的价值、意义、旨趣日渐衰微，青年“迷”不再以迷文

① ［德］恩斯特·卡西尔．语言与神话［M］．于晓，等，译．北京：生活·读书·新知三联书店，1988：37.

化来积极观照自己的灵魂，他们最初对于迷文本的兴趣、爱好在市场、媒介、技术的深度介入下已发生改变。因此，在青年迷群协商与对话关系结构的构建中必须深入分析青年迷文化的语境，使青年迷群成为成就青年“迷”的学习共同体，致力于构建具有建设性讨论、质疑、批判和思辨的稳定性的协商与对话模式。有效的迷文化生成应是具有建构、生成意义的，而这种生成必须是迷群在协商与对话的过程中其成员彼此精神相遇、文化相融的过程，亦是青年“迷”主体在协商与对话的过程中自主体验生命的价值、意义及文化魅力的过程。从上述论述中可以将青年迷群的协商与对话关系模式归纳为以下几点。

1. 生成性关系

它主要是指在青年迷群的交往中，青年“迷”主体参与的一种生成性的协商与对话。在迷群内部主要是在差异性、个性化基础上的迷文化资源的分享、迷文本意义再生成的过程，其本质并不在于消除个体成员的差异、个性，而是在协商与对话基础上文化资源的共享、文化创新力的提升及其相互塑造、彼此成就。青年迷群在具体的迷文化实践活动中并不是单纯机械性的、模仿性的文本资源的收集，而是具有生产性的、建设性协商与对话的过程，迷文化的价值亦不在于迷文本资源的收藏、积累阶段，而是在此基础上不断创造文化生长点，促进青年“迷”精神发展的阶段。同时，青年迷群生成性的协商与对话关系的建构必须考虑青年“迷”主体的语境，因为在话语实践中，语境是承载话语内容的综合体，具有辅助教育话语表述、理解的功能。从话语分析的角度来看，语境对青年迷群共同协商与对话的开展具有辅助和补充作用。一方面，青年迷群脱离语境而进行迷文化的创生及传播，即完全剥离成员的知识结构、成长经历、兴趣爱好、专业素养等原生态语境而进行单纯的迷文化研究，或者忽视特定迷群的具体语境，这样很难完整地阐释文本及进行文本的再生产。另一方面，语境可以完善、丰富和拓展青年迷文化的内涵，使青年迷文化的内容、结构、价值及意义得到更深层次的体现。青年迷群在文化交往过程中必须深入分析迷文化特定语境，拓展迷文化的外延、深化迷文化的价值意蕴，比如结合迷群参与比较高的网络语境、现实的生活语境、国际化语境等，全方位优化青年迷群所处的协商与对话语境。摒弃单向度对特定青年迷群特定语境的研究，而是要在特殊性迷群、“迷”个体语境分析的基础上，涵盖青年迷群所处的语境特性，只有在语境分析基础上的青年迷文化才是有生命、有张力、有价值和意义的文化，才能是触及青年“迷”灵魂的文化。从语境维度探究青年迷群协商与对话的文化生成性研究，还必须对多元语境进行类别化、融合性研究，只有在全球化、信息化、现代化、网络化、文化大繁荣等新时代发展过程中才能促生青年迷文化的生成性发展。

2. 理解性关系

青年迷群在交往过程中更多的是协商与对话关系的断裂，无论是“迷”成员，还是诸多迷群之间的区隔、矛盾和冲突总是通过话语的暴力来呈现。那么，为什么青年迷群内部无法真正地实现协商与对话的理性表达与沟通呢？又为什么青年迷群在发展的过程中无法凝练迷文化共识，塑造迷群成员认同度较高的文化秩序、规则及理念呢？其实质在于青年迷群交往过程中缺乏理解性的协商与对话关系的建构，德国哲学家伽达默尔从哲学解释学的视域解释了我们现实生活所存在的“成见”，“成见乃是我们向世界敞开的先入之见。它们简直就是我们借以经验某些事物的条件——凭借它们，我们所遭遇的才向我们诉说某种东西”[①]。海德格尔在此基础上提出了理解的前结构，而我们就是受理解前结构制约的存在物，理解总是附有一定前见的理解。这就需要青年迷群在集不同“前见”的基础上进行迷文化的创生与传播。针对迷群内部各类迷文化的内容、结构、特点及形成规律进行迷文化资源的发掘，为迷群成员、各迷群组织之间的交往提供更多的可能性。青年迷群文化交往过程中会触及不同“迷”主体、迷群的前见，但协商与对话的前提并不是对“他迷”或“他群”一味地牵制或抵触，更不是为了区隔迷文化类型而导致迷群之间的冲突或矛盾，而是使得每一位“迷”及其所代表的迷文化的意义得以充分保留或发展。这就需要在迷群内部青年“迷”成员要尊重不同主体及其各迷群的前见，在协商与对话的互动与交往中实现彼此文化言语的通约与理解，避免迷失于“非法性前见”而导致青年迷文化的异化，在对“非法性前见”的讨论、争鸣、研判中总结青年迷文化的特点、规律及价值取向，积累、发掘青年迷文化资源。青年迷群更应集合成员多元的“生成性前见”，进而丰富青年迷文化的内容、结构及传播方式，在理解、共享的基础上实现青年迷文化的再生成。同时，青年迷群在交往过程中

---

① ［德］伽达默尔．美的现实性——作为游戏、象征、节日的艺术［M］．张志扬，等，译．北京：生活·读书·新知三联书店，1991：170.

应构建更加丰富、自主、有意义的“对话场”，其最终不是为了再现或重建原初迷文本的意义，而是通过青年“迷”的视域与被理解迷对象文本视域的融合，只有在协商与对话基础上的理解才是真正的理解，才是深度的文化交流与创造，因为“在具体处理一个文本时，只有当文本所说的东西在解释者自觉的语言中找到表达，才会开始产生理解”①。在这个过程中青年“迷”才能真正地精神相遇，实现精神上的相互观照。也只有在协商与对话的过程中，青年迷群成员的参与才不是被动的，而是主动积极地参与迷文化的生产与意义的建构中。在此，我们可以理解为只有在协商与对话中迷文本的意义才能超越迷对象本身，迷群成员在参与中实现了从迷文本的再现到意义的重构。在此青年“迷”在迷群内部交往要注意避免为“生成”迷文本而失去自我，或者为“生成”而迷失迷文化发展目标的极端化倾向。

3. 反思性关系

反思性关系就是要求青年迷群在开展迷文化活动的过程中要运用反思的思维方式开展迷文化批判与建构的实践。反思不仅包括青年迷群自身发展要具备的思维方式，更包括迷群内部各类迷群组织、“迷”成员自身的道德反思，反思不仅是迷群及其内部成员间的协商，更是在此基础上的自我对话的实践。反思本身就是一种自我对话的过程，只有在反思中，青年“迷”才能倾听自我内在的文化需求，超越并重建自我，其迷群自身的发展才能更契合迷文化发展本身并积极主动地反思其文化的创生及传播过程。青年迷群在交往中通过协商与对话解决文化矛盾和冲突，无论是青年迷群还是其内部成员或具体迷群，都是“反思性”的实践者，无论是迷群之间，还是青年“迷”个体之间，他们的交往中都是反思性关系的建构。这个过程是反思迷文化生成、创建及传播的过程，更是迷群和青年“迷”自身成长的过程，他们不仅参与迷文化的创生与传播，更是迷文化的研究者。青年迷群反思性关系的建构实质是“迷”成员自我更新的过程，因为迷群的反思是指向青年“迷”自身及其整个迷群，反思使青年“迷”对自身迷文化知识的创生及传播保持一种批判、自我反省的态度，这种反省是一种反馈性的实践活动，迷群及青年“迷”本身会不断地质疑、澄清自身的迷文化思想及行为背后的假设、思维模

① ［德］伽达默尔．哲学解释学［M］．夏镇平，宋建平，译．北京：商务印书馆，1988：58.

式及行为方式，进而不断地提升自己及迷群迷文化的生产力及传播力，不断将自己对于迷文化的发展取向的可能性转变为现实性。可以说，反思是青年迷群最重要的品质，只有通过常规化、系统化的自我反思与对话，迷群对当前的文化创生及传播现状、存在的问题才能有更清晰的诊断，对其成员“迷”的思想现状、思想及行为异化才会探索更有效的治疗方式，进而不断地调整其迷群发展的具体规划，提升迷群理性、自觉的迷文化实践效力。可见，反思性关系的建构是青年迷群“自我更新”最根本的机制。那么青年迷群应如何建构反思性关系呢？这就要求青年迷群在交往中要具有前瞻性反思、即时性反思及追溯性反思。前瞻性反思是青年迷群在开展迷文化生产之前的反思，包括对迷对象的选择、迷文本资料的收集等要具有正确的价值取向，其迷文本的选择、甄别、积累的过程要符合青年成长、社会发展及主流文化的价值取向。青年迷文化出现异化最重要的原因就是“迷”主体缺乏前瞻性反思，对于迷对象文本的收集、积累缺乏应有的价值判断，更多的是从众、盲从或一味地感性取代了应有的价值判断。即时性反思是指青年迷群在迷文化创生及传播的过程中所开展的反思活动，任何文化的创生及传播都是一个建设的过程，在这个过程中需要反思性实践的贯彻。只有即时性反思的“在场”，青年迷群才能及时掌控迷文化的发展现状，及时发现问题、分析问题并解决问题，更科学、合理地掌控其成员的思想、观念及行为变化，针对具体的思想和行为给予有效地支持、引导和教育。追溯性反思主要指青年迷群在迷文化创生及传播后的反思性实践，这就要求青年迷群在迷文化创生及传播行为完成之后需要对整个过程开展反思性实践活动。通过协商与对话的过程审视迷文化创生及实践过程中的成功与不足之处，使得青年不仅是作为迷文化的生成者，更重要的是作为迷文化的研究者，对迷群自身、诸多迷群及其成员进行迷文化创生及传播结果的审视，提升其迷群迷文化的创生力及传播力。同时，通过反思性关系的建构，强化青年迷群内部的“协商与对话”意识，引导青年“迷”成员打破迷群之间的区隔、边界，在尊重青年“迷”特殊身份的基础上创生协商与对话的“边缘领域”。引导青年“迷”参与迷文化的消费诉求、娱乐诉求、功利诉求等向创生及传播迷文化的价值诉求、意义诉求及效率诉求转化，共筑青年迷群的文化共识性及价值性。

四、共享与发展

共享与发展要求青年迷群在青年迷文化的交往过程中必须注重“共享”与“发展”的统一与整合，协调青年迷群内部的矛盾，分析青年迷文化凸显的新现象、新问题，以全面的视角探索青年迷群发展的路径，使得社会大众共享青年迷文化的成果，并进一步深化青年迷文化的导向和育人功能，实现青年迷文化资源共享与青年迷群文化创生力、传播力的提升。青年迷群共享与发展机制的构建需要迷群明晰迷文化的共享主体、前提、过程及目标，需要界定迷文化与人的发展，尤其是青年的发展、社会的发展的逻辑关系，调动“迷”的积极性参与共建共享的互动中。明确共享与发展对于青年迷文化及其迷群自身发展的价值性，促使青年迷文化的共享与发展结构、方式、机制等趋于成熟。青年迷文化的共享与发展必须是以优秀的迷文化资源为基础，但在共享与发展的过程中所存在诸多迷文化及其迷群发展的诸多困惑与难题，这就要求青年迷群必须以马克思列宁主义、毛泽东思想、邓小平理论、“三个代表”重要思想、科学发展观和习近平新时代中国特色社会主义思想为行动指南。在青年迷文化具体活动的开展中，迷群要激发成员文化创造的积极性，使广大青年真正成为优秀的青年迷文化的引领者、创造者、践行者和传播者，成为中华优秀传统文化的忠实传承者和弘扬者。青年“迷”一定要勇于担负起我国在新时代发展时期的文化使命，在实践创造中进行文化的创新与发展，进而实现我国文化的繁荣与发展。

青年迷文化的共享与发展关系、机制的构建，首先，要求青年迷群必须给予迷文化发展以合适的定位。优秀的青年迷文化资源应该是全民共享的，青年迷文化的发展不仅限于青年“迷”自身或其迷群的成长与发展，还包括了其他青年群体和社会大众。当代迷文化的发展虽然是以青年“迷”为主体的，但是媒介融合式发展的今天，社会中的每一位主体在某种程度上都有可能是“迷”或即将成为“迷”，人的全面发展的实现其中就包括了我们的兴趣、爱好等取向的发展，这是丰富和实现自我全面发展的重要组成部分。所以，迷文化的发展不仅成就和发展了青年“迷”，同时也包括了其他非“迷”群体。青年迷文化应该是有益于社会大众及社会发展的文化，应是为满足社会大众多元文化需求而丰富他们精神世界的文化，其文化成果的实现及转化应是全民共享的。其次，我们应该成为“迷”并且成为迷文化的参与者和建构者。青年迷文化虽然是以青年“迷”为主体的迷群创生并传播的，但青年迷文化的成果及其转换有益于所有社会大众，迷文化不仅是作为文化形态而存在，同时由迷文化所衍生的系列消费产品也呈现链条式发展，丰富了大众的生活，满足了社会大众不同的层次的文化、精神及生活需求。因此，迷文化的发展是社会大众共商、共建、共享的过程，青年迷文化的发展需要社会大众的监督、引导和教育，其迷群的发展需要社会大众的支持和鼓励，给青年“迷”更多的信心、勇气及宽容，为迷文化的创生及传播提供更好的社会基础及空间。进而使得更多优秀的迷文化服务于大众，服务于社会经济、政治、文化、社会及生态的迷文化建设和发展，实现迷文化的全面共享。最后，青年迷文化的共享与发展是一个渐进的过程。青年迷文化发展本身是一个充满着争议、质疑及批判的过程，同时也是青年迷群“抵抗”与“自治”的文化建构过程。正是因为这样，青年迷群在创生与传播迷文化的过程中更应该注重迷文化的价值性、意义性开发及生成。青年迷文化的“抵抗”不仅包括了迷文化与其主流文化间的抵抗，还包括整个迷群范围内诸多迷群所建构的迷文化间的抵抗，这不仅是青年“迷”身份的区隔与抵抗，同时也是文化矛盾与冲突激发的主要因素。“抵抗”本身一方面有益于各迷群自身文化的建构与积累，在“抵抗”的过程中不断提升青年迷文化的建构力；另一方面当“抵抗”呈现非理性、极化的现象时，“抵抗”就成为社会大众对于迷文化及其“迷”身份的诟病之处，这也是迷文化发展饱受争议之处。因此，青年迷文化在共享与发展的过程中，要善于对迷群成员及迷群“抵抗力”进行科学引导，使其成为建构迷文化的重要组成部分。“自治”的实质就是要求青年迷群进行自我治理，优秀的迷文化资源是繁荣我国社会文化的重要组成部分，更是社会大众的精神食粮。青年迷文化的自我治理要求迷群成员在迷对象文本的选择、生成、创生及传播过程中要坚持科学、理性的原则。随着社会的发展及青年迷文化需求的变化，迷文化会呈现不断更新、丰富的过程，青年“迷”的文化生成应是对自我文化诉求的探觅过程，在这个过程中青年所忠于的不是迷对象及其文本本身，而是青年“迷”及其迷群自身发展的需求，只有这样青年“迷”才能真正地“复归”真实的自我及生活世界。

第三节 青年“迷”主体思想道德教育的形塑

任何文化的生存、繁荣与发展皆承载着社会环境变化的烙印，同时以文化的形式展现这个时代的发展变迁。青年迷文化作为青年文化典型的发展形态，反映着我国在社会转型发展期青年的思想、观念及行为特点和规律，深刻揭示了这个时代发展对于青年一代所赋予的价值追求。青年迷文化的非理性、异化等倾向不仅揭示了当代青年在社会发展过程中文化追求、选择及文化人格的异化，还深刻揭示了我国在社会转型时期所遭遇的阵痛、“现代性的隐忧”。我们在探讨青年迷文化的存在问题及解决对策的过程中，不仅要深入青年“迷”主体，发掘他们的“迷”思想、观念及行为所存在的症候，更要深入地从社会结构、科技发展、生态环境、教育观念、青年政策等方面构建青年迷文化的社会支持体系，为青年迷文化的创生与传播、发展与繁荣提供更好的政策及社会支持。2017年4月，中共中央、国务院印发了《中长期青年发展规划（2016—2025年）》（以下简称《规划》），要求各地区各部门结合实际认真贯彻落实。《规划》从起草、制定到颁布始终坚持马克思主义青年观，紧紧围绕为实现中华民族伟大复兴中国梦而奋斗的时代主题，深入贯彻习近平总书记系列重要讲话，特别是关于青年工作的一系列重要指示精神，关照与青年自身生存、发展相关的切身利益，充分体现了政府对青年的关心和重视。《规划》的出台从战略高度看待青年的发展，为青年“迷”主体的发展、青年迷文化的发展指明了方向，提供了方向和价值遵循。

青年迷文化是以青年为主体所进行的文化生成、创造和传播体系，而迷文化所承载的不仅是服饰、发型、流行语等表象的符号，更重要的是承载着青年的思想、观念及行为的自主性和创造性。自主性并不意味着突破责任、义务的范畴而挥霍自由，并不是打破规律天马行空的创造，任何文化的发展都必须符合自然、社会及人类发展的规律，青年迷文化发展的最终目的也是服务于青年、引导青年、发展青年。因此，必须加强青年“迷”的思想道德建设，引领青年积极、健康、理性地进行迷文化的创生与传播，使迷文化成为弘扬社会主义核心价值观的文化，成为真正体现当代青年面貌、价值及精神的文化。

一、坚定理想信念，筑牢思想根基

理想信念是人类特有的一种精神现象，反映的是社会主体在现实生活基础上对社会和自身未来发展的一种期许，理想信念的差异意味着人类以不同的期待、思想、观念、方式及行为去改造自然、社会及自我世界。对青年的理想信念教育有助于青年人生目标的确立、生活态度的形成、知识才能的提升、人际关系的协调、挫折与困难的应对等，能为青年的成长与发展指引奋斗目标、提供前进的动力、提高精神境界，尤其对于当代青年“迷”来说，理想信念的教育与引导更为迫切与重要。对于当代青年“迷”来说，其所关注的迷对象不再集中于某一个英雄、偶像、书籍、物品或行为，迷对象在当代社会更加宽泛化和平面化，突破了身份、职业、阶层及知识结构的局限，青年“迷”所进行的迷文化资本积累的范畴、传播媒介及对象更加多元化和普遍化，迷对象不再集中于那些少数的人、物或行为，任何人都可以成为别人的“迷”或是被他人追逐的“迷”。迷对象不再那么触不可及、迷资源不再那么稀缺或难以收集，“迷”的身份获得也不再受限。迷对象呈现出从传统“英雄”的退场到现代“网红”的出场，从热衷于书籍的阅读到碎片化信息的拥有，从对迷对象真正的热爱与信仰到被杂糅着娱乐、消费的庸俗化，青年“迷”的初衷早已被繁杂的迷文化景观所遮蔽，他们追逐迷对象最初的真诚、炙热的理想与信仰面临失落的境地。青年“迷”对于迷对象也不再是单纯的崇拜与信仰，在具有目的性和理性选择的同时也呈现“去中心化”的态势，更加易被表层的迷现象所左右，偏离主流文化、价值的范畴。迷对象的更替也更加频繁，青年更乐于追逐具有时代标识性的对象，青年“迷”所忠于的迷对象也不再崇尚唯一性，多元已成为当代青年“迷”的一种迷态。迷对象的神圣性与崇高性被扁平化，青年“迷”被多元的迷文化现象所禁锢，他们对于迷对象的情感不再那么纯粹与理性，更多的是盲从与感性。因此，必须加强对青年“迷”的理想信念教育。

2013 年 5 月 4 日，习近平总书记在同各界优秀青年代表座谈时的讲话中指出：“广大青年一定要坚定理想信念。‘功崇唯志，业广唯勤。’理想指引人生的方向，信念决定事业成败。没有理想信念，就会导致精神上‘缺钙’”[①]。因此，

① 习近平 . 习近平谈治国理政［M］. 北京：外文出版社，2014：50.

必须从以下两个方面入手加强青年“迷”的信念教育：一方面，引导青年“迷”把理想信念建立在对科学理论的理性认知基础上。青年“迷”应当正确认知自身所肩负的历史使命，确立马克思主义的科学信仰，树立在中国共产党领导下走中国特色社会主义道路、为实现中华民族伟大复兴而奋斗的共同理想。青年“迷”要坚持以马克思列宁主义、毛泽东思想、邓小平理论、“三个代表”重要思想、科学发展观和习近平新时代中国特色社会主义理论体系武装头脑，把理想信念建立在对科学理论的理性认同上，建立在对历史规律的正确认识上，建立在对我国基本国情的准确把握上，不断增强道路自信、理论自信、制度自信和文化自信，坚定远大的理想和崇高的信念。中国梦是中华民族的振兴之梦，也是每一位青年“迷”的成才之梦，青年“迷”在自主发展自我旨趣呈现“迷”个体化发展的同时，应将中国梦融入迷文化的创生与传播过程中，中国梦尊重、肯定每一位青年“迷”个体价值的表达及实现，与青年个人的理想是一致的。青年“迷”在参与迷文化创生与传播的过程中就是坚定自我理想、追求自我旨趣、实现自我期许的过程，在这个过程中，青年“迷”应将自我的梦想与中国梦统一起来，在为实现中华民族伟大复兴的过程中实现个人的梦想。另一方面，理想信念既是一个思想认识问题，更是一个实践问题。青年“迷”应将理想信念融入迷文化的具体实践活动中。青年“迷”在社会生活中因共同“迷”取向、情感、信仰和价值偏好而彼此沟通、互动，对于共同迷对象的崇拜和信仰影响着青年“迷”在现实生活中的行为选择，极大地丰富了青年“迷”的生活世界。崇拜和信仰是青年“迷”对于迷对象的特殊情感，而在这之上的就是科学理想信念的树立，即青年“迷”共同的精神归宿及价值关怀，青年“迷”在参与迷文化实践活动中如何真正做到信而不“沉迷”，就需要科学理想信念的引导及教育。这就需要在青年各类迷群中开展线上、线下以“中国梦”为主题的实践教育活动，引导青年自觉、自主地将“中国梦”融入迷文化的创生与传播过程中，将社会理想与自我理想、“大我”与“小我”、社会价值与个人价值、理性与感性、责任与义务相统一。同时，以科学的理想信念引导青年“迷”去厘清迷文化混沌、复杂的现象，去探究、质疑、选择，从而摆脱“迷”的盲从、非理性及愚昧的“迷态”。科学的理想信念塑造了青年“迷”的精神世界，从而使“迷”在关切自我“迷”感触的同时，也在关切社会、国家及公共生活，通过“迷”个体、迷群内部及迷群间的批判、讨论、交流等理性的迷文化交往与互动促进青年“迷”真正的成长与发展。在充满激情、自由、自主的迷文化实践活动中培养青年“迷”的使命意识、责任意识和担当意识，以伟大的中国梦引导青年“迷”养成健康、理性的迷情感、迷态度、迷思想及迷行为，使他们成为有思想、有责任感、有能力的青年“迷”主体。

二、注重差异性，实施类别化思想政治教育

青年“迷”的思想道德建设应注重理想信念引导、教育的整体性，更应关注青年“迷”的类别化、有针对性地开展思想教育，注重解决青年“迷”的思想问题与实际问题相结合、注重青年迷文化的表象化与“迷”个性化相结合、注重不同迷群的特殊性与迷群存在的普遍性问题相结合、注重媒介平台青年“迷”表征与现实生活中“迷”的行为等相结合。对青年“迷”实施类别化的思想教育和引导，把青年“迷”、迷群所存在的问题具体化，理性看待不同青年在不同场域、不同迷群的“迷”状态。青年“迷”存在于不同的青年群体中，这里主要以高校这一场域中的青年“迷”主体为例进行分析，因为高校青年学生的聚集性极易结成迷群，迷群的组织性、规模性及影响力超越了任何一个场域中的“迷”主体范畴，在这里更易形成迷文化的创生及传播体系。

（一）要加强高校思想政治教育对青年“迷”主体的教育和引导功能

思想政治理论课教师和其他各类课程教师对迷文化的核心构念要有理性的认知，目前学术界对迷文化的相关研究成果甚少，更多的集中于偶像、粉丝团体的研究。但当代迷文化早已突破传统偶像粉丝单一化的研究范畴，高校教育者尤其是思想政治教育者在教学及实践过程中，对青年学生“迷”的卷入程度、特点、现象及高校各类迷群的现状要有理性认知。思想政治教育者不仅是知识的传授，更重要的是将“立德树人”贯彻思想政治理论课的全过程，对迷文化的相关范畴、核心构念应具有基本的认知，对不同特点的迷群、青年学生的入迷程度、理性“迷”与非理性“迷”的划界等开展类别化的思想政治教育，规范青年迷群的运行机制。

（二）高校思想政治教育应关注青年大学生“迷”及迷群的日常文化生活

高校青年大学生有诸多的非组织群体，但对于青年迷群这一特殊群体又存在着多元的各类迷群，是在整体迷群状态下的又一次分化。传统的思想政治教育形式及方法并不能真正发现、诊治青年大学生“迷”自身及其迷文化所存在的问题，只有深入了解青年“迷”的日常文化生活，才能解决青年“迷”、迷群、迷文化及思想政治教育有效性的问题。但从当前青年迷文化的现状及高校思想政治教育实施的状况来看，对于青年“迷”这一群体的特殊思想政治教育的开展与研究基本上是欠缺的，普遍性的思想政治教育内容、方式和方法并不能真正解决青年“迷”生存与发展的困境。因此，高校思想政治教育必须关注青年大学生各类“迷”、迷群及其文化的创生及传播状态，深入青年“迷”的日常文化生活针对大学生特殊的迷现象、迷活动、迷事件、迷行为的发生开展思想政治教育。

（三）高校应将青年迷文化纳入校园文化教育、引导和管理范畴

针对青年“迷”开展相应的校园迷文化活动，而不是以“堵”的传统观念来限制青年“迷”的文化活动范畴，应以开放、自由、自主的管理方式引导青年“迷”开展有特色、有价值、有意义的校园迷文化活动。虽然青年迷文化具有的消费性、时尚性、娱乐性、调侃性、解构性等元素，对高校教育理念、文化价值和管理方式形成了极大的挑战，但也为高校有效实现“立德树人”的目标创造了新的契机。目前，高校已成为青年“迷”参与迷文化活动的重要阵地，大学生中“低头族”“拇指族”“游戏族”等对媒介过度的依赖成为高校课堂教育面临的重要挑战。高校校园文化建设要将积极、健康、理性的迷文化活动纳入校园文化范畴，使青年“迷”进行自主、自信的文化生成、创造与传播。通过各类迷文化活动的开展，引导青年大学生“迷”自主、理性地进行具有正能量的多元迷文化的创生与传播，激发青年大学生的文化创造力，满足青年大学生的精神文化需求。

（四）加强网络思想的引领、澄清与治疗

目前，青年迷活动的主要场域是媒介，媒介场域为各种迷文化的创生和传播提供了新的平台和契机，而其自身也逐渐衍生出媒介迷与媒介文化，多

种迷文化在媒介场域发生交织、对冲和融合。媒介为青年迷文化的生成和传播提供了新的平台，是青年“迷”表达迷情感、聚合迷群的重要渠道，但其存在的阻隔因素影响和制约着迷文化的良性循环。因此，必须加强对网络思想的引领，对网络媒介场域中的青年迷文化出现的各种问题进行澄清和治理。简言之，在媒介场域中，由于青年“迷”所忠于迷对象的差异而出现了迷文化的多样化，不同的青年“迷”为了维护自我所尊崇和爱戴的迷对象及其迷文化而发生了价值和话语对冲，致使迷文化的价值取向出现偏差甚至是异化，继而诱导青年“迷”实施非理性的迷行为。因此，需要在网络媒介平台开展多种形式的思想政治教育，倡导文明、健康、理性的话语言说和表达，对凸显的迷文化现象应及时进行澄清、分析和诊治。无论是对于青年迷群体还是非迷群体，都应及时疏导青年迷的情绪，澄清误解与谣言，引导青年形成正确的认知。高校应提升网络舆情分析和引导能力，针对不同类型的迷群进行有针对性的教育和引导，根据青年“迷”的倾向设置不同的微平台，创建高校迷文化专区，建设和完善高校网络公众号，引导青年“迷”自主参与、监督、管理和服务迷文化社区，为青年“迷”提供规范、良好的迷文化创生与传播专区，打造高校迷文化网络平台，提升青年“迷”的文化创生与传播能力，打造高校优秀的品牌文化。

三、培育社会主义核心价值观，引领青年迷文化发展

社会主义核心价值观从国家、社会、个体层面回答了我们应该以怎样的理念建设我们的国家，建设我们的社会，培养我们的公民，承载着我们社会中的主体对于国家、社会及自我未来发展的愿景。《关于培育和践行社会主义核心价值观的意见》的贯彻和实施，为社会各领域探索培育和践行社会主义核心价值观的方法和路径提供了方向和遵循。文化是意识形态、价值观的载体，皆可以涵育、反映积极健康的主流意识形态价值取向，也可以反映消极落后的意识形态价值取向，而社会主义核心价值观又是决定文化性质、发展取向的最主要的、本质的要素。党的十九大报告中进一步指出：“要以培养担当民族复兴大任的时代新人为着眼点，强化教育引导、实践养成、制度保障，发挥社会主义核心价值观对国民教育、精神文明创建、精神文化产品创作生产传播的引领作用，

把社会主义核心价值观融入社会发展各方面，转化为人们的情感认同和行为习惯”[①]。青年处于价值观的形成、确立阶段，呈现不稳定的状态，对于青年尤其是青年“迷”主体来说，其社会主义核心价值观的养成与践行决定着青年迷文化的发展态势。青年迷文化所蕴含的娱乐化、消费化、符号化、平面化的特质呈现出“去中心化”趋势，迷文化的无深度感、浅层次性及无历史感的倾向更加凸显了青年迷文化繁荣景观与社会主义核心价值观疏离的无意识倾向，这种现象正是我国社会转型期青年的文化焦虑与文化重塑的双重写照。可见，要教育和引导青年“迷”深入发掘社会主义核心价值观的文化内涵，以社会主义核心价值观引领青年迷文化。

社会主义核心价值观是建设中国特色社会主义先进文化的主要内容，是“以文化人、以文育人”的集中体现和核心内容。从我国社会主义先进文化的建设目标和任务来看，“以文化人、以文育人”和培养、践行社会主义核心价值观对于整个青年群体来说是一个系统、艰巨和长期的工程，尤其是对于复杂的青年“迷”来说，他们对于迷文化的热烈情感和狂热追随处于感性与理性交错、回归与迷失共存的文化困境之中。在认可自我与否定自我间徘徊，在拥有迷群归属感、安全感的同时又深陷现实自我的孤独中，青年“迷”主体精神世界的塑造、价值观教育和培育异常的困难与艰辛。因此，需丰富青年迷文化的内涵，实现青年迷文化对青年自身发展的观照，在迷文化的创生与传播过程中实现以文化人、以文育人。

对于青年“迷”来说，其生存与发展离不开文化的语境及文化氛围的熏陶，文化对“迷”的心理、思想、观念及行为的形成具有重要的作用。只有将社会主义核心价值观孕育于迷文化的创生与传播过程中，加深青年“迷”对社会主义核心价值观的认同及践行动力，才能真正发挥社会主义核心价值观对迷文化的引领及“迷”主体价值观塑造的功能。从青年迷文化的生成、创造及传播的过程来看，青年对于迷文化的创造及传播热情不仅限于消遣及情感、文化需求，还表达了他们的社会焦虑及对自我、社会未来发展的幻想，是现实生活中的缺失在精神层次的一种文化弥补、期待与满足。青年“迷”通过对迷对象“他者”的期待、幻想与现实自我的压抑、焦虑、愿望的集合，所生成的迷文化呈现的

① 习近平．决胜全面建成小康社会　夺取新时代中国特色社会主义伟大胜利——在中国共产党第十九次全国代表大会上的报告［M］．北京：人民出版社，2017：42.

是以消费、娱乐、幻想、幽默、模仿等风格抵抗、疏离、解构社会主义核心价值观，企图通过迷文化中非理性部分的合理化、合法化来实现青年“迷”所谓的“自由”和“个性”。可见，对于青年“迷”社会主义核心价值观的培育必须坚持“迷”身份的特殊性，当代青年迷文化所体现的是一种张扬、挑战、勇气及文化创造的能力，并不是单纯的模仿与追随，更多的是凸显自我的文化创造；必须对理性与非理性的迷文化给予客观、科学的梳理，关注青年“迷”、迷群的生存现状及其迷文化的发展态势，尊重他们的“迷”取向，切勿在注重社会主义核心价值观教育系统性、共识性价值理念及集体意识培养的过程中忽视青年“迷”的个性及其追求迷对象的正当权利。

以社会主义核心价值观引领青年迷文化，引导青年“迷”要坚持多元与一元、理想与现实、集体与个人、理性与感性相统一的原则。同时，要引导青年处理好个人、集体与社会的关系，实现个人价值与社会价值的统一，构建社会主义和谐文化，为青年迷文化提供和谐、稳定的文化氛围和语境。社会主义核心价值观不仅要深入青年“迷”的日常生活，还要成为青年“迷”在参与迷文化实践活动中根本价值遵循。青年迷文化在当代社会不仅代表着青年文化的一种特殊的具有代表性的文化形态，还包含由青年迷文化所带动的相关文化产品产业链的生成，迷群经济已经成为当代社会经济中重要的经济形态。可见，青年迷文化发展过程中的文化产品、服务及相关的迷文化活动都要全程贯彻、弘扬社会主义核心价值观，培养青年积极、健康、理性的人生态度和思想境界，提升迷文化产品的质量，打造具有思想性、代表性、艺术性、高雅性的优秀迷文化作品，弘扬真、善、美，贬斥假、恶、丑。加强对迷文化多元文化样式的引导，让不同领域、不同类型、不同国界优秀的文化产品都成为弘扬、培育和践行社会主义核心价值观的有效载体。对具有代表性的优秀迷文化品牌作品加大推广力度，开展多样的迷文化展播活动，支持优秀青年“迷”及迷群的文化创造热情和动力，以优秀的迷文化作品引导青年迷“回”归健康、理性的迷文化实践活动中，以理性的“迷”引导非理性的“迷”，以优秀的高质量的迷文化产品引领青年迷文化的发展方向，不断丰富青年的精神文化生活。

第八章
青年迷文化的社会规约

青年迷文化作为当代社会凸显的文化发展形态，代表着当代青年成长与发展中的思想、文化和情感诉求，迷文化在当代社会发展过程中还未真正作为一种文化现象进行系统性理论与实践的研究，目前研究所呈现的是青年迷文化的零散化、表层化、单向度研究。虽然青年迷文化的存在与发展有其被社会大众所诟病，但这并不代表着青年迷文化是没有希望、没有价值、没有意义的文化，正是因为存在争议、矛盾、冲突及青年特有的文化焦虑，才真正反映了当代青年生存与发展的真实写照。青年本身处于人生的不稳定期，亦是人生最强烈的可塑期和发展期，这一阶段充满着各种可能，青年迷文化就是这一阶段青年的思想、文化、情感、行为的集中反映，代表着青年的文化诉求、发展预期及对当代社会发展境遇中的文化应对。本章主要探讨青年迷文化的社会规约，未来青年迷文化该走向何处，当前社会经济、政治、文化、科技、社会等环境的开放与发展，为青年迷文化提供了更好的发展空间，青年“迷”该以何种角色、何种“迷态”、何种作为来推动迷文化的发展。

第一节　经由组织路径的社会规约

组织建设对青年迷文化的规约主要指青年自组织、共青团组织，以及其他社团组织对于青年迷文化的规约与引导。我国社会的发展、科技的进步、文化的变迁与全球化进程的加快为青年的发展提供了更加便利的条件。尤其是当代青年自主思想、意识的提升，青年迷文化的发展更加开放、自由和自主。通过青年自组织、共青团组织，以及其他社团组织的建设为青年“迷”提供更多服务，满足他们多元化的诉求；通过协同社会各部门、各组织的人力、财力、物力等资源为青年“迷”搭建交流平台，增强他们的社会责任感；通过各级组织展开监督制约机制，积极介入和参与青年迷文化生活，在保障青年“迷”文化创生及传播权利的同时，促使学校、家庭、社会，以及政府建立和完善对青年迷文化的教育、疏导、规约及监督等机制，为青年迷文化的积极、健康、有效地发展提供组织化的保障和支持。

一、共青团组织

中国共产主义青年团（简称“共青团”）是中国共产党领导的先进青年群团组织，是广大青年在实践中学习中国特色社会主义和共产主义的学校，是党的助手和后备军。共青团要引领青年思想，用社会主义核心价值观塑造青年，要凝聚、团结和服务青年，增强青年建设新时代的本领。共青团组织对青年迷文化具有一定的引导和规约功能，这就要探索共青团组织与青年“迷”、迷群及其迷文化的最佳契合点，发挥共青团组织对青年迷文化创生及传播的规约功能。

一方面，共青团组织要适应新时代青年工作的需要。中国特色社会主义进入新时代，新时代对青年一代赋予了新的要求，实现中华民族伟大复兴的目标，青年要有理想、有本领、有担当，广大青年要深刻理解新时代与自身发展的重要意义。新时代赋予了共青团新的要求，共青团要坚持不懈地落实中共中央、国务院印发的《中长期青年发展规划（2016—2025年）》（以下简称《规划》），加强对《规划》的学习宣传，实施《规划》的工作部署，对《规划》实施工作进行有效的检测和评估。共青团作为青年人的先锋队，作为党联系青年的桥梁和纽带，要应对青年自组织迅速发展所带来的新问题、现象和挑战。共青团必须牢牢把握新时代要求和青年思想、观念变化的特点，尤其是对于新兴的青年迷群及其迷文化的创生与传播态势，要主动调整工作思路，深入了解青年“迷”自组织的发展轨迹、活动特点、管理方式及其迷文化的传播规律，调整策略、谋划对策、借鉴经验、强化对青年“迷”自组织的服务、引导功能。在新时代，共青团要有自我革新的勇气，切实加强自身建设，着力解决青年“迷”自组织在迷文化创生及传播过程中的深层次问题。大力规范从严治团，健全和激活基层团组织，扎实开展党政所需要、青年所期盼的迷文化活动，最大限度地把青年“迷”自组织吸引、团结在团组织周围。

要加强共青团组织服务青年、凝聚青年、发展青年的功能。面对当前青年“迷”自组织发展中存在的良莠不齐现象，共青团各级组织要以社会主义核心价值观引导、规范青年迷群组织的发展，对于背离社会价值取向的迷群组织共青团要进行积极干预和引导；要在青年组织活动的开展、服务的凝聚与联动、各组织的融合、价值引导等方面提升青年“迷”自组织存在与发展的价值性，促进各青年“迷”自组织在进化、协调、发展的过程中引导和塑造青年“迷”，帮助青年迷群理性健康地运行，进而促使青年“迷”创生、传播积极、健康，深受广大青年认同与喜爱的迷文化；应引导青年“迷”自组织积极拓展迷文化及其具体活动开展的范畴，如，迷群的公益活动、志愿服务、文化创新与推广等方面；对青年“迷”自组织进行有效的引导、监控和管理，提高其迷文化的生产力，促进青年“迷”参与更多的社会性及公益性活动，拓展青年“迷”自组织引领青年、服务青年、发展青年、服务社会的功能，实现青年“迷”自组织的现代化发展。

另一方面，加强共青团组织建设平台的完善和优化。共青团组织应紧扣当前青年“迷”自组织内在的需求，在服务大局、服务青年、服务青年“迷”自组织发展的有机结合中发挥作用，体现团组织的先进性。更应在实践中建立和完善青年“迷”自组织的平台建设，建立服务青年“迷”组织的专门机构，为他们提供平台服务。共青团组织针对青年迷文化存在的非理性、迷狂性及随意性的生成与传播特征，要帮助青年“迷”自组织开展相关的技能培训，培育组织文化，提高他们的组织化水平，为青年“迷”自组织之间提供更多横向交流的机会，发挥共青团组织的桥梁及纽带作用。比如，“青年之声”互动交往平台设置了新闻库、话题墙、图影说、服务区、专题集、心互动等专区，在专题集中分别设置了瞭望台、创业邦、求职场、微心愿、助学行动、公益之夜、振兴杯等栏目。“青年之声”的主页会随时更新相关主题，尤其是青年原创作品展，激发了青年“迷”的文化创新力，如，“青年之声”全国青少年漫像大赛作品征集，在全国广大青年中大力弘扬社会主义核心价值观，倡导积极健康的文化导向，激励广大青少年崇尚榜样争做先锋，不断创新进取；“青年之声·节水中国”公益微视频征集活动，以视频作品为媒介，引导网络正能量，强化水情教育，传播节约用水理念，号召大众珍惜爱护水资源，促进水生态文明建设，推动全民“知水、节水、护水、亲水”良好社会风尚的形成；文脉颂中华——非物质文化遗产新媒体传播项目的主题是“非遗看中国，文脉颂中华”，非物质文化遗产既是历史的见证，又是重要的文化资源，宣传非遗项目，弘扬非遗精神，对增强中华文化自觉与自信，激发传统文化生机与活力至关重要；“相映成趣·客从声来”青年网络歌手大赛，此活动面向全社会邀请喜爱音乐的青年参赛，只要勇于自我表达，怀揣音乐梦想，便可通过大赛平台唱响青春正能量，拥抱美好新时代。同时，“青年之声”互动社交平台专家服务联盟建立，涉及青年的成长、创业、心理、国学、就业、维权、健康、志愿、婚恋、爱心、网络文化、金融等服务联盟，致力于联系和服务青年的非营利契约式公益性战略合作模式。“青年之声”互动社交平台致力于服务青年、凝聚青年和发展青年，为青年“迷”自组织提供了更大的发展空间，其平台的完善与优化有助于青年“迷”自主、理性地进行迷文化的生成及传播，发挥了共青团组织对青年迷文化的规约、引导和服务功能。

二、青年自组织

随着改革开放的深入和经济的迅速发展，基于不同的物质基础、文化资本及兴趣取向的差异，青年群体呈现分化状态，新兴青年组织层出不穷，表征着当代青年新的现象、特点及发展趋势。青年自组织是青年自发成立、自主发展、自我运行和治理的组织，具备一定的规模，拥有相应的规章、制度及组织系统。当代青年更加自主、自由，更加注重自我个性的发展，他们的积极性和主动性促使青年自组织迅速发展，并呈现多样态发展趋势。

（一）青年“迷”自组织的发展及其存在的问题

当前青年自组织在市场经济条件下成为青年最乐于沟通、交往、聚集的平台，本质上反映了当代青年在发展过程中思想、观念、利益诉求的新趋向。由于青年自组织产生、发展的境遇及其条件的特殊性，青年自组织在组织形式、运行规律、现象特质及其发展模式等方面区别于其他正式组织，它常“具有原生态、自发性、非正式、网聚性和开放性、透明性和灵活性等特征，在组织形态、运行机制等诸多方面存在显著特点”①。在对我国青年自组织状况与发展的研究过程中，学者对“浙江青年自组织在类型分布、组织规模、成员构成等方面的情况进行了分析。从性质类型看，我们所调查的青年自组织中，比重最大的是兴趣爱好类组织，占总数的48.7%”②。从上述数据中可以看出，青年选择加入自组织，更多是倾向于兴趣、爱好而结成的趣缘群体，青年“迷”自组织则是当代青年自组织发展速度最快的组织形态，尤其由青年“迷”所衍生的青年迷文化进一步的发展而形成的迷群经济，成为我国经济发展中不可或缺的现代经济发展模式，促使迷群经济发展的核心主体就是广大的青年“迷”。迷文化产业为我国经济发展注入了新的活力，活跃了我国的文化市场，丰富了社会大众尤其是广大青年的文化精神生活。但青年“迷”自组织和其他青年自组织一样，由于其自发的形成、自由的运行、自主的发展模式与之伴随的必然是由于缺乏特定的规章、制度和成熟的发展模式而使青年迷群组织比其他青年组织更易饱受诟病，而青年“迷”组织表现得更为强烈。他们无法突破其自身发展的困境，深陷理性与非理性思想、观念及行为混淆的痼疾。尤其是在网络媒介中，青年“迷”自组织设置的门槛低，无论是“迷”还是非“迷”或他“迷”都可以跨越迷文化区隔而进行交往，这种交往伴随的必然是“我群”与“他群”利益的纠葛、话语的暴力、行为的越轨，青年“迷”自组织的活跃性特质则呈无边界、无规则、无责任的设置，成为青年迷失自我、集体狂欢的越轨地带。同时，在青年“迷”自组织内部因缺乏规范的章程、管理机制及预警与惩处机制而导致其趋向边缘化。由此可见，必须规范青年“迷”自组织的发展，引导和规约青年“迷”自组织。

（二）青年“迷”自组织的他治与自治

面对青年“迷”自组织存在的问题，必须将他治与青年“迷”自组织的

---

① 冯志明，阮平南．基于社会网络的共青团对青年自组织治理研究［J］．中国青年研究，2013（12）：53—59.

② 共青团浙江省委课题组．论我国青年自组织状况与发展——浙江省青年自组织调研报告［J］．中国青年政治学院学报，2010（1）：1—7.

自治相结合。在规范化管理过程中需要厘清青年迷文化的边界问题，因为并非所有的迷文化皆与社会主流文化及其价值相抵触甚至是对抗，大多理性的青年“迷”自组织一般能够借助自身的独特身份良好地体悟和践行社会主义核心价值观，做到引领青年、服务青年、发展青年。对于青年“迷”组织的随意性与非理性，需要整合社会、家庭、学校、社区等资源，规范青年“迷”自组织的发展模式，如果缺乏相应的他治策略及实施青年“迷”自组织则极易失控。因此，必须整合社会各要素对青年“迷”组织进行规约和监督，应积极关注青年“迷”自组织的发展动态，倾听他们的文化、情感、利益诉求。要以先觉的意识正视青年“迷”自组织的发展态势，在传统媒介与现代媒介、虚拟平台与现实空间构建青年“迷”自组织与政府、社区等部门的对话沟通机制，重视并激发青年“迷”组织的社会功能。对生成和传播不健康、非理性迷文化的青年迷群组织，应坚决采取警示、取缔等强制性干预措施。对积极、健康的“迷”自组织提供其发展的有利条件，尤其是青年“迷”自组织所衍生的公益文化、公益活动、公益组织等应予以积极支持和推广，增强青年“迷”的历史使命感和社会责任感。青年“迷”自组织的自治符合青年自组织自我管理、自我服务及自我发展的理念。这就需要青年“迷”自组织要规范内部运行机制及管理模式。青年“迷”自组织的规范化、科学化管理，就是要打破传统“迷”自组织的无序、混乱、驳杂的运行及发展模式，规范化、科学化的管理有助于理性青年迷文化的创生与传播。这就要求在青年“迷”自组织内部分工要明确、迷组织实践活动要规范、设置明确的议题，要制定“迷”自组织内部成员共同遵循的规则，对“迷”自组织成员要设定明确的准入和退出制度。青年“迷”自组织要根据内部成员迷文化资本积累、迷文本创生与传播能力及组织管理能力等方面设置层级管理制度，将青年“迷”自组织发展的目的与手段、原则性与规律性、规范性与创新性相统一，健全青年“迷”自组织内部迷文本资源的共享与再生成的职责科学分配机制，规范青年迷群组织的运行程序，实现青年“迷”自组织科学、合理的自治。

（三）各青年自组织间的相互促进与发展

我国目前的青年组织按功能类型来划分，主要有社区青年组织（沟通关怀功能）、职业青年自组织（利益联合功能）、休闲青年自组织（愉悦共享功能）、网络青年自组织（寻找归属功能）、公益青年自组织（自主服务功能）。这些青年自组织根据自身的特点从不同方面关注青年的生活、工作、休闲、兴趣、公益等范畴，各类自组织都有各自的特殊性及价值功能，但同时也可以看出各青年组织之间都有相互交叉渗透、相互融合的特点。尤其是随着新媒介的迅速发展，青年自组织更多的是在网络中建构联盟关系，即青年自组织类型增多，跨阶层、跨群体、跨地域参加自组织成为常态，各组织间的差距逐渐被弱化，合作与交流成为青年自组织发展的主要模式。同时，青年自组织之间建立信息、资源智库共享平台，甚至是建立战略联盟，青年自组织的示范效应及影响力不断增强。青年“迷”自组织与其他各类型的青年自组织有着密切联系，“迷”自组织与其他组织之间的交流与互通有利于引导、规范和监督青年“迷”自组织的运行，更有利于培养青年“迷”的社会归属感及责任意识。青年“迷”组织通过与青年各自组织之间的交流与合作，充分发挥自身组织的特色和优势，广泛地联系、服务和凝聚青年，为广大青年提供情感归属、价值导向与实现及能力提升的平台。因此，青年“迷”自组织要突破迷群区隔及划界，学习其他自组织优秀的管理、运行模式及经验，适时调整、健全和完善青年“迷”自组织的目标、内容、方式及机制。要善于发挥青年“迷”自组织的自身优势，调动青年“迷”积极参与社会公共事务中，把青年“迷”个体价值的实现与社会需要结合起来，把自我价值诉求与新时代发展目标结合起来，使青年“迷”自组织逐步发展成为青年迷文化及社会发展的重要力量。

三、学生社团

社团是具有某些共同特征、兴趣、爱好的人相聚而成的一种互益组织，它是“以文化为背景，某种程度上存在以条件类同为聚合基础的等比结构，成员的共同经历或相近状况会内化为强大的凝聚力和群体意识，内化为强烈的责任心和主体意识”[①]。对于社团，这里主要以高校学生社团为例来分析其对青年迷文化的规约及引导。高校是青年“迷”的重要聚集地，是迷文化生成及传播最为迅速、持久，影响力最广泛的地带。高校学生社团是由学生自愿组织的群众性团体，在校党委、团委的领导下，在学生会的指导下，组织开展各种有意义

① 李兰巧．青年社团与青年需要［J］．北京青年政治学院学报，2001（3）：21—27.

的文化活动，涉及科技、体育、艺术、文学等多方面，这些活动从理论类到实践类、从文学到体育丰富了大学生的业余生活，拓展了他们的生活范畴，更是潜移默化地培养了学生的综合素质。各类社团活动相当于学生的第二课堂，是由课堂教学向课外教学的衍生，更是课堂教学内容在课外活动中的具体实践与开展。高校丰富的社团活动满足了青年大学生情感、交往与归属、个性发展与自我实现、文化生活与信息沟通等方面的需要，在这一点上，高校社团与青年迷文化高度契合。但是社团又比青年迷群更加正式和规范，社团所构建的文化氛围更加科学、合理并契合大学生的自身发展，同时高校社团由学校党委、团委、院系的领导、管理和支持，其运行模式更加规范。青年迷群则更加自主、自由，其随意性、娱乐性、消遣性和消费性凸显，在高校青年迷文化的这些特性尤为明显，并深受大学生的追捧。社团与迷群有着密切的联系，都是基于兴趣和爱好而组成的团体，但社团的规范性、约束性及制度化运行对青年迷文化具有强烈的影响和规约，能引导迷群在基于兴趣、爱好发展基础上更加自主、科学、合理地进行迷文化的创生及传播，降低青年“迷”及迷群的迷狂、非理性的思想及行为。

高校学生社团不仅是学生的第二课堂，还发挥着隐性课堂的作用，“学生社团的组织管理、活动内容与形式等都蕴含着丰富的社会主义核心价值观教育资源，是进行社会主义核心价值观教育的重要隐性课堂，具有独特的价值教育优势”①。学生社团都是按照具体的章程自主开展各项活动，而具有良好的社会组织、健康有益的社团活动自身就蕴含着丰富的社会主义核心价值观资源，营造着良好的教育氛围，对于提升学生对社会主义核心价值观的理论认知及具体践行具有重要作用。学生社团的这种隐形教育功能对青年迷文化具有一定的引导和规约，能引导青年“迷”理性地对待各类迷文化现象，以社会主义核心价值观为基本价值导向发展自身的兴趣和爱好。对于青年迷文化所体现的迷狂、非理性思想及行为，学生社团从与青年迷群同等地位的角度给予青年迷文化活动以指导，学生社团的组织性、规律性、制度性给予青年迷群具体文化活动开展的制度化规约。很多学生社团的参与者有可能是“迷”或是某个迷群的成员，而在青年迷群中也很多社团的成员，这种身份的交织与融合有益于青年“迷”、

---

① 徐瑞．论学生社团在社会主义核心价值观教育中的作用——基于隐性课堂的视角［J］．中国教育学刊，2014（6）：26—29.

迷群借鉴社团文化活动开展的经验来规范青年迷群及其迷文化的传播。目前，各高校非常重视学生社团的建设和管理，在学生社团的组织管理、活动宣传与开展、制度建设等方面不断健全和完善学生社团的工作机制，充分发挥学生社团对青年学生的隐性教育功能，为涵育社会主义核心价值观创造了更有利的条件。学生社团活动的有序、健康开展，有效地发挥了第二课堂的隐性教育功能，对青年学生尤其是青年“迷”来说，具有重要的引导和塑造功能，更有利于他们理性、健康地参与和开展迷文化活动。从上述可以看出，丰富的社团活动在某种程度上丰富了青年“迷”的生活世界，同时为青年迷文化的创生及传播创造了良好的氛围和条件。因此，各高校对学生社团要积极支持，更新管理理念，有针对性地实施分类指导，健全相关机制使学生社团充分发挥价值引领作用，提升学生社团对青年迷文化潜移默化的引导和规约功能。

第二节 经由环境建设的社会规约

青年迷文化的传播与发展深受社会环境的影响，市场经济的发展、网络技术的发展、物质生活的提升及青年迷群的多元化发展等为迷文化提供了更加自主、开放的空间。但不可否认，当代青年迷文化的发展也囿于环境问题，由青年迷文化引发的文化困境、危机及焦虑问题成为青年发展的主要障碍，从侧面反映了我国经济、政治、社会、教育等各个层面在发展过程中所面临的问题及困境。探索解决青年迷文化所引发的诸多青年问题和现象，需要从社会发展的整体性进行系统认知，不触及社会整体环境来探索解决青年迷文化问题是视角上的以偏盖全，无法从根本上揭示青年迷文化的社会性问题。因此，必须身处社会环境从各要素的整合性、协同性等方面为青年迷文化创造良好的环境氛围。

一、构建宽容的社会环境

“宽容”不仅是我们现代社会人格的重要组成部分，还是当代中国社会公共领域必要的存在基础，宽容和谐的社会环境是青年迷文化创生与传播的重要基础，是青年“迷”健康、理性地进行交往的重要文化氛围，宽容、和谐的社会环境是青年“迷”理性参与迷文化的前提和基础。构建宽容和谐的社会环境就是要促进社会各方面力量之间的良性互动，是个人之间、社会组织之间及个人与组织之间一种比较文明的、良性的交往方式。宽容的社会环境为青年“迷”、迷群对繁杂的迷对象文本进行选择、甄别、生产、创造和传播等行为的理性实施提供了条件，促进了青年“迷”、迷群与社会各方面的良性互动，更为青年迷文化回归主流文化视域创造了良好的社会氛围。青年迷文化的理性生成与传播需要在社会有机体（家庭、学校、社会、社区等）的健康和可持续发展基础上才能进行，需要各有机体之间相互协调、尊重、支撑、沟通和疏导，为青年迷文化的创生与传播构建畅通的文化空间，形成对青年迷文化共同的治理模式。在对建构青年迷文化共同模式的探索过程中，社会各单位须以宽容的态度尊重和理解青年迷文化存在的可能性及价值性，须正视青年迷文化对于青年及社会发展的正向功能，对青年迷文化发展过程中凸显的问题应有明确的认知，从各组织的功能性角度有针对性地提出解决对策，形成各组织单位治理青年迷文化的系统性联动机制。

在构建宽容的社会氛围过程中，社会各单位须将社会主义核心价值观作为引领青年迷文化的共同认知，通力合作，以引领青年、服务青年、发展青年作为共同标识。在青年迷文化的生成、传播、创造等环节为青年迷文化创造条件，从不同维度把握青年迷文化的发展方向，关注青年迷文化现象的异化态势，分析青年“迷”身份的特殊性。各组织单位应厘清在治理青年迷文化过程中的主要职责，有针对性地提出解决问题的对策。比如，对于高校青年迷文化发展存在的问题，高校应通过青年“迷”教育、管理、校园文化建设、意识形态管理等方面探讨解决青年迷文化的对策，其他组织单位如家庭、社会、社区等须协同促进青年迷文化问题的解决。各组织单位应注重青年迷文化治理过程中的职责分配、责任承担等问题，有针对性、有轻重缓急地促进青年迷文化科学、理性的发展。宽容而和谐的社会环境是青年迷文化健康发展的愿景，社会各组织单位有责任、有义务、有担当将这一愿景转换为现实。只有在宽容和谐的社会环境中，青年迷文化才能摒弃狭隘视域的局限，才能在自由与自主发展过程中成为更有价值、有意义的文化创造与传播。

二、拓展青年迷文化实践活动

当代青年迷文化主要活跃于网络媒介场域，青年迷群的交往也更多地集中于线上关于迷对象文本资源的探讨，通过网络平台的闲聊、资源的共享、信息的发布等来进行青年迷文化的生成与传播，导致青年迷文化缺乏系统性，更缺乏深入青年“迷”现实生活，关照青年实际文化需求的有深度、有价值、有意义的文化生成与传播。这就需要拓展青年迷文化实践活动的广度和深度，将青年迷文化的线上与线下交流相融合，开展优秀的迷文化交流和展演活动，引导青年积极参与优秀迷文化资源的推广与传播过程中。尤其是当代青年迷文化跨文化交流频繁，优秀的迷对象资源已跨越国界成为全球青年“迷”共同拥趸的对象。青年迷文化的社会实践活动范围、类型诸多，如由流行的网络小说衍生出来的周边产品众多，包括著作、影视作品、游戏、服饰、日常饰品等，依赖于青年“迷”的忠诚度与分享度，青年迷文化盘活和带动了整个迷文化产业的兴盛与发展。

但不可否认的是，青年迷文化仍然存在着网络与现实生活的崩解及网络中的青年“迷”与现实中“迷”的自我断裂，弥合这种自我的断层需要对青年“迷”的思想、观念进行引导教育，需要规划、夯实青年迷文化活动的实践基础，需要更深层次地关照青年“迷”及现实社会生活，而不仅是停留在迷对象本身或“迷”自身，使迷文化真正成为有益于“迷”主体精神生成、照亮他们前行的文化之路；进一步拓展青年迷文化的具体实践活动，使其由虚拟向现实、由青年“迷”向青年自我转换，要以校园、企业、乡村、社区、社团、网络文化等为载体，加强青年迷文化的特色品牌建设，推动青年“迷”阅读能力、欣赏能力、鉴别能力、科普水平等的提升；加强各国青年“迷”的跨界文化交流，学习、吸收和借鉴世界优秀的迷文化资源，深入发掘我国优秀文化资源的时代价值，使青年“迷”在学习的基础上有意识地进行鉴别、弘扬和发展。通过丰富的、有底蕴和有效率的迷文化实践活动提升青年“迷”的文化生产力和传播力，营造活跃的文化市场氛围。同时，各级政府、组织等需要拓展青年“迷”自身的文化实践范畴，使其不仅停留在迷对象及其文本，更应拓展、参与社会公共文化的实践范畴。比如，以“青春长征路，公共文化行”为主题的2016年文化部文化青年走基层实践活动，部分青年分别赴贵州、甘肃、陕西从三个方面展开调研，探访长征遗址，传承长征精神。传承好长征精神、延安精神、井冈山精神，走好我们这一代人的长征路，对广大青年来说既是一种责任，也是一种使命。对于青年“迷”来说，通过参与这些类似的活动，使长征精神、延安精神、井冈山精神融入青年“迷”的日常生活、工作中，在创生和传播迷文化的过程中宣传和弘扬这种精神，促使他们能够很好地从历史中汲取信仰的力量，不忘初心、继续前行。

三、规范青年迷文化传播环境

规范和净化青年迷文化传播环境，是青年迷文化创生与发展的重要保障。当代青年迷文化的传播主要集中于新媒介场域，在信息场进行参与迷群的文化传播活动。多元的网络环境对青年“迷”的思想文化、观念的塑造及行为的实施产生着重要的影响作用，青年“迷”更多的聚集在网络空间中进行迷文化的生产与传播。可见，必须集合社会各界力量规范、监督和净化青年迷文化的传播环境，探究在传统媒介向现代媒介转型的过程中，青年迷文化的传播特点、规律及趋势，分析青年“迷”热衷的媒介平台，规范平台运行机制，强化网络媒介平台对青年迷文化传播效能及文化引导的能力。同时，要立足新媒介基础优势及发展态势，加强在全媒体语境场域中对青年迷文化的传播引导能力建设；注重青年“迷”在网络、音乐、文学、影视等网络环境中的舆论导向，提升青年迷文化网络传播的效果和影响力；注重传统媒介向现代媒介转型过程中，传统媒介对青年迷文化承载功能性的发挥，鼓励和支持电视、电台、报纸杂志等传统媒介设置相关青年迷文化的专栏或节目，制作关于青年迷文化的系列专题，传播优秀的青年迷文化内容。关注青年迷群的成长及其现实生活状况，宣传青年“迷”在推动我国经济、政治、社会、文化及生态发展过程中的积极作用。

当代社会已进入融媒体时代，更加注重加强传统媒介与现代媒介的融合，极力建立一种新型和谐互补、互信的媒体关系。“融媒体”是充分利用互联网这个载体，把广播、电视、报纸这些既有共同点，又存在互补性的不同媒体在人力、内容、宣传等方面进行全面整合，实现“资源通融，内容兼容，宣传互融，利益共融”的新型媒体[①]。融媒体不是独立的媒体存在形式，而是将传统媒

① 庄勇．从“融媒体”中寻求生机的思考与探索［J］．当代电视，2009（4）：18—19.

体与现代媒体优势的整合发挥，在功能、价值及手段上是一种现代性的融合模式，实现资源融合、宣传融合及利益融合，充分发挥融媒体的价值功能。2014 年 8 月，中央全面深化改革委员会第四次会议审议通过的《关于推动传统媒体和新兴媒体融合发展的指导意见》强调："推动传统媒体和新兴媒体融合发展，要遵循新闻传播规律和新兴媒体发展规律，强化互联网思维，坚持传统媒体和新媒体的优势互补、一体发展，坚持以先进技术为支撑、内容建设为根本，推动传统媒体和新兴媒体在内容、渠道、平台、经营、管理各个方面的深度融合，着力打造一批形态多样、手段先进、具有竞争力的新型主流媒体"[①]。融媒体除了理念上的创新，更重要的是系列的模式创新，其所带来的是传统媒体与现代媒体边界区隔模糊化，是相互融合式的发展模式。融媒体为青年迷文化创造了更好的创造和传播平台，但对于青年"迷"来说，融媒体更重要的是如何真正地做到媒体与青年"迷"、迷群的深度融合，进而真正实现青年"迷"与融媒体的共同成长与发展。这就要求各部门深刻贯彻和学习习近平总书记关于媒体融合发展的工作理念、实现路径、目标任务及总体要求，深刻把握新闻传播的规律和新兴媒体发展的规律，要以高度的自觉性和主动性迎接媒体发展趋势及青年迷文化发展凸显的新问题、新现象和新特点。要在融媒体时代加大对优秀青年迷文化作品的宣传力度，引导广大青年树立高尚的精神追求、文明的生活方式和正确的消费观念，充分发挥融媒体传播环境对青年迷文化的把控及潜移默化的影响功能；拓宽政府、高校、社区等在网络平台上对青年"迷"的信息公开、公共服务、舆情引导的实际效果，从广大青年"迷"、迷群的切实需求、现实状况出发关注青年迷群，为青年迷文化的创生及传播提供良好的文化生态。在青年迷群集聚平台设置城市文化、遗迹、故事等宣传专栏，引导青年"迷"关注城市发展、城市文化传播、城市文化发掘、城市形象构建等过程，增加青年迷群的城市存在感和归属感，充分调动青年迷群的文化传播力量、构建魅力城市，讲好城市故事、传播城市文化，以青年"迷"的身份服务、发展城市，以魅力的城市化建设规范、净化青年迷文化的传播环境，凝聚城市舆论场力量促进青年迷文化的繁荣与发展。

---

① 习近平：推动媒体融合发展要遵循新闻传播规律［EB/OL］. http://media.people.com.cn/n/2014/0818/c120837-25489622.html，2018-08-18/2017-07-20.

第三节　社会规约的实现机制

现代社会的生活理念、生活方式为青年迷文化的发展提供了新的条件与形式，青年迷文化呈现多层次、宽领域、多样化的发展态势。青年迷文化的创生与发展需要通过制度化的手段来落实我国当前关于青年文化的相关政策，比如，文化和旅游部发布的《加快文化科技创新体系建设》《关于推动数字文化产业创新发展的指导意见》《关于推动公共文化服务高质量发展的意见》等政策，对青年迷文化的发展态势具有重要的指导作用。对这些政策文化的有效实施有助于规范青年迷文化及青年“迷”的文化创生及传播行为，需要从激励、管理、推广及转换的协同机制的完善来促进青年迷文化的发展。

一、激励机制

青年迷文化的激励机制需要国家从经济、政策、制度等方面为其提供条件和发展空间，激发青年“迷”主体的迷文化生产力和传播力，积极支持青年迷文化的建设，加强青年迷文化理论、发展趋势及其实践样态的研究，及时了解、掌握青年的迷文化诉求、潮流、思想、观念及行为的动态发展过程，在具体的政策导向上引导青年迷文化的发展取向。加快动漫、游戏、网络文化、创意设计、文化旅游、艺术品等行业的全面协调发展，完善现代文化产业体系，培育现代新型文化业态，促进迷文化资源与文化产业的融合式发展；加强迷文化产业与传统文化产业的整合与发展，全面提升影视、动漫、游戏、媒介、艺术品等迷文化产业发展的质量和效益。加强文化财政支持的保障，健全青年迷文化财政支持保障制度，落实文化经济政策，健全文化法律制度，建立健全迷文化安全监测预警及危机处置机制，提升化解应对迷文化危机、引导青年“迷”非理性行为及迷群极化等突发事件的应对机制。

加强迷文化与优秀传统文化资源的深度融合，拓宽青年迷文化的外延，以优秀的传统文化资源丰富青年迷文化的内涵，在青年迷文化场域中使青年“迷”跨越时间、地域、年龄、阶层享受传统与现代融合的文化盛宴。以动漫为例，由动漫衍生的文化产业在不断升级，动漫迷则是推动动漫文化产业发展的主要动力，目前需要构建动漫产业发展的生态体系，提升动漫产品的质量，扶持内容积极健康向上、富有创意的优秀原创动漫产品的创作、生产、传播和消费。尤其是培育青年“迷”参与民族动漫创意和品牌建设的过程中，激发他们的文化创造力，加大对优秀动漫创意青年人才的扶持力度；加强与其他国家动漫文化产业的跨国界交流与合作，培养国际化动漫人才，加强动漫文化领域的智库建设，鼓励面向新媒体渠道的动漫创作和发展，促进动漫与实体经济的深度融合，引导动漫文化产业的发展，活跃动漫的文化消费市场。同时注重打破迷文化的传统壁垒与偏见，推动形成内涵丰富，表现形式多样，促进各类迷文化内容与形式的交叉融合，衍生青年迷文化的文化产业链和价值链，提升青年“迷”的文化原创力和文化品位。利用媒介场域优势，提高网络、文学、科技、影视、品牌等文化的融合与沟通，从迷文化的生成、传播、政策、制度、法制等形成具有核心竞争力的迷文化激励机制及发展格局。加强青年迷文化人才队伍建设，凝聚迷文化理论研究、文化传播、文化经营、文化管理及志愿服务等青年迷文化人才培养机制，使迷文化真正成为引领青年、服务青年、发展青年的文化。

二、管理机制

青年迷文化管理机制的健全有利于规范青年迷文化的发展态势，有利于塑造青年“迷”主体健康、理性的思想、观念及行为。在落实相关青年文化政策的过程中需注重青年迷文化的特殊性，调动各级组织的积极性，加强青年迷文化内容的管理，建立健全青年迷文化活动的评价机制，把握正确的价值导向，坚持弘扬和践行社会主义核心价值观。对于特殊的迷文化现象、热点问题进行客观、理性的评判，坚持弘扬真善美、贬斥假丑恶的迷文化价值取向，抵制庸俗、低俗、媚俗的迷文化异化倾向。尤其是对于网络媒介中的青年迷文化创生与传播的理性与非理性思想、观念及行为的边界要严格界定和掌控，从内容上把握好青年迷文化的发展方向；注重青年迷文化网络平台建设与管理，对于网络媒介中各迷群组织的管理须形成规范的迷群运行机制以引导各类迷群达成规范和共识，搭建青年迷文化网络管理服务平台，对青年迷群组织、队伍、迷文化作品及其创生与传播等形成综合智能的管理机制。建立青年迷文化作品、实践活动、人才等优秀智能资源库，实现青年迷文化资源共建共享，有效对接青年受众的需求，提升青年迷文化优秀资源的创生、传播效率及质量。

坚持青年迷文化的跨界融合，无论国度、地域、年龄、阶层等的差异，还是“我群”与“他群”的存在，在迷文化开放与发展的进程中，在尊重青年“迷”特殊性的基础上，更应注重青年迷文化存在与发展的共性特征与规律的研究及管理方式的探索。避免过度强调迷文化划界、差异而人为地设置文化壁垒，任何优秀的文化资源都是人类进程中的宝贵财富，应促进迷文化的开放性及其与不同文化，不同文化产业、事业的深度融合与发展，拓展迷文化的发展空间，为繁荣中国特色社会主义文化注入活力，丰富大众的文化精神生活；要整合各组织、部门力量形成协同机制，对青年迷文化发展的态势进行合理有效地监控，建立健全文化市场的警示制度，积极探索适合青年迷文化管理特点的监管方式，在尊重青年“迷”取向及其创造力的基础上，激发青年“迷”的文化创造兴趣，建立健全社会公众对青年迷文化的监督保障制度；创新政府、高校、社区等单位对青年迷文化的管理和服务制度，优化各单位组织与青年“迷”的沟通机制，及时准确地把握青年迷文化的发展态势、参与方式及路径等方面的信息，完善对青年尤其是“迷”信息调查的网络机制，把握青年“迷”的现实生存状态及其文化精神诉求等方面的信息，对青年“迷”思想、观念及行为形成常态化的管理，引导青年积极、健康、理性地参与迷文化实践。

三、推广机制

青年迷文化有其存在与发展的合理性及其客观性，对有助于青年自身成长及其社会发展的迷文化应该加强其推广机制，拓宽迷文化传播渠道，打造具有影响力的现代迷文化品牌。加强青年迷文化的宣传推广，需借助媒介平台，设置具体的迷文化议题，为广大青年“迷”及其迷群提供文化作品展示的平台。有效运用新媒介，结合青年“迷”的特质创新迷文化传播的方式和手段，提高青年迷文化实践活动的效率及其优秀迷文化作品的价值力和影响力。借助青年参与微信、微博、移动客户端等载体，着力提升青年迷文化的产品内涵及质量，鼓励青年积极发掘中华民族优秀的文化资源，弘扬以爱国主义为核心的民族精神和以改革创新为核心的时代精神，以真正代表中华民族优秀文化底蕴的文化力量培育新时代青年精神。进而以青年力量推广具有集思想性、艺术性、价值性于一体的迷文化，真正反映新时代中国青年人的审美追求，传播新时代中国的价值理念、符合世界发展潮流的文化精品，形成迷文化跨界发展模式。

针对不同青年的个性化需求及市场对于迷文化所带动的迷经济力需求，利用现代化的科技手段，促进优秀迷文化作品的多渠道传输、多平台展播、多终端推送，引导相关文化企业提供个性化、分众化的迷文化产品和服务，鼓励企业采用青年“迷”的个性化订制、精准营销、迷群共享共生的模式为社会大众提供文化产品和服务。针对迷文化存在与发展的多元化态势，推动不同迷群多样化、分众化发展，结合当前各类迷文化的相互融合性特质，开展迷文化作品展演、实践活动的经验交流、理论研究等方面的活动，形成优势互补、互相协调、联动发展的迷文化推广及发展模式。依托青年对媒介、数字技术的依赖进行创作、生产、传播和服务迷文化产业，培养青年迷文化产业发展的新亮点，提升动漫、游戏、影视、文学、创意设计、科技等文化的发展水平，促进青年迷文化的技术化、市场化、专业化、民族化、国际化推广及发展水平。

四、转化机制

众所周知，由迷文化所带动的迷群经济已成为当代社会发展中凸显的经济形态，并作为重要的经济力发挥着重要的作用。现阶段由迷文化所带动的品牌、影视、媒介、文学、科技等联动经济效益显著，各级组织单位开始重视迷文化成果转化机制的研究，尤其是由迷文化所带动的青年对于迷文化产品的需求，进一步促进了迷文化成果转化机制的建立和完善。

首先，必须完善青年迷文化科技成果转化机制。要鼓励优秀青年参与研发迷文化成果转化，协同研发机构、高等院校与企业力量，联同推动迷文化科技成果转化。促进各类研发主体在参与迷文化成果转化过程中，依靠市场驱动需求，满足青年主体对于迷文化产品的消费需求，促进青年迷文化科技成果的有效转化。其次，建立青年迷文化科技成果转化平台。目前，青年“迷”主要是参与相关媒介平台对迷对象文本的收集、生成及传播，更多的是青年“迷”处于浅层次的迷文化生成与传播，并没有真正参与迷文化产品的转化过程中。青年迷文化成果转化须针对青年“迷”的需求建立文化科技成果信息系统，为广大青年“迷”提供迷文化资源、理论及具体迷对象确证信息的可参考性服务，使青年“迷”从原初的迷文本信息采集、梳理和传播延伸至迷产品成果的生成与转化进程中；探索构建专门针对青年迷群的文化公共服务平台，推进迷文化产业、公共文化服务、品牌文化、跨界文化等迷文化数据建设；推动建立青年迷文化跨国界、跨地域、跨部门、跨层级的服务与共享机制，为青年“迷”提供迷文化全方位转化平台。再次，加快迷文化品牌建设。基于广大青年“迷”对品牌的青睐，诸多企业更加注重品牌文化的塑造和品牌迷群的消费需求，即注重品牌文化意识的培育及知识产权创造、运用、保护和管理能力的提升，在公共专属平台倾听广大品牌迷的建议、使用报告和对策，积极培育拥有较高知名度和美誉度的文化企业品牌和产品品牌。实施文化企业品牌建设行动计划，把品牌迷的消费纳入品牌建设与发展的重要议程和环节，加快文化品牌智库建设，建立文化品牌服务平台，加强文化品牌宣传，提升文化品牌公共服务水平及品牌文化的经济效益。最后，促进迷文化成果广泛融入实体经济。迷群经济作为当代社会发展的重要经济形态，应注重开发青年迷文化科技与相关产业的融合发展集成模式，增强迷文化的科技含量，面向大众征集优秀的迷文化创意作品并予以扶持，建设迷文化产业创业、创意人才库；推动动漫、偶像、游戏、品牌、媒介、展演等在制造、设计、科普、教育、建筑、旅游、传统产业等领域中的集成应用，提升迷群虚拟社区、大众公共生活等公共空间的迷文化品质，加强对优秀迷文化作品和青年人才的宣传推介，促进市场对接及迷文化市场的转化。

参考文献

（一）主要著作

[1] 中共中央马克思恩格斯列宁斯大林著作编译局编 . 马克思恩格斯选集：第一卷 [M]. 北京：人民出版社，1995.

[2] 中共中央马克思恩格斯列宁斯大林著作编译局编 . 马克思恩格斯选集：第二卷 [M]. 北京：人民出版社，1995.

[3] 马克思 . 1844 年经济学哲学手稿 [M]. 北京：人民出版社，2000.

[4] 中共中央马克思恩格斯列宁斯大林著作编译局编 . 马克思恩格斯选集：第三卷 [M]. 北京：人民出版社，2002.

[5] 习近平 . 习近平谈治国理政 [M]. 北京：外文出版社，2014.

[6] 习近平 . 习近平谈治国理政（第二卷）[M]. 北京：外文出版社，2017.

[7] 习近平 . 习近平谈治国理政（第三卷）[M]. 北京：外文出版社，2020.

[8] 习近平 . 决胜全面建成小康社会　夺取新时代中国特色社会主义伟大胜利——在中国共产党第十九次全国代表大会上的报告 [M]. 北京：人民出版社，2017.

[9] 陈望衡 . 当代美学原理 [M]. 武汉：武汉大学出版社，2003.

[10] 陈万柏，张耀灿 . 思想政治教育学原理（第三版）[M]. 北京：高等教育出版社，2015.

[11] 陈霖 . 迷族：被神召唤的尘粒 [M]. 苏州：苏州大学出版社，2012.

[12] 曹卫东 . 文化间性：记忆与反思 [M]. 上海：上海人民出版社，2016.

[13] 邓维佳 . 迷与迷群：媒介使用中的身份认同建构 [M]. 北京：中国传媒大学出版社，2010.

[14] 管延军 . 个人—文化匹配、群体态度与组织行为 [M]. 北京：社会科学文献出版社，2013.

[15] 黄少华 . 网络空间的社会行为——青少年网络行为研究 [M]. 北京：人民出版社，

2008.
[16] 黄佩 . 网络社区：我们在一起 [M]. 北京：中国宇航出版社，2016.
[17] 韩布伟 . 粉丝红利：互联网时代的盈利宝典 [M]. 北京：电子工业出版社，2016.
[18] 简东方 . 粉丝时代 [M]. 杭州：浙江人民出版社，2011.
[19] 金生鈜 . 教育与正义——教育正义的哲学想象 [M]. 福州：福建教育出版社，2012.
[20] 金林南 . 思想政治教育学科范式的哲学沉思 [M]. 南京：江苏人民出版社，2013.
[21] 罗钢，刘象愚 . 文化研究读本 [M]. 北京：中国社会科学出版社，2000.
[22] 李晓东 . 全球化与文化整合 [M]. 长沙：湖南人民出版社，2003.
[23] 卢岚兰 . 媒介消费：阅听人与日常生活 [M]. 台北：台湾韦伯文化事业出版社，2005.
[24] 陆玉林 . 当代中国青年文化研究 [M]. 北京：人民出版社，2009.
[25] 龙小农 . 从形象到认同 [M]. 北京：中国传媒大学出版社，2012.
[26] 刘铁芳 . 公民生活与公民教育：学校公民教育的哲学探究 [M]. 北京：教育科学出版社，2013.
[27] 李琴 . 中国传统消费文化研究 [M]. 北京：中央编译出版社，2014.
[28] 李红春 . 自由空间与审美话语——社会领域分化中的当代中国审美文化 [M]. 北京：中国社会科学出版社，2014.
[29] 孟伟 . 日常生活的政治逻辑 [M]. 北京：中国社会科学出版社，2007.
[30] 潘知常，林玮 . 大众传媒与大众文化 [M]. 上海：上海人民出版社，2002.
[31] 彭立群 . 公共领域与宽容 [M]. 北京：社会科学文献出版社，2008.
[32] 钱永祥 . 全面建设小康社会中的中国青年 [M]. 北京：研究出版社，2003.
[33] 邱吉，王易，王伟玮 . 轨迹——当代中国青年价值观变迁研究 [M]. 北京：人民出版社，2012.
[34] 孙其昂 . 思想政治教育学前沿 [M]. 北京：人民出版社，2013.
[35] 师曾志，胡泳 . 新媒介赋权及意义互联网的兴起 [M]. 北京：社会科学文献出版社，2014.
[36] 孙东哲 . 新媒体与国际传播 [M]. 北京：外文出版社，2014.
[37] 沈杰 . 中国改革开放以来青年发展状况研究 [M]. 北京：人民出版社，2015.
[38] 沈壮海 . 思想政治教育有效性研究 . 第三版 [M]. 武汉：武汉大学出版社，2016.
[39] 沈壮海，王晓霞，王丹 . 中国大学生思想政治教育发展报告 2017 [M]. 北京：北京师范大学出版社，2017.
[40] 孙其昂 . 社会学视野中的思想政治工作 [M]. 北京：科学出版社，2017.
[41] 吴伯凡 . 孤独的狂欢——数字时代的交往 [M]. 北京：中国人民大学出版社，1998.

[42] 吴晓群 . 古代希腊仪式文化研究 [M]. 上海：上海社会科学院出版社，2000.

[43] 万新恒 . 信息化校园：大学的革命 [M]. 北京：北京大学出版社，2000.

[44] 吴红雨 . 解读电视受众：多元化需求与大众文化 [M]. 杭州：浙江大学出版社，2000.

[45] 吴学琴 . 当代中国日常生活维度的意识形态研究 [M]. 北京：人民出版社，2014.

[46] 王学俭 . 思想政治教育理论与实践问题的研究视角 [M]. 北京：中国人民大学出版社，2017.

[47] 宣兆凯 . 中国社会价值观现状及演变趋势 [M]. 北京：人民出版社，2011.

[48] 杨雄 . 当代青年文化回溯与思索 [M]. 郑州：河南人民出版社，1992.

[49] 杨韶刚 . 精神的追求　神秘的荣格 [M]. 哈尔滨：黑龙江人民出版社，2002.

[50] 姚建平 . 消费认同 [M]. 北京：社会科学文献出版社，2006.

[51] 岳晓东 . 我是你的粉丝：透视青少年偶像崇拜 [M]. 上海：上海人民出版社，2007.

[52] 杨玲 . 转型时代的娱乐狂欢——超女粉丝与大众文化消费 [M]. 北京：中国社会科学出版社，2012.

[53] 袁贵仁 . 马克思主义人学理论研究 [M]. 北京：北京师范大学出版社，2012.

[54] 周晓明 . 人类交流与传播 [M]. 上海：上海文艺出版社，1990.

[55] 中国社会科学院社会学研究所“当代中国青年价值观演变”课题组 . 中国青年大透视：关于一代人的价值观演变研究 [M]. 北京：北京出版社，1993.

[56] 张凤阳 . 现代性的谱系 [M]. 南京：南京大学出版社，2004.

[57] 张进辅 . 现代青年心理学 [M]. 重庆：重庆出版社，2005.

[58] 张意 . 文化与符号权力——布尔迪厄的文化社会学导论 [M]. 北京：中国社会科学出版社，2005.

[59] 张云鹏 . 文化权：自我认同与他者认同的向度 [M]. 北京：社会科学文献出版社，2007.

[60] 张品良 . 网络文化传播：一种后现代的状况 [M]. 南昌：江西人民出版社，2007.

[61] 张耀灿 . 思想政治教育学科建设研究 [M]. 北京：中国人民大学出版社，2017.

[62] [英] 安东尼・吉登斯 . 现代性与自我认同 [M]. 赵旭东，方文，译 . 北京：生活・读书・新知三联书店，1998.

[63] [法] 阿尔弗雷德・格罗塞 . 身份认同的困境 [M]. 王鲲，译 . 北京：社会科学文献出版社，2010.

[64] [美] 阿尔君・阿帕杜莱 . 消散的现代性：全球化的文化维度 [M]. 刘冉，译 . 上海：上海三联书店，2012.

[65]［美］查尔斯·霍顿·库利．人类本性与社会秩序［M］．包凡一，王湲，译．北京：华夏出版社，1999.
[66]［美］大卫·理斯曼．孤独的人群［M］．王崑，朱虹，译．南京：南京大学出版社，2002.
[67]［英］戴维·冈特利特．网络研究：数字化时代媒介研究的重新定向［M］．彭兰，等，译．北京：新华出版社，2004.
[68]［美］道格拉斯·凯尔纳．媒体文化：介于现代与后现代之间的文化研究、认同性与政治［M］．丁宁，译．北京：商务印书馆，2004.
[69]［英］戴慧思．中国都市消费革命［M］．黄菡，朱强，译．北京：社会科学文献出版社，2006.
[70]［美］达林·麦马翁．幸福的历史［M］．施忠连，徐志跃，译．上海：上海三联书店，2011.
[71]［法］古斯塔夫·勒庞．乌合之众：大众心理研究［M］．冯克利，译．北京：中央编译出版社，2005.
[72]［美］格尔茨．文化的解释［M］．韩莉，译．南京：译林出版社，1999.
[73]［美］葛凯．制造中国：消费文化与民族国家的创建［M］．黄振萍，译．北京：北京大学出版社，2007.
[74]［英］格雷姆·伯顿．媒体与社会：批判的视角［M］．史安斌，译．北京：清华大学出版社，2007.
[75]［德］尤尔根·哈贝马斯．合法化危机［M］．刘北成，曹卫东，译．上海：上海人民出版社，2000.
[76]［德］伽达默尔．哲学解释学［M］．夏镇平，宋建平，译．北京：商务印书馆，1988.
[77]［英］杰弗里·亚历山大．迪尔凯姆社会学［M］．戴聪腾，译．沈阳：辽宁教育出版社，2001.
[78]［英］库兰．大众媒介与社会［M］．杨击，译．北京：华夏出版社，2006.
[79]［美］罗洛·梅．人寻找自己［M］．冯川，陈刚，译．贵阳：贵州人民出版社，1991.
[80]［匈］卢卡奇．历史与阶级意识：关于马克思主义辩证法的研究［M］．杜智章，任立，燕宏远，译．北京：商务印书馆，1999.
[81]［英］雷蒙·威廉斯．关键词：文化与社会的词汇［M］．刘建基，译．北京：三联书店，2005.
[82]［英］利萨·泰勒，安德鲁·威利斯．媒介研究：文本、机构与受众［M］．吴靖，

黄佩，译.北京：北京大学出版社，2005.
[83][美]罗洛·梅.心理学与人类困境[M].郭本禹，方红，译.北京：中国人民大学出版社，2010.
[84][德]马丁·布伯.我与你[M].陈维纲，译.北京：生活·读书·新知三联书店，1986.
[85][加]迈克尔·布雷克.越轨青年文化比较[M].岳西宽，等，译.北京：北京理工大学出版社，1989.
[86][法]米·杜夫海纳.审美经验现象学（下）[M].韩树站，译.北京：文化艺术出版社，1996.
[87][德]马克斯·舍勒.资本主义的未来[M].罗悌伦，等，译.北京：生活·读书·新知三联书店，1997.
[88][英]迈克·费瑟斯通.消费文化与后现代主义[M].刘精明，译.南京：译林出版社，2000.
[89][美]曼纽尔·卡斯特.网络社会的崛起[M].夏铸九，王志弘，等，译.北京：社会科学文献出版社，2003.
[90][美]赫伯特·马尔库塞.单向度的人：发达工业社会意识形态研究[M].刘继，译.上海：上海译文出版，2008.
[91][澳]迈克尔·A.豪格，[英]多米尼克·阿布拉姆斯.社会认同过程[M].高明华，译.北京：中国人民大学出版社，2011.
[92][美]凯利·麦格尼格尔.自控力[M].王岑卉，译.北京：印刷工业出版社，2012.
[93][美]尼古拉·尼葛洛庞帝.数字化生存[M].胡泳，范海燕，译.海口：海南出版社，1997.
[94][美]尼尔·波兹曼.娱乐至死[M].章艳，译.桂林：广西师范大学出版社，2004.
[95][丹]尼尔斯·托马森.不幸与幸福[M].京不特，译.北京：华夏出版社，2004.
[96][美]欧文·戈夫曼.日常生活中的自我呈现[M].冯钢，译.北京：北京大学出版社，2008.
[97][法]让-弗朗索瓦·利奥塔.后现代状态：关于知识的报告[M].车槿山，译.北京：生活·读书·新知三联书店，1997.
[98][法]让·波德里亚.消费社会[M].刘成富，全志钢，译.南京：南京大学出版社，2014.
[99][美]塞缪尔·亨廷顿.文明冲突论与世界秩序的重建[M].周琪，译.北京：

新华出版社，2002.
[100]［英］斯图亚特·霍尔.表征：文化表象与意指实践［M］.徐亮，等，译.北京：商务印书馆，2003.
[101]［美］斯坦利·巴兰，丹尼斯·戴维斯.大众传播理论：基础、争鸣与未来［M］.曹书乐，译.北京：清华大学出版社，2004.
[102]［英］维克多·特纳.仪式过程：结构与反结构［M］.黄剑波，柳博赟，译.北京：中国人民大学出版社，2006.
[103]［英］西莉亚·卢瑞.消费文化［M］.张萍，译.南京：南京大学出版社，2003.
[104]［德］西美尔.金钱、性别、现代生活风格［M］.刘小枫，编；顾仁明，译.上海：学林出版社，2000.
[105]［德］伊·谢·科恩.自我论［M］.佟景韩，范国恩，许宏治，译.北京：生活·读书·新知三联书店，1986.
[106]［英］约翰·塔洛克.电视受众研究——文化理论与方法［M］.严忠志，译.北京：商务印书馆，2004.
[107]［英］约翰·B.汤普森.意识形态与现代文化［M］.高铦，等，译.南京：译林出版社，2005.
[108]［美］约翰·菲斯克.电视文化［M］.祁阿红，张鲲，译.北京：商务印书馆，2005.
[109]［美］约翰·费斯克.理解大众文化［M］.王晓珏，宋伟杰，译.北京：中央编译出版社，2006.
[110]［英］约翰·斯道雷.文化理论与通俗文化导论［M］.杨竹山，郭发勇，周辉，译.南京：南京大学出版社，2006.
[111]［美］亚伯拉罕·马斯洛.动机与人格［M］.许金声，译.北京：中国人民大学出版社，2007.
[112]［英］詹姆斯·卡伦.媒体与权力［M］.史安斌，董关鹏，译.北京：清华大学出版社，2006.

（二）主要论文

[1]陈明珠.媒体再现与认同政治［J］.中国传媒报告，2003（4）.
[2]陈世联.文化认同、文化和谐与社会和谐［J］.西南民族大学学报（人文社科版），2006（3）.
[3]蔡骐，欧阳菁.社会与传播视野中的“粉丝”文化［J］.淮海工学院学报（社会科学版），2007（6）.

[4] 蔡骇，欧阳普．电视传播与粉丝文化［J］．声屏世界，2007（11）．
[5] 曹洵．虚拟社区的动漫迷文化实践模式研究——以《圣斗士星矢》动漫迷为个案的质化研究［J］．青年研究，2011（8）．
[6] 陈荣武．青年追捧“穿越”文化的现象透视与理性思考［J］．思想理论教育，2011（10）．
[7] 陈霖，杨培．大众传播媒介对“粉丝”亚文化的再现——以央视对“杨丽娟事件”的报道为例［J］．文艺研究，2012（4）．
[8] 陈一，曹圣琪，王彤．透视弹幕网站与弹幕族：一个青年亚文化的视角［J］．青年探索，2013（11）．
[9] 陈一．新媒体、媒介镜像与“后亚文化”——美国学界近年来媒介与青年亚文化研究的述评与思考［J］．新闻与传播研究，2014（4）．
[10] 蔡骐．从苹果效应透视青年亚文化的演进［J］．苏州大学学报（哲学社会科学版），2015（2）．
[11] 蔡骐．社会化网络时代的粉丝经济模式［J］．中国青年研究，2015（11）．
[12] 陈霖．新媒介空间与青年亚文化传播［J］．江苏社会科学，2016（4）．
[13] 戴锐．消费主义生活方式与青年精神［J］．青年研究，1997（8）．
[14] 邓惟佳．试析西方“迷研究”的三次浪潮和新的发展方向［J］．国际新闻界，2009（10）．
[15] 邓希泉．青年文化发展规律研究［J］．中国青年社会科学，2015（5）．
[16] 邓惟佳．跨媒体“粉丝经济”及其形成机制研究——以现象级《何以笙箫默》为例［J］．中国青年研究，2015（11）．
[17] 戴文静．近三十年中国青年文化研究的嬗变与反思［J］．中国青年研究，2017（1）．
[18] 方文．群体符号边界如何形成——以北京基督新教群体为例［J］．社会学研究，2005（1）．
[19] 付红玲．青年文化继承与创新形式及其互动机理研究［J］．中国青年研究，2010（3）．
[20] 冯志明，阮平南．基于社会网络的共青团对青年自组织治理研究［J］．中国青年研究，2013（12）．
[21] 方玲玲．跨文化语境下“星巴克”的符号消费与迷文化生产［J］．前沿，2014（3）．
[22] 冯刚，刘晓玲．坚持以文化人深入推进社会主义核心价值观培育践行［J］．思想理论教育导刊，2016（1）．
[23] 金生鈜．教育为什么要培养理性精神［J］．教育研究与实验，2003（3）．
[24] 戚畅．论和谐文化与和谐社会的关系［J］．东北师大学报（哲学社会科学版），2011（3）．

[25] 金瑞静. 集体身份认同视域下中英足球球迷文化的比较研究 [J]. 体育与科学, 2015 (3).

[26] 余开亮. 从偶像崇拜透视青年文化消费 [J]. 青年研究, 2001 (11).

[27] 姜兰花. 抵抗、亚文化、表演：青年"穷游"现象的文化解读 [J]. 北京青年研究, 2015 (7).

[28] 共青团浙江省委课题组. 论我国青年自组织状况与发展——浙江省青年自组织调研报告 [J]. 中国青年政治学院学报, 2010 (1).

[29] 黄健, 王东莉. 论网络文化传播的失范与规则重建的基本原则 [J]. 自然辩证法研究, 2001 (2).

[30] 华荣祥, 徐丽萍. 大众传播学受众研究的文化途径 [J]. 南昌大学学报 (社会科学版), 2000 (4).

[31] 黄志坚. 谁是"青年"：关于青年年龄界定的研究报告 [J]. 中国青年研究, 2003 (11).

[32] 黄晓武. 文化与抵抗——伯明翰学派的青年亚文化研究 [J]. 外国文学, 2003 (2).

[33] 黄海靓, 罗安元. 网络"粉丝"文化社区传播机制初探 [J]. 重庆教育学院学报, 2007 (1).

[34] 黄佩, 郑寅淑. 百度贴吧与电视迷文化 [J]. 电视研究, 2009 (9).

[35] 侯勇, 孙其昂. 论精神生活的现代性遭遇与超越之路 [J]. 南京师大学报 (社会科学版), 2010 (4).

[36] 侯勇, 徐海楠. 困境与超越：青年精神生活的现代性图景 [J]. 中国青年研究, 2012 (7).

[37] 黄英. 消费主义的传播对青年文化的影响和引导机制研究 [J]. 理论与改革, 2016 (3).

[38] 胡谱忠. 小镇青年、粉丝文化——当下文化消费中的焦点问题 [J]. 文艺理论与批评, 2016 (7).

[39] 李白鹤. 文化认同与马克思主义中国化 [J]. 江汉论坛, 2008 (11).

[40] 刘杏玲, 吴满意. 区域一体化过程中的文化认同研究综述 [J]. 电子科技大学学报 (社科版), 2008 (1).

[41] 李媛媛. 网络"控"族新词及其所折射的社会文化心理 [J]. 山西大同大学学报 (社会科学版), 2010 (4).

[42] 李莉. 论文化传播、冲突、适应与文化发展 [J]. 山东社会科学, 2012 (12).

[43] 刘洋. 新媒体时代引发的民族文化传播思考 [J]. 贵州民族大学学报 (哲学社会科学版), 2013 (4).

[44] 李艳红 . 网络流行语透视下的青年文化建设 [J]. 前沿，2014（4）.
[45] 雷惠玲 . 网络小说社区“迷文化”研究——以百度网络小说贴吧为例 [J]. 贵州民族大学学报（哲学社会科学版），2014（2）.
[46] 梁维科 . 粉丝亚文化对青年消费价值观的影响——以“果粉”VS“米粉”为例 [J]. 当代青年研究，2015（1）.
[47] 栾淳钰 . 论文化产业发展与传统文化传承互促机制的构建 [J]. 云南社会科学，2016（2）.
[48] 孟象品 . 从“超女”现象看我国青年文化发展的新趋向 [J]. 中国青年研究，2006（3）.
[49] 马建青，陈曾燕 . 习近平关于青年社会责任重要论述的特点 [J]. 中国高等教育，2016（20）.
[50] 马中红 . 文化资本：青年话语权获取的路径分析 [J]. 中国青年社会科学，2016（5）.
[51] 孟登迎 . 青年文化研究再探讨 [J]. 中国青年社会科学，2017（3）.
[52] 彭晶 . 大学生使用微博的行为分析及对策思考 [J]. 思想理论教育导刊，2013（6）.
[53] 邱均平，陈远，邹晶 . 论网络社区信息传播在和谐社会构建中的作用 [J]. 山东社会科学，2008（5）.
[54] 孙慧英 . 漫谈“粉丝”现象及其文化解读 [J]. 现代传播，2006（6）.
[55] 孙琦琰 . 新媒介语境下青年流行文化的“变”与“不变”——兼谈当前流行文化的传播机理和发展趋势 [J]. 思想理论教育，2013（3）.
[56] 孙黎 . 新媒介环境下青年亚文化群体新文化风貌透视——基于对网络字幕组的考察 [J]. 新闻界，2015（8）.
[57] 孙丽芳 . 生存与反思——当代大学生“媒介迷”本源研究 [J]. 理论与改革，2017（1）.
[58] 孙丽芳 . 当代青年“迷文化”的表征、异化及引导 [J]. 学习与实践，2017（1）.
[59] 王玲，邓希泉 . 当代青年网络政治参与新特征之辩证观 [J]. 当代青年研究 .2010（7）.
[60] 王十禾 . 主流文化与网络文化：两种精神维度的融合与差异 [J]. 毛泽东邓小平理论研究，2007（12）.
[61] 王昭凤 . 景观社会——集中的景观、弥散的景观和综合的景观 [J]. 聊城大学学报（社会科学版），2008（1）.
[62] 伍慷 . 青年群体治愈系文化流行现象透析 [J]. 青年探索，2017（9）.
[63] 施蕾 . 无力颓废与抵抗消解——网络“丧文化”现象解读 [J]. 福建师范大学学报（哲学社会科学版），2017（11）.
[64] 熊澄宇，程琦瑾 . 新媒体传播与跨文化交流 [J]. 中国传媒报告，2004（4）.
[65] 徐福坤 . 浅议“粉丝”[J]. 修辞学习，2006（2）.
[66] 尚香钰 . 网络时代的“粉丝”狂欢——对后现代大众文化 fans 群体的症侯式分析

[J]. 广东广播电视大学学报，2007（4）.
[67] 徐波，朱丽丽. 消费与抵抗：科技浪潮下的苹果迷群体 [J]. 南京邮电大学学报（社会科学版），2013（3）.
[68] 肖珺. 新媒体与跨文化传播的理论脉络 [J]. 武汉大学学报（人文科学版），2015（7）.
[69] 杨玲. 粉丝、情感经济与新媒介 [J]. 社会科学战线，2009（7）.
[70] 殷乐. 融合媒介环境下的青少年迷文化研究 [J]. 中国青年研究，2010（10）.
[71] 闫方洁. 自媒体语境下的"晒文化"与当代青年自我认同的新范式 [J]. 中国青年研究，2015（6）.
[72] 杨玲. 粉丝经济的三重面相 [J]. 中国青年研究，2015（11）.
[73] 杨晶. 青年文化：青年的感性生存与直白表达 [J]. 青年探索，2017（3）.
[74] 张伟，安斗. 影响中国球迷狂热行为的因素分析 [J]. 山西师大体育学院学报，2003（3）.
[75] 张旭鹏. 论欧洲一体化的文化认同建构 [J]. 云南民族大学学报（哲学社会科学版），2004（3）.
[76] 朱美艳. 当代青年矛盾统一的文化人格 [J]. 中国青年研究，2005（5）.
[77] 张莹瑞，佐斌. 社会认同理论及其发展 [J]. 心理科学进展，2006，14（3）.
[78] 张蔷. 迷研究理论初探 [J]. 国际新闻界，2007（5）.
[79] 郑英明. 美国电视剧的文化解读 [J]. 戏剧文学，2007（8）.
[80] 赵秀文. "粉丝"文化及其现象解读 [J]. 新东方，2007（9）.
[81] 张琳. 当代文化传播与媒介文化 [J]. 西华师范大学学报（哲学社会科学版），2007（11）.
[82] 朱玲玲. 浅析美国电视剧为何走红中国 [J]. 电影文学，2008（5）.
[83] 张晨阳. 新媒介环境下的中国迷文化：理论取向与现实观照 [J]. 江西社会科学，2011（11）.
[84] 张晨阳. "迷文化"：新媒介环境下的价值审视 [J]. 中州学刊，2011（11）.
[85] 赵文，赵凌云. 当代青年文化创新认知与意识调查——以上海青年为例 [J]. 中共福建省委党校学报，2013（2）.
[86] 郑大平. 青年偶像文化的现状、特点及应对策略 [J]. 学校党建与思想教育，2013（1）.
[87] 朱白薇. 虚拟社会中青年精神追求的负向嬗变 [J]. 思想教育研究，2013（3）.
[88] 征鹏，浦颖娟，孙艳. 网络青年亚文化传播路径研究报告——基于江苏21所高校的调查 [J]. 中国青年研究，2013（9）.
[89] 征鹏. 网络青年文化的"自我空间"论 [J]. 当代青年研究，2014（3）.
[90] 张仙智，赵铮. 青年网络文化现象中自我的解构与重建 [J]. 思想理论教育，2014（7）.

[91] 张潇扬．新媒体语境下的中国“迷”文化研究——基于约翰·费斯克的大众文化研究视角［J］．山东社会科学，2015（6）．
[92] 张瑜烨，朱青青．青年亚文化视角下电视动漫“萌文化”传播探析［J］．中国广播电视学刊，2015（12）．
[93] 周凤梅．青年文化在消费主义时代的嬗变与当代建构［J］．江淮论坛，2016（3）．
[94] 周培元．文化多元背景下青年对主流文化的认同研究［J］．中国青年社会科学，2016（5）．
[95] 张红岩．“微文化”传播对青年价值观有何影响［J］．人民论坛，2016（12）．
[96] 周赟．新媒介时代青年文化传播发展研究——以 Cosplay 文化传播为例［J］．中国青年研究，2017（3）．
[97] 张斌．中国字幕组、数字知识劳（工）动与另类青年文化［J］．中国青年研究，2017（3）．
[98] 赵宜．从“文本盗猎”到“媒介雪球”——青年文化承诺下的 IP 进化论［J］．上海师范大学学报（哲学社会科学版），2017（7）．
[99] 赵汇，杨超然．文化消费主义对青年价值观的影响与引导［J］．中国特色社会主义研究，2017（8）．
[100] 李思雨．论新时代青年群体培养和坚定文化自信［J］．学习与实践，2018（4）．
[101] 李保森．“佛系青年”：观念、认同与社会焦虑［J］．当代青年研究，2019（3）．
[102] 李英华．栖居于虚实两境：网生代青年心理样态透视——基于文化心理学的视角［J］．中国青年研究，2019（8）．
[103] 罗红杰．祛魅与超越：当代青年亚文化的融合发展［J］．云南社会科学，2020（3）．
[104] 胡玉宁，徐川．青年圈群脉动的媒介感知与文化诠释——基于“饭圈”现象的叙事分析［J］．中国青年研究，2020（11）．
[105] 曾昕．情感慰藉、柔性社交、价值变现：青年亚文化视域下的盲盒潮玩［J］．福建师范大学学报（哲学社会科学版），2021（1）．
[106] 李一凡，吴炜华．网络视频空间青年参与的行动逻辑和仪式表征［J］．中国青年社会科学，2021（5）．
[107] 令小雄，李春丽．“躺平主义”的文化构境、叙事症候及应对策略［J］．新疆师范大学学报（哲学社会科学版），2021（7）．
[108] 包雅玮．新媒体环境下青年爱国表达的新特征——以“B 站”弹幕文化为例［J］．中国青年研究，2021（7）．

后 记

迷文化是伴随大众传播和大众文化的发展而兴起的一种文化现象，青年的思想、心理、认知等发展特质决定了他们是迷文化的主要生成者、消费者和变革者，有着区隔他群的情感认知、价值归属和身份界定。当代社会中各种“迷”现象、“迷”热点、“迷”潮流，以及因之而成的迷文化构成了青年生存、生活和发展的文化圈层。从我国的文化发展历程来看，诸多文化存在的形态都离不开青年对于文化的生产、创造和传播，而迷文化对于青年来说是其中最能引起青年共识和高度参与的文化。迷文化虽兴起于大众传播，具有亚文化的部分特性，但并非所有的迷文化都是非理性的文化传播，发掘青年迷文化的正当性、合理性及其价值是确证青年迷文化地位和作用的前提。对于在社会发展进程中出现的任何一种文化现象，我们不能简单、粗暴地以好或者坏的标准进行划分，因为这种绝对性的价值界定十分容易被文化的表象所迷惑，使其难以对文化现象的特殊性、规律性及发展性进行本源揭示和探究，进而导致此文化现象中合理的、有益的价值和意义被忽视、被冷落。同时，青年对于迷文化痴迷与狂热的迷态已然成为困扰青年成长发展、遮蔽青年意义及价值实现的强力阻隔。因此，在新时代发展境遇中，应对青年迷文化凸显的现象及存在的问题给予积极关注，深入了解和研究青年迷文化，探求解蔽青年成长发展及其价值意义实现的路径。对于青年迷文化的合理引导有利于促进我国文化的大繁荣和大发展，更能将青年迷文化存在的意义和价值在当代社会中得以充分彰显。

新时代青年对于迷文化的诉求、参与更加自主，迷文化圈层已深度融入他们的生活，影响着他们的思想、情感和价值取向。青年学生对于迷文化活动积极参与、创生、传播及消费过程中所引起的部分学生价值观的异化及自我“迷失”现象，甚至演变为“低龄化”趋势。这些文化现实症候引起了我们深思，如何真正发挥思想政治教育功能引导青年学生科学、理性地表达文化诉求，有意义地进行迷文化的创生及传播呢？感谢我的学生们，当以师者的身份面对学生的时候，总是被他们的朝气、勇敢和活跃的思想所触动，无论他们所忠于的迷对象是人、物或是某种行为，因为爱，他们无所畏惧；因为爱，他们敢于追求；因为爱，他们始终保持初心。本书致力于发掘青年迷文化的现实价值及意义，并通过其内在的文化凝聚力引领广大的青年“迷”、迷群自主地进行积极、健康、优秀的迷文化生成、创造与传播，促进迷文化的繁荣与发展。但因自己能力有限，本书还存在诸多问题和不足，希望在以后的学术之路中能够继续深化研究，弥补遗憾。

本书是在我的博士论文基础上修改完善而成的。感谢我的导师戴锐教授，戴老师学术视野宽广，治学风格严谨，为人幽默风趣，博士论文的写作过程漫长而艰辛，当我遇到写作瓶颈的时候，戴老师的每一次点醒总能让我看到希望，总能让我在迷茫中找回自己的位置，感谢戴老师的鼓励和教诲。感谢河海大学马克思主义学院的孙其昂教授、金林南教授、郑大俊教授、尉天骄教授、双传学教授在我的博士生涯中给予我的指导。感谢我的同门孙艳秋博士、欧彦伶博士、曹红玲博士、解兆丹博士在读博期间给予我的支持和帮助。本书得到安徽省 2020 年高校优秀青年骨干教师国内访问硕修项目（gxgnfx2020010）、安徽工程大学马克思主义学院一流学科建设和“中青年拔尖人才”项目的资助，感谢领导和同事们的关心和照顾。感谢我的家人一直以来给予我无私的爱和默默的支持，感恩所有，唯有心怀感恩，才能继续前行！

孙丽芳

2022 年 5 月 20 日于芜湖